国家社科基金
后期资助项目

博弈与平衡：
奥格斯堡城市宗教改革研究
（1518-1537）

DYNAMICS AND BALANCE:
A Study of Urban Reformation in Augsburg（1518-1537）

吴愁 著

中国社会科学出版社

图书在版编目（CIP）数据

博弈与平衡：奥格斯堡城市宗教改革研究：1518
－1537／吴愁著．－－北京：中国社会科学出版社，2024．
11．－－ ISBN 978－7－5227－3736－2

Ⅰ．K516.32

中国国家版本馆 CIP 数据核字第 2024SB8376 号

出 版 人	赵剑英
责任编辑	张　浩
责任校对	姜志菊
责任印制	李寡寡

出　　版	中国社会科学出版社
社　　址	北京鼓楼西大街甲 158 号
邮　　编	100720
网　　址	http：//www.csspw.cn
发 行 部	010－84083685
门 市 部	010－84029450
经　　销	新华书店及其他书店

印　　刷	北京君升印刷有限公司
装　　订	廊坊市广阳区广增装订厂
版　　次	2024 年 11 月第 1 版
印　　次	2024 年 11 月第 1 次印刷

开　　本	710×1000　1/16
印　　张	21
字　　数	372 千字
定　　价	108.00 元

凡购买中国社会科学出版社图书，如有质量问题请与本社营销中心联系调换
电话：010－84083683
版权所有　侵权必究

国家社科基金后期资助项目
出 版 说 明

后期资助项目是国家社科基金设立的一类重要项目，旨在鼓励广大社科研究者潜心治学，支持基础研究多出优秀成果。它是经过严格评审，从接近完成的科研成果中遴选立项的。为扩大后期资助项目的影响，更好地推动学术发展，促进成果转化，全国哲学社会科学工作办公室按照"统一设计、统一标识、统一版式、形成系列"的总体要求，组织出版国家社科基金后期资助项目成果。

全国哲学社会科学工作办公室

摘　　要

16世纪上半叶的德意志历史通过两场运动赋予特殊形态，第一场是宗教改革运动，第二场是查理五世意图在中欧建立统一大帝国的尝试。这两大事件持续不断地交叉，相互干扰牵涉，形塑了德意志动荡的宗教改革史。有趣的是，奥格斯堡作为帝国的政治、经济、文化等诸中心，各方要素齐聚奥格斯堡，使之微观地折射了这一宏大而又复杂的历史进程。作为政治中心，奥格斯堡享受政治荣耀的同时，也深陷于地缘政治和帝国政治的框架限定之中；作为经济中心，16世纪大航海时代的远洋贸易带动了城中四大商贸家族的兴起，一度左右了城市的改革进程，并为奥格斯堡的宗教改革建立了一种全球性关联；作为文化中心，奥格斯堡汇聚了16世纪最前沿的资讯，最热议的改革思潮；帝国城市之中，诸方关系之复杂，无出其右。宗教改革促进了政教关系的转变以及社会的变革转型。因此，对奥格斯堡的个案研究，可以为管窥宗教改革的复杂历史进程及其带来的政教关系转变提供最佳的模型。本研究选择奥格斯堡作为个案研究对象，尝试分析和解答以下三个层面的问题：第一个层面，围绕市议会改革决策，奥格斯堡的宗教改革经历了怎样的复杂过程？折射了帝国政治层面哪些复杂要素之间的博弈与平衡过程？第二个层面，影响奥格斯堡改革进程的决定性因素有哪些？奥格斯堡城市改革呈现哪些独有特征？第三个层面，奥格斯堡作为个案研究可以验证和推进哪些史学观点以及研究范式？是否可以提出独有的城市宗教改革解释范式？

研究发现：首先，奥格斯堡经历了从保守走向适度改革、再艰难走向彻底改革的决议与实践的三阶段历史进程。奥格斯堡的宗教改革始终处在帝国政治层面，影响奥格斯堡改革进程的有城市联盟、驻扎主教、哈布斯堡皇室、大公诸侯、市政要员、城市市民等九种要素，正是这些要素促使奥格斯堡的改革进程和决策始终处在上与下、内与外的多元力量的博弈之中。一言以蔽之，奥格斯堡的宗教改革是一场以"信仰"为导向的多元力量博弈格局下的改革运动。其次，文中通过对纽伦堡和奥格斯堡的比较,总结出奥格斯堡的宗教改革的几个特点:早期教派多元化,兼容并包的教派宽容政策,以及在维腾堡模式、苏黎世模式之外,选择了第三条改革路径,即具有混合性质的"瑞士—南德"模式——上德意志区域模式。再次,研究还发现宗教改革本身促进了市议会的职权增长与权威化,即促进了世俗权威在宗教改革过程中逐步掌管教会事务,进而验证了宗教改革促进了政教关系转变的观点。最后,研究发现,在城市宗教改革的三种解释范式——自上而下的"市议会宗教改革"、自下而上的"民众宗教改革"以及"社区宗教改革"中,奥格斯堡恰是一种综合。其中自上而下的市议会在一定程度上承担了领导改革的角色,自下而上的内部民众的信仰呼声决定了改革的方向,而外在的帝国政治因素决定了改革的进程快慢与范围。因此本书提出以"合力"范式来解释奥格斯堡的宗教改革,并进一步提出以"三重维度,多元变量"的分析方法来分析这种合力作用。

关键词:奥格斯堡;宗教改革;市议会;中间道路;早期教派多元化

Abstract

The history of Germany in the first half of the sixteenth century was profoundly shaped by two pivotal movements: the Reformation and Charles V's endeavor to establish a large, unified empire in Central Europe. These two phenomena continually intersected and influenced one another, significantly shaping the tumultuous history of the Reformation in Germany. Notably, Augsburg emerged as the political, economic, and cultural nexus of the empire, encapsulating the most intricate relationships among all imperial cities and thereby serving as a microcosm of this grand and complex historical process. As a political center, Augsburg experienced both prestige and entanglement within the frameworks of geopolitics and imperial politics. Economically, the sixteenth-century Age of Sail facilitated the rise of four major trading families in the city, whose influence significantly impacted the local reform process and established a global connection for the Reformation in Augsburg. Culturally, the city became a hub for the most progressive ideas and information of the sixteenth century, fostering a unique environment for reformist thought. The complexity of relationships within Augsburg was unparalleled among all imperial cities.

The Reformation played a crucial role in transforming church-state relations and reshaping society. Consequently, a case study of Augsburg offers an invaluable model for understanding the intricate historical processes of the Reformation and the resultant transformations in church-state relations. This study seeks to address the following questions: First, what evolution of Reformation policies did Augsburg undergo? Second, what factors influenced this evolution, and how did they shape the unique complexities of Augsburg's reform process? Third, how can we evaluate the Reformation in Augsburg, and what historical perspectives and research paradigms can be validated and advanced through this case study?

This study reveals several key findings regarding the Reformation in Augsburg. First, the Reformation experienced a dynamic three-stage historical process characterized by a conservative initial attitude, a gradual reform movement, and ultimately, a complete transformation. Second, the Reformation in Augsburg was largely framed within the context of imperial politics. Influential factors included the Schwaben Cities Alliance, the bishop, the Habsburg emperor, the duke and feudal lords, ruling groups, and the city's citizens, among a total of nine contributing factors. These elements collectively demonstrate that the reform process and decision-making during the Augsburg Reformation were consistently influenced by a complex interplay of pluralistic power dynamics between various stakeholders, including both top-down and bottom-up forces, as well as internal and external pressures. In summary, the Augsburg Reformation can be characterized as a "faith" -oriented movement shaped by a landscape of competing interests. Furthermore, through a comparative analysis of Nuremberg and Augsburg, three distinctive features of the Augsburg Reformation are identified: the early emergence of denominational pluralism, the adoption of inclusive policies of denominational tolerance, and the selection of a third path of reform that diverged from both the Wittenberg and Zurich models—termed the "Swiss-South German" model of a mixed nature. Additionally, the study finds that the Reformation itself facilitated the growth and empowerment of city councils, leading to a gradual assumption of ecclesiastical responsibilities by secular authorities throughout the Reformation. This observation supports the notion that the Reformation contributed to transforming the relationship between church and state.

Finally, the Reformation process in Augsburg reflects the dynamic interplay and balancing of political forces within both the city and the broader context of the German Holy Roman Empire. Within the three explanatory paradigms of the imperial city's Reformation—namely, "City Council Reformation" (a top-down approach), "People's Reformation" (a bottom-up approach), and "Community Reformation" —Augsburg represents a synthesis. In this context, the city council played a leadership role, while popular religious aspirations influenced the direction of reform, and external imperial political factors governed the pace and scope of the reformation process. Consequently, this paper proposes the paradigm of "synergy" to elucidate the complexities of the Augsburg Reformation and introduces the analytical framework of "three dimensions and multiple variables" to examine the role of this synergy.

Key Words: Augsburg; Reformation; the city council; the "Middle-Way" Policy; Early Sectarian Plurality

目　　录

导　论 …………………………………………………………（1）
　　第一节　研究问题 ……………………………………………（1）
　　第二节　研究意义 ……………………………………………（4）
　　第三节　研究史料 ……………………………………………（5）
　　第四节　研究综述 ……………………………………………（8）

第一章　从中世纪走来：宗教改革前夕的德意志与奥格斯堡 ………（30）
　　第一节　宗教改革前夕的帝国政治与社会 …………………（31）
　　第二节　奥格斯堡的"黄金时代"下的政治、经济与民生 …（40）
　　第三节　中世纪的遗产：奥格斯堡信仰虔诚与堂区的
　　　　　　世俗化管理 …………………………………………（52）
　　第四节　城市四大家族及其关系网 …………………………（61）
　　第五节　小结 …………………………………………………（74）

第二章　改革思潮的冲击与中间道路政策（1518—1524）………（76）
　　第一节　没有印刷术就没有宗教改革：奥格斯堡作为新教宣传
　　　　　　风暴中心 ……………………………………………（77）
　　第二节　强大的保守壁垒：神学家雷氏在奥格斯堡信仰舞台上的
　　　　　　第一回合 ……………………………………………（86）
　　第三节　民生问题的新教解决方案：1522年救济金制度改革 …（94）
　　第四节　信仰与利益诉求的杂糅：1524年下层民众动乱 ……（97）
　　第五节　鲍丁格与"中间道路"政策的制定 ………………（107）

第六节　小结 ……………………………………………………（112）

第三章　适度改革与早期教派多元化（1524—1530）………（114）
　　第一节　内外形势与雷氏的第二回合："适度"的改革………（115）
　　第二节　信仰的裂隙："圣餐之争"神学疏要与奥格斯堡作为
　　　　　　舆论战场 ………………………………………………（122）
　　第三节　多元调和：应对早期教派多元化局面与自身
　　　　　　"教派认同"的建构 ……………………………………（130）
　　第四节　早期教派的此消彼长：路德派的式微与
　　　　　　茨温利派的发展 ………………………………………（135）
　　第五节　宽松的舆论环境造就再洗礼派中心 ………………（138）
　　第六节　天平的失衡：帝国政治层面的博弈投射于
　　　　　　"中间道路"政策 ………………………………………（150）
　　第七节　小结 ……………………………………………………（159）

第四章　多元力量的博弈：改革决议与实践（1530—1537）…（163）
　　第一节　查理五世的回归与"布道之战" ……………………（163）
　　第二节　1530年奥格斯堡帝国议会的召开 …………………（172）
　　第三节　失衡之后的重建：1530年后市议会的改革努力 …（179）
　　第四节　来自改教家布策的助力：教派认同与改革
　　　　　　模式的确立 ……………………………………………（194）
　　第五节　对改革合法性、改革范围与政治后果的讨论 ………（200）
　　第六节　为改革的政治保障所做的三次努力 ………………（214）
　　第七节　1534年正式改革前的内外政治环境与和谈计划 …（219）
　　第八节　1534年与1537年的改革实践 ………………………（232）
　　第九节　小结 ……………………………………………………（252）

第五章　奥格斯堡宗教改革的特点比较与范式论评 ………（255）
　　第一节　奥格斯堡与纽伦堡的宗教改革比较 ………………（255）

第二节　奥格斯堡宗教改革的三大特点 …………………（264）

第三节　"合力"范式：对奥格斯堡宗教改革的解释范式 …………（266）

结　语 ……………………………………………………………（270）

附录Ⅰ　奥格斯堡大事记 ………………………………………（276）

附录Ⅱ　乌班努斯·雷吉乌斯的史料 …………………………（280）

附录Ⅲ　人名地名翻译对照表 …………………………………（288）

参考文献 …………………………………………………………（296）

导　　论

第一节　研究问题

在城市宗教改革乃至宗教改革这个命题下，关注奥格斯堡这个城市绝不会令人感到意外。首先，它是宗教改革历史中很多重要事件的发生地，也是率先接触宗教改革的南德城市之一。例如：1518年10月，路德在奥格斯堡与红衣主教会面；1530年6月，奥格斯堡帝国议会召开，发布著名的"奥格斯堡信纲"（Confessio Augustana）；1555年9月25日，"奥格斯堡和平"议案达成，教随国定（Cujus regio, ejus religio）的政策被确定下来，路德派获得与天主教同样的合法权利，教会的统治权也落到了世俗权威手中。作为16世纪帝国的政治中心，奥格斯堡在这一系列事件中扮演着举足轻重的角色。

其次，奥格斯堡在所有的帝国城市中各方面关系最为复杂，对它的个案分析，可以为检验教俗关系的转变及宗教改革的复杂过程提供很好的模型。16世纪的奥格斯堡是帝国最大、最繁华的城市之一，也是当时的经济、政治、文化中心。它拥有以富格家族为代表的大金融、大银行业，丰富的国际贸易，先进的生产规模与技术，它集丝织业、金矿与银矿业、铠甲与科技设备生产为一体，拥有着帝国最多的德语书籍印刷厂。此外，他也是帝国议会的召开地，是各种先进文化思潮的汇集地。在地理环境上，奥格斯堡并没有一个封闭的版图。这种地理环境造成奥格斯堡需要与外地合作获得食品和工业原料的供应，再加上奥格斯堡的经济贸易的需要，长久以来奥格斯堡都与其相邻的地区保持着区域间政治与经济合作。从15世纪开始，奥格斯堡就加入了施瓦本联盟。这些城市在宗教改革期间，尤其是在政治经济上联系紧密的纽伦堡、乌尔姆都对奥格斯堡的决策发挥了一定的影响作用。在政治上，奥格斯堡是一个主教驻扎城市，城市内部有主教的辖区和势力范围，主教的存在对于奥格斯堡的宗教改革进程影响至关重要；与此同时，皇帝始终是城市名义上的最高统治者，手中握着对城市法律地位的最高决定权；因此奥格斯堡的内外政治始终处在帝国政治层面。这些因素一起，使得奥格斯堡的宗教改革过程显得极为生动有趣。一方面，奥格斯堡作为帝国最先进的文化经济中心，率先接触新教思潮，并因其发达的印刷业成为新教思想传播中心，聚集了最多的早期教派思潮；另一方面，奥格斯堡背后的复杂关系却使其在宗教改革进程上极为迟滞缓慢，这两种貌似悖逆的一进一退的巨大潮流在这个城市中交迭碰撞，折射了城市宗教改革的极端复杂局面及其动态过程。而在这个过程中，城市的决策机构——市议会，它的改革政策是最能反映这种局面的。

因此，本书尝试分析和解答以下三个层面的问题：第一个层面，围绕市议会改革政策，奥格斯堡的宗教改革经历了怎样的复杂过程？折射了帝国政治层面哪些复杂要素之间的博弈与平衡过程？第二个层面，如何界定影响奥格斯堡改革进程的决定性因素，以及由此透视宗教改革的复杂进程和比较研究奥格斯堡城市改革的独有特征？第三个层面，奥格斯堡作为个案研究验证和推进了哪些史学观点以及研究范式？在既有的城市改革研究范式上，是否可以提出独特的范式？

在文章呈现方式上，本书主要以传统的时间维度展开叙述：第一章主要分析宗教改革前夕，也即中世纪晚期以来，奥格斯堡主要积压的社会问题和诉求；第二、三、四章为主体部分，主要从信仰、利益、阶层三个维度以及多元变量的角度叙述和分析奥格斯堡政策的演变过程以及宗教改革的进程。主要分为三大阶段：第一阶段，1518—1524 年，保守政策阶段，这一阶段主要尝试分析新教宣传风潮、救济金制度改革、1524 年下层民众动乱，以及"中间道路"政策的制定及其背后的考量。第二阶段，1525—1530 年，适度的改革与早期教派多元化发展阶段，这一阶段本书以雷氏为代表的新教牧师和市议会的合作为主线，尝试分析和解答市议会在"中间道路"政策原则下，进行了哪些"适度"的改革？如何应对早期教派多元化局面的挑战？市议会采取了哪些不同的教派政策？尝试构建怎样的教派认同？以及市议会"中间道路"政策折射出来的帝国政治层面的因素。第三阶段，1530—1534/37 年，走向新教改革决议与改革实践阶段，这一阶段以 1530 年帝国议会召开为转折点，市议会开始公开倾向于新教改革，这一阶段将主要尝试分析奥格斯堡市议会如何走向宗教改革这一决策？其间受到了哪些因素的影响？市议会如何平衡内外关系？

改革受到哪条路径的影响？改革的合法性进行了哪些讨论与辩护？改革有哪些实践？第五章，比较分析奥格斯堡城市改革，总结城市宗教改革三种解释范式，以及奥格斯堡宗教改革独有特征；这一章将核心比较分析奥格斯堡与纽伦堡的宗教改革，总结奥格斯堡独有的特点，并进一步分析城市宗教改革的三大解释范式：市议会宗教改革、民众宗教改革、社区宗教改革，来深入探讨奥格斯堡的城市宗教改革范式。第六章结语部分，拟对开篇问题进行解答，并总结文章在史学观点和史学研究范式上的验证与推进。

在叙事线索上，本书除了政策演变这条主线之外，拟以雷吉乌斯、布策、穆斯库鲁斯为代表的新教神学家与市议会的互动，以及教派政策作为呈现奥格斯堡的宗教改革进程的一条副线。这样的安排主要是考虑到，在奥格斯堡的早期改革过程中（1518—1534），城市中一些新教牧师起到了十分重要的作用，他们与市议会之间有着很大程度上的合作关系，在关键时刻力挽狂澜，影响巨大，并且这样的副线思路也是以往的奥格斯堡宗教改革研究中所没有的。副线中最重要的代表人物就是神学家乌班努斯·雷吉乌斯（Urbanus Rhegius 1489—1541，简称"雷氏"）、马丁·布策（Martin Bucer 1491—1551）以及布策的追随者穆斯库鲁斯（Wolfgang Muskulus 1497—1563，简称"穆氏"）。1518年路德来奥格斯堡后，开启了奥格斯堡的宗教改革进程，1520年，已转变为路德福音教派的雷氏来到奥格斯堡，担任大主教教堂传道士，由于进行新教宣传，不久以后（1521年）被迫第一次离开奥格斯堡；1524年，形势发生改变，雷氏再次回到奥格斯堡，获得了当地最主要的新教阵地圣安娜教堂的聘任，从此开始了他在奥格斯堡的一系列新教宣传与改革活动，并参与了奥格斯堡宗教改革前期的全部进程：1525年正式的圣餐仪礼改革，1525年的教士结婚浪潮、圣餐之争、早期教派多元化挑战、再洗礼派动乱、"奥格斯堡信纲"起草、布道之争，等等。在雷氏之后，另外一位重要改教家，是来自斯特拉斯堡的马丁·布策（Martin Bucer 1491—1551），他在雷氏退出奥格斯堡宗教改革舞台之后，参与进了奥格斯堡的宗教改革进程。布策的宗教改革思想具有一定茨温利派倾向，但有别于它，并且具有斯特拉斯堡以市议会为核心进行宗教改革的成功经验，构建了一套有别于路德所代表的维腾堡模式、茨温利所代表的苏黎世模式之外的第三条改革路径——上德意志区域改革模式。布策的路径受到奥格斯堡市议会的青睐，在此后的四年中，布策与奥格斯堡市议会合作，给予了奥格斯堡很多实践上的改革建议并参与了很多具体事务的安排，例如，安插了很多来自斯特拉斯堡的新教传教士，例如其中对奥格斯堡有比较大影响力的穆斯库鲁斯，在他们的努力下，奥格斯堡着手进行了一系列教会改革，最后促成了1534年奥格斯堡市议会正式推行新教改革以及1537年的全面改革。

在内容的构建深度上，本书的研究可以构建三个梯度：第一个梯度，奥格斯堡的宗教改革政策与实践发展过程；第二个梯度，影响改革政策与实践背后的因素，及其折射出来的奥格斯堡的复杂宗教改革历程和帝国政治层面的复杂关系，以及在此基础上，对奥格斯堡的城市宗教改革史的诠释和评价；第三个梯度，奥格斯堡作为一个研究城市宗教改革的案例，从中所能提炼出来的城市宗教改革的解释范式、研究方法上的一些启发或者意义。

第二节　研究意义

本书的研究具有一定的理论意义与现实意义，结合上文所述，可以概括为以下几个方面。

从研究主题来看：首先，有关城市宗教改革这一主题，尽管在欧美德国已经有了非常丰富的研究，但在中国还十分有限，对奥格斯堡的城市宗教改革目前国内还无人涉及，本书的研究可以丰富国内这一领域的研究。其次，本书是奥格斯堡的个案研究，普遍意义上，奥格斯堡作为帝国城市之一展示了帝国城市宗教改革的多样性，即"复数的宗教改革"，但更重要的是，由于奥格斯堡的独特性，只有对这个城市的研究能够展示宗教改革早期教派多元化的复杂局面，也只有对这个城市的研究能够最好地折射出来影响城市宗教改革的帝国层面的复杂因素。

从研究视角来看，本书以市议会的宗教改革政策为主线，城市的教派政策以及市议会与新教神学家的互动为副线，以此透视奥格斯堡的宗教改革过程，突破了以往的研究视角与叙事结构。市议会作为城市世俗权威，在宗教改革大浪潮中具有主动性，它所进行的选择性扬弃与调和，顺势作为，将宗教改革转变为一场在具有神圣意义的"信仰"与世俗的"权力"之间，在"秩序"与"动荡"之间动态交互、跌宕起伏的城市改革运动，这个视角突破了以往的宗教改革被动接受史的研究角度。从研究内容上来看，本书着重探究影响这个城市改革决策以及进程的内外因素，并上升到影响早期宗教改革的帝国政治层面的因素，在主要关注的问题上有所新立。此外，本书着重突出了以往欧美学者在奥格斯堡宗教改革研究中所忽略的早期教派多元化因素以及市议会的不同教派政策这两方面。在文章的主旨构建上，本书以个案的研究回应"教"与"俗"、"信仰"与"权力"二者的关系这一宏大主题，某种程度上具有一定的基础理论建设意义，以及对于政治实践的参考意义。

从社会历史模型角度看，欧洲近代早期史的社会历史学家几十年如一日地投身于大众对政治变化中的影响研究，他们通常会以"自下而上"的历史视角来研究动乱时期的社会历史，人民大众的历史。近些年关注大众历史，微观史的著作层出不穷，然而实际的情况从来不是一个严格的从上至下的决定，或是完全的从下至上的推动。在持续的政治变化中，各方面利益群体的博弈才是主线。鉴于奥格斯堡的内部复杂的社会关系与利益纠葛，以及汇聚了最多的早期教派因素，对它的宗教改革研究无疑为检验这种过程提供了一个理想的模型，还原历史本身的复杂性。因此，本书尝试以奥格斯堡个案为基础，构建一种影响宗教改革进程的兼具自上而下以及自下而上的复杂模型。

从现实意义角度来看，在对奥格斯堡的多维度研究中，本书突出了在动荡局势下，奥格斯堡城市当局进行的所有改革，包括对不同教派的支持与打压，都是在一个相对和平的框架内完成的，奥格斯堡作为一个"教派和平"建设案例，呼应宗教改革500周年的"宗教宽容"等核心词，面对当前全球化时代下多元宗教接触与冲突，某种意义上能够提供一些历史性参考，具有一定的现实意义。

第三节 研究史料

本书的研究史料基础主要有三部分：第一部分，有关奥格斯堡城市档案馆（Stadtarchiv Augsburg）和奥格斯堡州立与城市图书馆（Staats-und Stadtbibliothek Augsburg）等档案馆和图书馆所保存的奥格斯堡宗教改革期间的史料；第二部分，一些常见的有关宗教改革、路德、小册子类的史料；第三部分，城市重要人物的个人类史料。

第一部分有关奥格斯堡的宗教改革时期的史料比较丰富，包括：（1）城市历史档案，如奥格斯堡的市议会记录（Ratsprotokoll）、市议会法令（Ratsdekrete）、十三委员会议记录（Dreizehnerprotolkolle）、市长记录（Bürgermeistersprotokoll）、财政记录（Baurechnungen）、缴税簿（Steuerbücher）手稿、审判记录（Urgichten）、相关文献（Literalien）、手稿（Autograhen）整理汇编（Sammlung）等。（2）城市的主教档案（Bischöflicher Archiv）、新教档案（Evangelisches Wesensarchiv）、包括奥格斯堡新教方面的手稿以及出版的传记类史料，① 以及一些具体的教堂档案，如圣安娜教堂档案（St. Anna Archiv）等。（3）不可忽视的还有同时代的本尼迪克教士克莱门斯·詹德（Clemens Sender）② 和海姆（Nausmannes Wilhelm Rem）写的编年史，城市书记官人文主义学者鲍丁格（Konrad Peutinger）收集和保存的材料，1541年正式聘任的市议员克莱门斯·仔格（Clemens Jäger）整理的档案，以及当时很有名的医生瓦福尔（Pirminius Waffer）所写的编年记录，等等。（4）此外还有当代出版的一些史料，如奥格斯堡宗教改革期间的发行的小册子汇编③，一位美国学者编写的一小本的奥格斯堡宗教改革史料汇集④，以及城市历史史料汇编等。⑤

第二部分包括一些已出版的宗教改革的档案，⑥ 早期宗教改革小册子史料汇编。⑦ 魏玛版路德文集，以及包括路德在内的神学家与社会名流政要等各方人员的书信往来等。

第三部分有关城市重要人物的个人类史料，主要包括影响城市改革进程比较重要的神学家雷吉乌斯（Urbannus Rhegius）、布策（Martin Bucer）、穆斯库鲁斯（Wolfgang Muskulus），以及政治家鲍丁格（Konrad Peutinger）、驻扎主教斯塔迪昂（Christoph von Stadtion）等。雷氏的史料主要包括他的作品、书信、发行的小册子、宣传单、自传以及他人写的传

---

① Die mancherlei handschriftlich und gedruckte vorhandenen biographischen Nachrichten über die Augsburger evangelischen Geistlichen（auch das sog. Eavng. Augsb. Ministerium—s. zapf. Augsburgliche Bibl. Bd. II 705 und 706.

② Celmens Sender（1475 - 1537）（奥格斯堡圣乌里希教堂的教士）编年记录，印刷版本：Die Chronik von Clemens Sender von den ältersten Zeiten der Stadt bis zum Jahr 1536, In: Die Chroniken der deutschen Städte vol. 23, 1894。

③ Bibiliographie der Flugschriften des 16. Jahrhunderts Teil 1 Band1 - 3 Biblitheca Academi Verlag, Tübingen 1996

④ Tlusty, B. Ann. Augsburg during the Reformation Era—An Anthology of Sources, Hackett Pub. Co., 2012.

⑤ Die Chroniken der Schwäbischen Städte. Augsburg, Bd. 4, Gesamtreihe Bd. 23, 1894. Bd. 5, Gesamtreihe Bd. 25, 1896; Bd. 6, Gesamtreihe Bd. 29, 1906.

⑥ 例如宗教改革史料汇编：Ruth Kastner, Quellen zur Reformation 1517 - 1555, herausgeben von Wissenschaftliche Buchgesellschft Darmstadt。

⑦ Adolf Laube（Leitung）, Annerose Schneider, Sigrid Looß: Flugschriften der Frühen Reformationsbewegung（1418 - 1524）Band I, Topos Verlag Vaduz, 1983.

记等。① 本书对雷氏的史料进行了全面的整理，具体可以参见后文附录。有关布策的研究史料，在德国一共有两个布策研究中心，一个是在海德堡，另一个是在埃尔兰根（Erlangen）。斯特拉斯堡大学神学系与埃尔兰根大学合作完成了布策拉丁文本的原始文稿整理，形成七卷本出版发行，其中包含了布策将近3000份书信中的709份，七卷本已经于1979—2014年陆续出版发行。在多方合作下，布策的德语版本的作品史料集也已经整理出版，目前共23册。② 本书的研究主要参考到的是：第3卷、第4卷、第6卷、第16卷。③ 埃尔兰根研究中心主要是整理出版布策的来往书信，目前已经整理出版九大卷，④ 本书主要参考了有关布策在奥格斯堡的影响主要参考第7、8卷，⑤ 其中包含和奥格斯堡的书信往来。⑥ 此外还有布策个人的书信往来、出版文章以及其他当时代的史料。⑦ 有关影响奥格斯堡

---

① H. Ch. Heimbürger："Urbanus Rhegius：nach gedruckten und ungedruckten Quellen"，Hamburg und Gotha 1851；G. Uhlhorn："Urbanus R.，Leben und ausgewählte Schriften"，Elberfeld 1861. （Väter und Begründer der lutherischen Kirche. Eingeleitet von Nitzsch，VII. Theil）；Rhegius，Urbanus：Ein sendbrief an das Conuent des Jungfrawen Clsoter Wynhusen wider das cnchristlich gesang. Salue Regina，Türbingen，1558；Rhegius，Urbanus：Dailogus von der herrlichen trostreichen Predigt，die Christus…von Jerusalem bis gen Emaus den zweien Juegern am Ostertage…gethan hat Wittemberg，1590；Rhegius，Urbanus：Preaching the Reformation：the homiletical handbook of Urbanus Rhegius.

② 全部目录可参见 http：//www. adw. uni-heidelberg. de/bucer/seiten/forsch. php? active_ menu = m_ id3。

③ Bd. 3：Confessio Tetrapolitana und die Schriften des Jahres 1531，Gütersloh/Paris 1969；Bd. 4：Zur auswärtigen Wirksamkeit 1528 – 1533，Gütersloh/Paris 1975，Robert Stupperich，Hans-Georg Rott，Wilhelm A. Neuser. Usw.；Bd. 6：Martin Bucers Katechismen aus den Jahren，1534，1537，1543，Gütersloh，1987；Bd. 16. Nachträge 1531 – 1541，Gütersloh，2013.

④ Martin Bucer Briefwechsel in der Reihe Studies in Medieval and Reformation Thought im Verlag Brill.

⑤ Bd. 7：Oktober 1531 -März 1532. hrg. v. Berndt Hamm，Reinhold Friedrich und Wolfgang Simon，Leiden/Boston 2008（Studies in Medieval and Reformation Traditions 136）；Bd. 8：April-August 1532. hrsg. v. Wolfgang Sion，Berndt Hamm und Reinhold Friedrich. Leiden/Boston 2011.

⑥ 其中写给布策的有6封，布策回1封，共7封。给布策写信的人为 Bartholomeo Fonzio（Augsburg），布策给回信的人是 Bonifatius Wolfhart（Augsburg）。

⑦ （1）Capito und Butzer：Straßburgs Reformatoren；nach ihrem handschriftlichen Briefschatze，ihren gedruckten Schriften und anderen gleichzeitigen Quellen dargestellt Baum，Johann Wilhelm. -Elberfeld：Friderichs，1860 布策的书信往来、出版文章以及其他当时代的史料；（2）Brief Bucers，betreffend Blarer und Grynäus 22. Mai 1534. Landesarchiv Baden-Württemberg，Abt. Hauptstaatsarchiv Stuttgart，A 63 Religions-und Kirchensachen 布策书信集；（3）Metaphrases Et Enarrationes Perpetuae Epistolarum D. Pauli Apostoli ….1，Continens Metaphrasim Et Enarrationem in Epistolam ad Romanos Bucer，Martin. -Argentorati：Rihel，1536 布策写的文章；（4）Bedenken［von Bucer］wegen der Religionsänderung 1535，Landesarchiv（转下页）

新教改革的另外一位新教牧师——沃夫冈·穆斯库鲁斯（Wolfgang Musculus，简称穆氏）的史料保存并不像布策那么丰富，主要流传下来的有穆氏的儿子所写的传记，他的个人信件以及同时期的其他作者用法文和拉丁文记录有关他的一些文件。可见于研究瑞士宗教改革史的鲍登曼（Reinhard Bodenmann）根据这些材料所整理的《宗教改革时代沃夫冈·穆斯库鲁斯的命运》①。

第四节　研究综述

一　城市宗教改革

由于本书的研究对象是奥格斯堡作为一个个案的城市宗教改革研究，因此，梳理一下有关城市宗教改革的研究概况是十分必要的。

当代的城市宗教改革研究，可以从1962年穆勒（Bernd Moeller）出版了《帝国城市与宗教改革》②开篇，这部著作是城市宗教改革研究的里程碑，开启了宗教改革的社会史研究维度。③布瑞克（P. Blickle）评价说，在穆勒之前，宗教改革的研究多是一种精神史与政治史的交叠，即路德的神学及地方诸侯领主的实践，而穆勒的研究开启了第三条维度，即宗教改革的社会史研究。④

穆勒认为：在1521年沃尔姆斯帝国地会上记录的帝国城市与自由城市一共有85个，其中65个属于帝国直属的城市，50个城市参与了16世纪的宗教改革运动，其中一半以上的城市成为新教城市，剩下的城市则或者在改革的进程中与天主教并存，或者在一段时间内新教获胜，后来又被天主教势力镇压，65个城市中只有14个城市从未容忍过新教在其

（接上页）Baden-Württemberg, Abt. Hauptstaatsarchiv Stuttgart, A 63 Religions-und Kirchensachen。

① Reinhard Bodenmann: Wolfgang Musculus (1497 - 1563), Destin d'un autodidacte lorrain au siècle des Réformes. Etude basée sur la biographie établie par son fils, la correspondance personnelle et de nombreux autres documents d'époque (= Travaux d'Humanisme et Renaissance. Bd. 343), Droz, Genf, 2000, (Zugleich: Bern, Universität, Habilitations-Schrift, 1999).

② Bernd Moeller, *Reichsstadt und Reformation*, mit einer Einleitung herausgegeben von Thomas Kaufmann, neue Aufgabe, Mohr Siebeck, Tübingen, 2011.

③ Peter Blickle, *Gemeindereformation*, *Die Menschen des 16. Jahrhunderts auf dem Weg zum Heil*, Studienausgabe, München, 1987, S. 15.

④ Peter Blickle, Gemeindereformation, Die Menschen des 16. Jahrhunderts auf dem Weg zum Heil, Studienausgabe, München, 1987, S. 15.

围墙内兴起,但大多数也受到了新教运动的冲击,只有5个小城市①从未受到宗教改革的影响。② 由以上数据可见,宗教改革中的帝国城市的辐射范围要比帝国其他类型更广泛,所以关注帝国城市宗教改革是非常有意义的。而且穆勒认为16世纪的城市宗教改革研究应该不限于那些在法律上的帝国自由城市,也应包括那些有和城市一样的地位和影响的地区。在穆勒的《帝国城市与宗教改革》中,穆勒将南德的帝国城市倾向于茨温利,尤其是受到马丁·布策（Matin Bucer）③神学思想影响很大的也带入了其中。其中,人们注意到,人文主义对一些神学家思想的塑造有很大影响。这些又与新教内部分教派分歧,以及圣餐之争有关。通过研究,穆勒发现了这样一个基本的事实,在城市发达的德国南部和瑞士地区,人们大多信奉茨温利的新教,而在诸侯势力强大的地区,如路德所在的萨克森领地,人们常常信奉路德的新教,两者正好形成了鲜明的对比。④

穆勒在《帝国城市与宗教改革》这一里程碑著作中,通过阐述城市市民以宗教为底色的自我认识及其日常行为,从而塑造了新教的整体印象:即宗教通过教会、基金会组织、堂区管理等深入渗透整体市民生活之中,从各个方面为市民提供宗教精神上的慰藉和世俗生活上的关照;城市的法律、价值观、宗教文化、日常的法律观念等与宗教改革都有着稳定的关联;正是这些社会生活的多面阐释开启了宗教改革的社会史研究维度。⑤ 穆勒的这些看法,被学术界概括为城市宗教改革说。

从60年代一直到70年代末,穆勒的社会史维度的开启,带动了英语学界的深入互动,掀起了城市宗教改革研究的热潮。在这一阶段,德国宗教改革运动被视为一场"城市事件"得到广泛的研究,社会史研究方法得到充分运用。布瑞迪（Thomas A. Brady）认为,这一潮流主要就是受到穆勒的研究的影响。⑥ 穆约克（Olaf Mörke）也评价到:穆勒的《帝国城

---

① 这五个小城是:Buchau am Federsee, Pfullendorf, Zell am Harmersch, Rosheim, Türkheim, 参见 Bernd Moeller, *Reichsstadt und Reformation*, S. 40。
② Bernd Moeller, *Reichsstadt und Reformation*, S. 39f.
③ 有关马丁·布策的研究,可以参看:Holger Pils-Petra Schaffordt, Steohan Ruderer: Matin Bucer (1491–1551), hg. Von Goettfried Seebass, Gütersloh, 2005。
④ Bernd Moeller: *Reichsstadt und Reformation*, S. 39f.
⑤ Bernd Moeller, *Die Reformation und das Mittelalter*, Kirchenhistorische Aufsätze, Vandenhoeck & Ruprecht, Göttingen, 1991, S. 73–85, 307–317.
⑥ Thomas A. Brady, *From Revolution to the Long Reformation: Writings in English on the German Reformation, 1970–2005*, in ARG 100, 2009, pp. 48–64, here, p. 50.

市与宗教改革》一书开启了宗教改革的社会学研究,对整个德语区学术界,乃至盎格鲁—撒克逊学术界都有着非常广泛深刻的影响①。考夫曼(Thomas Kaufmann)对此也持赞同意见②,并指出这种方向的转变带动了很多非神学研究的历史学家进入宗教改革历史研究。③

这部作品率先引发了无数的城市宗教改革的追随研究,使城市宗教改革成为宗教改革研究领域的中心议题。英语学界的年轻学者们纷纷投入进来。很快,苏黎世、④ 纽伦堡、⑤ 斯特拉斯堡、⑥ 爱尔福特、⑦ 科尔马、⑧ 巴塞尔、⑨ 奥格斯堡、⑩ 海尔布隆⑪,这些城市都得到了深入的研究。一些基本的概念,比如市议会的市长、行会的居民、街道和教堂的百姓、讲台上的传道士,成为研究的通用模板。这些学者们认同穆勒总结的德国市民的独特心态,即"个人是整体的一部分,为伟大社区的'公共福祉'承

---

① Olaf Moerke, *Die Reformation-Voraussetzung und Durchsetzung*, München 2005, S. 93.
② Thomas Kaufmann, *Die deutsche Reformationsforschung seit dem Zweiten Weltkrieg*, in: ARG 100, 2009, S. 15 – 47. bes. 32ff.
③ Thomas Kaufmann, *Die deutsche Reformationsforschung seit dem Zweiten Weltkrieg*, in: ARG 100, 2009, S. 15 – 47. bes. 32ff.
④ Robert C. Walton, *Zwingli's Theocracy*, Toronto, 1967.
⑤ Lawrence Buck and Jonathan Zopy (eds.): *The Social History of the Reformation*, a reprensentative collection of work by the students of Harold J. Grimm, Columbus, OH 1972.
⑥ Miriam Usher Chrisman, *Strasbourg and the Reform: A Study in the Process of Change*, New Haven, 1967, one of the earliest English books to cite Moeller's essay; James M. Kittelson, *Wolfgang Capito: From Humanist to Reformer*, Leiden, 1975; Thomas A. Brady, *Ruling Class, Regime and Reformation at Strasbourg, 1520 – 1555*, Leiden, 1978; William S. Stafford, *Domesticating the Clegy: The Inception of the Reformation in Strasbourg, 1522 – 1524*, Missoula, MT, 1976; Lorna Jane Abray, *the People's Reformation: Magistrates, Clergy and Commons in Strasbourg, 1520 – 1599*, New Haven, 1985.
⑦ Robert W. Scribner, "Civic Unity and the Reformation in Erfurt", in *Past and Present*, 56, 1975, pp. 29 – 60.
⑧ Kaspar von Greyerz, *The Late City Reformation in Germany: The Case of Colmar, 1522 – 1628*, Wiesbaden, 1980.
⑨ Hans Rudolph Guggisberg, *Basel in the Sixteenth Century: Aspects of the City Republic before, during, and after the Reformation*, St. Louis 1982; Amy Nelson Burnett, *Teaching the Reformation: Ministers and Their Message in Basel, 1529 – 1629*, Oxford and New York, 2006.
⑩ Philip Broadhead, "Popular Pressure for Reform in Augsburg, 1524 – 1534", in W. J. Mommsen, P. J. Alter, and R. W. Scribner (eds.): *The Urban Classes, the Nobility and the Reformation*, Stuttgart 1979, pp. 80 – 87; idem, "Politics and Expediency in the Augsburg Reformation", in P. N. Brooks (ed.): *Reformation Principle and Practice: Essays in Honour of Arthur Geoffrey Dickens*, London 1980, pp. 53 – 70.
⑪ Thomas F. Sea, "The Reformation and the Restoration of Civic Authority in Heilbronn, 1525 – 32", in *Central European History*, 19, 1986, pp. 235 – 261.

担他那部分的责任,是'集体的个人',受法律和义务的束缚"。① 因此,这些学者们通过南德市民和改革者将德国宗教改革与"西方"的政治传统重新联系起来,尤其是其民主的部分。在这个潮流初期,绝大多数学者沉浸于"宗教改革至少在开始阶段是一场城市事件"这一观点。② 穆勒的《帝国城市与宗教改革》也被翻译成英文,③ 没有任何一本书像这本书这样,在战后得到了英语学界如此热烈的追捧与研究。这一热潮一直持续了二十多年。

与此同时,沿着穆勒的研究方向,学者们也转向了宗教改革的社会接受史层面。即,在复杂的社会关系之中,宗教改革的思想和学说是以什么样的方式和途径被接受的?宗教改革运动的内在进程是怎样的?以往的研究,例如路尔茨(Joseph Lortz)的观点,认为宗教改革只是帝国城市市政府的推动,并且彻头彻尾地欺骗愚弄百姓,宗教是一种最不重要的推动力量,④ 得到了批判和反驳。此后,诸多学者投入城市宗教改革的社会接受史研究中。其中有研究状况报告,⑤ 总结性的文章,⑥ 还有全集性的集册⑦。此

---

① Bernd Moeller, *Reichsstadt und Reformation*, Gütersloh 1962, S. 10; English version: *Imperial Cities and the Reformation* (n. 4), 1982, p. 43.

② Early Appraisals Came from Basil Hall, "The Reformation City", in: *Bulletin of the John Rylands Library*, 1971 (54), pp. 103 – 48; and Harold J. Grimm, "The Reformation and the Urban Social Classes in Germany", in John C. Olin (ed.): *Luther, Erasmus and the Reformation: A Catholic-Protestant Reappraisal*, New York, 1969, pp. 75 – 86. For an interesting but neglected attempt by a geographer to survey this subject, see Manfred Hannemann, *The Diffusion of the Reformation in Southwestern Germany, 1518 – 1534*, Chicago, 1975.

③ Bernd Moeller, *Imperial Cities and the Reformation*, three Essays, ed. and translated by H. C. E. Midelfort and M. U. Edwards, jr. Philadelphia, 1972, 2. Aufl. Durham, 1982.

④ J. Lortz: Die Reformation in Deutschland I 3. Asgb. 1948. 362; Bernd Moeller, Reichsstadt und Reformation, neue Aufgabe, Mohr Siebeck, Tübingen, 2011, S. 149.

⑤ H. C. RUBLACK: Forschungsbericht Stadt und Reformation, in B. Moeller (Hg.): Stadt und Kirche im 16. Jahrhundert, 1978, S. 9 – 26; G. Müller: Reformation und Stadt, Zur Rezeption der evangelischen Verkündigung, 1981; H. SMOLINSKY: Stadt und Reformation. Neue Aspekte der reformationsgeschichtlichen Forschung. Trierer Theol. Zs. 92, 1983: 32 – 44; K. V. GREYERZ: Stadt und Reformation. Stand und Aufgaben der Forschung. ARG. 76, 1985: 6 – 63.

⑥ E. MASCHKE: Deutsche Städte am Ausgang des Mittelalters. In W. RAUSCH (Hg.): Die Städte am Ausgang des Mittelalters, 1974: 1 – 44; E. MASCHKE: Städte und Menschen, 1980: 56 – 99; G. KÖBLER, B. MOELLER: Bürgertum I (Mittelalter und frühe Neuzeit), TRE 7, 1983: 338 – 346.

⑦ W. J. MOMMSEN (Hg.): Stadtbürgtum und Adel in der Reformation, 1979; L. BATORI (Hg.): Städtische Gesellschaft und Reformation. 1980; W. EBRECHT (Hg.): Städtische Führungsgruppen und Gemeinde in der werdenen Neuzeit. 1980; F. PETRI (Hg.): Kirche und Gesellschaftlicher Wandel in Deutschen und Niederländischen Städten der werdenen Neuzeit, 1980; W. RAUSCH (Hg.): Die Stadt an der Schwelle zur Neuzeit. 1980; J. SYDOW (Hg.): Bürgerschaft und Kirche, 1980.

外，还有美国学术界根据学术研讨会整理的全集，① 再有一些比较有代表性的作品，比如路茨（H. Lutz），② 沃海菲尔（R. Wohelfel），③ 布瑞克（P. Blickle），④ 迪肯斯（A. G. Dickens）⑤ 等。其中，值得一提的是迪肯斯，他说"宗教改革，至少在开始阶段，是一场城市事件"，⑥ 他的研究引导了宗教改革和城市研究的新方向。根据这些研究的成果，可以说宗教改革在德意志率先取得大规模成功是在城市中，而且不仅仅限于帝国城市。后续的研究包含各种类型的城市和城市地区，涉及穷人和富人、小人物和大人物，更多的寡头政治还是民主意见，以及政治主权等问题。因此，对这些城市的宗教改革的研究慢慢不再仅仅是宗教改革的社会接受史，而且逐渐趋向城市针对宗教改革的问题一种"自我的""富有个性"的解决方案的寻求。这也是我们当前的城市宗教改革的一种趋向，也是本书研究所显示出来的一个趋向。

1975 年后的新研究，更加重视宗教改革对政治、社会构建的作用。这些新研究发展出了新的理论和批判方式。他们认为，在构建近代政治的进程中，并非仅仅是路德的宗教改革为德国的这种政治发展提供理论依据，还存在着主要由茨温利提出的社区宗教改革模式所提供的选择道路。例如，尽管穆勒和布瑞克⑦这两位学者的观点有所不同，但是都凸显了"社区传统"在城市宗教改革中的重要作用。此外，这两位学者都认为任何宗教改革的学说，都无法脱离当时各个地区的具体状况来进行分析——各地的人们都会依据自己所处的环境来对新教神学进行改造，来适应自己的需要。布瑞克认为："普通人的经济、社会和政治关注与进行宗教改革的各种论据和要素是密切相关的，减轻经济负担的法律代号就是'公共福祉'；要求正义的口号是'基督兄弟之爱'；要求最佳法律制度的法律用语是'神法'；要求好的政治制度的口号是依靠

---

① N. Z. DAVIES u. a.：Revaluating the Reformation Journal of Interdisciplinary History. I, 1971：379 – 446；H. A. OBERMANN（Hg.）：Luther and the Dawn of the Modern Era, 1974, 209ff（Reformation and Society）

② H. LUTZ. Reformation und Gegenreformation, 1979.

③ R. WOHELFELL：Einführung in die Geschichte der deutschen Reformation, 1982, 118ff.

④ P. BLICKLE：Die Reformation im Reich, 1982, 79ff.

⑤ A. G. DICKENS：The German Reformation and Martin Luther, 1974. 182.

⑥ 此外还有 B. HALL：The Reformation City, Bull of John Ryland Libr, 54. 1971 – 72. 103 – 148（103）。

⑦ 1975 年，著名的德国历史学家彼得·布瑞克（Peter Blickle）出版《1525 年革命：对德国农民战争的新透视》（The Revolution of 1525：The German Peasants' War from a New Perspective）一书，进一步提出了"社区宗教改革"这一概念。

社区和选举。"①

在改革模式问题上，美国历史学布瑞迪（Thomas A. Brady）在1985年出版的《转向瑞士：1450年至1550年的城市与帝国》（Turning Swiss: Cities and Empire, 1450—1550）一书中，分析了瑞士苏黎世的宗教改革运动对于德国南部城市的影响。布瑞迪认为，德国南部城市的宗教改革与茨温利的改革是紧密相连的。从1450年开始，有两种力量开始对德国南部城市产生影响：一是哈布斯堡家族的南部推进计划，即以哈布斯堡王朝的奥地利领地为基础，加大对南部其他城市的控制力度，企图把南部的斯特拉斯堡、纽伦堡等控制在自己的麾下；二是德国南部城市自身的倾向，即"转向瑞士"，与瑞士联合，甚至共同建立一个以独立自治为基础的新的瑞士联邦。这样，奥地利道路和转向瑞士道路就成为德国南部城市的两种选择。② 在此基础上，德国宗教改革史专家考夫曼（Thomas Kaufmann）认为早期的城市宗教改革除了维腾堡模式、苏黎世模式之外，还有一种具有混合性质的"瑞士—南德"模式——上德意志区域模式。所谓的社区宗教改革与市议会宗教改革之间，仍是有很大的弹性空间的，即世俗管理逐渐走向台前，而宗教逐渐被驯管的过程，因为这是城市作为基督教社区单元逐渐走向统一与普遍化的必然路径。③ 然而无论如何，城市的市议会作为城市世俗管理机构在这一过程中仍然是起到了重要的引导作用的，只是作用大小、方式有异，鲁布莱克（Rublack）也说"没有一场宗教改革运动是市议会单方面责令民众完成的，其中一定有下层民众的支持，正如没有一场改革运动缺少了市议会一样。④ 本书对奥格斯堡个案的研究，验

---

① 布瑞克认为，1525年革命是一场"普通人"的而革命，是一场由百姓建立近代政治的斗争。革命的社会目标，消极地说是废除特殊社会群体独有的一切权利和特权；积极地说就是"公共福祉"和"基督教兄弟之爱"。从这些社会目标中产生了革命的政治目标：在小邦中，形成合作性的联邦政府；在大邦中，形成一种建立在领地大会基础上的制度。这两种政治形式的基本原理都完全取自福音书和公社的选举原则。尽管如此，革命的军事失败还是导致了1525年之前的社会政治体系的固定。这是通过几乎各地普遍减轻农业的经济负担，通过更强有力的司法保证以及通过将农民政治权利固定化来取得的，也是通过统治者对社区宗教改革的镇压而得来的。[德]彼得·布瑞克：《1525年革命：对德国农民战争的新透视》，陈海珠、钱金飞、杨晋、朱孝远译，广西师范大学出版社2008年版，第213—214页；Peter Blickle: The Revolution of 1525: The German Peasants' War from a New Perspective, Baltimore and London: The Johns Hopkins University Press, 1985, p. 156。
② Thomas A. Brady, Jr., Turning Swiss: Cities and Empire, 1450 - 1550, Cambridge, Cambridge University Press, 1985, p. 224.
③ Kaufmann Thomas, Geschichte der Reformation, Frankfurt/Main-Leipzig, 2009, S. 420.
④ Rublack Hans-Christoph, Forschungsbericht Stadt und Reformation, in Bernd Moeller (hg.) Stadt und Kirche in 16. Jahrhundert, Gütersloh, 1978, S. 24.

证了这种位于社区宗教改革与市议会宗教改革之间的模式,以及这个城市最后走向的具有混合特质的上德意志区域模式。

在究竟是谁领导了城市宗教改革这个问题上,学界基本上有三个解答:"市议会宗教改革"(Ratsreformation)、"民众宗教改革"(Volksreformation)和"社区宗教改革"(Gemeidereformation)。在第一种市议会宗教改革中,市议会被看作是推动教会政治革新的领导力量,而市民主要扮演相对被动或者配合的角色。这种观点的代表人物是贝克尔(Becker),他认为市议会对于城市宗教改革史的作用绝对不可小觑;[1] 外特格斯(Wolfram Wettges)支持贝克尔(Becker)的观点,在他对纽伦堡、奥格斯堡以及雷根斯堡的研究中,肯定了市议会的宗教改革具有广泛的有效性。[2] 克劳斯(Joself Kraus)对纽伦堡的研究也以纽伦堡市议会的强有力领导作用强化了这一论点。[3] 费非尔(Pfeiffer)对于纽伦堡的研究很出色,他把纽伦堡的宗教改革改革看作是市议会主动通过新教神学重建城市宗教生活新秩序。[4] 此外,哈尔(Hall)[5]、拜普(Philip Norton Bepp)、[6] 西巴斯(Gottfried Seebaß)、[7] 以及沃格勒(Günter Vogler)[8] 的研究与费非尔(Pfeiffer)一样,同样突出了市议会的作用。与此相反,以弗朗茨·劳(Franz Lau)[9] 为代表的学者通过对北德城市的研究,认为宗教改革主要是一场社会与政治参与神学的运动,不是市议会,而是"民众"(das Volk)推动了宗教改革,并且将之推向"民主化"(Demokratisierung)目的的进程。弗朗茨·劳并不特别关注城市作为地区宗教改革史的主体,而是1525年以后"路德的宗教改革作为自发的民众运动"这一趋向。将宗

---

[1] Winfried Becker, Reformation und Revolution, Katholisches Leben und Kirchenreform im Zeitalter der Glaubensspaltung, Aschendorff, 1974, S. 89.
[2] Wolfram Wettges, Reformation und Propaganda: Studien zur Kommunikation des Aufruhrs in süddeutschen Reichsstädten. Geschichte und Gesellschaft, Bochumer Historische Studien, Numer 17, Stuttgart, Klett-Cotta, 1978, S. 152, DM 44.
[3] J. Kraus. Die Stadt Nürnberg in ihren Beziehungen zur Römischen Kurie, S. 93f. Mitteilungen des Vereins für Geschichte der Stadt Nürnberg, Bd. 41. 1950.
[4] Gerhard, Pfeiffer, Entscheidung zur Reformation, S. 154.
[5] Basil Hall, The Reformation City, S. 124 – 126.
[6] P. N. Bepp, Christoph Scheurl's Role as Legal Adviser to the Nürnberg City Council, 1512 – 1525, Ohio State University, 1971. Bell, Leland Virgil, S. 123.
[7] Gottfried Seebaß, Stadt und Kirche in Nürnberg, S. 77.
[8] Günter Vogler, Nürnberg, S. 33, 317 – 319.
[9] Franz Lau: Der Bauernkrieg und das angebliche Ende der lutherischen Reformation als spontaner Volksbewegung, in Lau, Franz(Hrsg.) Luther-Jahrbuch, 1959. Berlin. Lutherisches Verlagshaus Herbert Renner.

教改革看作是"从下至上"的运动,例如布瑞迪(Thomas A Brady),在他看来,宗教改革摧毁了很多统治阶层的因素,宗教改革的实行绝不是统治阶层根据自身利益对于教会阶层的触及,而是来自"底层"(from below)的压力。[1] 随后有很多史学家强化了这种"从下至上的宗教改革"(Reformation von unten)的观念,例如斯科瑞布纳(Scribner)[2]和席令(Schilling)[3],或者是"民众宗教改革"(Volksreformation)的概念,例如东德的历史学家施坦麦茨(Steinmetz),[4] 采克(Czok)[5]和豪耶(Hoyer)[6],他们普遍赞同不是市议会而是民众推动了宗教改革。

彼得·布瑞克(Peter Blickle)更是在此基础上提出了一个"社区"的概念,他认为必须承认直到1525年都是"社区宗教改革"(Gemeindereformation),乡村和城市拥有共同的政治宪法,并且具有原则上的平等,这种社区原则是出自市民和农民的愿景构建的。[7] 布瑞克展开了穆勒1962年指出的受到联盟很大影响的上德意志区域的宗教改革道路,与路德影响的法兰克与北德的行会城市(Zunftstädte)与贵族城市的(Patrizierstädte)宗教改革之间的差异。例如,他认为纽伦堡作为一个贵族城市看起来比较像"市议会领导的"或者是"上层阶级的宗教改革",但是像梅明根这种行会城市就是很典型的"社区宗教改革"了。[8] 布瑞克认为"社区宗教改革"是比"市议会宗教改革"更具有概括性的改革形式。[9]

但就单个城市的宗教改革来说,1985年,斯科瑞布纳(Scribner)的研究[10]认为城市宗教改革并不取决于城市贵族议员,而是城市内部斗争的结果,并且他认为,任何宗教改革的学说,都无法脱离当时各个地区的具体情况来进行分析,当地的人们会根据自己所处的环境来对新教神学进行改造,以适应自己的需要。这一点承袭了穆勒和布瑞克的看法。他综合研

---

[1] Thomas A. Brady, *Ruling class, regime and Reformation at Strasbourg, 1520 – 1555*, Leiden: Brill, 1978, pp. 201f, 233, 19 – 33, 198.
[2] R. W. Scribner. The Reformation as a social Movement.
[3] H. Schilling, Die Politische Elite, S. 303.
[4] M. Steinmetz, Deutschland von 1476 bis 1648.
[5] C. Czok, Vorstädte in Sachsen und Thürringen.
[6] S. Hoyer, Reform, Reformation, Revolution.
[7] Peter Blickle, Reformation im Reich, S. 156.
[8] Peter Blickle, Reformation im Reich, S. 79 – 82.
[9] Peter Blickle, Reformation im Reich, S. 96f.
[10] R. W. Scribner, *Popular Culture and Popular Movement in Reformation Germany*, The Hambledon Press, 1987.

究城市里的市民和乡村的农民，提倡一种很细致的地方性研究的方法，本书在研究方法上继承了斯科瑞布纳（Scribner）的这种办法。斯科瑞布纳（Scribner）认为，宗教改革分为两个层次：底层是宗教社会运动，而顶层则是城市与（诸侯领地/区域领土）的统治权之争。本书的研究在城市内部各利益集团之间的动态博弈方面也有借鉴此处，并进一步推进，得出自己的观察。

迪克松（C. Scott. Dixon）认为在宗教改革刚开始的时候，宗教改革的神学思想必需要将其抽象理念转换到宗教实践中，这就面临着教会秩序重建的问题。人们很快认识到，城市社区和世俗领主都需要提供政治支持，以建设新的教会秩序。让步和妥协是必要的，最后还是多边利益相互依赖妥协的关系。世俗权威期望改革者能够给他们的信仰以保证，并加强他们对教会的控制，宗教改革很快就变成一种政治关系的连系，最开始是在城市社区和世俗领主的层面，然后上升到帝国政治的层面。①这种关系在奥格斯堡也体现得尤为明显。

二 奥格斯堡的宗教改革研究

有关奥格斯堡的城市宗教改革研究，首屈一指的是弗里德里希·罗特（Friedrich Roth）于 1903—1911 年写就的四卷本《奥格斯堡宗教改革史》②，时间跨度 1517—1555 年。罗特的书基于众多史料重构了当时的社会背景，个体的信仰态度，市长对于不同的宗教政治集团的支持态度以及宗教改革进程与社会的领导集团之间的关系，构建了后世研究奥格斯堡宗教改革的基础，意义重大。但是罗特的研究比较倾向于以路德派的发展为研究主体。同时代的沃尔法特（Karl Wolfart）在其博士学位论文中着重研究了 1533 年和 1534 年奥格斯堡的宗教改革决定。③ 汉斯（Wilhelm Hans）则着重研究了 1534—1537 年执行改革措施时的改革评议与争论。④

---

① C. Scott. Dixon, *The Reformation in Germany*, Blackwell Publishers, Oxford, UK, 2002, pp. 97 - 98.
② Friedrich Roth. Augsburg Reformationsgeschichte, Band 1 - 4, München, 1901 - 1911.
③ Karl Wolfart, die erste offizielle Entscheidung der Stadt Augsburg für die Reformation, 1533, Naumberg [Diss. Phil.] 1901; Karl Wolfart, die Augsburger Reformation in den Jahren 1533/1534 (SGTK, VII/2) Leipzig, 1901. [Nachdruck, Aalen 1972]
④ Wilhelm Hans, Gutachten und Streitschriften über das ius reformandi des Rates vor und während der Einführung der offiziellen Kirchenreform in Augsburg (1534 - 1537), Augsburg, 1901.

七八十年代，乔恩（Joachim Jahn）① 和瓦姆布鲁恩（Paul Warmbrunn）② 也有相关研究。乔恩 1976 年的学位论文主要研究了奥格斯堡宗教改革前夕的宪法与民众发展，其中也对 1520—1534 年的市长们进行了总结和梳理，论证了罗特的结论，即至 1531 年，宗教改革的种子已经种在了奥格斯堡的政治的最高决策层思想之中。他的观点是，宗教改革运动成功地使得权力集中在一个非常有限的上层阶级手中。③ 同时，他也试图说明，宗教上的纠纷以及奥格斯堡上级阶层的婚姻改革政策，是受米特高（Hermann Mitgau）所提出的"社会内驱力"影响和驱动的。瓦姆布鲁恩（Paul Warmbrunn）1983 年出版的博士学位论文"有关帝国城市中天主教与新教的共存"主要研究了 1548—1648 年奥格斯堡的教派结构，也即天主教和新教如何共生于奥格斯堡一个城市之中。④ 1984 年布罗德海德（Philip Broadhead）在他的研究中，将宗教改革的教会与政治背景置身于 16 世纪初的经济环境之下，突出了社会中的改革力量，尤其将茨温利派的牧师们作为主要关注对象，弱化了神学、教会政治以及结构性的研究视角。⑤

对于奥格斯堡的整体历史研究有迈尔（Christian Meyer）1907 年写的《奥格斯堡历史》⑥，比较概括地介绍了奥格斯堡从罗马时代到 18 世纪末期成为巴伐利亚城市的历史，以及他的另一本专门介绍人文主义与文艺复

---

① Joachim Jahn, Studien zur Verfassungs-und Bevölkungsentwicklung der Reichstadt Augsburg bis zur Einführung der Reformation, München, 1976.（未出版的学位论文，可见于奥格斯堡城市档案馆）.

② Paul Warmbrunn, Zwei Konfessionen in einer Stadt. Das Zusammenleben von Katholiken und Protestanten in den Paritaetischen Reichsstädten Augsburg, Biberbach, Ravensurg und Dinkelbühl von 1548 - 1648, Wiesbaden, 1983, S. 321 - 358.

③ Joachim Jahn, Studien zur Verfassungs-und Bevölkungsentwicklung der Reichstadt Augsburg bis zur Einführung der Reformation, München, 1976, S. 55 - 70.

④ Paul Warmbrunn. Zwei Konfessionen in einer Stadt. Das Zusammenleben von Katholiken und Protestanten in den Paritätischen Reichsstädten Augsburg, Biberbach, Ravensurg und Dinkelbuehl von 1548 - 1648, Wiesbaden, 1983, S. 321 - 358.

⑤ Philip Broadhead, International Politics and civic society in Augsburg during the era of the early reformation 1518 - 1537, Canterbury/Kent [Diss. Phil. Masch.] 1981; Philip Broadhead: popular Pressure ofr Reform in Augsburg 1524 - 1534; in Mommsen, Wolfgang J., (Hg.), Stadtbürgertum und Adel in der Reformation, Studien zur Sozialgeschichte der Reformation in England und Deutschland, Stuttgart, 1979, 80 - 87.

⑥ Christian Meyer, Geschichte der Stadt Augsburg, Verlag der H. laipp'schen Buchhandlung, Tübingen, 1907. In: Tübinger Studien für schwäbische und Deutsche Rechtsgeschichte, mit Unterstützung der Freiherrlich von Gremp'schen Stiftung hg. von Friedrich Thudichtum, I. Band.

兴时代的奥格斯堡的书籍。① 在这条道路上走的还有 1941 年史泰格（Hugo Steiger）写的奥格斯堡城市史，内容更为丰富详尽。② 奥格斯堡城市史最为权威的著作是在 1984 年出版的《奥格斯堡的历史：从罗马时代至今》，这本书由当代研究奥格斯堡，施瓦本地区的历史学者共同编写，分为四部分，第一部分为罗马帝国时代及之前的奥格斯堡历史、第二部分为中世纪、第三部分为中世纪晚期与近代早期，第四部分为 17—19 世纪近代历史，最后一部分为 19、20 世纪的历史。③

对奥格斯堡重要家族的专著研究有富格家族④、威尔瑟家族⑤、鲍姆加特纳家族（Baumgartner）⑥ 和海灵格家族（Reglinger）⑦；除此之外，还有对市长以及行会市长如乌里希·阿茨特（Ulrich Artzt）⑧，雅各布·何宝特（Jakob Herbrot）⑨，汉斯·雅各布·富格（Hans Jakob Fugger）⑩，马尔克斯·富格（Marx fugger）⑪，奥克塔维安·富格（Octavian Secundus Fug-

---

① Christian Meyer, Eine deutsche Stadt im Zeitalter des Humanismus und der Renaissance. Hamburg: Verl.-Anst. und Dr. (vorm. J. F. Richter), 1891.
② Hugo Steiger Geschichte der Stadt Augsburg: mit 16 Tafeln. München; Berlin: Oldenbourg, 1941.
③ Gunther Gottlieb, Wolfram Baer, Josef Becker, u. a. Hrsg, Geschichte der Stadt Augsburg von der Roemerzeit bis zur Gegenwart. Konrad Thesis Verlag, Stuttgart, 1984.
④ 有关富格家族的研究非常丰富，此处简要列举如下：Johannes Burkhardt. Die Fugger und das Reich: eine neue Forschungsperspektive zum 500 jährigen Jubiläum der ersten Fuggerherrschaft Kirchberg-Wei enhorn, Augsburg: Wißner, 2008; Harald Parigger. Fugger und der Duft des Goldes: die Entstehung des Kapitalismus, 1. Aufl.-Würzburg: Arena-Verl, 2009; Mark Häberlein. Die Fugger: Geschichte einer Augsburger Familie; (1367–1650) Stuttgart: Kohlhammer, 2006; Das Ehrenbuch der Fugger, Die Babenhauserner Handschrift. 2004; Die Fugger: Eine Geschichte von Geld und Macht, Leinfelden-Echterdingen: Konradin-Medien-GmbH, 2004; Britta Schneider. Fugger contra Fugger: die Augsburger Handelsgesellschaft zwischen Kontinuität und Konflikt (1560–1597/98), Augsburg: Wißner, 2016。
⑤ Johann Michael von Welser, Die Welser, 2Bde. Nürnberg, 1917.
⑥ Wilhelm Krag, Die Baumgartner von Nürnberg und Augsburg, Diss. München 1914; Karl Otto Müller, Quellen zur Handelsgeschichte der Baumgartner von Augsburg 1480–1570, Wiesbaden, 1955.
⑦ Franz. J. Schöningh. Die Rehlinger von Augsburg, ein Beitrag zur deustchen Wirtschaftsgeschichte des 16. Und 17. Jahrhunderts, Paderborn, 1927.
⑧ Friedrich Blendiger. Ulrich Artzt (um 1460–1527), in: lebensbilder zur Geschichte des 16 Jahrhunderts, München, 1922.
⑨ Paul Hecker, Der Augsburger Buergermeister Jocob Herbrot und der Sturz des zuenftischen Regiments in Augsburg. In ZHVS 1. 1874, S. 34–98.
⑩ Wilhelm Maasen, Hans Jakob Fugger (1516–1575), München, 1922.
⑪ Georg Lutz Marz Fugger (1529–1597) und die Annales Ecclesiastici des Baronius, Eine Verdeutschung aus dem Augsburg der Gegenreformation, in. Baronio storio e la controriforma, sora 1982, S. 421–545.

ger)①，以及城市的人文主义者代表，城市书记官康哈德·鲍丁格（Konrad Peutinger）②的研究。对于奥格斯堡的经济贸易和社会史的分析主要有哈通（Julius Hartung）③，伊伦贝格（Richard Ehrenberg）④，施特里德（Jakob Strieder）⑤，哈格尔（Josef Hagl）⑥，瓦恩穆德（Christel Warnmünde）⑦和布伦丁格（Friedrich Blendinger）⑧。此外近年来也有从文化学视角，针对奥格斯堡的城市人文主义与文艺复兴的研究，⑨以及个别针对城市教堂的教派倾向的研究。⑩再有就是有关奥格斯堡与周边地区宗教改革关联方面的研究。⑪

---

① Norbert Lieb, Octavian Secundus Fugger (1549 – 1600) und die Kunst, Tübingen, 1980.
② Heinrich Lutz, Conrad Peutinger. Beiträge zu einer politischen Biographie, Augsburg, 1958.
③ Julius Hartung. Die Augsburger Zuschlagsteuer von 1475. Ein Beitrag zur Geschichte des Städtischen Steuerwesens sowie der sozialen und EInkommensverhältnisse am Ausgang des Mittelalters, in Jahrbuch für Gesetzgebung, Verwaltung und Volkswirtschafte im deutsch Reich, 19, 1895, S. 96 – 135.
④ Richard Ehrenberg, Das Zeitalter der Fugger, Geldkapital und Kreditverkehr im 16. Jahrhundert, 2. Bde. Jena, 1896.
⑤ Jakob Strieder, Zur Genesis des modernen Kapitalismus, Leipzig, 1935; Heinz. F. Deininger, das reiche Augsburg, Augsburg, 1938.
⑥ Josef Hagl. Entwickung des Augsburger Großkapitals (1540 – 1618), München, 1924.
⑦ Christel Warnmünde. Augsburger Handel in den letzten Jahrzehnten des 16 Jahrhunderts und dem beginnenden 17 Jahrhundert. Freiburg, 1956.
⑧ Friedrich Blendinger, Versuch einer Bestimmung der Mittelschichte in der Recihstadt Augsburg von Ende des 14-bis zum Anfang des 18 Jahrhunderts, Stuttgart, 1972.
⑨ Gernot Michael Müller (Hg.) Humanismus und Renaissance in Augsburg: Kulturgeschichte einer Stadt zwischen Spätmittelalter und Dreißigjährigen Krieg, Berlin, De Gruyter, 2010.
⑩ Emily Fisher Gray, Good Neighbors: Architechture and Confession in Augsburg's Lutheran Church of Holy Cross, 1525 – 1661. (Diss. University of Pennsylavia, 2004)
⑪ 在奥格斯堡与周边地区关联方面，2009年，克罗斯（Christopher Close）出版了《谈判性质的宗教改革——帝国城市与城市改革的政策 1525—1550》。克罗期主要研究的是东部施瓦本地区的宗教改革，尤其是这个地区的帝国城市在新教发展的过程中彼此之间的政治关联。该研究关注如何将宗教改革施行于德意志城市的内在动态过程，可以视为地区研究的一种新视角。这本书主要分析了一些小的城市例如 Donauwörth 和 Kaufbeuern，宗教改革的施行实际上就是很多政派团体之间共同作用的结果，包括处于统治阶层的精英，城市的广大民众，周围实力强大的大城市的影响，等等。克罗斯研究了奥格斯堡的领导人，和其他的地区中心例如纽伦堡和斯塔拉斯堡，实际上很积极主动地促进了新教在东斯瓦本地区的建立，他们希望宗教的同一性能够扩展他们城市的政治影响力。奥格斯堡虽然自身是接受了受瑞士影响的新教形式，但有时候会和受到更较保守的路德派的纽伦堡一道对小城市施加影响。像奥格斯堡这样的城市尝试使用各种各样的方式对周围的城市的宗教信仰施加影响。小城市可能会向大城市申要一个可靠的牧师，尤其是当他们担心出现类似于在南德常见的再洗礼教的形式的"特别宗教"。主要的宗教改革家，例如斯特拉斯堡的马丁·布策，康斯坦的布莱尔（Ambrosius Blarer），他们从（转下页）

当代学者中，比较重要的研究奥格斯堡及其宗教改革的学者还有罗夫·柯斯灵（Rolf Kießling）[①]，他主要是从地方史学视角来研究奥格斯堡以及施瓦本城市。他于1971年出版的《中世纪晚期的奥格斯堡的市民社会与教会》[②]主要对14—16世纪之间奥格斯堡的市民社会与教会的进行了结构分析，陈述了市民的崛起以及教会的世俗化等内容，对16世纪的奥格斯堡社会状况做了很好的铺垫。此外他还专门研究了奥格斯堡的圣安娜教堂历史。[③] 在他之后还有外特格斯（Wolfram Wettges）[④]，布罗德海德（Philipp Broadhead）[⑤]，席勒（Lotte Schiller）[⑥]，瑙尤克斯（Eberhard Naujoks）[⑦]的研究，这几位的研究主要是建立在柯斯灵（Kießling）对中世纪晚期奥格斯堡的市民社会与教会的结构分析基础之上的。此外，柯斯灵（Kießling）还有一系列有关近代早期的奥格斯堡修道院、市民、基

（接上页）一个城市转移到另一个城市，也帮助小城市起草教会规章，建立宗教实践秩序。小城市的市议会也会就宗教问题定期向大城市如奥格斯堡、乌尔姆、纽伦堡进行咨询，虽然他们并不总是遵守这样的的建议。克罗斯的研究在地区关系方面研究上很有创见，但是其核心关注点并不在奥格斯堡本身。Christopher Close, *The Negotiated Reformation: Imperial Cities and the Politics of Urban Reform*, 1525 – 1550, Cambridge: Cambridge University Press, 2009。

[①] Rolf Kießling (1941—)，现任奥格斯堡大学教授，主要研究奥格斯堡与施瓦本地区的历史。主要著作有 Die Stadt und ihr Land: Umlandpolitik, Bürgerbesitz und Wirtschaftsgefüge in Ostschwaben vom 14. bis ins 16. Jahrhundert. Böhlau, Köln/Wien 1989; Kleine Geschichte Schwabens. Pustet, Regensburg, 2013。

[②] Rolf Kießling. Bürgerliche Gesellschaft und Kirche in Augsburg im Spätmittelalter: ein Beitrag zur Strukturanalyse der oberdeutschen Reichsstadt (Abhandlung zur Geschichte der Stadt Augsburg 19), Augsburg: Mühlberger, 1971.

[③] Rolf Kießling. St. Anna in Augsburg: eine Kirche und ihre Gemeinde. Wißner, Augsburg, 2013.

[④] Wolfram Wettges. Reformation und Propaganda. Studien zur Kommunikation des Aufruhrs in süddeutschen Reichsstädten (Geschichte und Gesllschaft, Bochumer Hostorische Studien 17), Stuttgart, 1977.

[⑤] Philipp Broadhead, Populare Pressure for Reform in Augsburg 1524 – 1534, in Mommsen, Stadtbürgertum und Adel, S. 80 – 87.

[⑥] Lotte Schiller. Das gegenseitige Verhältnis der Konfession in Augsburg im Zeitalter der Gegenreformation, München/Augsburg 1933（未出版的毕业论文，可见于奥格斯堡城市图书馆）。他的观点后来被 Dietrich Balufuss 承继, Das Verhältnis der Konfessionen in Augsburg 1555 – 1648, Versuch eines Überblicks, in Jahrbuch des Vereins für Augsburg Bistumsgeschichte 10, 1976, S. 27 – 56。

[⑦] Eberhard Naujoks. Vorstufen der Patrität in der Verfassungsgeschichte der schwäbischen Reichsstädte (1555 – 1648, 奥格斯堡的案例参见 Jürgen Sydow (Hrsg.), Bürgerschaft und Kirche (Veröffenlichungen des Südwestdeutschen Arbeitskreises für Stadtgeschichtsforschung 7), Sigmarigen, 1980, S. 38 – 66。

金会①、堂区②、个体教堂③、宗教改革④，以及与萨弗雷（Thomas Max Safley）⑤、万德尔（Leepalmer Wandel）⑥合作的论文研究。⑦

在柯斯灵（Kießling）的结构史学影响下，有关城市的市议会以及市政结构，格非肯（Geffecken）研究了1396—1521年的奥格斯堡的社会阶层与社会结构；⑧罗吉（Rogge）研究了奥格斯堡市议会与市民之间的政治互动；⑨约根（Krau Jürgen）研究了1548—1806年奥格斯堡的军事力量；⑩劳德尔（Loderer）研究了奥格斯堡市议会的城市管理；⑪1984年哥特利伯（Gottlieb）⑫与1994年曹恩（Zorn）⑬概括介绍了奥格斯堡城市两千年的历史，而1998年格鲁恩施特陶伊德（Grünsteudel）编辑的奥

---

① Rolf Kießling. Augsburger Bürger, Klöster und Stifte als Grundherren, in: Heimatverein für den Landkreis Augsburg. Jahresbericht 20 (1985/86), S. 99 – 120.
② Rolf Kießling. Eine Doppelgemeinde: St. Moritz und St. Anna, in: Rolf Kießling/Thomas Max Safley/Lee Palmer Wandel (Hg.), Im Ringen und die Reformation. Kirchen und Prädikanten, Rat und Gemeinden in Augsburg, Epfendorf, 2011, S. 105 – 172.
③ Rolf Kießling. St. Anna in Augsburg. Eine Kirche und ihre Gemeinde, Augsburg, 2013.
④ Rolf Kießling. Augsburg in der Reformationszeit, in: Günther Grünsteudel u. a. (Hg.), Augsburger Stadtlexikon, Augsburg 2. Aufl. 1998, S. 61 – 74; Rolf Kießling. Eckpunkte der Augsburger Reformationsgeschichte, in: Rolf Kießling/Thomas Max Safley/Lee Palmer Wandel (Hg.), Im Ringen und die Reformation. Kirchen und Prädikanten, Rat und Gemeinden in Augsburg, Epfendorf, 2011, S. 29 – 42.
⑤ Thomas Max Safley 的个人研究还有：Zentrum und peripherie: Die Gemeinden zu den Barfüßen und bei St. Georg, in Rolf Kießling/Thomas Max Safley/Lee Palmer Wandel (Hg.), Im Ringen und die Reformation. Kirchen und Prädikanten, Rat und Gemeinden in Augsburg, Epfendorf, 2011, S. 45 – 104。
⑥ Leepalmer Wandel. 的个人研究还有 Die Geschichte des Christentums und die Reformation in Augsburg, in Rolf Kießling/Thomas Max Safley/Lee Palmer Wandel (Hg.), Im Ringen und die Reformation. Kirchen und Prädikanten, Rat und Gemeinden in Augsburg, Epfendorf, 2011, S. 11 – 28。
⑦ Reformationen in der Stadt, in Rolf Kießling/Thomas Max Safley/Lee Palmer Wandel (Hg.), Im Ringen und die Reformation. Kirchen und Prädikanten, Rat und Gemeinden in Augsburg, Epfendorf, 2011, S. 295 – 306.
⑧ Geffecken F. Peter, Soziale Schichtung in Augsburg 1396 – 1521. Beitrag zu einer Strukturanalyse Augsburgs im Spaetmittelalter, München, 1995.
⑨ Rogge Jörg, Für den Gemeinen Nutzen. Politisches Handeln und politikverständnis von Rat und Bürgerschaft in Augsburg im Spätmittelalter, Tübingen, 1996.
⑩ Kraus Jürgen, Das Militärwesen der Reichstadt Augsburg 1548 – 1806, Augsburg, 1980.
⑪ Loderer, Alois Anton, Die Besitzgeschichte und Besityverwaltung der Augsburger Stadtverwaltungen, Ein Beitrag zur Augsburg Stadtgeschichte, Augsburg, 1986.
⑫ Gottlieb Gunther, u. a (Hg.) Geschichte der Stadt Augsburg. 2000 Jahre von der Römerzeit bis zur Gegenwart, Stuttgart, 1984.
⑬ Zorn Wolfgang, Augsburg, Geschichte eiener deutschen Stadt, Augsburg, 1994.

格斯堡城市辞典其中也简要介绍了市政机构与管理模式。此外还有克拉森（Clasen）研究了奥格斯堡三十年战争之前的济贫制度以及纺织行会；[1]罗依科（Bernd Roeck）研究了三十年战争期间的奥格斯堡的面包与粮食供应。[2]

除此之外，针对奥格斯堡内部的具体教派也有不同的研究。1972年乌兰德（Friedwart Uhland）专门研究了16世纪奥格斯堡的再洗礼派运动。[3] 1985年布伦斯（Katarina Sieh-Burens）的著作研究了1518—1618年一百年内奥格斯堡的市政寡头集团，市长与行会市长等核心人物的权力与关系交织。[4] 1999年高斯那（Andreas Gößner）[5] 的论著《世俗的教会与帝国城市改革》主要从研究城市书记官鲍丁格入手，分析了奥格斯堡的中间路线，这部论著对于传教士、教派政治、社会关系等诸多方面都有涉及，但与本书的视角、关注点皆有不同。1997年，柯尔麦尔（Josef Kirmeier）主编了一本《奥格斯堡的宗教改革之路》，该书邀请了一些学者就奥格斯堡的宗教改革以及改革时期的一些方面写了论文，展现了改革时期的一些风貌，但并不构成某种主体观点。[6] 2009年，汉森（Michele Zelinsky Hanson）出版了《早期宗教改革社区的宗教认同——奥格斯堡1517—1555》[7]，该著作以1517—1555年的奥格斯堡为研究范围，主要是从下至

---

[1] Clasen, Claus-Peter, Armenfürsorge in Augsburg vor dem Dreißigjährigen Kriegs, in ZHVS 78, Augsburg 1984, S. 65 – 115; Clasen, Claus-Peter, Die Augsburger Steuerbücher um 1600, Augsburg, 1976. ; Clasen, Claus-Peter, Die Augsburger Weber, Leistung uns Krisen des Textilgewerbes um 1600, Augsburg, 1981.

[2] Bernd Roeck, Bäcker, Brot und Getreide in Augsburg, Zur Geschichte des Bäckerhandwerks und zur Versorgungspolitik der Reichsstadt im Zeitalter des Dreißigjährigen Kriegs. Sigmaringen, 1987.

[3] Friedwart Uhland, Täufertum und Obrigkeit in Augsburg im 16. Jahrhundert, Tübingen, 1972.

[4] Sieh-Burens. Katarina, Oligarchie, Konfession und Politik im 16. Jahrhundert: zur sozialen Verflechtung der Augsburger Bürgermeister und Stadtpfleger 1518 – 1618, München: Vögel, 1986; Sieh-Burens Katarina, Die Augsburger Stadtverfassung um 1500, in ZHVS 77, Augsburg, 1983.

[5] Andreas Gößner: Weltliche Kirchenhoheit und reichsstädtische Reformation: Die Augsburger Ratspolitik des milden und mitleren weges 1520 – 1534, Akademie Verlag, 1999.

[6] Josef Kirmeier Hrsg. "…wider Laster und Sünde": Augsburgs Weg in der Reformation; Katalog zur Ausstellung in St. Anna, Augsburg, Haus der Bayerischen Geschichte. 1997. 其中涉及的论文有 Rolf Kießling, Augsburg in der Reformationszeit, S. 17 – 42; Rudolf Dellsperger, Wolfgang Musculus (1497 – 1563), Leben und Werk, S. 62 – 69. ; Anderas Hahn, Die St. -Anna-Kirche in Augsburg, S. 70 – 84。

[7] Michele Zelinsky Hanson, *Religious Identity in an Early Reformation Community*, Augsburg, 1517 to 1555, Leiden Bosten, 2009.

上的角度来研究民众在纷繁错乱的社会时代背景下是如何选择和确立自己的宗教认同的，以及奥格斯堡模糊的宗教认同感又如何影响了他们的周边关系，并形成了双教派的基调。汉森的研究是一个从下至上的视角，从民众的角度出发的，以奥格斯堡1517—1555年为时间跨度，在研究范围上与本书有一致之处，但该研究的关注点在于民众的宗教认同感的形成以及宗教认同感对其他关系的影响，与本书的研究对象不同。2011年菲科尔（Nicole Finkl）出版的《管理强化与教派化：16世纪帝国城市奥格斯堡的管理》一书研究了从中世纪到16世纪的奥格斯堡的市政管理模式的变迁，突出了市政的主体性，并且认为16世纪的教派化过程也是市政管理强化的过程。[1] 本书的研究虽然时间跨度仅仅局限于1518—1534/37年，但也在这一时段验证了这一观点，说明了宗教改革初期已经显示了这种市政管理强化的雏形。

奥格斯堡的宗教改革研究的还有不容忽视的一个方面是教派多元化与差异性。16世纪20年代中期，由于在神学解释问题上的差异，新教逐渐分裂为不同的解释路径，后来发展成为新教的不同教派，这些早期教派雏形思想的流向的中心正是奥格斯堡。采绍赫（Zschoch）在他的研究中观察到了这种现象，柯斯灵（Kießling）在他的文章中也称之为"早期教派多元主义"（Frühkonfessioneller Pluralismus），本书的研究重点展开阐释了这一现象。

针对城市中的牧师，比较重要的有乌班努斯·雷吉乌斯（Ubanus Rhegius，简称雷氏）、马丁·布策（Martin Bucer）、沃夫冈·穆斯库鲁斯（Wolfgang Musculus，简称穆氏）。有关雷氏的研究在19世纪下半叶的时候达到一个高潮。1851年海姆伯格（Heimbürger）[2] 和1861年乌豪恩（Uhlhorn）[3] 各写了一部研究雷氏的专著，海姆伯格（Heimbürger）的研究从非常正面的角度大致勾画了雷氏这个人的形象；乌豪恩（Uhlhorn）的研究则进一步从雷氏的文章、作品以及成就与贡献丰满了对雷氏的生平研究；1884年魏特曼（Wittmann）从天主教的视角研究了雷氏的作品[4]，

---

[1] Nicole Finkl, Administrative Verdichtung und Konfessionalisierung: Die Verwaltung der Reichsstadt Augsburg im 16 Jahrhundert. Verlag C. W. Schmidt, Neustadt an der Aisch, 2011.

[2] H. Ch. Heimbürger, "Urbanus Rhegius: nach gedruckten und ungedruckten Quellen", Hamburg und Gotha, 1851, S270 - 274;

[3] G. Uhlhorn, Urbanus Rhegius, "Leben und ausgewählte Schriften", Elberfeld, 1861.

[4] Wittmann, P., Augsburger Reformatoren, Historisch-kritischer Beitrag zur Geschichte der Reformation, Stuttgart, 1884.

他的研究有非常强烈的天主教批判色彩，相比之下，乌豪恩（Uhlhorn）的研究突破了时代的局限，比较客观公正；此外同时代的还有几位天主教学者如都灵格（Döllinger）[①]、鲍鲁斯（Paulus）[②]，他们的研究和魏特曼（Wittmann）一样，由于带有过多的宗教批判色彩，多对雷氏持负面评价，视角比较偏狭，采用的作品材料也比较片面；19世纪末塞茨（Seitz）专门研究了雷氏的神学思想[③]；1901年罗特（Roth）也在他的奥格斯堡宗教改革史中对雷氏有比较重要的研究[④]，奠定了雷氏作为奥格斯堡的宗教改革家身份。至此，对雷氏的研究达到顶峰，之后很长时间内都无人问津。现代学者对乌班努斯·雷吉乌斯的研究最具代表性的有两位：即利伯曼（Maximilian Liebmann）1980年的《乌班努斯·雷吉乌斯与早期宗教改革》[⑤]和采绍赫（Hellmut Zschoch）1995年的《宗教改革家的存在与信派特点：1520—1530年的神学家乌班努斯·雷吉乌斯》[⑥]。利伯曼的研究以雷氏的生平为主线，详细记载了他一生的经历与活动，包括他从天主教转向路德派，在奥格斯堡十年的所作所为等。采绍赫的研究注重雷氏的神学与宗教角度，他将雷氏锁定在早期宗教改革的社会环境内。这部作品本身属于历史神学的一部作品。采绍赫的研究的特别之处在于他把雷氏作为一个改革者，综合了他的生平、神学思想和时代历史进行论述。[⑦]

[①] Döllinger I. Die Reformation, ihre innere Entwicklung und ihre Wirkungen im Umfange des Lutherischen Bekenntnisses. 3 Bd. Regensburg, 1848.

[②] Paulus, N., *Rhegius über Glaubenszwang und Ketzerstrafen*, In: HPBl. 109. Bd., 1892, S. 817–830.

[③] Seitz Otto, Die Theologie des Urbanus Rhegius, speziell sein Verhältnis zu Luther und zu Zwingli. Gotha, 1898.

[④] Roth Friedrich, Augsburgs reformationsgeschichte, 1517–1555. 4 Bde. 1. Bd. 2 Aufl. München 1901–1911, 1./2. Bd., Reprint, München, 1974.

[⑤] Maximilian Liebmann, *Urbanus Rhegius und die Anfänge der Reformation. Beitrage zu seinem Leben, seiner Lehre und seinem Wirken bis zum Augsburger Reichstag von 1530 mit einer Bibliographie seiner Schriften*, Aschendorff, Münster Westfalen, 1980.

[⑥] Hellmut Zschoch, *Reformatorische Existenz und konfessionelle Identitat. Urbanus Rhegius als evangelischer Theologe in den Jahren 1520 bis 1530*, Tübingen: J. C. B. Mohr (Paul Siebeck), 1995.

[⑦] 作者把研究分为四部分：第一部分追溯了雷氏1520年作为一个改革者出现在奥格斯堡，成为一个天主教的布道士。此外，贯穿讲述了他在蒂罗尔（Tyrol）的岁月，以及1524年回到奥格斯堡。作者没有大书特书雷氏早年的历史，也是因为这些在利伯曼的研究中已经很详尽，此外，作者主要突出了雷氏的思想转变部分。作者认为，雷氏吸收了路德因信称义的学说，将之作为改革的最根本出发点，并且把这些信仰带到革新的基督教生活中。第二部分作者还尝试分析了雷氏在圣餐问题上的立场。作者认为那些认为雷氏是一个茨温利派（Otto Seitz），仅有部分路德派（Gerhard Uhlhorn），甚至是一个（转下页）

马丁·布策（Martin Bucer）作为宗教改革时期非常具有影响力的改教家，有关他的研究不论是在德语学界还是英语学界都比较丰富。德语学界比较有代表性的有格莱沙特（Martin Greschat）的著作《马丁·布策：一位改教家与他的时代》，[1] 高曼（Andreas Gäumann）的《基督教王国与权威，关于改教家马丁·布策的改革思想与行动》，[2] 克罗克纳（Thomas Klöckner）的《马丁·布策与基督教的统一：对于现代福音主义的大公会辩论的历史神学的贡献》，[3] 郎尔（Albert de Lange），威廉海姆（Thomas

---

（接上页）伊拉斯谟派（Alter Koehler）都有局限之处，即没有建立在雷氏自身的理解之上。雷氏推崇简单信仰（simplex fides），他希望建立一个联合的新教前线，即"超越教派的圣餐理论"（überparteiliche Abendmahlstheologie），然而这使他既不同于维腾堡，也不同于茨温利派。虽然雷氏在圣餐理论上与路德派和茨温利派持中间态度，但是对再洗礼派在奥格斯堡的出现却是持着非常批判的态度的。作者的研究的第三部分，主要讨论了雷氏与再洗礼派的争议，最后导致了反对行动的出现。作者认为，雷氏并未把再洗礼派看作是新教的第二战线，相反，他的抱怨和罗马教会并无二致——再洗礼派并不适合因信称义的基本教义，并且建立他们自己的公义行会。这些势力加强了雷氏的保守意向。对于雷氏来说，任何形式的社区改革都想是要推翻人员的正常使命以及市民秩序原则的事情。作者还认为正是由于雷氏与再洗礼派的争论使得他与茨温利派越离越远。文章的最后一部分主要讨论了1530年前，雷氏尝试稳固宗教改革的既有成果。然而，这对于他来说也是一个非常艰巨的任务。他在一次与Joachim Vadian 的谈话中说："你知道我们城市的，没有一个巴比伦城市比它更复杂了。"在这个艰难的过程中，雷氏的最大贡献在于他对牧师神学理论的贡献，坚持信仰的适当秩序（ordo justificationis）。而他的信纲基础也是见于他的这些作品中。Zschoch的研究的独创性在于，他仔细考察了16世纪20年代的出版的以及未出版的雷氏的作品，而这部分恰恰是Liebmann有所忽视的部分。Zschoch关注了社会与神学冲突，而雷氏有他自己对路德新教学说的理解并且建立了他自己的"教派认同"（Konfessionidentität）。为此，Zschoch认真地解释了"教派认同"这个词在文中的含义，并说明了对于雷氏来说，任何一个信仰教派的选择都有局限，因为人们只认同他所认为的真正的教会，而这在雷氏看来是错误的。而教派的虔诚是需要在雷氏这种有经验的教会领导者的持续影响下才能实现的。在与奥格斯堡的传统天主教卫道士的抗争之中，支持梅明根议会的改革成果，惧怕农民，使得雷氏代表的路德这一派显得很苛刻。然而，Zschoch的研究把雷氏作为一个改革者，从神学与宗教角度出发，更关注的是的神学思想，提出雷氏的神学观点的不同之处，也并未就雷氏本身来考察奥格斯堡的宗教改革以及更进一步帝国自由城市的宗教改革。

[1] Martin Greschat: Martin Bucer. Ein Reformator und seine Zeit. Beck, München 1990, 2. Aufl. Aschendorff, Münster, 2009.
[2] Andreas Gäumann, *Reich Christi und Obrigkeit*, Eine Studie zum reformatorischen Denken und Handeln Martin Bucers（= Zürcher Beiträge zur Reformationsgeschichte. Bd. 20），Lang, Bern u. a. 2001,（Zugleich: Neuchâtel, Universität, Dissertation, 2000）.
[3] Thomas Klöckner, *Martin Bucer und die Einheit der Christenheit*, Ein theologiegeschichtlicher Beitrag zur Ökumene-Debatte im modernen Evangelikalismus（Lausanner Prägung）, Neukirchener Theologie, Neukirchen-Vluyn 2014,（Zugleich veränderte Fassung von: Pretoria, Universität, Dissertation, 2012）.

Wilhelm)的《致力于重建统一的马丁·布策（1491—1551）》,① 奥特曼(Volkmar Ortmann)的《宗教改革与教会的统一：马丁·布策在莱比锡、哈根奥、沃尔姆斯、雷根斯堡的宗教会谈上所做的统一努力》,② 同一主题下，比较新的研究还有西蒙（Wolfgang Simon）主编的《马丁·布策在奥格斯堡（1530）和雷根斯堡帝国议会（1532）之间为宗教改革的神学、地理和社交关系所做的贡献》③，施尔马赫（Thomas Schirrmacher）值布策去世450周年纪念主编的《爱的辩护人：马丁·布策作为神学家与灵魂守护者》④，以及之后主编的《新教使命的先驱者——马丁·布策》,⑤ 还有阿尔诺德（Matthieu Arnold）、哈姆（Berndt Hamm）主编的《游走于路德与茨温利之间的马丁·布策》⑥。总体上来说，德语学界对马丁布策的关注主要有两方面，一方面是对其对于施瓦本帝国城市的宗教改革的影响的研究，另一方面则是对其处于路德派与茨温利派之间的神学思想的研究。布策在神学思想上的主张也是为其宗教事件服务的，他致力于调和早期教派之间的矛盾，试图建立统一的调和的新教神学思想，并在宗教实践上也试图建立一个以施瓦本帝国城市为核心的统一的新教阵营。

  英语学界对布策的研究相对来说没有德语学界那么丰富，关注面也没有那么广阔，但是与欧洲学界的联系还是相对紧密的。例如，1999年，

---

① Albert de Lange, Thomas Wilhelmi: Martin Bucer (1491 – 1551), Auf der Suche nach der Wiederherstellung der Einheit [= Universitätsarchiv (Heidelberg), Schriften. 5], verlag regionalkultur, Ubstadt-Weiher, 2001.

② Volkmar Ortmann: Reformation und Einheit der Kirche. Martin Bucers Einigungsbemühungen bei den Religionsgesprächen in Leipzig, Hagenau, Worms und Regensburg 1539 – 1541 (= Veröffentlichungen des Instituts für Europäische Geschichte, Mainz. Bd. 185, Abteilung für abendländische Religionsgeschichte.), von Zabern, Mainz 2001 (Zugleich: Bonn, Universität, Dissertation, 1997: Martin Bucers Tätigkeit bei den Religionsgesprächen 1539 – 1541 in Leipzig, Hagenau, Worms und Regensburg.).

③ Wolfgang Simon [hrsg.], Martin Bucer zwischen den Reichstagen von Augsburg (1530) und Regensburg (1532): Beiträge zu einer Geographie, Theologie und Prosopographie der Reformation [⋯Beiträge zur Internationalen Bucer-Tagung, die vom 11. bis 13. März2010 in Erlangen stattfand].

④ Thomas Schirrmacher (Hrsg.): Anwalt der Liebe. Martin Bucer als Theologe und Seelsorger. Beiträge zum 450. Todestag des Reformators (= Jahrbuch des Martin-Bucer-Seminars. Bd. 1). Verlag für Kultur und Wissenschaft u. a., Bonn u. a. 2002.

⑤ Thomas Schirrmacher (Hrsg.): Martin Bucer als Vorreiter der evangelischen Mission (= Edition Afem. Mission specials. Bd. 5), Verlag für Kultur und Wissenschaft u. a., Bonn u. a. 2006.

⑥ Matthieu Arnold, Berndt Hamm (Hrsg.): Martin Bucer zwischen Luther und Zwingli (= Spätmittelalter und Reformation. NR Bd. 23), Mohr Siebeck, Tübingen, 2003.

荷兰学者赛德尔惠（Selderhui. HJ）的《马丁·布策的婚姻观》被翻译成英语，① 2004年格莱沙特（Martin Greschat）的著作《马丁·布策：一位改教家与他的时代》也被翻译成了英语。② 英语学界对于布策的研究并没有像德语学界那样非常重视布策在施瓦本帝国城市宗教改革中发挥的影响作用，而是有一些新的视角和关注点。例如比较有影响力的编著有瑞特（Wright，DF）主编的《马丁·布策：教会与社区改革》，其中涉及布策的神学思想与天主教的讨论③、布策与传统教会的关系分析④、布策对加尔文的影响，⑤ 布策在英国的情况，⑥ 布策与教会的部门管理⑦等内容。除此之外，还有汤普森（Thompson Nicholas）的专著《马丁·布策神学思想中的圣餐理论与实践传统》。⑧

有关影响奥格斯堡新教改革的另外一位新教牧师——沃夫冈·穆斯库鲁斯（*Wolfgang Musculus*，简称穆氏）的研究，比较有代表性的主要有两个，一个是瑞士神学家戴尔斯派格（Rudolf Dellsperger）、付豪登伯格（Rudolf Freudenberger），韦博（Wolfgang Weber）编写的《沃夫冈·穆斯库鲁斯（1497—1563）与上德意志的宗教改革》⑨，以及戴尔斯派格（Ru-

---

① Selderhuis, HJ (1999), Marriage and Divorce in the Thought of Martin Bucer, Kirksville, MO: Thomas Jefferson University Press, Translated from Huwelijk en Echtscheiding bij Martin Bucer (in Dutch), Leiden: Uitgeverij JJ Groen en Zoon BV, 1994.

② Greschat, Martin (2004), Martin Bucer: A Reformer and His Times, Louisville, KY: Westminster John Knox Press ISBN 0 - 664 - 22690 - 6. Translated from Martin Bucer: Ein Reformator und seine Zeit (in German), München: CH Beck, 1990.

③ Augustijn, Cornelis, "Bucer's ecclesiology in the colloquies with the Catholics, 1540 - 41", in Wright, DF, Martin Bucer: Reforming church and community, Cambridge: Cambridge University Press, 1994, pp. 107 - 21.

④ Matheson, Peter, "Martin Bucer and the Old Church", in Wright, DF, Martin Bucer: Reforming church and community, Cambridge: Cambridge University Press, 1994.

⑤ Van't Spijker, Willem (1994), "Bucer's influence on Calvin: church and community", in Wright, DF, Martin Bucer: Reforming church and community, Cambridge: Cambridge University Press. 此外涉及这一主题的还有 Pauck, Wilhelm (1929), "Calvin and Butzer", The Journal of Religion, Chicago: The University of Chicago Press, 1994, 9 (2): 237。

⑥ Hall, Basil, "Martin Bucer in England", in Wright, DF, Martin Bucer: Reforming church and community, Cambridge: Cambridge University Press.

⑦ Kittelson, James, "Martin Bucer and the ministry of the church", in Wright, DF, Martin Bucer: Reforming church and community, Cambridge: Cambridge University Press, 1994.

⑧ Thompson, Nicholas, Eucharistic Sacrifice and Patristic Tradition in the Theology of Martin Bucer 1534 - 1546, Leiden, NL: Koninklijke Brill, 2004.

⑨ Rudolf Dellsperger, Rudolf Freudenberger, Wolfgang Weber (Hrsg.): Wolfgang Musculus (1497 - 1563) und die oberdeutsche Reformation (= Colloquia Augustana. Bd. 6), Akademie-Verlag, Berlin, 1997.

dolf Dellsperger) 单独编写的穆氏的传记①；另一个是研究瑞士宗教改革史的鲍登曼（Reinhard Bodenmann）根据穆氏的儿子所写的传记，他的个人信件以及同时期的其他文件用法文和拉丁文所写的《宗教改革时代沃夫冈·穆斯库鲁斯的命运》②，以及为瑞士宗教改革史中撰写的穆氏的词条介绍。③ 落曼（Hartmut Lohmann）也在教会史中为穆氏编写了传记。④ 此外，比较近期的是2006年汉哈特（Henning Reinhardt）的《沃夫冈·穆斯库鲁斯的旅程》⑤。此外还有一个19世纪比较早期的研究。⑥ 由于穆氏是在1530年以后才来到奥格斯堡，并且在改革的过程中他主要是作为布策的学生，传达了布策的改革思想，所起到的作用并不是最直接、最有影响力的，因此，对他对奥格斯堡的改革影响的研究并不多，主要是在研究奥格斯堡宗教改革的过程中被提及。对其他牧师的研究散见于奥格斯堡的宗教改革史研究之中。

  总体上，尽管有关奥格斯堡城市宗教改革在欧美，尤其在德国已经有了非常丰富的研究，但是在中国研究仍然非常有限。城市个案研究目前仅有茨温利的苏黎世宗教改革⑦和纽伦堡的宗教改革⑧两个城市的研究。对奥格斯堡的城市宗教改革，目前在中国还没有人涉足，本书的研究可以丰富这个领域。奥格斯堡作为16世纪帝国的政治经济中心，在所有的帝国城市中各方面关系最为复杂，对它的个案分析，可以为检验教会体制与世俗权力的关系的实际转变及宗教改革的复杂过程提供一个很好的模型。在对奥格斯堡的宗教改革研究中，罗特（F. Roth）着重进行了1517—1555年奥格斯堡的宗教改革进程的历史叙事，他的研究倾向以路德派的发展为

---

① Rudolf Dellsperger: Musculus, Wolfgang. In Neue Deutsche Biographie (NDB), Band 18, Duncker & Humblot, Berlin, 1997, S. 627f.

② Reinhard Bodenmann: Wolfgang Musculus (1497–1563), Destin d'un autodidacte lorrain au siècle des Réformes. Etude basée sur la biographie établie par son fils, la correspondance personnelle et de nombreux autres documents d'époque (= Travaux d'Humanisme et Renaissance. Bd. 343), Droz, Genf 2000 (Zugleich: Bern, Universität, Habilitations-Schrift, 1999).

③ Reinhard Bodenmann: Musculus, Wolfgang. In: Historisches Lexikon der Schweiz.

④ Hartmut Lohmann: Musculus (Müslin, Mäuslin), Wolfgang (Dusanus), In: Biographisch-Bibliographisches Kirchenlexikon (BBKL), Band 6, Bautz, Herzberg, 1993, S. 381–383.

⑤ Henning Reinhardt: Das Itinerar des Wolfgang Musculus (1536), In: Archiv für Reformationsgeschichte. Bd. 97, 2006, S. 28–82.

⑥ Blösch: Musculus, Wolfgang. In: Allgemeine Deutsche Biographie (ADB), Band 23, Duncker & Humblot, Leipzig, 1886, S. 95–97.

⑦ 肖翠松：《基督教社区的构建：茨温利的苏黎世宗教改革》，博士学位论文，北京大学，2013年。

⑧ 周施廷：《信仰与生活——16世纪德国纽伦堡的改革》，北京大学出版社2015年版。

主体。当代奥格斯堡史学家柯斯灵（Kießling）以结构史学视角，倾向于一种地方性的具体而微的细致的分析，将奥格斯堡的宗教改革呈现以单一细致的修道院、基金会、堂区、教堂的个体研究。1984年布罗德海德（Broadhead）的研究将宗教改革的教会与政治背景置身于16世纪初的经济环境之下，突出了社会中的改革力量，尤其将茨温利派的牧师们作为主要关注对象。但是针对城市如何一步一步走向宗教改革，这一政策演变过程并没有系统地回答。从研究视角上来看，本书以市议会的政治决策为主线，以城市新教牧师与市议会的互动为副线，以信仰、利益、阶层三个维度，多元变量的立体范式，呈现这个城市的宗教改革历史图景，分析影响城市宗教改革进程的内外因素，呈现帝国政治框架下诸多力量博弈，并关联大航海时代下全球远程贸易对城市大商人家族的影响，及其进一步对城市改革进程的影响，这样的视角是前所未有的；此外，本书着重突出了奥格斯堡汇集的早期教派多元化因素，以及市议会的不同教派政策，这一点是欧美学者在奥格斯堡宗教改革研究中所忽略的。

第一章 从中世纪走来:宗教改革前夕的德意志与奥格斯堡

16世纪的德意志神圣罗马帝国,乃至整个欧洲,无论从任何方面来说,都与15世纪大不相同。旧世界似乎正伴随着新世界的到来而逝去:罗马帝国的余脉拜占庭帝国业已崩溃;哥伦布发现了美洲新大陆;哥白尼的日心说颠倒了整个宇宙;而路德即将重塑基督教。16世纪是一个全球化初立的时代,也是一个世界各地咨讯混杂而又新奇的时代。在德意志历史上,再也没有比从宗教改革到三十年战争结束这一个多世纪的历史那样,让德意志面貌发生如此根本性的改变。1500年前后,德意志神圣罗马帝国仍然处于世界政策的中心,拥有1500万—1600万人口,看上去有可能在此进程中建起一个大型帝国,然而一个世纪以后,这里已然是一个教派分立、离心分裂的舞台,三十年战争后被欧洲邻国权力牵控,这一特点一直到19世纪末都深度影响着德国的政治现实。1500年前后,帝国的南部和西南部,上德意志城市带动了经济的繁荣;在宗教改革前,德意志已经出现了在宗教生活、文化生活以及政治生活等多种层面上的改革意识。其源头在于中世纪的宗教虔诚,民众期待改变日益丑陋的现状以及信仰和教会实践,以此让中世纪的教会迎来新生命。[1]

16世纪上半叶的德意志历史通过两场运动赋予其特殊形态:第一场是宗教改革;第二场是查理五世在中欧乃至在全球建立一个大帝国的尝试。这是最后一位从帝国出发思考问题并付诸实践的皇帝,但他"自上而下"的努力失败了,哈布斯堡大帝国一分为二,皇帝本人也从权力和世界中心退出(1556年)。相反,宗教改革成功了,教会不可避免地走向了分裂。在这半个世纪里,这两个时间链条持续不断地相互牵涉,彼此交叉并相互"干扰"。在这个时间链条上,农民战争、德意志、法国与奥斯

---

[1] [德]乌尔夫·迪尔迈尔等:《德意志史》,孟忠捷等译,商务印书馆2018年版,第91—92页。

曼土耳其之间的持久的地中海争霸，帝国内短暂的等级和解、教派分立进程持续不断，相互交错，最终各个层面的要素汇聚在奥格斯堡城市上，微观地折射了这一复杂历史进程。

奥格斯堡作为德意志神圣罗马帝国第三大帝国城市，在帝国中备受瞩目。城市自身在纵深维度上与帝国政治的深度关联，使得对它的研究不能忽视帝国的政治层面。大航海时代的远洋贸易带动了城中几大商人家族的崛起，一度影响了城市的改革进程，为之建立了一种间接的全球性关联。为此，本章将从宏观到微观，交代宗教改革前夕的德意志所处的大环境，再转向奥格斯堡在改革前面临的社会矛盾与诉求。

本章核心落脚在以下问题：宗教改革前夕的奥格斯堡有哪些社会问题与诉求？经济上的黄金时代的荣光之下遮覆了哪些社会民生问题？从中世纪承袭来的自下而上的行会参政体制与自上而下的寡头政治如何共建于一个政治体制之内？其间张力如何？奥格斯堡享受着作为政治中心带来的好处的同时，又受限于哪些地缘政治与帝国政治环境？信仰虔诚作为时代的核心议题，体现的最大的诉求是什么？市民与教会有哪些冲突？有哪些问题潜伏在宗教改革的过程中亟待有效的解决？

第一节 宗教改革前夕的帝国政治与社会

一 帝国的宪法政治改革及其二元政治走向

15世纪末16世纪初，德意志神圣罗马帝国多次尝试进行宪法政治改革，但均未获得成功，因为在这个政治实体内，存在着两种相对立的宪法元素：一方是作为一种集权性政治意愿化身的帝国与皇帝，另一方是作为分散权力承担者的帝国等级，其顶端是七位选帝侯。皇帝马克西米利安着力发展德意志之外的领地，包括波西米亚、匈牙利、上意大利、那不勒斯与西西里岛，但帝国等级却对哈布斯堡家族的此类政治野心及其资金武器援助的诉求产生怀疑，并拒绝批准皇帝的这些方案。马克西米利安一世并非帝国改革的反对者，但他希望改革为其目的服务，即通过改革，把帝国塑造成一个有行动能力的、中央集权制的形态。这样的构想与帝国的一些改革家的观念截然对立。代表者是美因茨大主教贝特霍尔德，他主张的是一种协作式的帝国组织结构，将皇帝权力划归于一个等级式的帝国政府。由此，德意志走向了二元政治格局：皇帝与诸侯邦君。皇帝与诸侯邦国力量相互牵制，造就了德意志独特的发展路径。

1500年前后，马克西米利安一世的帝国改革产生了一些持久性的影响。这场改革主要在1495年在沃尔姆斯召开的帝国议会中确立，随后在1500年的奥格斯堡帝国议会和1512年的科隆帝国议会中加以补充和修改。改革确立的有持久影响力的方案有：其一，确保帝国会议作为最高帝国机构的地位；其二，成立帝国皇家最高法院，使之成为新的帝国最高司法机构；其三，批准帝国税，用来资助帝国机构；其四，创立所谓的"帝国区"，使之成为介于皇帝与帝国等级之间的"中间管理机构"，推行地区性管理，使之在一些问题上能够拥有超越个别帝国等级的行动力；最后，为了帝国的特定政治共同体使命，创立一种等级式的帝国政府，但该政府的生命力却是短暂的，并不十分成功。[1]

帝国会议在15世纪晚期实现了制度上的完善化，并在16世纪整个德意志史的进程中发挥了最高作用。它是帝国内等级式共治政府的中心机构。教俗选侯、公爵、伯爵、帝国骑士以及帝国城市是其中的成员，它们以不同的方式组织起来，其参与权也是完全不同的。帝国会议的最上层是除波希米亚国王之外的所有选侯。这一团体在帝国极为复杂的组织结构中占据特殊位置。倘若没有它的批准，帝国会议的任何决议是无效的。波希米亚国王仅有权参与在法兰克福举办的德意志国王选举。第二层是诸侯代表团。在该代表团中，不仅包括拥有邦国主权和特殊"男性投票权"（意味着拥有个人投票权）的帝国教俗诸侯，而且还包括所有大约120名帝国伯爵与子爵，以及所有未能提升到诸侯等级的帝国高级教士（他们总共只有两张"代表团选票"）。最后是帝国城市代表团。这是自15世纪末才出现的帝国会议特有团体。在宪法政治领域中，它从未产生过可与其他代表团相提并论的作用。尽管其成员承担着帝国越来越高的费用，但它对帝国会议决议的立场，一般而言，不过是不具约束力的主张而已。这一点再次证明，在近代早期，在欧洲地广人稀的大国中，城市即便拥有了经济影响力，但它们极少确立与之相应的政治影响力。[2]

深受等级思想影响的帝国政治结构导致的结果是，与欧洲其他大的君主国相比，德意志采取了另外一种宪法史发展形式，也即向下发展，到邦国领地层面。一般而言，邦君极少如帝国那样，拥有着丰富的、属于个人的经济储备，来支付其邦国发展所需的日益增长之开销。当然，其中一些

---

[1] ［德］乌尔夫·迪尔迈尔等：《德意志史》，孟忠捷等译，商务印书馆2018年版，第99—104页。

[2] ［德］乌尔夫·迪尔迈尔等：《德意志史》，孟忠捷等译，商务印书馆2018年版，第105页。

邦国，如巴伐利亚公爵、萨克森选侯以及哈布斯堡家族，能够从其领地和"主权事务"——如铸币权、关税、开市权——中获得应对不断增长之开支的需求。但即便如此，倘若上述举动仍然无法满足需求，那么征税便是不可避免之举。正是因为根据权利来源说，倘若没有纳税者的同意，征税之举是无法推行的，或至少不能长期推行，所以在帝国各邦内，臣民参与程序逐渐出现，即便这种参与权通常是由贵族、教士或市民所分享，极少由农民参与，即便它不过是邦国政治体的附属品，但它终究打开了通往邦国议会的大门。由此，邦国议会演变为等级共决权的论坛。自然，当邦君软弱时，这些附属等级能够进一步延伸它们对征税决议的影响力；相反，当邦君强大时，他们并不知道如何插手干预，而在其自身相关的领域（征收新税）内最终失去影响力。①

二 16世纪德意志的教俗矛盾

倘若人们未能看到教会对于当时社会生活的所有层面的巨大影响，便无法深刻理解16世纪的德意志史与欧洲史。在政治层面上，七大选侯中有三位是教会诸侯（美因茨、特里尔、科隆大主教），帝国大主教拥有帝国诸侯的权利。在次一级的诸侯代表团中，教士占据大多数。旧教会的影响力不止如此，宗教改革前的教会是普世性的，由罗马领导。它的所有影响力以及权力都来自罗马，从罗马出发加以运用。由此产生的后果是，德意志教士团体的庞大的身躯，在其运行时在原则上效忠罗马，即便是关系到纯粹的民族利益问题时，也是如此。罗马教廷作为西方基督教的最高机构，在文艺复兴时期，开始更加世俗化。当1483年路德出生的时候，罗马教廷更多是一种世界政治权力，而非教会式的精神最高归属。它拥有独立的国家（教廷国）、无所不包的管理机构、财政体制，以及连接世界各地的外交人员。这种世俗化在教会财政体制中特别明显地体现了出来。"再也没有其他事物……如教廷提出的财政要求那样过分，它在德意志受到无所顾忌的剥削的指责……教廷的金钱需求的宗教意义以及目的几乎完全缺失……"② 所有行使的教会权利，都被免除了遵守教会规章的义务，这在当时人眼中也是一种丑闻。

对于德意志教会而言，这种影响极其深远，每一位主教、修道院院

---

① ［德］乌尔夫·迪尔迈尔等：《德意志史》，孟忠捷等译，商务印书馆2018年版，第105—106页。
② Horst Rabe, Deutsche Geschichte, 1500-1600. Das Jahrhundert der Glaubensspaltung, München, 1989, 1991.

长、修士、神父都隶属于罗马财政体系,因此,教会各部门消极腐败现象屡见不鲜,"教会成立了不可计数的部门和组织,转变为福利结构,但与之相联系的教会功能却消失了"①。教俗权利与义务之间,存在诸多矛盾。这种矛盾体现在两个层面,一是德意志与罗马教廷之间,二是德意志民众与教会人士之间。

德意志与罗马教廷之间的矛盾从中世纪积压而来,由来已久。由于德意志的特殊政治背景,德意志教会没有像英法一样,受到国王的保护,反倒因为帝国皇帝的关系,没有强有力的君主,受到罗马教皇与教会的盘剥。德意志本土收入大量流向罗马:每年从德国流向罗马的现金达三十万古尔登以上,是皇帝每年收税的21倍。德国的高级教士在就职时都要向教廷缴纳1万—2万古尔登。德意志沦为罗马教廷的"奶牛"。德意志与其他欧洲国家不同,教会问题在德意志就是最大的政治问题。② 自1456年起,在历次帝国等级会议上,教皇的敛财行为都受到了激烈抨击。

> 神父的俸禄被枢机主教扣留,您自己就占有了神圣罗马帝国三个省的俸禄。候选教士的位置被任意颁布。罗马不中断地征收年度和半年度的纳款,谁都知道这大大超过我们应当缴纳的额度。教士的位置给了那些不称职的人,只因为他们出价最高。新的赎罪券日复一日地被发明出来,一切只考虑罗马的利润。以讨伐土耳其人为名义的征税现在是无休止地征收。本来应当由我们来审判的案子却被移交罗马审判。有一千种方式被发明了出来,专门从我们这里夺取钱财。
> ——1457年美因茨大主教司祭马丁·迈尔(Martin Mair)致函教皇庇护二世③

德意志并不是没有抗争,他们与罗马教廷之间的抗争体现在各种宣言与决议之中。例如:1493年,帝国议会颁布《美因茨宣言》,宣布没有诸

---

① Ernst Walter Zeeden, Die Entstehung der Konfessionen, Grundlagen und Formen der Konfessionsbildung im Zeitalter der Glaubenkämpfe, München, Wien, 1965.
② 朱孝远:《宗教改革与德国近代化的道路》,第43页。
③ "Martin Mair's Letter", in Gerald Strauss (ed.), Manifestations of Discontent in Germany on the Eive of the Reformation, pp. 37-38, 转引自朱孝远《宗教改革与德国近代化的道路》,第27页。

侯的同意，教会的财政权力不受保护；1502年的帝国议会作出决议，不许教皇拿走出售赎罪券所得款项，只能就地交给帝国政府用在对奥斯曼—土耳其的战争上。1510年的帝国议会又提出请愿书，数说罗马教皇的暴政和敛财。但是，这些抗争努力并没有从根本上解决问题。

在宗教改革爆发前，德意志民众与教廷之间矛盾尤其尖锐，体现为：第一，僧侣特权引发农民和贵族不满。僧侣具有很多特权，例如僧侣不需要缴税，修道院占有大量地产，这使想得到租地的农民和想夺取这些地产的贵族们深感不满。第二，教会征税引发农民和贵族不满。教会又向农民征收什一税，致使本来就缺地少粮的农民十分愤怒。教廷对德国课以重税，任意干预教职任命，德意志诸侯也对此不满。第三，教会诋毁商业盈利活动，引发商人阶层不满。教会把商业盈利活动说成犯罪，这也使正在壮大着的商人阶层大为不满。冲突首先来自教会限制商人们经商盈利，因为随着这一时期商业的发展，商人们的地位也得以上升，教会却以非法盈利为借口，对商人们的商业活动进行干预。第四，教会干涉世俗社会的政务和司法，掠夺社会资源，引发与自由城市、诸侯等世俗统治者的矛盾。司法方面，教会大权独揽，通过公证人和教会法庭审判一切案子，阻止人们去领地或城市的世俗法庭提交案件申请。且司法过程冗长，手续繁多，收费极多，也不公正；无论从经济上看还是从干涉世俗权力上看，教会都站到了自由城市、诸侯等世俗政府和民众的对立面。第五，教会腐败成风，引发全社会不满，例如贪污受贿、圣职买卖；罗马教廷还常常收取每一个新任主教第1年的所有俸禄和辖区内的全部收入，作为批准其担任主教的回报（大约1万—2万古尔登）；除此之外，甚至还出现主教职务虚悬的情况，教皇不急于委派该地区的主教，却收取那里的税金，期限超过一年；教廷办事时的奢侈浪费程度也令人吃惊；与此同时，赎罪券被无节制地刊印，敛收钱财。到15世纪末16世纪初，赎罪券买卖进一步扩大，只要肯花钱，绝大多数的罪行都可以赦免。[1]

---

[1] 例如，根据一本1470—1520年广为流行赎罪券价目汇编，"谁若杀了父母、兄弟、姊妹、妻子或其他任何一个亲属，只要缴纳5—7枚土耳其金币，便可洗净罪恶"；"如果一个人同时参与谋杀数人，只要缴纳131枚利维尔（法国银币）、14个苏和6个杰尼叶（法国旧时辅币），就可以免于任何惩罚"；"谁若杀害了妻子，并想另娶，要是缴纳8枚土耳其金币、两枚杜卡特（古代威尼斯金币），便可获准"；"凡血亲相奸者，缴纳4枚土耳其银币即予以赦宥"。转引自[苏]约·阿·克雷维列夫《宗教里》（上卷），冯加方等译，中国社会科学出版社1984年版，第225—226页。更多相关论述，可参见朱孝远《宗教改革与德国近代化的道路》，第27—30页。

三 16世纪宗教改革前后的欧洲大陆与地中海以及经济全球化

在赢得了与英格兰1337—1453年的"百年战争"之后，瓦卢瓦君主稳固了在法国的统治、合并了领土、增加了国家的财富。英国人在诺曼底的最后堡垒被夺回。贞德·达尔克（Jeanne d'Arc）（约1410—1431），这位被英国人在鲁昂广场上当作异教徒判处死刑的"奥尔良的圣女"，被奉为国家的圣徒。在高卢人的后裔中逐渐形成了（上帝）选民的意识。罗马教皇为献金而授予的"高卢自由"① 确保了法国的国家教会很大程度地独立于罗马发展。1516年，国王弗朗索瓦一世和教皇利奥十世签署了协定对此加以确认。所有110个主教辖区、近400间修道院和所有的高级教士辖区都处于法国国王的掌控范围内——这种掌控力度，可能是任何形式的宗教改革都无法提升的。法国国王将自己冠以"最虔诚的基督徒"荣誉称号，符合其对所有其他基督教国家的霸权主张。这种霸权主张还决定了对于宗教改革的政治史至为重要的法国和哈布斯堡皇室之间的冲突主线。②

西班牙在1500年前后欧洲政治中扮演的角色的特点在于，一方面它和法国一样，在中世纪晚期逐渐发展成为影响意大利的一股重要势力（西西里岛，那不勒斯，撒丁岛），因此关于意大利领土所有权的冲突经常上升到整个欧洲层面。另一方面是与哈布斯堡家族的动态关系，皇帝马克西米利安一世的孙子，西班牙王储查理，继承了"神圣罗马帝国"的皇位，成了一个庞大帝国的统治者，并且赋予德国宗教改革事件一个国际性，乃至全球性的维度。西班牙在查理几十年的统治下，变成了欧洲天主教色彩最为浓厚的国家。在收复失地运动中（Reconquista）③ 对真实或被指控的犹太人和穆斯林的排斥驱逐、宗教裁判所严厉的惩戒措施的建立及其戏剧表演、对异端的斗争性仇恨作为基督徒的基本职责、民众以信仰之

---

① Gallikanismus（中世纪拉丁语Gallien）是中世纪晚期的法国所采取的主教制形式。这是一种教会法律体系，法国天主教会试图通过该体系建立一种独立于罗马教皇的独立性。为此建立了一些特权，即"高卢自由"。从本质上讲，它是关于尽量减少教皇在国家政治问题上的世俗权力，并将其地位置于国家主教委员会之下的地位。
② Thomas Kaufmann, Erlöste und Verdammte, Eine Geschichte der Reformation, Die Europäische Christenheit um 1500, C. H. Beck, 2017, S. 37 – 39.
③ 收复失地运动（西班牙语、葡萄牙语：Reconquista），亦称为复国运动、复地运动，是指718—1492年，位于西欧伊比利亚半岛北部的基督教各国逐渐战胜南部穆斯林摩尔人政权的运动。史学家以718年，倭马亚阿拉伯征服西哥特王国，以及阿斯图里亚斯王国建国为收复失地运动的开端，以1492年西班牙攻陷格拉纳达为终。

战为使命、虽面临被迫改宗亦无所畏惧的上帝选民意识不断增强,对教会及其尘世间的领袖的深深敬意、西班牙君主对于精神控制政策的严格的纪律——所有这些都促成了一种明显的天主教心态。皇帝查理五世就是他们最具权势的代表。

15世纪和16世纪初的意大利,和高度发达、经济繁荣的勃艮第一样,是欧洲诸势力竞相争夺的国家。米兰、威尼斯、佛罗伦萨、教皇国①和自1458年起由阿拉贡王室旁系统治的那不勒斯,这五大影响意大利政治体系的势力之间所形成的相对稳定的均衡局面,陷入了动荡局面。引起动荡的外部原因是,法国国王查理八世于1494/1495年采取了远征亚平宁半岛的军事行动,没有遇到值得一提的抵抗,便在米兰和热那亚的支持下收复了经施陶芬王朝统治之后又经法国统治的那不勒斯王国。② 面对法国的强势,教皇、西班牙、威尼斯、哈布斯堡皇帝马克西米利安,及为保住帝国分封地位的米兰,很快组成了一个广泛的反法"神圣同盟"。1497年,它们成功地恢复原状。1500年,法国无视其与帝国的封属法律关系,再次成功袭击并吞并了米兰。法国对米兰的占领以及西班牙对那不勒斯的占领,从此决定了这两个大国的政策。随着西班牙和哈布斯堡王室的联姻关系(的建立),即马克西米利安皇帝的子女菲利普和玛格丽特于1496/1497年与西班牙的胡安和胡安娜举行了双重婚礼,有关意大利的矛盾便时常成为引爆欧洲问题的导火索。法国国王弗朗索瓦一世和查理五世之间的永久战争冲突构成了宗教改革时代欧洲政治的结构主线。它们促进了宗教改革在帝国的传播。

在意大利的政治体制中,教皇作为一个地域国家实体以及凝聚民族情感的重要因素,发挥重要作用。由于人们想要避免像14世纪受制于法国那样受制于其他力量,因此要将"彼得的遗产"(Patrimonium Petri)——教皇国建设成为一个王侯领土国家,以确保罗马教皇不受外部影响,保持独立性。然而,这种政治选择是困境的根源,因为文艺复兴时期的诸位教皇越来越多地让教会事务服务于政治利益。自西斯都四世(Sixtus IV)(1471—1484)上任以来,教会职员的任命一直被无限制地用作收入来源,教会的惩戒手段被用于政治统治的目的。教皇亚历山大六世(Alexanders Ⅵ.)的儿子切萨雷·波吉亚(Cesare Borgia)(1492—1503),

---

① 指公元756—1870年罗马教皇进行世俗统治的国家,今只限于梵蒂冈。
② 先后侵入那不勒斯的势力有:施陶芬王朝、法国安茹王朝、西班牙阿拉贡。此处指法国收复安茹时代的失地。

试图将教皇国家世俗化为世袭的诸侯国。"好战的教皇"儒略二世（Julius Ⅱ.）（1503—1513）主要投身于军事事务。除此之外还有族阀主义，即对教皇家族的偏爱。文艺复兴时期教皇体制的所有这些发展态势都严重地影响了各地对罗马教廷的崇信度，即作为基督在世间代表的神圣性及其事工的教会性质。

对于德意志神圣罗马帝国而言，罗马教廷向帝国的触伸不如向其他国家那么密集，与其他的欧洲大国不同，德意志无法将其与罗马的关系"塑造"到能够"符合民族利益关切"的程度，换言之，由于中世纪以来的政教之争核心聚焦于德皇与教皇之间，以及德皇与德意志诸侯之间的博弈关系，导致德意志教会没有像英法一样，受到国王的保护，反倒因为帝国皇帝的关系，没有强有力的君主，受到罗马教皇与教会的盘剥。由此成为德意志率先爆发宗教改革的决定性先决条件之一。以上是从民族国家的角度来分析宗教改革前夕的政治环境；除此之外，仍有一个更大的区域视角不容忽视，那就是地中海争霸政治军事环境。

奥斯曼帝国在征服拜占庭之后，很快开始了新的攻伐之路。16世纪的奥斯曼帝国在苏莱曼大帝（1520—1566年在位）的治下走向了巅峰。在奥斯曼控制了北非、红海和两河流域之后，苏莱曼大帝将目光投入到了中欧，也就是匈牙利地区。公元1521年攻占贝尔格莱德，即今天塞尔维亚首都，灭掉匈牙利王国，至此成功征服整个巴尔干半岛和非洲北部。乘胜追击的奥斯曼帝国，想要复制罗马帝国的辉煌，其下一步便是进军罗马，争霸地中海。奥斯曼帝国要称霸地中海，挑战的正是哈布斯堡家族的德意志神圣罗马帝国。苏莱曼大帝对查理五世称罗马皇帝极为不满，他认为自己才是真正的罗马皇帝，于是，苏莱曼大帝对战查理五世，地中海大决战正式开始。公元1521年，苏莱曼大帝即位的第二年，便派大军出征罗得岛。罗得岛是希腊的第四大岛，争夺罗得岛，是地中海大决战的第一枪。基督教世界可以对奥斯曼帝国在陆地上的征服视而不见，但地中海不同，查理五世便认为罗得岛是阻挡奥斯曼海上扩张的堤坝，失去罗得岛，地中海便大门洞开，奥斯曼将由此进攻意大利。于是，西方世界开始派骑士们救援罗得岛。最终的胜利者属于奥斯曼，属于苏莱曼，此战翦除了基督教在地中海东部的最后一座军事要塞。

与此同时，在欧洲大陆上，法王弗朗索瓦一世对于德意志神圣罗马帝国在地理上形成的包围态势极其不满，寻求机会一决雌雄，争夺欧洲大陆霸主，由此，形成了三者在地中海区域进行多次军事较量的复杂局面。1529年，苏莱曼围攻维也纳（Siege of Vienna），这一战是奥斯曼帝国第一次侵略中欧，这是西方国家第一次真切感受到被东方国家威胁。维也纳是欧洲国家的文明中心，如果维也纳也被奥斯曼攻陷，欧洲国家毫无疑问会失去所有的骄傲和自信。维也纳是整个神圣罗马帝国的核心，也是哈布斯堡家族的大本营。拿下维也纳将会使得神圣罗马帝国更加混乱。在贸易上，维也纳是商队从西亚到德意志的必经之路，是个重要的贸易节点。而在后面发生的宗教改革故事中，这一场维也纳之围也成了影响德意志宗教改革进程的重要事件。此战之后的150年内，神圣罗马帝国和奥斯曼帝国继续争夺中欧，一直持续到1683年维也纳之战。公元1538年，查理五世帝国舰队在普雷韦扎战役中被奥斯曼帝国的海雷丁帕夏击败，从此，奥斯曼土耳其人掌握了地中海争霸的主动权。[①] 这一战，在德意志宗教改革历史进程中，再度扮演了重要角色。

以上，我们将视野放到了欧洲大陆乃至地中海区域，除此之外，不容忽视的一个时代背景就是16世纪也是一个经济全球化初立的时代。1492年哥伦布发现新大陆之后，伴随着大西洋的崛起，欧洲—美洲—亚洲开始首次大规模联动，开启了全球经济一体化的历史进程，由于伊比利亚半岛在其中发挥主导作用，也被称为"伊比利亚全球化时代"。"世界的四个部分"——欧洲、亚洲、非洲和美洲被联结起来。[②] 在宗教改革发生前后，这一历史进程带动了欧洲各地区经济面貌的改变，带动了一些重要贸易城市的崛起，也极大地擢升了本书的研究对象——奥格斯堡的经济地位。全球远程贸易的几大领袖家族，都居住在奥格斯堡，因他们在远洋贸易上取得的成功，社会地位迅速提升，最后上升到市政官员层面，从而极大地影响了城市的改革进程。因此也增添了奥格斯堡城市宗教改革进程的全球关联要素。奥格斯堡城市的宗教改革，折射了德意志帝国政治层面，欧洲大陆与地中海争霸层面，乃至折射了全

---

① 至公元1565年，风烛残年的苏莱曼大帝派大军围攻马耳他岛。马耳他岛是东地中海和西地中海的中点，也是进入意大利的跳板，奥斯曼帝国势在必夺，基督教世界不敢有失，此战便成为西方历史上最血腥的围城战之一。此战，西班牙军队和医院骑士团以少胜多，击败了奥斯曼帝国，打破了奥斯曼帝国不败的神话。而马耳他岛，也成为奥斯曼帝国在地中海的极限。

② 这是当时天主教君主制的统治野心，也是编年史家齐马尔帕赫恩（Chimalpahin，1579—1660）对世界的定义。当时卡斯蒂利亚和阿拉贡两个王室的联合，加上葡萄牙及其海外属地，真正形成了一个名副其实的"全球帝国"。格鲁金斯基引用西班牙诗人、剧作家维加（Lope de Vega，1562—1635）的话："经由菲利普二世之王土，可以走遍世界。"参见［法］塞尔日·格鲁金斯基《世界的四个部分：一部全球化历史》，李征、李雪涛译，东方出版社2022年版。

球化初立时代的世界多维面貌。这一时期的欧洲历史的发展,从根本上来讲不仅是其内部因素导致的,而且是与世界的其他部分互动、纠缠的结果。

第二节 奥格斯堡的"黄金时代"下的政治、经济与民生

一 中世纪晚期奥格斯堡的经济"黄金时代"

奥格斯堡(Augsburg)位于德国巴伐利亚州西南部,建城很早,据称是继特里尔之后德国第二古老城市,其名称来源于公元前15年罗马皇帝屋大维统治时期建立的古罗马兵营奥古斯塔-温德利科伦(Augusta Vindelicorum),而该兵营的命名由来则是屋大维的称号"奥古斯都"。[①]它从中世纪一直到13世纪都是主教城市。到了1316年1月9日,在巴伐利亚公爵路德维希四世的支持下,城市在法律上被确定为帝国城市的身份,最高统治者乃是皇帝本人,这种情况一直持续到宗教改革时期。[②]

16世纪随着新航路开辟,大西洋崛起之后,奥格斯堡凭借其优越的地理位置以及中世纪的贸易基础,一跃成为欧洲大陆最重要的全球贸易城市之一。奥格斯堡是越过阿尔卑斯山贸易路线的北部终点,是意大利和德国之间国际贸易的必经之地。得益于这种有利的地理位置,奥格斯堡富格家族、威尔瑟等大商人家族为奥格斯堡开辟了很多远程贸易航线,极大地带动了城市贸易的发展。当时奥格斯堡主要进行纺织布料(帆布和粗斜条棉布)的出口贸易和利润丰厚的香料贸易,其中,纺织业是奥格斯堡最重要的产业经济支柱,奥格斯堡的纺织业历史悠久,早在公元955年国王奥托一世在奥格斯堡之门前战胜匈牙利的时候,奥格斯堡的纺织业就开

[①] Wolfgang Zorn, Augsburg, *Geschichte einer europäischen Stadt, von den Anfängen bis zur Gegenwart*, Wißner Verlag, Augsburg 2001, S. 140 – 143;也可参见 Rolf Kießling, Bürgerliche Gesellschaft und Kirche in Augsburg im Spätmittelalter: Ein Beitrag zur Strukturanalyse der oberdeutschen Reichsstadt (Abhandlung zur Geschichte der Stadt Augsburg 19), Augsburg: Mühlberger, 1971。

[②] 参见皇家特许书:"Civitas Augusensis, als eine ehrenwerte und vorzügliche Stadt unter den Städten des Reiches hervorragt, so wollen wir dass sie immer während unter der Herrschaft des Reiches gehalten werde, derart, dass sie in keine Weise durch Verkauf, Tausch, Lebensgebung oder irgendeine andere Form von Entfremdung von Gewalt und Herrschaft des Reiches losgerissen werden darf. Wolfgang Zorn: Augsburg, Geschichte einer europäischen Stadt, S. 162 – 163。

始被正式写入城市历史了。① 从 14 世纪开始，纺织业开始混合纺织亚麻和棉花，而棉花必须通过威尼斯从东方进口，通过这种跨越阿尔卑斯山的贸易，商人们购买到足够的原料，然后将城市的纺织品销售出去。这样贸易逐渐发展，渐渐发展出了一套生产分销网络。② 15 世纪的时候有一种"奥格斯堡布料"特别热销，通过这种分销网络被销往整个欧洲。渐渐地，纺织贸易带来的利润甚至超过了纺织生产的利润。虽然 1348 年欧洲爆发黑死病之后纺织工业在意大利，法兰克以及英格兰受到了沉重打击，上德意志区域也被波及。但是到了 16 世纪，生产力已经得到恢复，奥格斯堡每年能够生产 250 万③粗斜条棉布料。奥格斯堡和其他的施瓦本城市占据阿尔卑斯山口最优越的地理位置，成为威尼斯最重要的东方港湾。奥格斯堡的商人也从那里获得棉花，反过来也往那里销售布料。④

与此同时，奥格斯堡的金银铜采矿业也迅速增长，在带动金属贸易的发展同时也带动了铠甲与技术设备的一体生产。城市富格家族、威尔瑟等大商人家族也在奥格斯堡发展出了欧洲最重要的银行业，由此，奥格斯堡成为贸易中心、资本市场中心、国际金融贸易中心。⑤ 经济的增长为奥格斯堡带来了所谓的"黄金时代"。根据奥格斯堡的税收记录，1470—1500 年的三十年间，奥格斯堡的全部财富至少翻了四倍。⑥ 此外，由于印刷业的技术的发展带动奥格斯堡成为 16 世纪帝国最大的德语书籍印刷地。在此基础上，人文主义与文艺复兴思潮汇集，使得奥格斯堡也成为一个文化思想传播中心。⑦

奥格斯堡的人口，早在罗马帝国时期就已经超过了 1.2 万人，但是此

---

① Magnus Ulrich Ferber, Das Bayerische Jahrtausend: Augsburg im 16. Jahrhundert, Volk Verlag München, S. 74 – 77, S. 11.
② 生产分销系统其实是一种经济系统：分销商首先从分销处获得原材料和工具，然后将这些东西分发给下面的家庭工人，这些人在家里完成分销商所要的最终产品，然后再交付给分销商。然后分销商负责将产品在市场上以合理的价格出售。但是也要付给这些家庭工人工资，这些工资要比市场价低很多。但是这样家庭工人可以节省出来获得原材料以及销售产品的时间和成品。在德国，这种分销系统在纺织业直到工业化时代还在广泛推广，是工业化的基础。参见 Magnus Ulrich Ferber: Das Bayerische Jahrtausend: Augsburg im 16. Jahrhundert, S. 13。
③ Magnus Ulrich Ferber, Das Bayerische Jahrtausend: Augsburg im 16. Jahrhundert, S. 14.
④ Magnus Ulrich Ferber, Das Bayerische Jahrtausend: Augsburg im 16. Jahrhundert, S. 14 – 16.
⑤ Rolf Kießling, Augsburg in der Reformationszeit, in Günther Grünsteudel u. a. Hg., Augsburger Stadtlexikon, Augsburg 2, Aufl. 1998, S. 61 – 74.
⑥ Wolfgang Zorn, Augsburg, S. 208.
⑦ Rolf Kießling, Augsburg in der Reformationszeit, S. 61 – 74.

后数量增长很少,到了16世纪初城市内大约有3万人口,在1535年前后大概达到3.5万居民。① 之后一直到16世纪中期都在缓慢增长,成为继科隆和布拉格之后德意志神圣罗马帝国内第三大城市。②

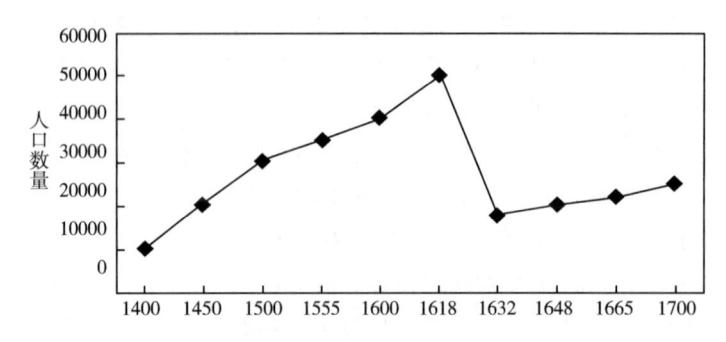

图1-1　奥格斯堡人口数量变化（1400—1700）[④]
（Staats-und Stadtsbibliothek Augsburg）

资料来源:本图根据前文学者的研究数据以及参考奥格斯堡州与城市图书馆人口数据图描绘。

二　荣光遮覆之下的社会民生问题

"奥格斯堡的黄金时代"虽然带来了经济的增长,但荣光之下,依旧存在那个时代普遍的社会问题。城市社会在资金雄厚的企业家出现后开始两极化。一方面是基础雄厚的上层"城市贵族",另一方面是下层的手工业者、短工和仆人,这两个阶层之间的差别越来越大。"贫与富"的差距,成为那个时代的显著模式。贫穷的这一边,是化为一个整体的市民阶层,他们内部的生活条件却相距甚远,普通的民众始终挣扎在生存线上。这些下层民众往往会成为社会潜在的不安定因素,并且这种不安定因素常常会在严重的危机形势下爆发出来。例如在1517年、1531/1534年粮食价格

---

① 有关奥格斯堡的人口,不同学者研究的结果不同。Kießling认为最多达到35000人口,支持这一观点的还有Jahn, Einwohnerzahl, 384 und 393; Kellenbenz, Wirtschaftsleben, 261;认为在20000—30000之间的学者有: F. Uhland, Täufertum und Obrigkeit in Augsburg in 16 Jahrhundert, S. 19; F. Roth, Reformationsgeschichte, I, S. 20;此外,Kießling, Gesellschaft 216 和 Rajkay, Bevölkerungsentwicklung, 252 - 258 还比较了很多时段的信息,来推测16、17世纪的奥格斯堡的人口数量。

② Rolf Kießling, Augsburg in der Reformationszeit, S. 61 – 74.

③ Rolf Kießling, Augsburg in der Reformationszeit, S. 61 – 74; Staats-und Stadtsbibliothek Augsburg.

大幅上涨的年份；在 1551 年棉花供应被阻碍的时候；在与威尼斯 1512—1513 年的战争的时候，在 1521/1522 年，1529/1530 年，1533/1536 年和 1547 年瘟疫和流行病爆发的时候，都会使得下层民众原本不安的情绪上升到对生存的担忧。①

例如，在奥格斯堡，纺织工人是最大的一个下层民众群体。14 世纪以来，随着跨越阿尔卑斯山的贸易的发展，纺织业成为奥格斯堡的主导行业，纺织工人也越来越多。在 1500 年前后，纺织行会中大概有不到 1000 名纺织工成员。一百年之后，这个数字增加到整整 2000 名。② 与此同时，纺织加工类例如染工以及裁缝的数量都大量增加。那个时候，人们称呼纺织工为"穷光蛋"（Habnitse）。这些纺织工不需要支付财产税，渐渐地，纺织工变得比例过大。由于他们的危险的社会地位，奥格斯堡的纺织工逐渐形成一股潜在的不稳定势力。例如在 16 世纪早期，市议会必须多次发放廉价的小麦和面包，以避免可能发生的饥荒和动乱。

三 自下而上的行会参政体制与寡头政治

奥格斯堡和其他的自由城市一样，城市主要由市议会（Stadtrat）③ 来进行管理。市议会是城市市民选举出来的具有立法、行政和司法职能的城市自治管理机构。

奥格斯堡在 1257 年才建立市议会。它的最初章程大约是在 13 世纪中叶确立的，议会由 12 人组成，贵族候补，小议会领导大议会（1276 年确立）。到了 13 世纪末，小议会扩充到 24 人，占据当时议会的一半。④ 市民社区对政治参与的需求导致了 1340 年的宪法改革，导致了市议会的进一步扩大。然而真正具有革新意义的则是 1368 年的行会革命。

1368 年行会革命推行了新的行会宪法，从根本上确立了延续近三个世纪的自下而上的行会参政的政治体制。自此，行会手工业者也可以被选入小议会，变得有参政能力。然而，贵族仍在议会和重要席位上占相当大的比重。行会的正式成员选出行会委员和行会会长，然后又从这些人中选

---

① Rolf Kießling, Augsburg in der Reformationszeit, Augsburg Stadtlexikon.
② Magnus Ulrich Ferber, Das Bayerische Jahrtausend: Augsburg im 16. Jahrhundert, Volk Verlag München, S. 74 – 77, S. 12.
③ "市议会"对应德文"Stadtrat"，主要指城市的具有世俗权威性质的管理机构，相当于早期的市政府。在英文中，往往被翻译成"the city council"，中文也有依据英文名称翻译成"市政委员会"的。
④ Dr. Peter Geffcken, Ratsverfassung bis 1806 (Stand: 2. Auflage), von Augsburger Stadtlexikon.

出大议会与小议会成员。小议会包含 44 人，其中 15 个贵族，29 个行会人士，所有行会都有一个会长当选，并且 11 个比较大的行会有第二名代表当选。大议会包含小议会的全部成员，以及行会的全部 12 位领袖，也就是一共 249 人。① 议员具有轮流替换的可能性，但是不存在备选的议会机构。未参加行会的贵族们，没有主动的选举权，但是具有被选举权。1397 年在酒业公会和盐贩公会合并后，小议会只剩下 35 人，其中 8 名贵族，27 名行会人士，与此并列的是老议会（Alter Rat），包含 4 名贵族，23 名行会人士，共 27 名成员。这两个机构的 62 名成员共同组成内阁议会，由他们担任市政职务。大议会具有最高宪法权力，平均包含 180—190 名成员。②

15 世纪下半叶，在市长乌尔里希·施瓦茨（Ulrich Schwarz）③ 的任期内，议会机制再次发生改变：自 1462 年起，所有的 17 个行会再次以每个行会 13 名代表进入大议会，再加上 12 名贵族议会，共 233 名成员。1476 年，那剩下的 7 个小行会也在小议会中加入了第二名成员，这样，小议会就包含 42 人，其中 8 名贵族，34 名行会人士。小议会成员再选出主持市议厅（Ratsamt）的市长，共两位，其中一位是来自行会的市长（Stadtpfleger），另一位是出身贵族的市长（Bürgermeister）。通常市议员任期一年，但也有例外，1434 年，12 位贵族中只有 8 位是新选举出来的，剩下的 4 位贵族代表自此任期两年，称为"继任议员"（alten Herren）。

自 1436 年，在史料中出现了一个特别的"十三委员会"（Dreizehner），④ 他们汇集最高级别的市政人员，做最重要的政治决定，然后再把意见拿到小议会那里去。为了支持行会会长，每个行会各有 12 名行会委员，称为

---

① 一共是 18 个行会，在小议会中，11 个行会各有 2 名代表，即 22 名代表，加上剩余的 7 个行会会长，共 29 名。小议会共 44 人。大议会包含每个行会的 12 名领袖，也就是 216 名，再加上小议会 44 名，共 260 名，减去行会 12 领袖中已经在小议会中任职的 11 名代表，即大议会一共有 249 名成员。

② Dr. Peter Geffcken, Ratsverfassung bis 1806（Stand：2. Auflage），von Augsburger Stadtlexikon.

③ Ulrich Schwarz（1422—1478），1459 年当选木匠行会委员，1467 年进入"十三委员会"，1469 年开始连任七次城市行会市长。

④ "十三委员会"在奥格斯堡的行会宪法中尤其不能忽略。它从 1436 年开始发展成一个固定的委员会（Gremium），是之前小议会中的一个特殊委员会，在危机情况下作为最高的决议机构，承担管理的责任。尽管"十三委员会"在政治上的具体竞争力不得而知，但是可以想象他们基于小议会，独立承担处理城市事务。这种猜测在 K. Sieh-Burens 的研究中被证明："十三委员会"不仅仅是小议会的核心，而且也在很多情况下主导小议会的决策。但是要进入"十三委员会"是很难的，因为只有市长、财政总管、掌印司以及财务专员（Einnehmer）可以进入"十三委员会"，从小议会选举上来的只有 3 位名额。

"十二委员"。行会会长和"十二委员"由行会全体成员直接选举出来,他们共同处理行会事务。"十二委员"与会长和来自贵族的代表共同组成大议会,大议会被称为"公众意见处",大议会拥有的权利有限,主要是在战争、收割、提高征税的事情上,其中最主要的作用就是在财政上的参政权。通过行会的选举,所有的市民都可以竞选"十二委员",继而再竞选市议会的议员。这样一来,如果市民进入了行会的决策团,同时也就意味着进入了市议会的层面,可以参与到政治决策中去。在宗教改革前夕,尽管有些许的调整,但基本都是沿袭这种制度。直到1548年"卡罗林管理秩序"（Karolinischen Regimentsordnung）出台。[1]

行会参政体制作为一种自下而上的参政机制,具有近代特性。但是,尽管市民的基本公平权利（不包括所有的居民）参与政治决策的过程通过17个行会来保证,然而,在资深议员以及更小范围的议会内,主要由"十三委员会"来决定重要事务。城市的政治结构虽然是城市贵族与行会共同参政,但是依然是一种以贵族为主导的"寡头政治"。民众对于"公共福祉"的笃信,以及自上而下向下层民众信息传递的体制的匮乏,并

---

[1] 根据卡罗林管理秩序,行会的参政资格被取消,新的四个阶层替代了他们的位置,政治体制发生了很大的改变。由四种阶层构成,贵族、准贵族（Mehrer）、大商人（只包括商人俱乐部中的成员）和社区成员（不包含在商人俱乐部中的普通民众）。Mehrer 指的是贵族俱乐部中的非贵族（本书称之为准贵族）,具体解释参见 Dr. Peter Geffcken: Mehrer（Stand: 2. Auflage Druckausgabe）, von Augsburger Stadtlexikon。整体体制的改变体现为:内阁议会与大议会之间的制度连接被废除,因为大议会已经失去了其作为最高宪法法院的地位。现在被称为"外议会",由300名成员组成,其中44名贵族,36名 Mehrer准贵族,80名商人,140名社区人士。然而,这些成员也不再由各个阶层团体选举出来,而是根据议会表决,通过市长任命。此时的"大议会"虽然仍是代表全体公民,但是不再具有相关的政治参与权,它很大程度上只是两个贵族议员的象征性的确认。内阁议会,由于平行老议会被取消,现在只包含小议会的部分,减少到41名成员,其中31名贵族,3名准贵族,1名商人和6名社区人士。内阁议会现在是立法领域最高权威。它的权力主要把持在贵族议会成员手中,这些贵族议员,在选举链条中,首先要达到31名成员,随后才能选举其他的非贵族的议会成员。此外,此次变革新设立了由7名成员组成的枢密院,是最核心的议会机构。尽管这在功能上看起来像是对议会（第十三议会/战争议会,或枢密院和战争议会）的继承,但是却不是建立在对议会的时代与功能的权力限制基础之上,而是建立在宪法本身对行政区域的直接权力分配基础上。到了1555年,小议会再次扩大45名成员,其中31名贵族,4名准贵族,3名商人,7名社区人士。此后,议会机制就保留了这种外在形制,直至1806年。1648年,随着信仰教派优先原则的引入,议会机制内部完成了天主教与新教议员共存的构建,在一些特定的事务上（例如宗教事务、职位安排）双方各自保持独立。1806年3月4日,随着奥格斯堡正式被纳入巴伐利亚王国,这种帝国城市体制的议会体制被解散,接替它的是1806年7月1日开始实行的巴伐利亚皇家城市管理议会体制。

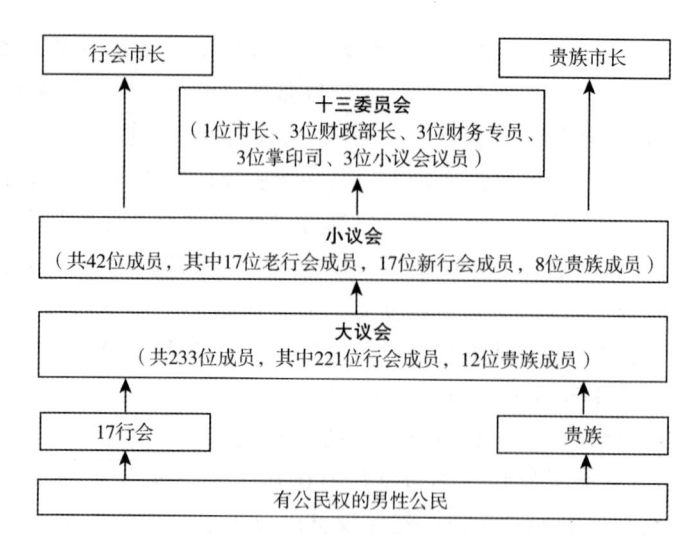

```
                    ┌─────────────────────┐
   行会市长          │     十三委员会      │         贵族市长
      ↑             │（1位市长、3位财政部长、3位财务专员、│            ↑
      │             │   3位掌印司、3位小议会议员）│            │
      │             └─────────────────────┘            │
      │                        ↑                       │
      │             ┌─────────────────────┐            │
      │             │       小议会         │            │
      │             │（共42位成员，其中17位老行会成员，17位新行会成员，8位贵族成员）│
      │             └─────────────────────┘            │
      │                        ↑                       │
      │             ┌─────────────────────┐            │
      │             │       大议会         │            │
      │             │（共233位成员，其中221位行会成员，12位贵族成员）│
      │             └─────────────────────┘            │
      │                     ↑      ↑                   │
   ┌──────┐                                       ┌──────┐
   │17行会│                                       │ 贵族 │
   └──────┘                                       └──────┘
              ┌────────────────────────┐
              │    有公民权的男性公民    │
              └────────────────────────┘
```

图 1-2　1368—1548 年奥格斯堡市议会组织架构

不介意长时间以来政治领导阶层始终局限于某些城市显赫家族，种种因素导致政治权力集中在少数的政治精英手上。这也是帝国城市的普遍政治局面，在奥格斯堡也是如此。这种政治权力的集中，可以称为"议会寡头政治"。然而在动荡的时代，这种自下而上的参政体制与寡头集团之间的矛盾就会显露出来，从而形成一股张力。

最晚是在 15 世纪末，市议会成为上帝和皇帝法定的"权威"统治阶层，来统治整个市民阶层。这也确定了其余的市民阶层是处在"下层民众"[①] 的地位。因此，"市议会"与城市"社区"之间具有层级关系。这种结构化的合作性的"社区"是城市的组成基础。[②] 这种权力秩序的架构，旨在用来保证公共安全，实现整个城市的"公共福祉"。[③]

"公共福祉"是那个时代城市的理想政治。城市的权利被视为上帝的权利本身；城市对于整体市民来说，是他们的生活空间，如果城市受到威

---

① Bernd Moeller, Reichstadt und Reformation, Neue Ausgabe, Mohr Siebeck, Tübingen, 2011, S. 104.

② Bernd Moeller, "社区"这一概念，已经不仅是一个政治概念，也涉及教会和宗教层面：早在中世纪晚期城市已经作为一个"基督教军团的小分体"存在，并且他们的生存空间是作为"神圣空间"神圣化的，如他们的教堂、游行、朝圣，等等，尤其是在他们的堂区中，他们可以塑造自身的最佳利益。社区与官方教会的界限是显而易见的，只要他们的机构和支持者——包括主教、大教堂主教、修道院和捐赠者、神父和堂区牧师——不参与其中便可。

③ Bernd Moeller, Reichstadt und Reformation, S. 45.

胁，那么他们的生命财产也会受到赤裸裸的威胁；谁为了自身的利益损害了"公共福祉"影响了城市的和平，那么将会被上帝之法召唤，被看做犹大的同谋；自然灾害和火灾或被视为上帝对城市的罪行的惩罚，市民们自己通过诵念起誓言的方式，不再犯罪，或者整个城市带着圣物举行庆祝性游行，来消除罪恶；尘世的幸福与永恒的治愈被看做一体的，世俗的世界与精神的世界的边界也是一样模糊的。因此，如穆勒所说，中世纪晚期的一个城市社区可以称为宗教社区，这也是它最根本的特点。① 在城市中，城市社区与教会社区是有交错重合的，根本上也不可能把二者分开。这种特点也导致了宗教改革中政治与宗教的极大的密不可分性。

根据布伦斯（K.-Sieh. Burens）的研究，16世纪历任奥格斯堡寡头政治核心的73位市长和行会市长主要来自43个城市核心家族。② 这些家族作为精英统治集团，在"公共福祉"的执政理想指导下，扮演着城市"舵手"的角色，但其内部也有利益纠葛与教派选择差异，很大程度上也影响了奥格斯堡的改革进程。布伦斯（K.-Sieh. Burens）的统计显示，1518—1618年一百年间，历任城市"舵手"主要来自：城市的古老贵族威尔瑟家族（Welser）、海灵格（Rehlinger）、何宝特（Herbrot）、鲍姆噶特纳（Baumgartner）、汉策（Haintzel）、何瓦特（Herwart）、殷浩富（Imhof）、朗曼特S（Langemantel vom Sparren）、朗曼特R（Langenmantel vom doppelten R）、劳艮格（Lauginger）、梅（May）、巴勒（Paler）、鲍丁格（Peutinger）、汉宝特（Rembold）、冯·斯代特（von Stetten）、费特（Vetter）和沃林（Voehlin）家族，等等。③ 这些核心家族根据他们的姻亲关系以及社会交往大致可以划分为后文所述的四大家族关系网。

四 作为政治中心的"荣耀"与"陷阱"：地缘政治环境

1500—1555年，在奥格斯堡召开了七次帝国议会，包括在宗教改革的历史上特别有分量的事件，反映了奥格斯堡这个城市对帝国的重要性，也成就了奥格斯堡作为帝国的政治中心之荣耀。然而这种荣耀从一开始就处于周边地缘政治和帝国政治环境的框架限定之内。

奥格斯堡是东部施瓦本地区的中心，在城市地理上可以划分为三个层

---

① Bernd Moeller, Reichstadt und Reformation, S. 46 – 47.
② K. Sieh Burens, Oligarchie, Konfession und Politik im 16 Jahrhundert, zur Sozialen Verflectung der Augsburger Buergermeister und Stadtpfleger 1518 – 1618, Verlag Ernst Voegl, München 82, 1986, S. 75 – 76.
③ K. Sieh Burens, Oligarchie, Konfession und Politik im 16 Jahrhundert, S. 75 – 76.

次：首先是位于核心地区的帝国主教城市的大修道院和大教堂区域，其次是帝国直属的本笃会修道院的圣乌尔里希和奥弗劳，再次则是它们的庄园地产及其周边地区。① 奥格斯堡市民虽然在那里拥有很多土地所有权，然而奥格斯堡与乌尔姆不同，不能建立一个封闭的城市版图。奥格斯堡的一部分领土伸入茨威考（Zwickel）境内，在外特阿赫（Wertach）的入口处，另一部分又在外特阿赫（Wertach）的西部。② 在地缘上，奥格斯堡北部毗邻安斯巴赫（Ansbach）伯爵的领地，东北方向毗邻诺伊堡（Neuburg）、东南方向与巴伐利亚州的莱赫（Lech）与洛伊萨赫（Loisach）的大片土地相连，南部毗邻蒂罗尔（Tirol），北部与帝国城市乌尔姆（Ulm）以及乌腾堡（Württemberg）相邻。③ 这些城市在宗教改革期间，也与奥格斯堡有着相互的影响关系。这种地理环境使得奥格斯堡需要与外地合作获得食品和工业原料的供应，这种情况迫使市议会不得不与其相邻的地区进行区域间政治合作。④

早在 1488 年，为实现地区的和平，奥格斯堡就加入了施瓦本联盟。在这个联盟之内，包括奥格斯堡城市以及奥格斯堡主教在内的所有成员都要接受施瓦本联盟议会的领导，以及接受哈布斯堡家族的领导。后来，法尔茨、美因茨、特里尔、黑森、巴伐利亚以及一些法国的帝国城市都加入进了这个联盟。⑤ 联盟在宗教改革期间内部分裂了，其中一部分在国王斐迪南的领导下，想建立一个维护传统教会的帝国城市的统一战线，而另一方面，一些帝国城市以及小的周边地区已经接受了宗教改革运动，不愿意再履行传统的效忠制所限定的联邦义务。⑥ 1534 年召开了最后一次联盟会议，经过一系列无果的谈判，最后联盟以解散告终。

除了周边的城市联盟之外，奥格斯堡在地缘政治上更多受到巴伐利亚大公、隶属于哈布斯堡家族的伯高边境伯爵（Burgau Markgrafschaft）、周边诸侯以及城市内部的奥格斯堡主教的影响。⑦ 此外，对城市宪法的地位

---

① Rolf Kießling, Augsburg in der Reformationszeit, Augsburg Stadtlexikon.
② Gößner, S. 22.
③ Gößner, S. 23.
④ Rolf Kießling, Augsburg in der Reformationszeit, Augsburg Stadtlexikon.
⑤ Greiner Christian, Die Politik des Schwäbischen Bundes während des Bauernkriegs 1524/1525 bis zum Vertrag von Weingarten; in ZHVS 68 (1974), 7 - 94; Lutz, Augsburg und seine politische Umwelt 1490 - 1555, in: Gottlieb Gunter u. a Hg., Geschichte der Stadt Augsburg von der Römerzeit bis zur Gegenwart, Stuttgart 1984, 413 - 432, 414ff; Gößner, S. 23.
⑥ Lutz, Peutingger II, S. 283.
⑦ Gößner, S. 23.

的保证始终在帝国皇帝手里。① 作为帝国城市,虽然奥格斯堡拥有相当大的自主权,但皇帝始终是城市最高的主宰。这种关系自从哈布斯堡家族与奥格斯堡的富格家族、威尔瑟家族建立了紧密的财政关系之后,变得更加紧密了。这种关系给奥格斯堡带来了很多好处,例如,自从1519年富格家族资助查理五世选举之后,皇帝便对奥格斯堡许了长期的承诺。但与此同时,皇帝对于奥格斯堡忠诚度的要求和心理期待值也高于其他帝国城市。作为帝国的政治中心,奥格斯堡的居民一度以此为傲,但这种重要性同时也限定了作为市民决策者的市议会的政治框架。宗教改革发生之后,虽然一方面城市内部倾向于宗教改革,因为至少可以从中受益,然而另一方面却不能忽视对外关系的重要性,因为经济发展依赖于那些复杂的因素。② 与此同时,同时代的人也深谙这座城市的重要性,纷纷参与进它的改革进程中来。自始至终,奥格斯堡始终处在大的帝国政治层面。

五 技术上的伏笔:奥格斯堡的出版印刷业

早在1468年,奥格斯堡就建立了第一家印刷厂,建造者为采纳尔(Günther Zainer,？—1478)。在15世纪的最后30年,奥格斯堡逐渐成为欧洲重要的贸易与金融中心,贸易促进了奥格斯堡信息的通畅发达,也间接刺激了印刷业的迅速发展。到了16世纪奥格斯堡已经跻身为欧洲最重要的出版中心之一。③ 城市中有几大有名望的印刷商,以采纳尔(Zainer)、顺斯贝格(Schönsperger)为代表,他们还建立了各自的网络。

在奥格斯堡,出版业最核心的关系网应非采纳尔莫属。他1467年就来到了奥格斯堡,早期是铸金行会的会员,后来成为出版商。④ 1463年采纳尔与斯特拉斯堡的一位大家族的女儿成婚,⑤ 这种关系奠定了他在奥格斯堡的出版行业与斯特拉斯堡的关联。此后,与他关联紧密的绪斯勒(Johann Schüßler)也在他的影响下在南德经营了一家名为门特林

---

① Rolf Kießling, Augsburg in der Reformationszeit, Augsburg Stadtlexikon.
② Lutz, Peutingger II, S. 283.
③ Hans Jörg Künast, Getruckte zu Augspurg, S. 88 – 89.
④ Albert Schramm, Günther Zainer, Augsburgs erster Drucker, in Werden und Wirken, ein Festgruß Karl W. Hiersemann, Hg., von Marin Breslauer und Kurt Köhler, Leipzig, 1924, S. 363 – 391, hier, S. 365.
⑤ Karl Schorbach, Die Buchdrucker Günther und Johannes Zainer in Straßburg, In Beiträge zur Theorie und Praxis des Buch und Bibliothekswesens 1, 1894, S. 28 – 29.

（Mentlin）的印刷厂。① 1468年3月，采纳尔在奥格斯堡出版了《基督生命的冥想》（Meditationes de vita Christi），由于他出色的营销技术，以及广泛的销售网络，他很快在奥格斯堡声名鹊起。此后他与乌尔姆以及斯特拉斯堡保持了紧密的联系，并结识了绪斯勒（Schüßler）等一些出版商，此后他与圣乌里希和阿芙拉修道院建立了合作关系，更加稳定了他在奥格斯堡的地位，而且后来他的出版社也得到了主教与主教咨议会的支持。②

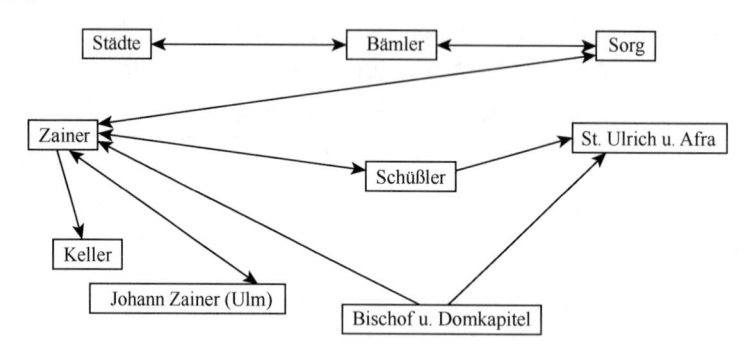

图1-3　采纳尔（Zainer）关系网③

除了采纳尔家族的印刷经营网络之外，顺思贝格（Schönsperger）也逐渐形成了自己的经营网络。他早年丧父，其母芭芭拉（Barbara）1472年带着他改嫁给当时的另一个印刷商贝母勒（Johann Baemler）。④ 在其母和周围环境的影响下，顺思贝格（Johann Schönsperger）学会了印刷技术，并且从1481年开始与惠格（Thomas Rüger）独立经营，后来他的合作伙伴去世，顺思贝格逐渐掌握了全部的经营权，并且依靠他的继父以及早年的一些关系，逐渐成为奥格斯堡首屈一指的印刷商。⑤

---

① Ernst Voulieme, die deutschen Drucker des 15. Jahrhunderts, Berlin, 1922, S1 und Karl Schobach, Johann Mentlin (1458 – 1478), Studien zu seinem leben und Werke. Mainz, 1931, S. 145, 158.

② Zur Lebensgeschichte Johann Zainer, auch seiner Ulmer Zeit. ; Günther Zainer, 30, April 1469, GW 3183, Muenchen BSB. 2o Inc. c. a 19a, Bl. 552r. ; Hans Jörg Künast, Getruckt zu Augspurg, S. 86.

③ Hans Jörg Künast, Getruckte zu Augspurg, S. 89.

④ StAA, Reichsstadt, Stadtgericht STGB 1480, Bl. 88: *Jtem Hans Schönsperger als ain vollmechtiger anwalt··· Hansen Bamlers seins stieffuvater hatt begert ein zuschreiben.*

⑤ StAA, Reichsstadt, Stadtgericht STGB 1480, Bl. 106: *Jtem anna Riegerin witib geit Jre volle gewalt Barbara Bämlerin wider Caspar Trauten，···Traut klagte insgesamt 20 Gulden ein*，Siehe auch Hans Jörg Künast, S. 92.

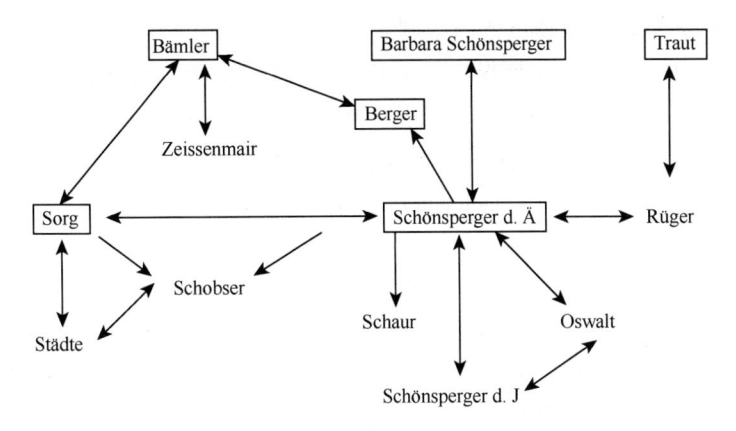

第一章　从中世纪走来：宗教改革前夕的德意志与奥格斯堡　51

图 1-4　顺思贝格（Schönsperger）关系网[1]

　　奥格斯堡的印刷商和一些教堂联系紧密。柯斯灵（Rolf Kießling）研究了中世纪晚期奥格斯堡的传统印刷商与教会的关系。[2] 比如圣安娜修道院与哈特道尔特（Erhard Ratdolt）的合作关系，后者甚至为其印刷"人员接收表单"，[3] 这种合作关系早在1494年就建立了，为圣安娜教堂赢得民众对教堂建设、图书馆建设的支持作了很多贡献。再比如，几乎所有的印刷商都与圣乌里希和阿芙拉教堂有生意上的往来，所以在这些教堂的成员名单上经常会出现这些印刷商以及他们的妻子的名字，比如麦思林（Johannes Maislin）、姆勒（Johann & Babara Bämler）、佐格（Anton Sorg）、凯勒（Johann & Elisabeth Keller）、采思麦尔（Anna Zeissenmair）、施雷格（Sixt & Anna Schregel）、顺思贝格（Hans Schönsperger d. Ä）、艾希灵格（Margaretha Elchinger）、奥特玛（Silvan & Anna Otmar）。[4] 而这些印刷商

---

[1] Hans Jörg Künast, Getruckte zu Augspurg, S. 89.
[2] Rolf Kießing, Bürgerliche Gesellschaft und Kirche in Augsburg im spätmittelalter Ein Beitrag zur Strukturanalyse der oberdeutschen Reichsstadt, Augsburg, 1971.
[3] Paul Geissler, Erhard Ratdolt, in: Lebensbilder aus dem Bayerischen Schwaben 9. 1966, S. 97 - 153, hier S. 113f.; vgl. Mattias (Fabri) Schmid, Bruderschaftsbrief der Augsburger Karmeliten von 1494. Hubay - Aug 1867. SStBA. 2° Ink 960 und 961.
[4] Albert Haemmerle Hg., St. Ulrichs-Bruderschaft Augsburg. Mitgliederverzeichnis 1466 - 1521. München, 1949. Im Folgenden wird zitiert nach dem Original, SStBA. 2° Cod. Aug. 345, Bl. 29r; Jtem Johannes maislin von dübingen, trücker zu sannt vlrich sein Vater und Muter vnd alle seine vordern; Bl. 45v; Jtem anthoni Sorg vnd seine fraw vnd ale seine kind; Bl. 63r; Jtem Hannss Keller, elsbet sein Hausfraw; Bl. 70v; Jtem Anna zeysnmairin vnd alle ire Kind; Bl. 75v; Jtem Six Schregel, anna sein Hausfraw; Bl. 78r; Jtem Hanns Schoensperger der aeltere; Bl. 84v; Jtem Margeretha Elchingerin; Bl. 85r; Jtem Siluean otmar vnd anna vxor sua.

都是当时奥格斯堡比较重要的印刷商。

到了 16 世纪，奥格斯堡比较重要的出版商还有奥特玛（Silvan Otmar）、施坦尔（Heinrich Steiner）、哈明格（Melchior Ramminger）、乌哈特（Philipp Ulhart d. Ä）、格林 & 维宗·希姆布莱希特（Grimm & Wirsung Simprecht Ruff）、弗邵尔（Johann Forschauer）、那德尔（Jörg Nadler）等。[①]

不同于其他出版中心，奥格斯堡的印刷商们大多来自行会，很少接受过完整的大学教育。所以学院派的拉丁作品并不广受青睐，相反，德语作品更受欢迎。甚至早在 15 世纪的时候，奥格斯堡出版的德语作品就已经超过了拉丁语。这在那个拉丁语文学盛行的时代是很不同寻常的，奥格斯堡也因此在帝国城市出版重镇中独树一帜。到了 16 世纪，奥格斯堡已经成为当时新德语书籍文化中心，书籍作者与印刷商之间联系紧密。[②] 在宗教改革发生前期，宗教信仰和文化对于欧洲人们的影响是空前巨大的，宗教信仰贯穿着社会生活、文化、经济、政治方方面面。由于印刷行业的媒介特性，无论是正面的或负面的信息都被广泛地传播，正如如果没有印刷行业的推波助澜，赎罪券事件不会如此迅速发酵一样。同样，在宗教改革发生之后，这一作用也呈几何数级般呈现出来。

第三节　中世纪的遗产：奥格斯堡信仰虔诚与堂区的世俗化管理

一　信仰的虔诚

在宗教改革前夕，在德意志帝国城市中存在着对中世纪天主教最强烈的虔诚，在那个时代，信仰是无论贫富贵贱每个人都极其关切的首要大事，奥格斯堡也不例外。"奥格斯堡的黄金时代"虽然带来了经济的增长，但也造成了社会贫富差异加剧，在社会矛盾的加剧的情况下，民众的信仰更加虔诚。

在宗教改革前夕，旨在确保代祷和公义功绩的基金会的数量，达到了一个高潮。壮观的大规模布道和新的善功追求，表现了人们对深度灵魂

[①] Hans-Jörg Künast, Martin luther und der Buchdruck in Augsburg, 1518 – 1530, in Helmut Gier, Reinhard Schwarz hrsg, Reformation und Reichsstadt-Luther in Augsburg, Augsburg: Wißner, 1996, S. 65 – 77; Hans-Jörg Künast, Getruckte zu Augspurg, S. 11.

[②] Inge Leipold, Das Verlagesprogramm des Augsburger Druckers Johann Baemler. Zum Funktiontyp〈Fruehe Deustchsprachige Druckprosa〉in Bibliotheksforum Bayern 1, 1976, S. 236 – 252.

关照指导的要求。同时，民众对奇迹以及圣物的追求和崇拜十分狂热，有时已经超过了教会教义的界限。例如1520年，在施瓦本地区的哈尔（Hall），因为河水大涨，威胁到盐井，因而整个城市都出动来到考赫尔河（Kocher）沿岸，进行"神圣的游行"，举行牺牲仪式，以来平息上帝对城市的愤怒。再如，1519年在雷根斯堡，在犹太人被关押之后，人们就想在会堂的位置安建一个基督教小教堂，然而在拆毁的过程中发生了一个奇迹，然后建造小教堂就成了全体的大任务：人们投入巨额资金，整个城市都加入建造的队伍。人们甚至能看到一天内有300名妇女、年轻女人和小姑娘拿着教会的旗子和玛利亚的画像，点着教堂灯笼，共同参与搬运石头。建造很快就完成了，市民们立刻就举行了一场盛大的向圣母玛利亚的朝圣之旅，规模之大甚至在整个中世纪都没看过。市议会把这件事情看得无比重要，要求商家全力支持。在1520年，有不少于118961枚勋章被卖给朝圣者，1521年有不少于209个奇迹被记录在册。①

除了朝圣、奇迹崇拜、圣物崇拜、虔诚的忏悔之外，当时还存在着另一种宗教生活和虔诚的宗教团体，称为"兄弟会"。这种团体据说在较高级的工匠阶级中，尤其是在奥格斯堡、纽伦堡和斯特拉斯堡的印刷工人中。②

二 教堂与修道院

16世纪的奥格斯堡的城市中心面积不足2000平方米，却聚集了大大小小约50个教堂和修道院实体。平均40平方米一个教堂或修道院，步行不超过5分钟，这也辅证了信仰的虔诚。奥格斯堡分为6个堂区，③ 即大主教教堂堂区、圣乌里希堂区、圣斯蒂芬堂区、④ 圣莫里茨堂区、圣乔治堂区、圣十字堂区。⑤ 六个堂区教堂之外，不属于城市的大主教教堂

---

① Bernd Moeller, Reichstadt und Reformation, Neue Ausgabe, Mohr Siebeck Tübingen, 2011, S. 64.
② T. M. lindsay, A History of the Reformation, 中文译本：[英] 林赛：《宗教改革史》（上），孔祥民、令彪等译，商务印书馆1988年、2016年版，第134页，有关中世纪晚期的宗教虔诚可参见第114—134页。
③ 不包括"Hellig-Geist-Spital"医院，可参见 Leonhard Hoermann, Zur Geschichte des hl. Geist-Hosipitals, in Zeitschrift des Historischen Verein für Schwaben und Neuburg（缩称：ZHVS）6, 1879, S. 145 – 176, hier S. 154f. 参见 Herbert Immenkötter. Die Katholihce Kirche in Augsburg in der ersten Hälfte des 16. Jahrhunderts, hrsg, Reinhard Schwarz, Gütersloh, Gütersloher verlagshuas, 1988, S. 9.
④ 圣斯蒂芬堂区还包含一个学校，参见 Julius Hans, Beiträge zur Geschichte des Augsburger Schulwesens, In ZHVS 2 1875, S. 78 – 106 und 4 1877, S. 17 – 71; Kießling, S. 109 – 120, S. 240 – 244.
⑤ Kießling. Gesellschaft, S. 109 – 120, 240 – 244; Gößner S. 29.

(Domkapitel)①、隶属于主教的本尼迪克修道院——圣乌里希和阿芙拉（St. Ulrich & Afra）②、贵族的妇女共修院（Damenstift）——圣斯蒂芬（St. Stephan）③、距离城墙两百米的地方的本尼迪克女修道院——圣尼古拉斯修道院（St. Nikolaus）、三个共修教堂（Kollegiastifte）④——圣莫里茨（St. Moritz）⑤、位于派拉赫的圣彼得（St. Peter am Perlach）⑥ 和圣格特鲁德（St. Gertrud）⑦、两个奥古斯丁教堂（Augustiner-Chorherrenstifte）⑧——圣乔治（St. Georg）⑨ 和圣十字（Hl. Kreuz）⑩、一个属于托钵修士的方济各会修道院⑪和

---

① 有关不接受奥格斯堡市民进入教堂礼拜的争斗（1465—1492）可参见 Kießling，S. 323 - 352。

② 建于1006年，Wilhelm Liebhart, Die Reichsabei St Ulrich und Afra, Studien zu Besitz und Herrschaft（1006 - 1803）（Historische Altlas von Bayern, Teil, Schwaben II）München，1982, S. 104 - 106。

③ 主教乌里希（Ulrich）于969年建立。Karl Primbs, Das Stift St. Stephan in Augsburg, in ZHVS 7（1880），S109 - 156, in Egino Weidenhiller u. a. hg., Ad sancum Stephanum 969 - 1969, Festgabe zur Tesusendjahrfeier von St. Stephan in Augsburg, Augsburg 1969, S. 1 - 49；Alfred Schroeder, Alt St. Stephan in Augsburg, Gruendung, Verfassung, aelterste Quellen, Augsburg, 1928。

④ Ein Kollegiatstift (auch Kanonikerstift, Säkularkanonikerstift, Chorherrenstift) ist eine Gemeinschaft von Säkularkanonikern (Weltgeistliche, weltliche bzw. unregulierte Chorherren), Säkularkanoniker sind deutlich abzugrenzen von Mönchen und gehören keiner Ordensgemeinschaft an. Die Kanoniker, auch Chor-oder Stiftsherren genannt, leben an einer bestimmten Kirche, dem Stift, für dessen Gottesdienste sie zuständig sind. Neben einer gemeinsamen Messe, dem Kapitelsamt, zählt hierzu auch das gemeinsame Stundengebet. Das Stiftskapitel, also die Versammlung der Kanoniker, verwaltet das Vermögen der Stiftskirche. Die einzelnen Kanoniker behalten-im Unterschied zu Ordensgeistlichen-ihr Privatvermögen. Sie legen keine Gelübde ab und können daher das Stift jederzeit frei verlassen.

⑤ 建于1020年，参见 Norbert Backmund, Die Kollegiat-und Kanonissenstifte in Bayern, Windberg, 1973, S. 40 - 43；Kießling, S. 34f。

⑥ 建于1065年，参见 Backmund, S. 43 - 45；Kießling, S. 35。

⑦ 建于1071年，参见 Backmund, S. 39f；Kießling, S. 35。

⑧ Säkularkanoniker sind auch von den Regularkanonikern/regulierten Chorherren zu unterscheiden, die als Ordenspriester nach einer Ordensregel-zumeist nach der Regel des hl. Augustinus von Hippo-leben, die Priesterweihe empfangen und Ordensgelübde abgelegt haben, ohne jedoch Mönche zu sein.

⑨ 建于1135年，Michael Hoermann, Die Augustiner-Corherren in Augsburg im Mittelalter, phil. Diss. München 1931, Bottrop 1932, S. 98f。

⑩ 建于1160年，Michael Hoermann, Die Augustiner-Corherren in Augsburg im Mittelalter, phil. Diss. München 1931, Bottrop 1932, S. 24；Norbert Backmund, Die Chorherrenprden und ihre Stifte in Bayern, Passau 1966, S. 49 - 52；Kießling, S. 35。

⑪ 1221年在奥格斯堡建立，在1265年建立了手工业者居住区域的第一个修道院/教会。Karl Haupt, Ehemalige franziskanische Niederlassung in Augsburg, 有关这个修道院的历史还可以参见 Bavaria Franciscana Antiqua 5, München, 1961, S. 341 - 525；S. 37。

三个方济各第三会（Tertiarierinnenkloester）[①]——"仰望星空"（Zum Stern）修道院[②]、圣马丁[③]和位于霍布鲁克的圣克拉哈（St. Klara an der Horbruck）[④]，还有一个多米尼克修道院圣玛格达琳娜（St. Magdalena）[⑤]、两个多米尼克女修道院——圣凯瑟琳娜（St. Katharina）[⑥] 和圣玛格丽特（St. Margareth）[⑦]，以及一个多米尼克第三会修道院圣乌苏拉（St. Ursula）[⑧]，还有加尔默罗修道院（Karmeliterkloster）——圣安娜教堂（St. Anna）。[⑨]

此外还有三个教会医院（Spitäler）——分属于圣灵教堂（Zum Heilligen Geist）[⑩]、圣雅各布教堂（St. Jakob）[⑪] 和圣安东教堂（St. Anton）[⑫]、三个附属小教堂的教会救助站（Siechenhäuser）——圣塞瓦提斯（Servati-

---

[①] 第三会（英语：Third order）是天主教及部分保有修会制度的基督新教教会中有从属于一特定修会，且有别于所谓的第一会（男性修会）及第二会（女性修会）的团体，又称为在俗会。其成员由认同修会宗旨的平信徒或是堂区司铎组成，他们同第一会与第二会成员的差异在于他们没有发圣愿，但是有发誓遵守为其所设的规范。此外在某些修会，如方济会，则有由修道士所组成的正规第三会。

[②] "zum Stern" 可以意译为"仰望星空"。该修道院 1258 年先是在名为"zum Stern"房子中在城市建立的，从 1282 年其由托钵修士开始领导，1315 年 11 月 21 日开始由第三会接手。该修道院直到 1576 年都没有自己的教堂，直到 1535 年都使用托钵修士教堂。今天的名字 Maria Stern 始自 1632 年。Irmingard Baumann, Augsburg-Franziskanerinnenkloster St. Maria Stern, in Bavaria Franciscana Antiqua 4, München, 1958, S. 515 – 658。

[③] 1263 年文献中第一次提及，Karl Haupt, S. 422 – 431; Kießling, S. 37。

[④] 1279 年建立，Karl Haupt, S. 432 – 437; Kießling, S. 37。

[⑤] 1225 年在奥格斯堡建立，Polykarp Siemer, Geschichte des Dominikanderklosters Sankt Magdalena in Augsburg（1225 – 1808）, Verchta 1936; Kießling, S. 38。

[⑥] 1251 年在圣莫里茨堂区建立，Leonhard Hoermann, ZHVS 9（1882）, 357 – 386, 10（1883）S. 301 – 344, 11（1884）S1 – 10; Leo Juhnke, Bausteine zur Geschichte des Dominikaerinnenklosters St. Katharian in Augsburg mit Berücksichtigung von Patriziat, Reform und Geistesleben, in Jahresbericht der Oberrealschule Augsburg 1957/1958, Augsburg, S. 60 – 110。

[⑦] 1261 年开始在圣乌里希堂区建立，Albert Hämmerle, das Necrologium des Dominikaerinnenkloster St. Margareth in Augsburg, München, 1955。

[⑧] 1335 年建立。不同于圣卡瑟琳娜教堂和圣玛格丽特教堂，圣乌苏拉教堂从未正式加入多米尼克教团，而是隶属于主教。Siemer, S. 59 – 61; Liebhart, Stifte, S. 200。

[⑨] 圣安娜教堂建于 1275 年。Eberhard Schott, Beiträge zu der Geschichte des Carmeliterkloster und der Kirche von St. Anna in Augsburg, in ZHVS 5（1878）, S. 259 – 327, 9（1882）, S. 221 – 284。

[⑩] 大概建于 1239—1245 年，lengle, S. 202。

[⑪] 1348 年建立，Thoedor Herberger, Die St.-Jokobs – Pfünde in Augsburg, Augsburg, 1848。

[⑫] 1445 年建立，Anton Werner, Die örtlichen Stiftungen für die Zwecke des Unterrichts und der Wohltätigkeit in der Stadt Augsburg: Historisch und systematisch dargestellt, 2 Bde, Augsburg 1899, 1912 hier 1, S. 4。

us)①、圣塞巴斯蒂安（St. Sebastian）② 和位于维它赫桥的圣沃夫冈（St. Wolfgang an der Wertachbrücke）③、一个可以安置 125 个病人的大救助站，④ 以及为贫穷的妇女们设置的七个收容所（Seelhäuser），14 世纪上半叶之后纷纷建立的基金会：奥伊伦塔勒（Eulentaler）（1359 年前）、罗夫（Ruf）（1353）、格威利希（Gwerlich）（14 世纪）、巴赫（Bach）（1411）、布莱伊舒赫（Breyschuch）（15 世纪）、沃伊格林（Voeglelin）（15 世纪）、赫恩（Hirn）（1440）。⑤ 此外还有富格家族出资建设的很有名的"社会救济房"（Fuggerei），那个时候还没有独自的小教堂；⑥ 在这些之外，还有将近 20 个没有常驻布道士的教堂和小教堂。⑦

奥格斯堡早在罗马时代就有主教驻守，主教势力范围不受市议会管辖。自 1517 年克里斯托夫·冯·斯塔迪昂（Christoph von Stadion）⑧ 被选为主教，然而大多数时候他不在奥格斯堡，而是住在相对更平静的迪灵艮。⑨ 除了大主教教堂外，此外还有大主教堂区、修道院区、圣乌里希和阿芙拉教堂都隶属于主教。⑩ 主教直属的教堂还有圣彼得教堂和多米尼克－第三会圣乌苏拉教堂，圣乌里希和阿芙拉教堂不仅隶属于主教管辖，并且受皇帝的保护。⑪ 城市中所有的正常的堂区教堂（pfarrkirche）地位都在主教以及主教大教堂之下。圣乌里希和阿芙拉教堂的教士僧侣大都出

---

① 13 世纪末建立，Kießling, S. 168f。
② 15 世纪中期建立，1458 年市议会决定建立一个布道堂，Kießling, S. 169 – 171。
③ 自从 1458 年起定期由市议会安排牧师，Kießling, S. 170 – 173。
④ 1495 年建立，参见 Sender, S. 421f。自从 1517 年开始也建立了一个布道堂，参见 Kießling, S. 232。
⑤ Theodor Herberger, Die Seelhäuser und Seelgeräte in Augsburg, in ZHVS 3 (1876), S. 283 – 296；Kießling, S. 255 – 267, 238f.
⑥ 建立于 1514 年，1523 年竣工，St. Markus 教堂的建立是在 1581/1582 年，参见 Marion Tietz-Stroedel, Die Fuggerei in Augsburg, Augsburg, 1982。
⑦ 参见 Peter Rummel, Katholisches Leben in der Reichstadt Augsburg (1650 – 1806), in Jahrbuch des Vereins für Augsburger Bistumsgeschichte (zit. JVABG) 18 (1984), S. 9 – 161，此处 S. 55 – 63，尾注 191。
⑧ 有关主教的研究可以参见 Hans Peter Schmauch, Chirsotoph von Stadion (1478 – 1543), Bischof von Augsburg (1517 – 1543) und seine Stellung zur Reformation, phil. diss. München 1956. Zoepf 2, S. 1 – 172; Horst Jesse, Christoph von Stadion, Bischof zu Augsburg während der Reformationszeit: 1517 – 1544, in Zeitschrift für Bayerische Kirchengeschichte (zit. ZBKG) 49 (1980), S. 86 – 122。
⑨ 1533 年 4 月召开施瓦本联盟会议时和在 1534 年 6 月住在奥格斯堡。Wolfart, Reformation, S. 35f。
⑩ Gößner, S. 22 – 23.
⑪ 帝国直属权于 1577 年获得，Gößner S. 29。

自奥格斯堡大家族。① 可以说从整个中世纪以来，主教一直是统辖领导其他各个教堂的。然而，自从 1433 年开始，修道院长被安排成为奥格斯堡的市民，并且有缴税义务，② 这也是市议会担心主教势力越来越强大所采取的抑制手段。教堂所属的修道院地产不仅仅在奥格斯堡境内，也延伸到了巴伐利亚的领地的城市周边。因此，它的管辖权就不仅仅涉及奥格斯堡市议会了，也涉及哈布斯堡家族和巴伐利亚的维滕巴赫（Wüttelbach）。修道院所属的区域属于城市的富裕区域，因此也是很多基金会的所在区。③

圣斯蒂芬教堂是一个贵族妇女的共修场所，慈善机构，它与圣莫里茨教堂基于自身的实力在城市中心建造了很多的基金会。自从 1518 年雅各布·富格（Jakob Fugger）开始成为这个教堂的赞助人之后，他就取得了安排这个教堂教士的权利。④ 圣乔治和圣十字教堂、方济各教堂以及"托钵修士"教堂位于城市的贫民区域。托钵修士承担起为最贫苦的下层民众提供宗教慰藉的责任。和其他的托钵修会一样，托钵修会不受主教的管辖，与此同时，受世俗权威市议会的管辖也是比较有限的。在接下来的岁月中，这个教堂成为下层民众的信仰聚集所，并在宗教改革的过程中激进地提出自己的诉求。⑤ 除方济各教会外，其他所有的托钵修会都承担着所在堂区的布道任务。

在以上提到的教会之外，还有三个比较重要的修道院，第一个便是在宗教改革的过程中最有影响力的加尔默罗修道院——圣安娜教堂。圣安娜教堂也是一个拥有富有的基金会的礼拜场所，并且还有一些有人文主义的博学多识的人在里面。这里面的布道士约翰·弗洛斯（Johannes Frosch）就曾在维腾堡的神学院学习，并且在 1518 年路德来到奥格斯堡的时候还盛情招待，由此，圣安娜教堂在后来的岁月中发展成为奥格斯堡路德派的先锋。⑥ 第二个修道院是多米尼克—圣卡瑟琳娜妇女修道院，它是奥格斯堡最重要的妇女修道院，这个修道院里的修女大多是富有的奥格斯堡大家族中的未婚的女儿们。⑦ 此外还有一个多米尼克男修道院，这个修道院受法布里（Johannes Fabri）管辖，法布里这个人在宗教改革期间坚

---

① Gößner, S. 29.
② StAA, Reichsstadt, Ratsbücher, Nr. 15. Fol. 108r（Juli 1526）.
③ Gößner, S. 30.
④ Rem-Chronik, 93f; Broadhead, Politics, 55; RuR, 26, Nr. 10.
⑤ Roth, Reformationsgeschichte I, S. 51 – 53.
⑥ Roth, Reformationsgeschichte I, S. 51 – 53.
⑦ Kießling, Gesellschaft, S. 266.

定地站在天主教派一边，可以说是奥格斯堡传统信仰派最有影响力的人物之一。①

三 教会堂区的世俗化管理

14、15世纪以来，奥格斯堡的修道院越来越具有世俗化的倾向。尽管15世纪的时候就已经推出一些改革条例，但是并没有改变这种教会生活世俗化的倾向。② 一些出色的修道院院长根据自身的学识与能力塑造了一些具有自身特色的宗教领导，然而一旦这样的院长过世，修道院就又慢慢回到了具有世俗化倾向的生活方式中。

修道院的这种对物质世界的偏向也导致了堂区事务的世俗化倾向，堂区们慢慢建立了自己的资金，并通过对基金财产所谓的"堂区财务管理处"（Zechen），慢慢参与了很多重大的市政事务，包括礼拜仪式、教堂墓地建造、学校建造以及自身的布道堂建造等。③ 出于堂区的宗教布道责任，在14、15世纪的时候在市议会的保护下设置了"堂区长"（Pfarrzecher），这样市议会对于教会事务的插手就多了一分。④ 自从设置了"堂区长"职务以后，基金会的财产直接授予堂区长管理，以来保证财产被用于有利于堂区、教会、修道院的目的。"堂区长"一年一度由堂区选举产生，除此之外还负责领导堂区圣坛仪式以及布道，还有日常的维护教堂、布道堂以及堂区教士的埋葬等事宜。并且从16世纪初开始，堂区就已经准备雇用自己的堂区布道士，并且支付薪酬了。⑤

这种独立于教会的堂区布道机制的设置，不仅仅在奥格斯堡，在其他城市也同样存在，这也是城市市议会作为世俗权利与教会势力做斗争的一个基础。很多时候，安排的这位"堂区长"往往是在堂区职务和内部的议会议员身份之间轮换。这种设置的最大意义还在于它独立于教会之外，这使得在宗教改革发生的时候，安派新教的牧师成为可能。⑥ 在所有的反对传统信仰的行动中，市议会借助于堂区的这种设置，一方面发挥了自己

---

① Roth, Reformationsgeschichte I, S. 16, S. 129f.
② Roth, Reformationsgeschichte I, S. 25 – 29.
③ Rolf Kießling: Augsburg in der Reformationszeit, Augsburg Stadtlexikon.
④ Kießling, Gesellschaft, S. 99 – 131.
⑤ Gößner, S. 32.
⑥ 有关堂区长在教会改革中所起到的作用可以参见 Herbert Immenkötter, Die Augsburger Pfarrzechen als Träger der Kirchenreform im 15. und 16. Jahrhundert. -In: Papsttum und Kirchenreform: Festschr. für Georg Schwaiger zum 65. Geburtstag/hrsg. von Manfred Weitlauff……St. Ottilien: EOS-Verl, 1990, S. 301 – 323。

四　教会与市民阶层的冲突

当时的奥格斯堡，如同其他自由城市一样，教会具有特权。教会所有神职人员具有免税收特权以及司法豁免权。教会豁免权建造了在围墙内的"特殊领域"，而这意味着城市在司法范围上的漏洞：例如通过城墙和城门将自己封闭起来的主教的"大教堂城岛"。自 15 世纪末，主教居住在迪林根之后，都是如此。这些特权招致与市民阶层的冲突。包括妇女修道院在内的 17 个修道院中，很多都与他们有着有不同程度上的亲属关系。市议会虽然依据对宗教机构的监护权，对福利修道院和教会医院施加影响，但是作为一个敏感的界限，市议会也无法占据教堂布道士的职位。然而这种界限在宗教改革的过程中逐渐被打破。

当时在奥格斯堡的教士和教会人员很可能超过 500 人，[②] 他们这个阶层所享有的免受审权和免税权早在宗教改革之前就已经激发了人们的不满，并导致了激烈的冲突。在他们当中，高级的僧侣的布道救助责任（Stiftungspflicht）通常由代理牧师代表，这样就又形成了一个关系团体，称为"兄弟会团体"（Bruderschaft），奥格斯堡至少有 6 个这样的兄弟会团体。[③] 奥格斯堡有半数的教士和地区隶属于主教的司法权之下，其中有十分之一的修道院院长都是来自圣乌里希教堂，剩下的或者直接受教皇指派，或者属于托钵修会。[④] 主教这一职位因为具有独立的经济和司法权力一直以来都有争夺，随着主教权力的扩大以及不断增长的关系网，早在 15 世纪就形成了对城市教会的绝对影响作用。

这种影响作用也导致了后来奥格斯堡推行改革时步履维艰。直到 1537 年宗教改革推行完成之时，大主教教堂一直都扮演着传统教会的核心角色。1517 年新上任的主教冯·斯塔迪昂（Christoph von Station,

---

[①] Gößner, S. 32.
[②] 对于 15 世纪下半叶，根据 Kießlling 的研究，350 名人数只少不多，S. 40；但是对于 1500 年前后的情况，Herbert Immernkötter 认为应该超过 500 人，参见 Herbert Immenkötter. Die Katholishce Kirche in Augsburg in der ersten Hälfte des 16. Jahrhunderts, hrsg, Reinhard Schwarz, Gütersloh, Gütersloher verlagshaus, 1988, S. 9.
[③] 这种关系团体（Sebastianbruderschaft）自从 1505 年就有了，其他教堂的"代理牧师兄弟团体"也在不同时期就有了，例如 St. Mang 是在 1466 年，St. Moritz 是在 1468 年，St. Anna 是在 1407 年，St. Georg 是在 1475 年，St. Ulrich 是在 1440 年。参见 Kießlling, S. 292。
[④] Herbert Immenkötter, S. 13.

1478—1543)① 具有人文主义背景,他看到了教会改革的必然性,因而支持相对缓和地改革教会。也正因如此,在宗教改革发生的初期,他并没有激烈地反对,并且始终保持了开放的谈判态度。② 由于主教的身份也属于施瓦本地区的地方领主贵族,因此他所驻扎的大主教教堂并不允许普通市民进入,为此经常引发市民与教堂之间的冲突。③ 这种情况也造成了 1537 年最后的宗教改革政策执行时,反对主教教堂的教士的行动得到了民众的支持。

以上我们可以看出,宗教改革前夕民众信仰虔诚,布道、教堂、修道院等任何有关信仰的事务皆是第一要务。需要有一个"自己的教堂"是宗教改革前夕城市最核心的诉求,它的重要性就和日日信仰的神像有缺损一样重要。教会在城市中占据非常重要的地位和作用,但是教会有自己的独立管理体系,市议会只能通过堂区管理等方式渗透对教会事务的影响。随着"反教权主义""仇恨教士"思想的传播,不仅引发了人们对教会涉入世俗事物、无视誓言的怒火,甚至慢慢变成反对教廷和对较高的神职人员滥用职权的激烈控诉。加上积压已久的民众对于教会特权的不满,人们更加渴望和呼吁教会改革。人文主义者也在教会改革主张中发出了重要声音,尤其是在奥格斯堡,中上阶层的成员和受过教育的神职人员走到了一起,"贵族、学者、教授、神职人员,在宗教改革前夕,所有人都对'人间与天国'的神圣生活感兴趣……"④

---

① 有关主教的研究比较丰富,可参见 Manfred Hörner, Stadion, Christoph von, in Biographisch-Bibliographisches Kirchenlexikon (BBKL), Band 10, Bautz, Herzberg 1995; Jesse, Horst (1980), Christoph von Stadion, Bischof zu Augsburg während der Reformationszeit 1517 - 1544. Zeitschrift für bayerische Kirchengeschichte Bd. 49, S. 86 - 122; Anton von Steichele: Christoph von Stadion, in Allgemeine Deutsche Biographie (ADB), Band 4, Duncker & Humblot, Leipzig 1876, S. 224 - 227; Zapf, Georg Wilhelm, Christoph von Stadion, Bischof von Augsburg: Eine Geschichte aus den Zeiten der Reformation. Zürich: Orell, Füßli, 1799; Zoepfl, Friedrich, Bischof Christoph von Stadion (1478 - 1543), In Götz Freiherr von Pölnitz (Hrsg.), Lebensbilder aus dem Bayerischen Schwaben. Bd. 7, S. 125 - 160. München: Max Hüber. 1959; Zoepfl, Friedrich, Das Bistum Augsburg und seine Bischöfe im Reformationsjahrhundert. München. Schnell & Steiner; Augsburg: Winfried-Werk, S. 1 - 172 (= Geschichte des Bistums Augsburg und seiner Bischöfe, Bd. II) , 1969; Zoepfl, Friedrich: Christoph von Stadion, in Neue Deutsche Biographie (NDB), Band 3, Duncker & Humblot, Berlin, 1957。
② 主教作为罗马教皇派内部支持教会改革的人物早已声名远播,甚至传到了罗马那里,在 1530 年帝国议会举行之前,教廷写信给他,请他加强对天主教的防卫力度。SAA. Augsburg-Hochstift: UrK. Nr. 27761, II (ad. 29. März. 1530) Schmauch, Stadion, 131 - 150。
③ Böhm 对此有具体的分析,可参见 Böhm, Reichstadt, S. 28 - 33。
④ Rolf Kießling, Augsburg in der Reformationszeit, Augsburg Stadtlexikon.

第四节　城市四大家族及其关系网

根据前文所述,经济的增长为奥格斯堡带来了所谓的"奥格斯堡黄金时代"。根据奥格斯堡的税收记录,1470—1500年的三十年间,奥格斯堡的全部财富至少翻了四倍。① 然而,财富却始终集中在少数人手里。16世纪初,80%的税收财富集中在不到5%的人的手中,更准确地说,城市所有资产的30%集中在22个人手中。② 他们分属于奥格斯堡的几大商业家族,例如富格(Fugger)、威尔瑟(Welser)、比墨(Bimmel)、殷浩富(Imhof)、海灵格(Rhelinger)、何宝特(Herbrot)等。16世纪历任奥格斯堡73位市长和行会市长主要来自43个城市核心家族。③ 这些商业家族就包含在这43个家族之内,这些家族共同把控着城市的政治与经济。根据家族亲属关系、联姻关系,经济关系和社会关系,可以将他们合并为四大家族关系网络:奥格斯堡的最古老贵族——威尔瑟(Welser)家族及其关系网,奥格斯堡的首富,同时也是整个德意志神圣罗马帝国的首富——富格(Fugger)家族及其关系网,商业上获得极大成功,跻身为贵族的城市新贵——何宝特(Herbrot)家族及其关系网,以及出身行会,代表行会和手工业者利益的城市新贵——塞茨(Seitz)关系网。④ 这些家族作为城市的精英阶层,不仅在商业领域独占鳌头,也支持爵位贵族,甚至支持皇帝选举以及战争,在奥格斯堡的政治体制中,他们则是"寡头政治集团"的主要成员。

一　富格家族及其关系网

1. 富格家族的兴起

富格家族银行在文艺复兴时期取代了影响整个欧洲的美第奇家族。富格家族接管了美第奇家族的许多资产及其政治权力和影响力。他们与哈布

---

① Wolfgang Zorn. Augsburg, Geschichte einer europäischen Stadt, von den Anfängen bis zur Gegenwart, Wißner Verlag, Augsburg 2001, S. 208.
② B. Ann. Tlusty, S. 68.
③ K. Sieh Burens, Oligarchie, Konfession und Politik im 16 Jahrhundert, zur Sozialen Verflectung der Augsburger Buergermeister und Stadtpfleger 1518 – 1618, Verlag Ernst Voegl, Muenchen 82, 1986, S. 75 – 76.
④ K. Sieh Burens, S. 76.

斯堡家族关系密切，甚至可以说，恰恰是在富格家族的强力支持下，哈布斯堡家族的查理五世统治下的德意志神圣罗马帝国得以在地中海称霸，伊比利亚的西班牙崛起为世界性日不落帝国。也因为家族与哈布斯堡皇室的密切关系，他们与家乡奥格斯堡的居民和德意志自由帝国城市的大多数其他贸易贵族不同，他们从未皈依新教，而是始终信奉罗马天主教。以下将简要讲述富格家族的历史。

富格家族于1367年进入奥格斯堡，当时汉斯·富格（Hans Fugger）从距离奥格斯堡二十公里的小村庄迁往奥格斯堡。三年之后，他与奥格斯堡的一位纺织工的女儿（Klara Widolf）结婚。在她死后，他又娶了后来当上纺织行会会长的女儿伊丽莎白（Elisabeth Gefattermann）。最开始，汉斯·富格是以乡村纺织工的身份进入城里的，而他的婚姻使得他可以涉身于纺织工行会，并且被选为行会的领导。通过他的缴税记录可以看到他的财产逐渐增多，很可能已经开始参与织布贸易。汉斯·富格去世后，留下还未成年的两个儿子安德烈（Andreas）和雅各布（Jakob）。所以他的公司事务首先由她的妻子打理。这在当时是很不多见的。然而，伊丽莎白（Elisabeth Gefattermann）却做得很成功，在她去世时，家族财产至少翻了一番。这种成功的经营被她的两个儿子继承，直到1455年分家。[1]

安德烈·富格时期，家族主要是与威尼斯和米兰之间进行纺织品贸易。在购买了土地和其他财产后，他被称为"富翁富格"。富格家族将大量亚洲地毯逐项登记造册，这在当时是一项不同寻常的事业。后来，在欧洲市场上极其盛行的香料贸易也成为这一支富格家族的贸易支柱。随着贸易的扩大，富格家族不仅仅进行商品贸易，也开始了金融上的业务往来。最后发展成为分布在各个商业据点的支付业务连锁。当时，富格家族也为奥格斯堡在威尼斯和罗马开展收支业务。安德烈的儿子卢卡斯-富格被皇帝腓特烈三世授予武器——蓝底金鹿，他很快就有了"金鹿富格"（Fugger Von Reh）的绰号，因此，这一只家族也被称为"金鹿富格家族"。但是，转折点在于这一支富格家族贷款给马克西米利安皇帝（1486—1518）9600古尔登，用来支持其与法兰克之战。然而，战争结束后无论是皇帝本人还是担保人都不愿意还款，因此1504年他不得不宣布破产，离开奥格斯堡，悲惨回乡。他的后代为著名的年轻分支的堂兄弟服务，后来去了

---

[1] Mark Häberlein, *The Fuggers of Augsburg: Pursuing Wealth and Honor in Renaissance Germany* (= Studies in early modern German history), University of Virginia Press, 2012, Chapter: The Fugger family in late medieval Augsburg.

西里西亚。

汉斯·富格的小儿子雅各布（Jakob the Elder）建立了家族的另一个分支。这个分支的发展更为稳定，他们被称为"百合花家族"，因为他们选择了金色和蓝色背景上盛开百合花的纹章。雅各布是一位纺织大师、商人和市议员。他娶了金匠的女儿芭芭拉-贝辛格（Barbara Bäsinger）为妻。他的财富不断增加，在同一时期崛起成为德国最重要的银行家，到1461年，他已成为奥格斯堡第十二富有的人。1469年雅各布去世后，其寡妻持续得力经营，也在纺织品和香料贸易上有所拓展。芭芭拉-贝辛格将三个儿子都培养得很好，长子乌尔里希在父亲去世后接管了他的生意。1473年，乌尔里希为腓特烈王子马克西米利安一世和他的随从提供了新衣服，帮助他们前往特里尔会见勃艮第的大胆查理，并为年轻的王子与查理的女儿玛丽亚订婚提供了新衣服。由此，富格家族和哈布斯堡家族之间开始了亲密的合作关系。除此之外，1487年，百合花富格家族还向西吉斯蒙德大公（Archduke Sigismund）提供了第一笔贷款，后者以蒂罗尔的银矿和铜矿作为抵押。这是家族广泛参与采矿和贵金属业务的开端。富格家族还参与了西里西亚的采矿活动，并在匈牙利拥有铜矿。他们的香料、羊毛和丝绸贸易几乎遍及欧洲所有地区。此外，在他们在罗马的兄弟马克思的帮助下，乌尔里希和他的兄弟乔治负责向教皇宫廷汇款，用于出售赎罪券和获取教会恩惠。从1508年到1515年，他们租用了罗马造币厂。这也成为他们在宗教改革期间，被路德等改教家严厉批评的原因。乌尔里希于1510年去世。

2. 雅各布·富格及其与皇室、奥格斯堡纠葛

雅各布（Jakob the Elder）与芭芭拉-贝辛格最小的儿子，也叫雅各布·富格（1459—1525），他成了家族中最著名的人，也成了当时世界最富有的人。雅各布在威尼斯接受高等教育，是那个时代新式的双轨教学。他最爱的衣服样式就是那个时候非常流行的金线纺织衣物（Goldhaube）。1498年，他与奥格斯堡"荣誉市民"（Großbürger zu Augsburg）的女儿西比拉-阿茨特（Sibylla Artzt）结婚。他们没有子女，但这次婚姻让雅各布有机会晋升为奥格斯堡"荣誉市民"，后来还让他争取到了奥格斯堡市议会的席位。1511年5月，"富人"雅各布·富格被提升为神圣罗马帝国的贵族，并于1514年获得基希贝格和魏森霍恩帝国伯爵的称号。

自1485年开始，富格家族开始支持蒂罗尔（Tirol）公爵（Erzherzog Sigismund），数额越来越大，最后公爵只能通过转让给富格家族蒂罗尔地区的施瓦茨（Schwarz）的银矿才平衡借贷。这样，富格家族的银行立刻

就拥有了自己的造币来源，而且成本上也非常有优势。这方面成功使得富格家族继续在矿业上投资，除了蒂罗尔的银矿，富格家族还投资匈牙利、图林根以及蒂罗尔的铜矿。

1494年，富格家族成立了第一家上市公司。雅各布的目标是通过在霍亨基兴（Hohenkirchen）和富格崂（Fuggerau）（以家族名字命名，位于瑞士南部克恩顿州（Carinthia）开设铸造厂，以及扩大在欧洲的销售机构，特别是安特卫普的代理机构，建立铜的垄断地位。1495年，雅各布租下了匈牙利王国贝什特切巴尼亚（今斯洛伐克班斯卡－比斯特里察）的铜矿，最终使其成为当时最大的采矿中心。

1500年前后，富格家族主导了欧洲的铜矿市场，尤其是在他们通过加价格战打败了奥格斯堡的铜矿商们之后，也就是当时的何瓦特（Herwart）——何氏家族，高瑟姆布罗特——高氏（Gossembrot）家族，以及鲍姆噶特纳——鲍氏（Baumgartner）家族。这样，富格家族就成了这一领域的巨头，而这一优势又通过哈布斯堡皇族得到了保护和维持，相应地，后者也可以从富格家族中贷款。当然，随后当富格家族占据了市场主导之后，就利用这些优势，抬高价格，从中获利。然而，很快富格家族的所作所为就引起了批评，人们认为大商人，尤其是富格家族抬高商品价格的行为导致很多民众更加贫穷。这件事情最后甚至上升到讨论设立帝国法律的层面，以此来限制公司的商业规模，从而达到限制垄断的目的。一些奥格斯堡的贸易公司因其垄断贸易甚至被起诉到帝国最高法庭——施拜耶尔（Speyer）法庭。然而，最后皇帝查理五世否决了一切限制大商人权利的努力。由此也可见富格家族与皇帝之间的亲密关系。对物价上涨进行限制是那个没有经济政策的时代排在次要位置的事情，尽管这其实涉及很多严重的社会问题。城市书记官鲍丁格（Konrad Peutinger）捍卫奥格斯堡的商人的价格政策，支持诸侯的利益，反对贸易限制法："应该让每个人都知道，商品和货币贸易越多、越好（不包括垄断和法律禁止的贸易），就会有越多的利益。不仅仅对于那些将商品进口到德意志的商人来说是如此，对于神圣的皇帝和国王也是这样，所有的诸侯和贵族都会获利，因此，他们也完全不能够容忍这样的限制。"[①]

雅各布·富格在其经济实力巅峰时期受到了同时代人的尖锐批评，尤其是乌尔里希·冯·胡滕和马丁·路德，因为他出售赎罪券和恩惠，并敦促教皇废除或修改禁止征收利息的规定。纽伦堡的帝国财政和政府当局对

---

① Johannes Burkhardt, Frühe Neuzeit, Königstein, 1985, S. 128.

他和其他商人提起诉讼,试图阻止他们的垄断行为。也许是为了缓和这种矛盾,1511年,雅各布存入15000古尔登作为一些救济院的捐赠。1514年,他买下了奥格斯堡的部分土地,并于1516年与奥格斯堡市议会达成协议,由他建造并为贫困市民提供一些救济院。到1523年,共建造了52所救济院,并成立了富格福利院(Fuggerei),一直沿用至今。

1519年,为帮助查理五世竞选,雅各布领导了一个由德意志和意大利商人组成的财团,向查理五世贷款85万古尔登(Gulden/florins)(约合95625盎司或2974千克黄金),最终成功帮助查理五世当选神圣罗马帝国皇帝。其中,富格家族出资54.3万古尔登,威尔瑟家族出资14万古尔登。富格和威尔瑟等大商人这样做的原因,并不是因为他们想"收买"一位能够为他们利益服务的皇帝,查理五世是一个很有统治力的人,他是不可能任人摆布的,相反是因为他们想保持市场的开放性,并且有拓展西班牙市场的打算。为了偿还债务,查理五世把西班牙的骑士军团的货物的固定收益给了富格家族,并把欧洲最大的汞矿——阿尔马登(Almaden)汞矿经营权交给了富格家族,这带给了富格家族持续百年的收益,以及在全球欧亚拉美贸易网络中极其有分量的贡献。[1]

1525年,雅各布去世。他被认为是有史以来最富有的人之一。据估计,他的财富在顶峰时期经GDP调整后的净资产超过4000亿美元,约占当时整个欧洲GDP的2%。[2] 雅各布死后,他的侄子安东·富格主要经营家族业务。他继续扩建家族的房子,并在女眷宫院后面为皇帝专门建了一个客房,皇帝在接下来的五十年都时常带着他的侍从光顾,在召开帝国议会期间,还会在那里逗留数月。皇帝在斯马尔卡尔登战役中穿的装甲也都产自奥格斯堡,奥格斯堡有非常出名的武器焊接技术。[3]

从安东时代开始,富格家族的事业越来越少从事商品贸易,只保留了矿业和银行业。然而,哈布斯堡皇室对于富格家族财富的不断渴望,使得安东·富格不得不更多地投入到宫廷事物当中。安东的儿子马尔克斯继续家族的贸易。尽管16世纪下半叶情况多变,他还是成功地维持了家族的银行事业。

在宗教改革爆发后的德意志新教对抗哈布斯堡皇室的施马尔卡尔登战役中,安东·富格与皇帝之间的关系再次拉近。奥格斯堡的商人们从反对

---

[1] Magnus Ulrich Ferber, S. 21-32.

[2] Cuhaj, George S., ed., Standard Catalog of World Gold Coins 1601-present (6 ed.), Krause, 2009, p. 496.

[3] Magnus Ulrich Ferber, S. 34.

皇帝的议会政策中调转回过头来，开始转向支持查理五世的军队。然而，当城市必须向皇帝求得恩典的时候，安东·富格不得不代表全体市民于1547年1月向查理五世低头。[①] 也恰恰由于富格家族与皇室之间的紧密关系，导致了皇帝对于奥格斯堡忠诚度的要求更高，也导致奥格斯堡在教派选择、阵营选择上保守、迟滞的特点。

3. 富格家族关系网

富格家族关系网除了富格家族本身成员之外，也包括与其家族通婚的家族，但是这个范围不像威尔瑟家族那样范围广泛。站在富格家族这一边的还有鲍氏（Baumgartner）家族和部分的海灵格（Rehlinger）家族。也不同于威尔瑟家族关系网中多古老的贵族，这个关系圈更倾向于贵族精英阶层。他们自认为的双重身份为"奥格斯堡的市民和罗马帝国的顶梁柱"。[②] 自16世纪30年代末开始，他们想跻身奥格斯堡贵族阶层的想法逐渐消退，相反，他们直接与哈布斯堡家族和维腾巴赫统治阶层的贵族家庭成员联姻。

富格家族关系网在政治上也有影响力，如贵族市长乌里希·阿茨特（Ulrich Artzt）行会市长海因里希·海灵格（Heinrich Rehlinger）。此外，对这个城市具有决定性影响作用的，其实是富格家族在经济上的强大力量，他们的纳税情况一直非常被市议会看重。例如梅尔（Konrad Mair）和大出版商贝希乐（Hans Bechler），他们的艺术赞助或者建造投资使富格与市长克荣（Heinrich Kron）和邹海尔（Daivid Zorer）在手工业领域达成平衡。总体上富格家族的贸易商店、红酒市场，都在经济关系网上已经占据中心地位。[③]

富格关系网中的家族，尤其是富格家族，始终捍卫传统的社会秩序。根本原因在于他们的社会成就是基于这些东西实现的。传统的教皇教会体制是这种系统的一部分，自然受到他们的维护，而经济上与罗马教会的紧密联系更是加强了这种态度。考虑到这些因素，富格家族与其他家族的联姻也常常需要权衡一下对方的宗教态度。信奉天主教的皇帝顾问汉斯·海灵格（Hans Rehlinger）于1527年与安东·富格、托尔叟（Christoph Turso）家族通婚，1538年与威灵格（Karl Villinger）家族通婚。[④]

---

① Magnus Ulrich Ferber, S. 35.
② Moerke, Die Fugger im 16 Jahrhundert, S. 158.
③ K. Sieh Burens. Oligarchie, Konfession und Politik im 16 Jahrhundert, S. 128.
④ Hermann Kellenbenz, Anton Fugger, in: Lebensbilder aus dem Bayerischen Schwaben 11, Muenchen 1976, S 63. SStBA, 2° Cod. Aug/28, S. 747.

虽然富格家族网络的整体上支持天主教派，但并不排除有一些成员私下支持宗教改革。海灵格-西普（Rhelinger-Sippe）家族的一个分支——霍高（Horgauer）家族，与市长乌里希和海灵格关系密切，也是一个非常积极的茨温利派的代表，和路德派一样活跃积极。[①] 值得注意的是，在当时宗教改革的时代背景下，他们与威尔瑟和何宝特家族都有亲属关系，然而这对于富格家族网络来说影响是相对负面的。

二　威尔瑟家族及其关系网

1. 威尔瑟家族

威尔瑟家族（Welser）是16世纪奥格斯堡的第二大贸易家族。威尔瑟家族早在1368年就已经成为贵族，其家族很早就涉足商业贸易，主要是从事棉花贸易，将棉花翻越阿尔卑斯山脉运到奥格斯堡，是16世纪的帝国城市中最重要的古老家族之一。[②] 其家族的一位成员卢卡斯·威尔瑟（Lukas Welser）在1475年甚至成为奥格斯堡最富有的商人。卢卡斯从香料贸易发家，主要是经营意大利的番红花香料贸易。[③]

威尔瑟家族贸易的大突破是在卢卡斯的儿子安东·威尔瑟（Anton welser）这一代。在达伽马发现绕过好望角通往印度的海上航线不久之后，安东也派了一员干将去往葡萄牙的里斯本，以寻求开辟自己的贸易。这位干将就是海姆（Lukas Rem）。他的出现，不仅仅对威尔瑟家族贡献良多，甚至可以说没有他，奥格斯堡的贸易不可能国际化。[④] 在里斯本，海姆经营金属，佛兰德斯布料，摩洛哥的番红花香料、油、象牙、棉花和无花果。1517年他与威尔瑟家族因经营作风不合分道扬镳，建立了自己的贸易公司。[⑤]

[①] K. Sieh Burens. Oligarchie, Konfession und Politik im 16 Jahrhundert, S. 128–129.
[②] Magnus Ulrich Ferber, Das Bayerische Jahrtausend: Augsburg im 16. Jahrhundert, Volk Verlag München, S. 79.
[③] Ferber, S. 79.
[④] 他的母亲是威尔瑟家族一位成员。海姆受过非常良好的商业教育，十四岁时就来到威尼斯，学习意大利语和财务会计知识，然后又去了里昂、里斯本和安特卫普。因此海姆会说多国语言，且个性内敛，聪明能干，能适应管理不同的商业区，是早期职业经理人的代表。Magnus Ulrich Ferber, S. 80.
[⑤] Lukas Rem 在他的日记中说道："我确信，安东·威尔瑟的公司的整体营算在八天之内就会关闭……他们缺乏诚信，危险，在所有的事情上都非常小气，为了在每分钱上都节省三分……他们把很多好的事情办砸了，导致亏损……" Tagebuch des Lucas Rem aus den Jahren, 1494–1541, in: Jahresberichte des Hostorischen Kreisvereins für Schwaben und Neuburg 26, 1861, S. 18f。

威尔瑟家族最主要的贸易还是1505—1506年随葡萄牙王室的印度探险之行所带来的胡椒贸易。此次航行贸易，威尔瑟家族投入了三分之一，富格家族和霍西斯泰特家族也投入了一小部分。此外，威尔瑟驾驭海域的斯彭格（Balthasar Sprenger）家族在葡萄牙的印度船队上安置了自己的代理商。他们此行所著的介绍的书，也很快在奥格斯堡出版发行，成为第一部向德意志民众介绍印度的书籍。① 此次航行对于威尔瑟家族来说利益是巨额的。700吨胡椒随船运到了欧洲，在此之前，胡椒对于西欧这块古老的大陆来说还是很稀少的东西。随后，所有参与的商人都纷纷获利，安东·威尔瑟在短短的几年之间财产总额翻了五倍。随后，威尔瑟家族继续积极参与去往印度的探险，进行香料贸易。由此，安特卫普发展成为一个重要的港口和金融中心，来往贸易葡萄牙的香料、中欧的土特产和商品。富格家族和威尔瑟家族都在那里建立了最重要的外贸站。②

　　随着印度之行大获全胜，威尔瑟家族开始与查理五世建立联系，他和富格家族一样，为查理五世提供贷款。1528年，巴特罗毛斯·威尔瑟（Bartholomäus Welser）（1484—1561）将委内瑞拉的税收全送给当时还是西班牙国王的查理五世。这位威尔瑟家族成员还占据了两块殖民地——科罗（Coro）和马拉开波（Maracaibo）。很快，在他还没有在这两块地方完全站稳脚，就开始了向腹地的探险。威尔瑟家族一共组织了七支探险队，行程两万公里，然而却无功而返，他们并没有找到想要的财富。与此同时，殖民地的情况却更加危险，他们所有的基础需求都需要外来供应，因此他们不得不往返于委内瑞拉与殖民地之间，以维持这些殖民者的生存。到了1546年，最后一支探险队也返回了。探险队撤回到科罗，然后将之改名为新奥格斯堡。在那里，威尔瑟家族探险队受到了当地西班牙殖民者的欢迎。鉴于威尔瑟家族与委内瑞拉的密切关系，以及当时往返殖民地与委内瑞拉商人的必不可少，虽然缺少直接证据，但推断威尔瑟家族很可能支持或参与了贩卖美洲黑奴。然而，有一个确定的事实就是奥格斯堡人参与了贩卖四千名黑奴从非洲到南美洲，并获得丰厚利润。最后到了1556年，威尔瑟家族撤离了委内瑞拉。1557年宣布在那里的投资破产。③

---

① 书中Balthasar Sprenger还介绍了印度的胡椒的生长："胡椒的生长与葡萄一样，很快就变绿了，人们把它摘下来，放到布上，在阳光下晒干。……在印度即使是在马丁节或者圣诞节，天气依旧是酷热异常……" Gita Dharampal-Frick: Indien im Spiegel deutscher Quellen der Frühen Neuzeit, Tübingen, 1994, S. 155。
② Magnus Ulrich Ferber, S. 82f.
③ Magnus Ulrich Ferber, S. 82f.

16世纪下半叶，奥格斯堡的银行业不再像上半叶那样辉煌，威尔瑟家族也受到了一定的影响。巴特罗毛斯·威尔瑟共有13个孩子，这些孩子在家族事业上意见不一，导致后续威尔瑟家族作为统一整体的实力衰落。此外，威尔瑟家族在宗教上教派并不同意，他的孩子既有信奉天主教的，也有信奉新教的。宗教改革家对大商人的商业行为有诸多批评。但整体上来看巴特罗毛斯·威尔瑟对宗教改革有一定同情心，他支持他的姐夫（或妹夫）鲍丁格（Konrad Peutinger）的宗教中立政策。16世纪下半叶的一次与葡萄牙的胡椒贸易中，威尔瑟家族损失惨重，几乎破产，通过一些手段才使得破产拖到1614年。富格家族在此次危机中给威尔瑟家族贷款。在其他的一些情况中也有两个家族的合作。就商贸策略上，两个家族有很大不同。富格家族重心在德意志本土、欧洲以及帝国皇帝上，也主要站在教皇教会这一边。然而，宗派不同的威尔瑟家族也支持皇帝信贷的对立方，例如法国、西班牙，他们经常把钱投入到欧洲之外的贸易中。

2. 威尔瑟家族关系网

威尔瑟家族在城市中的领导地位根深蒂固，这与其15世纪以来在商业上取得的成功是密不可分的。根据调查，1518年到1618年一共有6位市长和行会市长出自威尔瑟家族。[①]

威尔瑟家族关系网除了由亲属关系组成的关系之外，还有主要以其市长或者行会市长职位为核心建立的网络。威尔瑟家族的家族网络与贸易网络的庞大使之立于奥格斯堡其他寡头集团之上，由此它从家族利益出发构建其对于城市的影响。与威尔瑟家族有着直接的姻亲关系的市长或者行会市长家族有：汉策（Haintzel）、何瓦特（Herwart）、殷浩富（Imhof）、朗曼特（Langemantel vom Sparren 和 Langenmantel vom doppelten R）、劳艮格（Lauginger）、梅（May）、巴勒（Paler）、鲍丁格（Peutinger）、汉宝特（Rembold）、冯·施代特（Von Stetten）、费特（Vetter）和沃林（Voehlin）。[②]

另外一个威尔瑟家族的亲属关系层主要是通过婚姻对象的兄弟姐妹或者孩子建立起来的，个别一些是通过母系亲属关系建立起来的，还有一些甚至是通过与上述家族的政府官员的女儿或者姐妹结婚才跻身这个圈子的，例如汉斯·汉策（Hans Haintzel），汉斯·保罗·何瓦特（Hans Paul Herwart）、赫尔尼姆斯 IV（Hieronymus IV）、奥克塔文·殷浩富（Octavi-

---

① Welser, Die Welser, Ehrenberg, Zeitalter I, S. 193 – 211; Strieder, genesis, S. 126 – 128; K. Sieh Burens. Oligarchie, Konfession und Politik im 16 Jahrhundert, S. 75.

② K. Sieh Burens, S. 75.

an Imhof)、汉斯 II（Hans II）、汉斯·弗里德里希（Hans Friedrich）、马克斯·威尔瑟（Marx Welser）和保罗·威尔瑟（Paul Welser），显赫家族如汉策（Haintzel）、何瓦特（Herwart）、殷浩富（Imhof）、梅（May）、巴勒（Paler）、汉宝特（Rembold）、沃林（Voehlin）中都有很多成员与威尔瑟家族有姻亲关系。比较典型的比如同一代的家族女性互相嫁到对方家族，例如60年代市长沃夫冈·巴勒（Wolfgang Paler）将他的儿子沃夫冈 DJ（Wolfagng D. J.）与女儿玛利亚（Maria）分别与威尔瑟家族的罗思娜（Rosina）和汉斯·弗里德里希·威尔瑟（Hans Friedrich Welser）婚配。汉斯·弗里德里希·威尔瑟后来成为市长。16世纪末，马克斯·威尔瑟（Marx Welser）的兄妹又分别与约翰·雅各布·汉宝特（Johann Jakob Rembold）的兄妹成婚，构建了双重婚姻关系。这种亲属关系代代更新，家族也有变换，但威尔瑟家族和殷浩富家族的姻亲关系却世代保持着。①

威尔瑟家族关系网的人大多是资深贵族，在政治上通常持保守态度。但是由于他们中间大部分人受过良好的教育，例如其中有一些很有名的人文主义者，如康哈德·鲍丁格（Konrad Peutinger）在思想上具有一定先进性，所以在路德的宗教改革刚发生之后，暗地里是比较支持的。此外，经济上由于家族大多从事商业活动，有庞大的家族贸易，新教的思想有利于他们的经济发展，因此在这点上也是愿意接受新教的。

但是威尔瑟集团内部也有信派差异。以上所列的人中，殷浩富和菲特倾向于路德派，而其余的威尔瑟等市政人士倾向于茨温利派。原来老市长朗曼特的儿子也是路德派，他还在1518年路德与教皇特使卡耶坦会谈之后，将他秘密送出城。② 此外，威尔瑟家族中的巴特劳毛斯（Bartholomaeus Welser）并不明确表示是否支持宗教改革，③ 然而他的孩子们更多地支持新教，更加复杂的是，他们也并不反对与天主教徒通婚。④ 一个比较能说明威尔瑟家族中这种信仰冲突的矛盾心理的是，1527年与何瓦特家族通婚了的乌里希·林肯（Ulrich Link），在他的自传文章中写道："一部分精英追随教皇，另一部分追随新教，尊敬的康哈德·何瓦特（Conrad

---

① K. Sieh Burens, S. 75f.
② Roth, Augsburger Reformationsgeschichte I-IV, Bd. I, S. 51f; WA Br. I 1923, S. 255, Nr. 113, Dankschreiben Luther an Christoph Langenmantel von 25 November, 1518.
③ Roth, Augsburger Reformationsgeschichte II, S. 8.
④ Welser, Die Welser, passim, ihm weitegehendfolgend Warmbrunn, Zwei Konfession in einer Stadt, S. 333 – 341.

Herwart）和我，最好保持中间态度……"①

三 何宝特家族及其关系网

雅各布·何宝特（Jakob Herbrot，1493—1564）家族从15世纪开始就在经营皮货。到了他这一代，皮货生意更加兴旺，此外他通过买卖皮草、布料、珠宝和其他奢侈品以及与富格家族合作的一些大型银行业务，迅速致富。雅各布·何宝特1527年与奥格斯堡一位贵族大商人克拉非（Kraffer）家的女儿玛利亚（Marina Kraffter，1495—1562）结婚，玛利亚是再洗礼派的领袖施万克菲尔德（Kaspar Schwenckfeld）的虔诚的追随者。这些有头面人物对再洗礼派的支持，也是再洗礼派早期得以在奥格斯堡受到包容的重要原因之一。他们的女儿罗西娜（Rosina Herbrot von Rätz，1534—1601）1552年嫁给大银行家大商人海灵格。何宝特最初在皮货行会中担任行会主席，并在大商人俱乐部担任委员，由此逐渐跻身于奥格斯堡的政治舞台。1543年他被选为城市的财政总长，1535年被选为贵族市长。1546年他也负责奥格斯堡加入施马尔卡尔登联盟中的新教阵营事宜。②

随着新教阵营在这场战争中的失败，何宝特1548年利用他良好的贸易关系网向哈布斯堡王朝寻求庇佑，由此1551年他成为斐迪南一世的皇室顾问。1552年他作为市长重新制定行会管理规范，并且支持萨克森的莫里茨（Moritz）选帝侯，由此逐渐走向了民众的对立面。1553年他被迫离开奥格斯堡，他的家族生意在他的儿子的打理下也近乎破产。③

---

① "vnd…eben diser tzeit ain grosse wider wertigkait des glaubens Inn diser Stat Augspurg war. Also das etliche zu den Ceremonien des Papstumbs, die anderen zu den gebruchen des Evangelions zu kirchen nicht geen wolten. Da hat mein gelibeter herren Schwehr COnradenn Herwart, auch mich für das bets angesehen, das wir ain mitel für uns nemen solten. Das niemand ob man schon darnach fragt, wissen mocht wa man zu kirchen hin geen wurd", 见于 SStBA（Staats-und Stadtbibliothek Augsburg），20，cod，S. 489，fol. 20r。

② Paul Hecker, Der Augsburger Bürgermeister Jakob Herbrot und der Sturz des zunftischen Regiments in Augsburg. in: Zeitschrift des Historischen Vereins für Schwaben und Neuburg（ZHVSN），Band 1, 1874, Seiten 34-98. 其他有关何宝特的介绍可参见 G. Mezger: Herbrot, Jakob. in Allgemeine Deutsche Biographie（ADB），Band 12, Duncker & Humblot, Leipzig 1880, S. 45-48；Friedrich Blendinger: Herbrot, Jakob, in Neue Deutsche Biographie（NDB），Band 8, Duncker & Humblot, Berlin 1969, S. 588；Mark Häberlein: Jakob Herbrot（1490/95-1564），Großkaufmann und Stadtpolitiker. In Wolfgang Haberl, Hrsg.: Lebensbilder aus dem Bayerischen Schwaben, Band 15, Konrad Verlag, Weißenhorn, 1997, S. 69-111。

③ Paul Hecker, Der Augsburger Bürgermeister Jakob Herbrot und der Sturz des zunftischen Regiments in Augsburg, S. 34-98。

何宝特家族关系网基于其在市政机构中的五位代表成员，居于奥格斯堡帝国城市的领导集团的第三位。它也比较灵活地吸收了一些来自行会，社会根基没那么稳定的社会新贵，如核心人物雅各布·何宝特（Jakob Herbrot）、艾斯林（Sixt Eiseln）、路德维希·豪泽（Ludwig Hoser）和新普莱西特·豪泽（Simprecht Hoser），以及乔治·沃斯特莱西（Georg Österreicher），这些人主要都是通过商业上的巨大成功获得了大量的财富。他们的家庭关系主要是来自德国中部和东部。在家族关系上，雅各布·何宝特家族也与兰达德林根（Landadeligen）有通婚关系。作为大商人，商业上的发展为他们带来的社会阶层的跳跃，而这种改变使他们常常置旧的价值观于不顾。① 反过来，传统贵族们将雅各布·何宝特他们视为"暴发户"，例如鲍氏（Hans Baumgartner）对他的个性评价上，"傲慢、狡猾、盛气凌人"。② 何宝特针对这些贬斥他们的陈词滥调表现出很强的逆反心理，他在1551年见到斐迪南国王的顾问之后，写信给朋友（Weingarten），信中说道："他们不应该，再把我看作一个穷小子，而是一个富有的绅士。"③

何宝特家族关系网虽然也很复杂庞大，但实际上只在16世纪三四十年代在奥格斯堡的社会以及政治生活中具有领先地位。在这个时期，他们主要是居住在上城中心的菲利普娜-威尔瑟（Philippne-Welser）大街。当然，这个圈子也是一个聚集了商人的圈子，雅各布·何宝特位于圈子核心。在稍后的时段，他们还吸收了很多原来是威尔瑟圈内的成员，这也看出了他们的开放特点。

何宝特家族关系网至1548年一共出了四位市长，还继承了部分的市政职位。例如新普莱西特·豪泽（Simprecht Hoser）1526年接替他父亲的市政职位，此后又接替他岳父（Johann Renhard）进入盐商的行会委员会，1548年他又将行会的职位转交给乔治·沃斯特莱西（Georg Österreicher），由此也可以看出他们把握权力的一种手段——圈子内部承继。④

四 塞茨关系网

与威尔瑟、富格或者何宝特家族网络不同，塞茨关系网主要代表行

---

① K. Sieh Burens, S. 129.
② Guenter, Gerwig Blarer, Nr. 962.
③ furan nicht mer dauzen solen, sunder… das mich eur gn nit mer fur ain armen geselen sunder fur ain vermaynten herrn zu halten wissen. 805 Guenter, Gerwig Blarer, Nr. 1177.
④ K. Sieh Burens. Oligarchie, Konfession und Politik im 16 Jahrhundert, S. 129.

会、手工业者利益，是集中了比较有影响力的行会、手工匠人的一个圈子。由于皇帝赋予的特权，在过去的一百年中奥格斯堡的手工业水准突飞猛进，手工业者的地位也随之提升。当然，早在1368年的行会革命中，手工业者已经成为一股参政力量了，到16世纪初，他们的力量变得更加强大。塞茨网络并不全是建构在家族姻亲关系基础上的，更多的是建立在有影响力的个人及其代表的利益群体的基础上。其中在政治上最有代表性的人物是纺织工人出身的邙·塞茨（Mang Seitz）。邙·塞茨（Mang Jakob Seitz, 1486—1544），最早是纺织行会的十二委员之一，后来由于出色的个人能力，不断升迁，最后进入小议会，并在1531—1543年的奇数年中，担任行会市长。① 他所代表的这个关系圈主要是中产的手工业者所代表的社会阶层。在这个圈子里，姻亲关系并不紧密，就亲属关系来讲，这个圈子主要涉及的是行会会长以及会员之间的姻亲关系交织，没有个体家族作为领导家族。这个网络圈的核心骨干是那些代代相传的奥格斯堡的古老手工业者家庭，其中最古老而又相对庞大的行业就是纺织业。在邙·塞茨以后（1548年以后），这个圈子里的重要人物有马丁（Metzger Matin），布克哈德（Melchior Burkhard），金匠菲利普·安德里斯（Philipp Endriss），制表匠汉斯·弗昂米勒（Hans Fronmiller），艺术木工海茨（Heinrich Herz）和制毛皮衣匠②黑博（Ulrich Hieber）。③

与其他城市一样，奥格斯堡对新的宗教学说最感兴趣的也是行会的人，其中以纺织工为最。④ 他们希望借助新教学说可以改变他们偏差的社会和政治状况。⑤ 这点我们在后来的1524年动乱中、从他们提出的"十二条款"中可见一斑。塞茨网络所代表的行会市长办公厅里面充满了强烈的宗教改革的氛围。早期他们支持路德的宗教改革思想，后期部分转向茨温利教派。

---

① 有关Seitz的资料并不是很多，可参见奥格斯堡城市档案馆Register-Nr. Aug Cod 2° S. 102, 1649年由Hans-Conrad Seitz整理。

② Die Kürschner gehörten zu den stärksten und angesehensten Handwerken in Augsburg und bildeten 1368 eine eigene Zunft. 1475 arbeiteten 86 Meister, 1536 bereits 107 Meister in Augsburg. 参见 Eduard Zimmermann, Augsburger Zeichen und Wappen, 1970; Friedrich Blendinger, Versuch einer Bestimmung der Mittelschicht in der Reichsstadt Augsburg vom Ende des 14. bis zum Anfang des 18. Jahrhunderts, in Städtische Mittelschichten, 1972, 32–78; Roland Bettger, Das Handwerk in Augsburg beim Übergang der Stadt an das Königreich Bayern, 1979。

③ K. Sieh Burens, Oligarchie, Konfession und Politik im 16 Jahrhundert, S. 118.

④ 如纺织工人参加了1524年的城市骚乱，受到农民战争的影响，向市议会提出一系列改革措施，但最后以失败收场。

⑤ Roth, Augsburger Reformationsgeschichte I–II, 散见各处。

第五节 小结

通过以上的背景铺陈，我们大概可以总结出来后续牵连奥格斯堡改革进程的一些因素。首先，奥格斯堡是一座主教驻扎城市，主教势力对城市的所有教会、修道院等影响巨大，并且不受市议会管辖，因此主教的势力成为后来影响宗教改革的重要因素。其次，市议会拥有对宗教机构的监护权，可以对福利修道院和教会医院施加影响，但是作为一个敏感的"世俗"与"教会"之间的界限，市议会也无法直接安排教堂的布道士。然而，在中世纪末堂区世俗化管理进程中，堂区在市议会的保护下设置了"堂区长"，由此建立了市议会作为世俗权威与教会势力做斗争的一个基础。这位"堂区长"往往在市议会议员和堂区职务身份之间转换，并且"堂区长"独立于教会之外，使得在宗教改革发生的时候，安派新教的牧师成为可能。

奥格斯堡的政治体制虽然仍然是一种以贵族为主导的"寡头政治"，但是行会宪法所建立的自下而上的参政体制，为行会民众意见向上传达，乃至参政执政构建了可能性。这使得在宗教改革进程中，最后具有明确改革意向的行会人士走向顶端执政。承袭中世纪的传统，城市的执政理想始终围绕着"公共福祉"。此外，城市社区与教会社区的交错重合也导致了宗教改革中政治与宗教的极大的密不可分性。主导奥格斯堡的"寡头政治集团"主要来自四大家族关系网：威尔瑟家族网络、富格家族网络、何宝特家族网络以及后期代表行会手工业者的塞茨关系网。在宗教改革的过程中，这四大家族也有着内在的角逐与较量。

地缘政治上，奥格斯堡的地理环境无法建立一个封闭的版图，城市也需要与外地的贸易往来，这种情况迫使市议会不得不与其相邻的地区进行区域间政治合作。宗教改革前夕，奥格斯堡已经加入了施瓦本城市联盟，联盟保障了奥格斯堡经济贸易的稳定外部环境，在宗教改革发生后，联盟对于奥格斯堡也产生了重要的影响作用。此外，奥格斯堡在地缘政治上更多受到巴伐利亚大公、哈布斯堡家族、周边诸侯的影响。作为帝国城市，奥格斯堡虽然具有相当大的自主权，但皇帝仍然是城市最高的主宰，因为对城市宪法地位的保证始终把握在皇帝手里。这种关系自从皇帝与富格家族、威尔瑟家族建立了紧密的财政关系之后，变得更加紧密，皇帝对于奥格斯堡忠诚度的要求也更高了。因此，宗教改革发生之后，虽然城市内部有一些倾向于宗教改革，然而却不能忽视对外关系的重要性，因为奥格斯堡始终处在帝国政治层面。

从中世纪的历史中走来，宗教改革前夕奥格斯堡面临的主要社会问题有：社会贫富差距加大，下层民众中有潜在的社会不稳定因素、市民与教会之间的冲突、信仰虔诚与教会腐败之间的矛盾、寡头执政集团与行会民众之间的张力、市议会与主教势力在教会事务上的内在矛盾、城市与外部各方关系的平衡等。

为此，市议会的政治诉求表现为：对外要遵从皇帝的旨意、权衡主教的力量、加强城市间的联盟合作、寻求城市的自主独立；对内则沿袭已有的选举制度，平衡寡头集团与行会民众之间的张力，继续"公共福祉"的政治理想；经济上的诉求表现为努力发展城市经济，包括远航贸易、经济贸易、手工业、制造业等方面；在城市管理上，在"公共福祉"的执政原则下，要保证民众的基本生存与生活条件，缩小城市贫富差距，从而保证整个城市的和平稳定与发展；在与教会关系的诉求上，虽然教会有自己的独立管理体系，但市议会依旧能够通过堂区管理、修道院监护等方式渗透对教会事务的影响，需要有一个"自己的教堂"是宗教改革前夕最核心的诉求；技术上，奥格斯堡作为帝国最大的德语书籍出版中心这一有利条件，也为新思想的传播风暴打下了伏笔；舆论上，"仇恨教士""反教权主义"的思想似乎也让民众一触即发。从大历史的角度来看，路德的那"一石"，似乎必然会激起千层浪。

那么，宗教改革这"千层浪"如何涌到奥格斯堡？激发了这个城市怎样的变化？市议会作为世俗权威如何应对改革浪潮？如何一步一步走向宗教改革？潜伏在城市中的问题在宗教改革发生后是否爆发了出来？又是否通过宗教改革得到了有效的解决？以下将对这些问题进行解答。

第二章 改革思潮的冲击与中间道路政策
（1518—1524）

　　1517年10月底，路德张贴"九十五条论纲"之后，消息很快也传到了奥格斯堡。1518年10月路德的到来，标志着奥格斯堡宗教改革正式开始。1518年10月7日至20日，路德为与教皇的代表枢机主教卡耶坦见面，来到奥格斯堡。[①] 接待他的是早在维腾堡就相识的加尔默罗会院长约翰·弗洛斯（Johann Frosch）。[②] 在这次会面中，路德也与奥格斯堡的城市书记官康哈德·鲍丁格（Konrad Peutinger）、市政要员朗曼特（Christoph Langenmantel）、法律顾问奥尔博士（Dr. Johann Auer）、阿德曼兄弟（Bernhard Adelmann, Konrad Adelmann）见了面。[③] 这两位兄弟对他的观点表示

---

① 有关路德的此次奥格斯堡之行，在奥格斯堡的档案中记录很少，Sender的编年记录中也只有只言片语，而Rem的记录一点也没有提及。后来的转记中多有纰漏，不过在相关人的信件往来中记录了事件的大概经过。参见 Roth, Augsburger Reformationsgeschichte, Bd. 1, S. 50, Anm. 35。

② Johann Frsoch（1480 - 1533）Karmelit, Prior von St. Anna. Friedrich Roth, Theologiestudium in Erfurt（1504）, Toulouse und Wittenberg（1514）; dort Ende 1518 Promotion. Seit 1517 Prior von St. Anna; als solcher im Oktober 1518 Gastgeber Martin Luthers. Erster lutherischer Prädikant in Augsburg. Blieb auch nach dem Rücktritt vom Amt des Priors und seinem förmlichen Anschluss an die Reformation（1523）Prediger in St. Anna. Feierliche, kirchliche Hochzeit 1525. Die Einführung der Reformation in Augsburg ist wesentlich sein Verdienst. Als sich Augsburg mehr und mehr der Lehre Zwinglis（Zwinglianer）zuwandte, verließ Frosch die Stadt und wurde 1531 Prediger an St. Jakob und wenig später an St. Sebald in Nürnberg. Trat auch als Komponist und Musiktheoretiker hervor. Augsburgs Reformationsgeschichte 1, 1901; Lebensbilder aus dem Bayerischen Schwaben 2, 1953, 181 - 196; Biographisch-Bibliographisches Kirchenlexikon 2, 1990, 145; Neue deutsche Biographie 5, 1961, 663f. ; The new Grove dictionary of music and musicians 6, 1980, 867; Lutherlexikon, 41989, 83f.

③ "Der Bischof von Augsburg ist nicht da, ich habe bei Konrad Peutinger den Doctor, einem Buerger und Mann, den Ihr am besten kennt zu Abend gegessen, welcher sich meine Angelegenheit ganz außerordentlich enpfohlen sein läßt, wie auch andere Ratsherren", 10. Oktober, Luther an Spalatin. Sender chronik, I, S. 236, Nr. 98; Roth, I, S. 51.

了极大的赞同。① 路德此行受到奥格斯堡的很大关注，他在信中描述道："城市中几乎每个人都在讨论他，把他看做是那个点起了大火的新的赫洛斯特拉特②。"③ 10 月 16 日，路德带着足够的虔诚与恭顺与卡耶坦会面，证人有斯坦贝斯（Wenzel Steinbeiss）、乌茨迈尔（Bartholomaeus Utzmair），还有奥尔博士（Dr. Johann Auer）记录了谈话。会面结束后，路德被要求待到 20 日，等候卡耶坦的再次召见，然而此时逮捕路德的号令已经随时可发，于是在 20 日深夜 21 日凌晨，在朗曼特（Langenmantel）的帮助下，路德离开了奥格斯堡，而逮捕令也在弗洛斯（Frosch）等人的斡旋下，推迟到 22 日才贴到教堂门上。④

那么，路德的到来掀起了怎样的新教宣传风潮？印刷技术起到了怎样的推波助澜的作用？市议会对此有何应对举措？新教思想在城市中得到了怎样的发展？市议会的态度与策略如何？保守还是激进？主教方面的保守力量如何？为何神学家雷氏第一回合便败北而归？市议会何以推行救济金制度改革？这是一种新教对于民生问题的解决方案吗？为什么会爆发 1524 年的下层民众动乱？市议会如何应对？又体现了诸多力量之间、信仰与利益之间怎样的杂糅关系？危机重重之中，城市为何制定"中间道路"政策，背后有怎样的考量与深意？本章主要回答这些问题。

第一节　没有印刷术就没有宗教改革：奥格斯堡作为新教宣传风暴中心

一　奥格斯堡成为新教宣传中心

早在 1979 年，穆勒（Bernd Moeller）就在当时的学术讨论中提到一

---

① Wir haben gesehen und angeredet den herrn Dotorum Martinum Luther den wir herzlich lieben, oft ersucht und unsere Wohlmeinung angezeigt. Konrad Adelmann an Spalatin（18. Okt. 1518）bei Walch, Bd. XV, S. 732; Roth, Reformationsgeschichte I, S. 51.

② Herostrat, Herostratos, 赫洛斯特拉特，又译为黑若斯达特斯（古希腊语：Ἡρόστρατος），一个古希腊的年轻人，为了成为一个"历史名人"于前 356 年 7 月 21 日纵火烧毁了世界七大奇迹之一的亚底米神庙（位于土耳其以弗所）。德语中，Herostrat 代指那些不择手段以求扬名的虚荣狂人。

③ WA, Briefwechsel, Bd. 1, Nr. 98, S. 212f. am 11. Okt. 1518, an Melanchthon.

④ WA, Appellatio M. Lutheri a Cajetano ad Papam, über die Bedenken beim öffentl. Anschlags. Luther an Spalatin 1518, Nov. 12, Briefwechsel, Bd. 1, S. 228. Roth, I, S. 52.

个假设,"没有印刷术,就没有宗教改革"(Ohne Buchdruck, keine Reformation)。考夫曼(Thomas Kaufmann)在此基础上就二者的关系进行了细致的量性的、质性的以及技术上的考察。例如急剧增长的印刷数量,改善的印刷技术、广泛的销售网络,从而验证了印刷技术可以作为宗教改革传播的前提条件这一观点。[1] 那么,奥格斯堡作为帝国的印刷中心,在宗教改革爆发后,掀起了怎样的宣传风暴呢?

1518 年初,路德的新教思想传到奥格斯堡之后,掀起了新教思想在城市中的宣传风潮。[2] 奥格斯堡本就是帝国印刷中心,此次风波一起,一部分印刷厂积极支持新教传播,另一部分积极维护传统教会,一时之间,舆论纷起,新教与天主教印刷宣传对垒迅速膨胀。[3] 由于路德对德语的提倡,印刷书籍不仅仅吸引了受教育阶层,也吸引了普通大众阶层,尤其是《圣经》,德语版的路德的文章和宣传小册子,[4] 这些小册子极大地满足了民众的信息需求。根据爱德华(Mark U. Edward' jr.)的研究,1516—1530 年,仅路德的作品的发行量来看,奥格斯堡就占了 18%,仅次于维腾堡的 25%,远高于纽伦堡 9%、斯特拉斯堡 8% 以及埃尔福特 8%。[5]

根据库纳斯特(Künast)的统计,奥格斯堡几大印刷商从 1518 年至 1530 年一共出版了 457 种路德的作品(参见表 2-1)。而小宣传册子的印刷,根据库勒(Hans-Joachim Köhler)的研究,奥格斯堡是最重要的印刷地,大概有三分之一的小册子(大概 10000 种)都是出自奥格斯堡,是

---

[1] Thomas Kaufmann, "Ohne Buchdruck keine Reformation?" in, Stefan Oehmig (Hg.), Buchdruck und Buchkultur im Wittenberg der Reformationszeit, Leipzig, 2015, S. 13 – 34.

[2] Hans-Jörg Künast, Matin Luther und der Buchdruck in Augsburg, 1518 – 1530; in Gier Helmut-Schwarz, Reinhard, hg.: Reformation und Reichstadt: Luther in Augsburg; Katalog zur Ausstellung der Staats-und Stadtbibliothek Augsburg in Zusammenarbeit mit der Evang. -Luth. Gesamtkirchengemeinde Augsburg im 450. Gedenkjahr von Luthers Tod, Augsburg 1996, 65 – 70.

[3] Künast, Hans Jörg, Matin Luther und der Buchdruck in Augsburg, 1518 – 1530; in Gier Helmut-Schwarz, Reinhard hg., Reformation und Reichstadt: Luther in Augsburg; Katalog zur Ausstellung der Staats-und Stadtbibliothek Augsburg in Zusammenarbeit mit der Evang. -Luth. Gesamtkirchengemeinde Augsburg im 450. Gedenkjahr von Luthers Tod, Augsburg 1996, 65 – 70.

[4] Roth Reformationsgeschichte I, 61f; Künast, Gedruckt zu Augsburg und-handel in Augsburg zwischen 1468 – 1555. (Studia Augustana; Bd. 8) Tübingen 1996. 32f.

[5] Mark U. Erwards. Jr., Luther's last Battles. Politics and Polemics, 1531 – 1546, Ithaca/London, 1983. Bes, S. 11, S. 21 – 33. Alejandro Zorzin, Karlstadt als Flugschriftenverfassern zwischen 1518 und 1526, Goettingen, 1990. (Göttinger Theologiesche Arbeiten, Bd. 48.)

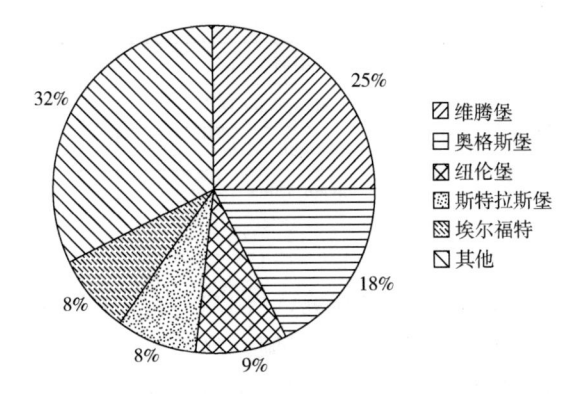

第二章　改革思潮的冲击与中间道路政策(1518—1524)　79

图 2-1　1516—1530 年各城市路德作品发行百分比

所有帝国城市中出版数量最多的。[①]

表 2-1　奥格斯堡出版的路德的作品统计 (1518—1530)[②]

年份	印刷商	出版的路德作品数量
1518—1530	Silvan Otmar	100
1518—1524	Jörg Nadler	82
1522—1530	Heinrich Steiner	74
1520—1526	Melchior Ramminger	69
1523—1529	Philipp Ulhart d. Ä	46
1519—1526	Grimm& Wirsung（Simprecht Ruff）	40
1518—1520，1523	Johann Frschauer	20
1520	Hans von Erfurt	9

[①] Hans-Joachim Köhler, The Flugschriften and their Importance in Religious Debate. A quantitative Approach. In Paola Zambelli Hg. , Astrologi hallucinati, Stars and the End of the World in Luther's Time. Berlin/New York, 1986, S. 153 - 175. Hier, S.170. 其中的原因主要是与纽伦堡相比, 奥格斯堡的审查制度相对松散, 一直到 1537 年, 在审查制度这件事情上, 大家的观点都还是不统一的, 这样, 所有的改革的声音包括不同的教派的观点都可以在这里找到渠道发表, 在 1500—1555 年, 一共印刷出版了大约 4500 种书籍和小册子。参见 Hans Jörg Künast, Der Augsburger Buchdruck, in " Wider Laster und Sünde, Augsburgs Weg in der Reformation" Haus der Bayerischen Geschichte. Katalog zur Ausstellng in St. Anna Augsburg 1997, hrsg. von Joself Kirmeier, Wolfgang Jahn und Evamaria Brockhoff, 1997, S. 120 - 135。

[②] 转引自 Hans-Jörg Künast, Martin luther und der Buchdruck in Augsburg, 1518 - 1530, in Helmut Gier, Reinhard Schwarz hrsg, Reformation und Reichsstadt-Luther in Augsburg, Augsburg: Wißner, 1996, S. 65 - 77。

续表

年份	印刷商	出版的路德作品数量
1522—1524	Johann Schönsperger D. J.	8
1520—1522	Erhard Öglin Erben	7
1520	Johann Miller	2
总计		457

根据库纳斯特（Künast）的研究，从1518年到1530年，奥格斯堡无论是新教方面书籍印刷还是小册子印刷，都经历了一个暴增的过程。并且，在1518年到1525年改革风暴期间，德语作品的印刷量直线增长，奥格斯堡印刷的德语作品一度超过全部印刷量的90%。[①] 我们从表2-2的数据中可以看出这种明显的变化。

表2-2　　1501—1517年与1518—1530年出版情况比较[②]

类别	1501—1517年书籍	1518—1530年书籍	1501—1517年小册子	1518—1530年小册子	1501—1517年德语的比例（%）	1518—1530年德语的比例（%）
新教作品	0	1318	0	5065	—	62.80
圣经及圣经诠注	18	167	1180	3987	99.50	94.00
德语类文学	138	297	2111	1456	100	100
天主教作品	172	132	4191	1367	30.80	32.20
自然科学	102	128	764	977	92.40	63.70
人文主义	88	122	709	845	—	—
法律和政治	63	153	1116	504	69.30	98.80
犹太教作品	16	13	116	107	20.70	68.20
古典文学	13	8	243	95	—	—
总计	610	2338	1430	14403	58.30	69.50

从表2-2的数据比较中我们可以看出，有关新教思想的书籍从0到1318，小册子更是从0到5065，几乎是一夜暴增，数量惊人。相比之下，天主教作品从172跌到132，而小册子则从4191跌到1367，两者此起彼

[①] Hans Jörg Künast, Der Augsburger Buchdruck, in "Wider Laster und Sünde, Augsburgs Weg in der Reformation" Haus der Bayerischen Geschichte. Katalog zur Ausstellng in St. Anna Augsburg 1997, hrsg. von Joself Kirmeier, Wolfgang Jahn und Evamaria Brockhoff, 1997, S. 120 - 135. hier S. 120.

[②] Hans-Jörg Künast, Getruckte zu Augspurg, S. 224 - 225.

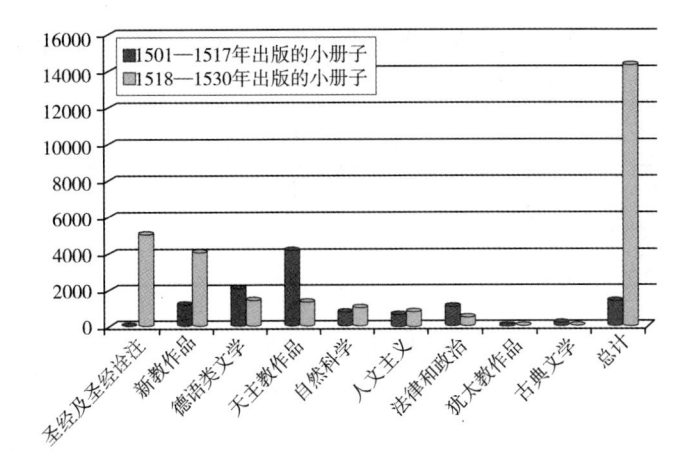

第二章　改革思潮的冲击与中间道路政策(1518—1524)　81

图 2-2　1501—1517 年与 1518—1530 年两阶段书籍出版数量比较

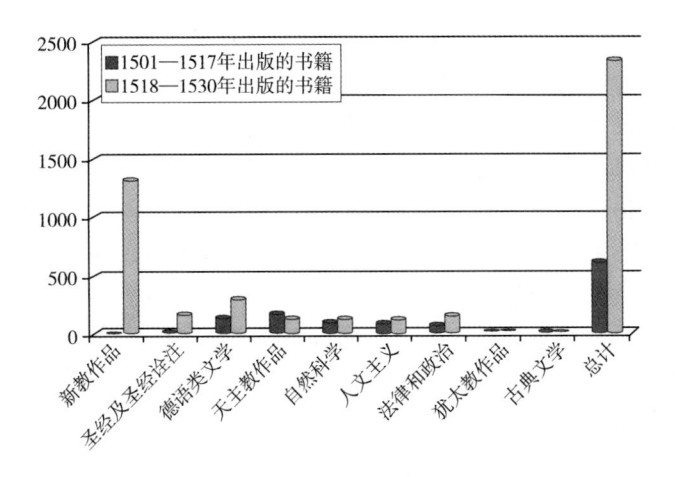

图 2-3　1501—1517 年与 1518—1530 年两阶段小册子出版数量比较

伏，量级变化十分明显。有关圣经及圣经诠释学类别的书籍，由于新教思想也被推到了风口浪尖上，数量上也是激增，书籍从 18 到 167，几乎增长了 10 倍，而小册子也是从 1180 到 3987，一跃成为热门畅销。人文主义的书籍也在新教思想的影响下稳步上升（书籍从 88 增长到 122，小册子从 709 增长到 845）。相比之下，其他类别的书籍和小册子，或者是没有太大变化（例如自然科学、法律政治），或者是在新教思想的冲击下数量有所下降，例如德语文学类与古典文学类小册子。以上从数量上我们可以一窥小册子在当时的巨大影响力。而新教小册子或书籍宣扬的内容，根据库纳斯特（Künast）的研究，在宗教改革的最初阶段以神学为主，包括神学教义、与天主教在一些神学问题上的争论、布道文学、启迪教化文学、新的教堂音乐,等等。①

表2-3　　　　　　新教小册子内容分类1518—1525②

类别	书籍	小册子
神学	525	3108
古典天主教的争论	480	1646
牧师所用手册	26	1232
内部争论	137	1185
启迪教化文学	146	950
布道文学	303	875
教堂音乐	82	166
有关殉道者的报道	12	23
总计	1711	9185

以上我们可以看出版数量的惊人。然而在出版数量能否说明全部的新教思想的传播情况问题上,不同学者观点不同:斯科瑞布纳(Scribner)认为口头的传播比书面印刷重要性更大,因为有至少80%—95%的人口并不识字。③ 迪肯斯(Dickens)则认为不能小觑出版媒介的作用。④ 有关奥格斯堡的市民阅读能力问题,格莱福(Ludwig Greiff)进行了研究,根据奥格斯堡的基础教育情况,很多奥格斯堡的孩子和年轻人至少都学过基础的阅读、书写和计算,因为奥格斯堡是一个贸易城市,基本的认读算写能力需求更高一些,而宗教改革的发生更加刺激了人们对阅读的渴求。⑤

---

① Hans-Jörg Künast, Getruckte zu Augspurg, S. 232.
② Hans-Jörg Künast, Getruckte zu Augspurg, S. 232, Tabelle 22.
③ Robert W. Scribner, How many could read? Comment on Moeller's 〈Stadt und Buch〉, in W. J. Wommsen, Stadtbuergertum und Adel, S. 44 - 45. 这篇文章是 Scribner 反驳穆勒的宗教改革是一场引发书籍大量出版的历史性的运动而写的文章。Bernd Moeller, Satdt und Buch, bemerkungen zur Struktur der reformatorischen Bewegung in Deutschland, in W. J. Wommsen, Stadtbuergertum und Adel, Studien zur Sozialgeschichte der Reformation in England und Deutschland, Stuttgart, 1979, S. 25 - 39。
④ Arthur Geoffrey Dickens, Interllectual and Social forces in the German Reformation, in W. J. Wommsen, Stadtbuergertum und Adel, S. 11 - 24. hier, S. 22.
⑤ Ludwig Grieff, Beitraege zur Geschichte der Deutschen Schulen Augsburgs, Augsburg, 1858, S. 10. 根据研究,奥格斯堡的小学在宗教改革之后数量上升,到了1588年奥格斯堡至少有25所德语小学在上课,参见 StAA, EWA. Nr. 1129, Tom. 5。

第二章 改革思潮的冲击与中间道路政策(1518—1524) 83

根据恩德雷斯（Endres）对纽伦堡的研究，大概在宗教改革之前，文盲的比例大约是30%，[1]那么即使很保守地估算，奥格斯堡在1520年之后大概有很多人有能力阅读小册子以及其他的出版物，很可能每个家庭中至少有一个可以阅读的人，并且那个时代为其他人朗读是一种常见的阅读习惯，要不然大量的小册子印刷也毫无意义。[2]

在宗教改革刚刚爆发的时候，出版印刷业在技术与速度上也不断刷新着记录。例如，路德在维腾堡的布道内容在两三个星期内就可以在奥格斯堡看到印刷版本了，而这在从前往往需要一个月甚至更长的时间。[3] 在1518—1525年，这些小册子甚至一度达到几十万的印刷量，它们往往成为新教追随者的依据和文本，然后不断地被传播，促进或加快改革运动的进程，作用不容忽视。[4] 正如考夫曼（Kaufmann）认为的那样，没有出版印刷业的推波助澜，就不会有宗教改革的大规模传播，换言之，没有印刷术，就没有宗教改革。[5]

在这个过程中，整个社会思潮不断地酝酿、发酵，引起了市议会对社会安定的担忧。为此，市议会通过颁布政令的方式，使用了出版审查、言论监督等手段，根据具体形势制定了反对书面或者口头上的煽动性宣传规定，包括：禁止未经报备的印刷宣传、禁止激进的布道、禁止亵渎神灵。[6]

---

[1] Rudolf Endres, Nürnberger Bildungswesen zur Zeit der Reformation, in Mitteilungen des Vereins für Geschichte Nürnberg 71, 1984, S. 109 – 128.

[2] Hans-Otto Keunecke, Jobst Gutknecht der Nurnberger Rates, in GutJB 62, 1987, S. 146 – 15. 其中市议会就估算每个家庭中至少有一个人可以阅读，要不然大量印刷政令小册子也毫无意义。

[3] Hans Jörg Künast, Der Augsburger Buchdruck, in "Wider Laster und Sünde, Augsburgs Weg in der Reformation" Haus der Bayerischen Geschichte. Katalog zur Ausstellng in St. Anna Augsburg 1997, hrsg. von Joself Kirmeier, Wolfgang Jahn und Evamaria Brockhoff, 1997, S. 120 – 135, hier S. 120.

[4] 例如1524年在奥格斯堡爆发的城市骚乱就和这种宣传有着密不可分的关系。

[5] Thomas Kaufmann, "Ohne Buchdruck keine Reformation?", in Stefan Oehmig hg., Buchdruck und Buchkultur im Wittenberg der Reformationszeit, Leipzig, 2015, S. 13 – 34.

[6] Broadhead, Philip, Popular Pressure for Reform in Augsburg, 1524 – 1534, in MOMMSEN, Wolfgang J. hg., Stadtbürgertum und Adel in der Reformation. Studien zur Sozialgeschichte der Reformation in England und Deutschland, Stuttgart, 1979, 80 – 87; Broadhead, Philip: Internel Politics and civic society in Augsburg during the era of the early reformation 1518 – 1537, Canterbury, Kent, (Diss., Phil. Masch.) 1981, 200; Heinrich Richard: Reichstädte, Reich und Reformation, Korporative Religionspolitik 1521 – 1529/30, Stuttgart, 1986. 71.

二 出版审查与言论监督：市议会的应对举措

1520年8月28日,"在市议会的贵族雅各布·富格（Jakob Fugger）[①]和康哈德·鲍丁格（Konrad Peutinger）博士[②]的要求下,[③] 该城印刷商不再被允许印刷那些未在市议会报备的书籍和宣传册子"。[④] 雅各布·富格和鲍丁格虽然都禁止路德的书籍在奥格斯堡印刷和宣传,但是二人的动机不同。富格与罗马教廷有经济上的往来（兜售赎罪券他也是获益者之一）；鲍丁格不同,他虽然公开反对改革运动,但对他而言更重要的是城市的经济、政治与市民的统一。[⑤] 此后,新教的宣传持续发酵,市议会于是也针对那些时不时会煽动民众进行大规模论战的改信和未改信的布道士进行审查和惩戒,[⑥] 因为这种大规模论战可能会威胁到城市的公共安全。

随着"路德禁令"广泛传播,奥格斯堡的立场才开始慢慢显示出来。罗马教廷颁布教皇的"逐出教会令"（Exsurge Domine）并要求焚毁路德的著作。虽然英戈尔斯塔特（Ingostadt）的神学家约翰内斯·埃克作为教皇的代表在1520年10月向出版社施压,但是克里斯托夫主教和市议会将之推迟

[①] Jakob Fugger: (6 March 1459 – 30 December 1525), was a major merchant, mining entrepreneur and banker of Europe. Peter Geffcken: Fugger-Geschichte einer Familie: "Die Handelsherren mit dem Dreizack", in DAMALS 7/2004; Mark Häberlein: Die Fugger. Geschichte einer Augsburger Familie (1367 – 1650), Kohlhammer, Stuttgart, 2006.

[②] Konrad Peutinger: (14 October 1465 – 28 December 1547) was a German humanist, jurist, diplomat, politician, and economist. A senior official in the municipal government of the Imperial City of Augsburg, he served as a counselor to Emperor Maximilian I and his successor Charles V. Werner Bischler: Des Kaisers Mann für alle Fälle. Der Stadtschreiber Konrad Peutinger, in Augsburger Geschichte (n), Band 1, Wissner, Augsburg, 1994, S. 47 – 55; Lutz Heinrich: Conrad Peutinger, Beiträge zu einer politischen Biographie (Ablandlungen zur Geschichte der Stadt Augsburg9), Augsburg, 1958. Hans-Jörg Künast, Jan-Dirk Müller: Peutinger, Conrad, in Neue Deutsche Biographie (NDB), Band 20, Duncker & Humblot, Berlin, 2001, S. 282 – 284.

[③] Rem-Chronik, 137, = Kastner, Ruth hg., Quellen zur Reformation 1517 – 1555, (FSGA BÖ Auggewählte Quellen zur deutschen Geschichte der Neuzeit; Bd. 16), Darmstadt, 1994, 170.

[④] "auf bewelh eines Erbern Rats durch Jacoben Fugker und Doctor Bewtinger den nachgemelten Buchtruckern angesagt un bevohlen, bey aidsflichten, damit sie ainem Rat verwandt sein, das sy in den irrungen, die sich haben zwischen den geistlichen und doctoren der heiligen geschrift, desgleichen in schmach und verletzung der Eren sachen on wissen und willen ains Erbern (rats) nichts ferrer trucken sollen" StAA, Reichstadt, Ratsbücher, Nr. 14, S. 272; Geruckt, Lutz Heinrich: Conrad Peutinger, Beiträge zu einer politischen Biographie (Ablandlungen zur Geschichte der Stadt Augsburg9), Augsburg, 1958, 379, Anm. 130.

[⑤] Lutz Heinrich: Conrad Peutinger, S. 199.

[⑥] Gößner, Andreas, Weltliche Kirchenhoheit und reichsstädtische Reformation, S. 46 – 47.

到 12 月 30 日。大教堂主事阿德曼（Bernhard Adelmann）也作为路德的追随者被列在被禁名单内，这也是一个信号，受教育群体在宗教改革中同情路德这一边。很快，支持也遍布市民中间，因为尽管当局多次要求禁止发行路德的著作，但实际上收效甚微，并且导致堂区内更大的骚动。对此，市议会未做出更多的举措。① 1521 年皇帝下达的沃尔姆斯禁令对于路德的书籍有了更加明确的要求，已经出版了的必须焚毁，未经出版的不许再出版。② 在这种情况下，市议会推迟了公布皇帝的禁令，一来在皇帝的禁令与教皇的要求之间权衡，二来也考虑到自己的市民们对宗教改革的态度。③

1523 年，市议会开始决定对出版审查进行一些调整，因为此时市面上有太多的有关各种宗教问题的小册子出版发行，市议会已经没有能力全面执行出版禁令。市议会虽然宣布禁止路德书籍的销售和印刷，然而，实际上由于路德学说的巨大影响，这个禁令在奥格斯堡行之有限，市议会也只是时不时地重申一下，来确保城市的政治平静和社会秩序的安定。因此，基于 1520 年 8 月的规定，市议会在 1523 年 3 月 7 日的会议上做出新规定，要求所有的出版商，不许发行那些没有作者和出版商署名的小册子，并且也要向市长报备。④ 这一要求被传达给城市中所有的出版商。可以看出，这项规定，还是本着教皇以及传统教会的立场，反对新教改革的。⑤ 虽然这种立场并不是完全坚固的，但也基本上奠定了城市对改革的相对反对态度。⑥ 除此之外，不容忽视的是市议会维护城市的社会秩序的坚定立场。

不仅仅是书面宣传上，口头上的宣传以及市民的一些亵渎神灵行为也使市议会感受到了城市的和平正在受到威胁。在这种情况下，1520 年 2 月 11 日，市议会规定任何一种形式的亵渎神灵都将面临惩罚，无论口头还是行为：

所有加诸于上帝之名、圣灵之上的各种脏话/诅咒/流言都应该避

---

① Rolf Kießling, Augsburg in der Reformationszeit.
② ABA, BO 383（Abschrift des kaiserlichen Mandates vom 26. Mai. 1521）; vgl. RTA J. R. II Nr. 92, 640 – 659, besonders 656.
③ Roth, Reformationsgeschichte I. 66f. ; Uhland, Täufertum, 24f; Rem-Chronik, 166（Kastner, Quellen, 172）.
④ StAA, Reichstadt, Ratsbücher, Nr. 15. Fol. 26r – 27r; Broadhead, Politics, 96f; Uhland, Tauefertum, 22; WiU I, 158, Nr. 65.
⑤ ABA, BO 383（Abschrift des Kaiserlichen Mandates vom 26 Mai 1521）, Vgl. RTA J. R. II, Nr. 92, 640 – 659, 656.
⑥ Roth, Reformationsgeschichte I, 66f. ; Uhland, Täuefertum 24f; Rem-Chronik, 166（ = Kastner, Quellen, 172）.

免；对于上帝的母亲以及神圣之母的侮辱和中伤的话语，都不允许出现；那些举止轻佻的人，男人和女人，年老以及年幼，对于基督秩序的轻蔑、鄙视，将会受到法令的制裁。①

对于亵渎神灵的惩罚根据情节严重程度，惩罚力度有异，区分是口头还是行动。此外，诽谤、辱骂当局也会受到惩罚，书面上的亵渎也同样面临惩罚，这个条例在1524年1月17日重申。② 1526年和1528年这项条款又扩大到对于酗酒以及其他公共场合的行为的要求。③

对于言论的审查主要是针对城市里那些表露出反感情绪的人，包括一些改信新教和未改信的传教士，他们时不时会煽动听众进行大规模的论战，这样的情况就威胁到了城市的公共安全，市议会对这种情况进行惩戒主要也不是出于新教还是天主教的信仰关系，而是出于城市管理的目的，为了保证城市内部的和平与稳定。例如1523年10月，两位市议会聘用的教士弗洛斯与斯派则的布道引起了市议会上层的不满，市议会就压制了一下他们。④

第二节　强大的保守壁垒：神学家雷氏在奥格斯堡信仰舞台上的第一回合

1520年4月27日，随着奥格斯堡大教堂神父，著名的神学家约翰·奥克拉姆派德（Johannes Oekolampad）的调离，该职位空缺。⑤ 在辅理主

---

① "Alle lestrungwort/schwier vnd fluch/bey dem namen gots/vn seinem hailigsten glidern/zuuermeiden", Auch die Verunglimpfung des Namens der Gottesmutter sowie der hailigen/marter/wunden/oder glidern" wurde ausdrücklich mit eingeschlossen. Der Rat sah sich zu dem Dekret veranlasst, da "bey vil leichfertign personen-manners vnd frawen geschlechten/alten vnd jungen die Mißachtung der christlichen Ordnung laider in vergess vnd verachtung komen will", StAA, Reichstadt, Anschläge und Dekrete I (1490 – 1649), Nr. 4; EWA-Akten, Nr. 1561/1, nr. I, 4 (spätere Abschrift).

② StAA, Reichstadt, Ratserlasse 1507 – 1599 (3 Exemplare); Ratsbücher, Nr. 15, fol. 48v.

③ StAA, EWA-Akten, Nr. 1561/1, nr. I, 10 (Abschrift) und Nr. I, $12^{1/2}$ (Abschrift).

④ StAA, Reichstadt, Ratsbücher, Nr. 15, fol. 45r.; Roth, Reformationsgeschichte I, 122, Anm. 30;（Broadhead, Politics, 202. Schriebn Speisers und Frosch an den Rat, Sie erklaeren sich darin bereit, was sie gepredigt, das hl. Evangelium nach St. Pauls Anzeigen, vor dem Rat, der Gemeinde und den Anwälten des Bischofs zu verteidigen. Ein beim Rat eingereichtes Verzeichnis von unzulässigen Äußerung, die sie gemacht haben sollten, erwies sich als unrichtig.

⑤ 约翰·奥克拉姆派德（Johannes Oekolampad）于1520年4月23日去往了Brigittenkloster Altmomünster. Maximilian Liebmann, S. 132。

教法布里（Johann Fabri）以及市政顾问阿德曼（Bernhard Adelmann）的推荐下，经过重重筛选，乌班努斯·雷吉乌斯（Urbanus Rhegius，1489—1541，简称"雷氏"）获得了奥格斯堡主教斯塔迪昂（Christoph von Stadion）的聘任，于7月9日开始，正式担任奥格斯堡大教堂的神父。[1] 由此雷氏正式登入奥格斯堡宗教改革舞台。然而，雷氏只在这个重要的位置上任职了一年多便被迫离开，其原因何在？他的被迫离开又说明了什么呢？

一　雷氏其人

雷氏1489年5月下旬[2]出生在博登湖附近的一个虔诚的家庭当中。[3] 十四五岁的时候被送到林道（Lindau）的拉丁语学校就读。[4] 1508年6月19日，十九岁的雷氏时候离开该学校，到弗莱堡（Freiburg）大学深造，1510年5月22日顺利毕业。[5] 雷氏在弗莱堡就读期间，最先学习法律，后来受采修斯（Ulrich Zasius）影响很大，转向了人文主义。[6] 同时他也在这里打下了良好的古典文艺学基础。[7] 后来雷氏对人文主义者赫尔尼姆斯（Hieronymus）的思想也很倾心，这种思想随着宗教改革的发生被

---

[1] Kapitelprotokoll, fol. 121, vgl dazu auch Hablitzel, Urban Rhegius; Maximilian Liebmann, S. 132f.

[2] 有关雷氏的出生日期，根据学者的推算，大概是在1489年5月20—23日。雷氏的出生地点也不是很明确，大概是在Langenargen，具体讨论参见Maximilian Liebmann, Urbanus Rhegius und die Anfänge der Reformation, Aschendorffsche Verlagsbuchhandlung, Münster: Aschendorff, 1980, S. 68 – 69。

[3] 参见雷氏之子Regius Ernestus整理的传记，Biographie, Bl. a. 7；其中他写道："…parentibus pijs ac honestis…"Bl. A. 6。

[4] Regius Ernestus, Vita, Bl. a. 6："Apud parentes annos infantiae primos exegit, quorum et honestate et pietatis studio in ampliorem fortunae spem educabatur."

[5] 参见Regius Ernestus, Vita, Bl. a. 6。

[6] 雷氏在求学期间，住在著名的法律学者Ulrich Zasius的家中，Zasius是当时比较有名的人文主义学。Zasius当时已经退休，很多学生都喜欢围绕在他身边，而雷氏则备受青睐，还获许阅读Zasius家中的丰富的藏书。推测当时Zasius应该是非常喜爱雷氏的，把他当做儿子一样看待。雷氏称zasius是"iuris consultissimus, praeceptor noster"（萨宾的律法，我们的导师Sabine law, our teacher）或者"Meyn leve her und getruwe preceptor Ulricus Zasius"（My enlighted und trusted teacher Ulrich Zasius）。

[7] 就Zasius的藏书来看，雷氏应该也接触了很多有关修辞学、诗学、艺术学科方面的东西。Regius Ernestus, Vita, Bl. a. 6: "bonorum scriptorium margines studiose observavit, atque in his utlies optimarum rerum commentaries sagaciter venatus est, quos noctu multoties ad candelas descripsit", Rhegius, Opusculum de dignitate, D. 18, Bl. fiiii。

点燃了。① 此外，约翰·埃克（Johann Eck）是雷氏最重要的老师，早期对雷氏影响很大。② 在弗莱堡雷氏还结识了卡皮托（Wolfgang Köpfel Capito）这个朋友，③ 后来二人在宗教改革发生之后也有诸多联系。

由于在弗莱堡的一些老派的经院哲学家，不能容忍这些年轻人推动和宣传人文主义，因此，先后遣离了埃克，雷氏和卡皮托。④ 他们随后来到了英格斯塔特（Ingostadt）。⑤ 1516 年 6 月，雷氏终于获得了硕

---

① 这一点可以追溯到雷氏在弗莱堡受到的 Rhagius Aesticampianus 的影响。雷氏在弗莱堡大学求学期间，听了被誉为"人文主义学者的始祖"Rhagius Aesticampianus 的课，该人来自莱比锡，后来由于其才学横溢，调离至罗马。Bauch, Die Vertreibung Aesrticampianus, S. 27。雷氏非常喜欢他的课，直到七年后还念念不忘。"Dii boni, quanto amore… me adolescretem… senex et literatissimus confuisti, qua exornasti eruditon, personat adhuc in auribus meis extemporaria tua…" Wilisch, S. 110, "Dear gods, how much I love and admired the old man, the most learned man, who has the outstanding learning, by which in the ears of mine to resound in your…"因为 Rhagius Aesticampianus 受到被誉为"人文主义学者的始祖"Hieronymus 的影响很大。Erbert, Geschichte, S176. 因此，他的课上也一定讲了很多这方面的内容。1508 年，基督教人文主义者 Rhagius 追求"一种基督教的美德，教育与哲学之间的统一"。Bauch, Geschichte, S. 7。

② 雷氏在 Zasius 家结识了 Eck，当时 Eck 是一个"受欢迎的客人"（"Wohlgelittener Gast"）。当 Eck 在 1510 年 10 月 31 日离弗莱堡大学的时候，雷氏还有其他的学生朋友们一起写了一套诗集献给他。雷氏当时还留在了弗莱堡大学，一直到 1512 年。Wiedemann, Eck, S. 330, S. 345, S. 30, S. 32. 雷氏最爱戴的老师之一就是埃克，此后也写了很多诗献给他。埃克在 1512 年的时候曾经帮助雷氏从一个非常困难的社会境地中解脱出来。二人情感比较深厚，多年来，雷氏与埃克通信比较频繁，雷氏诗作也往来于这些信件之间。Liebmann, S. 93。

③ 当 Capito 1505 年注册进入弗莱堡大学的事后，雷氏已经是英戈尔斯塔特大学的本科生了。1506/1507 年他在 Johann Eck 名下读博士学位，1511 年 11 月 11 日被选为古典艺术学的系主任。1510 年当 Johann Eck 年由于不满离开弗莱堡大学，去往英格城（Ingolstadt）的时候，Capito 和雷氏和其他学生一起，也写了一首诗，献给这位他们所敬爱的老师。Stierle, Capito, S. 11, S. 26。

④ 1512 年 5 月 17 日，卡皮托主动请辞，离开了弗莱堡大学。离开的原因可能是受到了一些拘留处罚。Stierle, Capito, S32. 和 Capito 一样，由于雷氏的报告表现了一些人文主义的内容，失去校方的宠信，最后也在 1512 年离开了弗莱堡。Maximilian Liebmann, Urbanus Rhegius und die Anfänge der Reformation, Aschendorffsche Verlagsbuchhandlung, München Westfalen, 1980, S. 86。

⑤ 1512 年，雷氏离开弗莱堡后，随后转移到了巴塞尔，在巴塞尔停留了一段时间，并经过巴塞尔大学校长的帮助，然后又从巴塞尔转移到英格斯塔特（Ingolstadt）。关于在巴塞尔的停留，雷氏的儿子未提及，Uhlhorn 的记载有补充。参见 Uhlhorn II, S8. 当雷氏到达英格城，注册入学之后，还没有成为古典文艺学的硕士。到了英格城大学注册之后，雷氏直到 1515 年 7 月 17 日才开始古典文艺学的专业学习。参见 Uhlhorn II, S. 7。因为雷氏与古典专业学的穿衣规定产生冲突，他经常逃避这些"令人厌恶的穿着"。最后，他获得了穿衣上的豁免权，"habitu suo, quem non ut artista hactenus gessit"为此他也保证尽快获得早就应该完成的硕士学位。Maximilian Liebmann, Urbanus Rhegius, S. 87。

士学位。① 雷氏获得硕士学位后，在英格斯塔特大学又深造了两年。② 在此期间，雷氏的诗文备受欢迎，甚至 1517 年 8 月，还获得了马克西米利安一世皇帝颁发的"诗人与演说家桂冠"（Poeta et orator laureatus），③ 在巴伐利亚宫廷备受推崇。④ 有趣的是，根据雷氏于 1534 年所记，当路德 1520 年 12 月 10 日受到埃克逐出教会的威胁时，路德愤怒地将雷氏的诗付之一炬，主要因为雷氏不少的书上都有对埃克的赞美诗，有时埃克也并列为作者。⑤

雷氏在学期间慢慢偏向神学研究。1518 年 9 月一直到 1520 年 3 月之间，雷氏多次往返于英格斯塔特与康斯坦之间。在康斯坦期间，雷氏开始写他的第一篇神学论文——《论牧师的尊严》（opusculum de dignitate sacerdotum）。⑥ 与此同时，雷氏与法布里（Johann Fabri）⑦ 交往甚密。并且

---

① 在此期间，雷氏主要听一些意大利人文主义的课程。此外，雷氏主要学习修辞学和诗学，并且专门学习了当时的流行风格，也是当时的意大利的人文主义学者 Philephus 所推崇的古典的拉丁文法。马丁路德也了解意大利的这位人文主义学者。Johann Eck 和伊拉斯谟也对这位 Philephus 非常重视，并且和他之间有来往。Eck 非常认可 Philephus 解读奥古斯丁的权威，伊拉斯谟对此也给予赞同的回应。Ego doctissime Ecki, non tantum tribuo Philepho, praesertim in censura rerum sacrarum, ut illuius auctoritate me patiar opprimi. 参见 Eramus an Eck, 15 Mai. 1518, Allen, 3. Bd. S334。与此同时马丁路德也在维腾堡他的课堂上讲授 Faber Stapulensis，但是不是讲授他对亚里士多德的政治方面的见解，而是对他的《诗篇》的评述。Seifert, Die Universitaet Ingolstadt, S. 84。
② 而在此期间，他获许在学校里为其他申请硕士学位的学生开一门课，课程名字叫做"人类的哲学与伟大的思想家"，原文是"philosophia est rerum humanarum divinarumque coginitio"。此外，当时授课的主题还有"天堂与世间""世代与腐败""气象学""论灵魂"（"De coelo et mundo""de generatione et corruption""Meteorologicorum""De anima"）这些是当时学校的必修课，参见 Prantl, Geschichte, Bd 1, S. 58, Mederer, Annales S. 40; Liebmann, S. 92。在讲授这些课程的时候，教师们多引用一些权威学者的观点，如亚里士多德、奥古斯汀、托马斯·阿奎那，Avicenna 和 Anselm，以及当时的人文主义学者如伊拉斯谟，或前面提到的 Faber Stapulensis，和他的学生以及同事 Jodocus Clichtoveus，雷氏也是一样引用他们的观点。Prantl, Geschichte, Bd. 1, S. 61。
③ 雷氏早在 1516 年就加入了"巴伐利亚文学协会"，写一些诗歌和历史。他的一部书 1518 年还在奥格斯堡出版。Liebmann, S. 97。"诗人与演说家桂冠"具体时间应该是在马克西米利安一世参观英格城 8 月 20—22 日之间。Liebmann, S. 99 - 100。
④ 据宫廷记载，马克西米利安一世只把桂冠诗人的称号颁给他一人，可见其受喜爱程度。参见 Schrottenloher, kaiserliche Dichterkroenungen, S. 662。对此，雷氏的一些朋友都很自豪，也将这份荣誉归于他所在的古典文艺学专业。雷氏为此也是感到自豪的。Liebmann, S. 101。
⑤ 当时烧掉的还有收录了他的赞美诗的埃克的书，由此可见，当时的雷氏的诗作还是有一定地位的。Luther an Spalatin, 10 Dezember 1520, WABr, 2Bd., S234。
⑥ 该论文是用拉丁文写成，德文"Würde des Priestermus"。
⑦ Vgl. Staub, Fabri, S83. Baier Domkapitelprotokoll, S. 206, Krebs, Protokolle, Nr. 5904.

与他共同就一些争论写一些文论。在此期间,雷氏也与采修斯(Ulrich Zasius)有联络。甚至和茨温利也有信件往来。① 1519 年 4 月雷氏也参与了一场关于神学的讨论。1520 年 3 月,雷氏也通过康斯坦的一位朋友(Johann von Botzheim)向马丁路德问好。②

1518 年,雷氏的第一篇神学论文——《论牧师的尊严》得以在康茨坦发表。同年,由于这篇修辞学色彩浓于神学色彩的论文,雷氏获得了当时的辅理主教法布里(Johann Fabri)的青睐,将他推荐给了康斯坦的主教(Hugo von Landenberg)。雷氏借此获得了进入教会的机会。1519 年 8 月 20 日,雷氏在图宾根大学申请注册,其间他成为图宾根的人文主义学者,并且建立了比较广泛的社会联系。此后不久,他在康斯坦获得布道神父(Priesterweihe)职位。1520 年 5 月,雷氏来到了巴塞尔,随后的 7 月,雷氏在巴塞尔大学申请了神学博士,③ 同年,获得了巴塞尔大学的神学博士名誉(Theologische Doctorwürde)头衔。④

二 雷氏的就任与被迫离开

雷氏就任奥格斯堡主教大教堂神父时,还是天主教徒,是埃克的忠实学生。然而在他就任期间(1520—1521),他阅读了路德的文章,慢慢从路德的反对派转为追随者,并被视为路德在施瓦本帝国城市奥格斯堡路德事务的主要代表人物。⑤ 此外,他还在不同的地方以各种匿名和笔名写宣传小册子发行,支持路德。⑥ 与此同时,他的布道也越来越倾向于

---

① 1519 年 6 月 7 日,雷氏通过 Johann Fabri 向茨温利问好,"Urbanus meus te corpore atque animo salvum cupit"。参见 CR, 94, Bd, S. 184; Liebmann, S. 114 – 115。
② Liebmann, S. 115.
③ 最初学者们推算的时间是 5 月 1 日至 10 月 17 日之间,Liebmann 又细致推算应该在 7 月 9 日之后。Liebmann, S. 105 – 106。
④ 那么雷氏到底有没有获得博士学位呢,根据 Liebmann 的考证,最后得出的结论是雷氏获得正式博士学位的论证仍不充分,很可能只是荣誉博士头衔。论证如:1520 年 11 月 11 日,雷氏来到康茨坦,遇到了 Michael Hummelberg,他祝贺雷氏"最近在巴塞尔获得了一定程度的神学外衣"(Theologenmantel),而不是博士学位。1522 年 9 月 13 日,雷氏参加 Tirol 的牧师大会时,仍然没有博士的头衔,只是以教堂的名义参会。比较具有迷惑性的是在一些早期宗教改革宣传的小册子上有一些"Doktor"的或者缩称"D"的头衔,但是"D"可能代表"Doktor"也可能代表"Doktorat",后者可能代表荣誉博士。总体上说,雷氏应该是获得了荣誉博士的头衔,而非正式的博士学位。"Theologicam abollam a Basiliensibus nuper adeo adsecutam", Theologenmantel, Liebmann, S. 107。
⑤ Liebmann, S. 116ff.
⑥ 例如:Argument disses biechleins = —Symon Hessus zeygt an Doctori Martino Lu—ther vrsach/ warumb die Lutthersche bücher von den Coloni = ‖ ensern vnd Louaniensern verbrent(转下页)

第二章 改革思潮的冲击与中间道路政策(1518—1524) 91

新教,[①] 并且受到民众的欢迎,尤其是受过教育的圈子。

雷氏的布道风格从他一开始在康茨坦担任牧师就已经初露端倪。雷氏在康茨坦担任牧师期间,他的"牧养关怀"(Cura Paostoralis)所用的布道文本与其他人并无大异,主要都是从"创世纪"开始[②]。对于圣餐理论,雷氏有些不同,他追溯了奥古斯丁的观点,[③]认为圣餐是神圣的,是一种象征(Signa)。就基督教的"七宗罪",雷氏在解释上与传统解释并无不同,只是更加强调。[④] 在解释"原罪"时,雷氏主要是引用奥古斯丁的解释,[⑤]与当时的常见的解释有些不同。[⑥] 在弥撒上,雷氏也有不同,他引用了当时的流行观点,认为弥撒是对神坛的神圣的管理。[⑦] 在神甫授职仪式上,雷氏完全放弃了旧有的呆板的形式和内容。他将之分为七种

(接上页) wordē sein/dañ Mar = ‖ tinus hatt1521;Ein schoner Dialogus—Cuentz vnd der Fritz—Die brauchen wenig witz—Es gilt vmb sie ein cleins ‖ Sie seind der sach schon eins ‖ Sie reden gar on trauren ‖ Vnd sind g°ut Lutrisch pauren. ‖ 1522;Eyn gespręch D Martini—Lutheri vnd Symonis—Hessi mit eynander—auf dem Reichs ‖ tag zu Wurms ‖ gehalten. ‖ 1522;Underricht wye eyn ‖ Christen mensch ‖ got seinem herren teglich beich = ‖ ten soll Doctoris Vrbani ‖ Regij…1522;Vnterricht wie ein ‖ Christen mensch ‖ got seinemherrn teglich beich ‖ ten sol Doctoris Vrbani ‖ Regij. 1522;Die zwœlff articel vn = —sers Christlicheē glaubens mit an = —zaigüg #d hailigen got 1523。

① Liebmann, S. 123 – 125.
② Liebmann, S. 124.
③ "Solus deus creat gratiam ait Augustinus, Sacramenta vero sunt signa practica dei infallibilia ad que deus concurrit ad charitatem in nobis efficiendam consydera igitur in sacramento assitentiam dei ex pacto promisit enim in sacramento rite administrato se collaturum graciam." 可参见 Augustus geminsam, D. 22, Bl. A 1. (英文翻译:St. Augustine says, The God alone creates the grace, the true sacraments are the sign of the practical council of God, to which God takes part in to the love in our benefits, considering, therefore in the sacraments of the assistance of God, he promised to confer the grace of a sacrament.)
④ Liebmann, S. 124 – 125.
⑤ vocat peccatum originale, multivocam penam et culpam et satis ostendit parabola evangelica de homine ab hiericho descendente non modo spoliato in gratuitis sed in naturalibus vulnerato et semivivo relicto. 可参见 Augustus geminsam, D. 22, Bl. C2. (英文翻译:he calls the original sin, the many penalty and guilt, sufficiently shows the Gospel parable of the man from Jericho, deprived of not only going down, but also death and wound in the natural order. 大意是说,人类的原罪在于上帝剥夺了人类不死的权利,给予人在自然秩序中的死亡与伤害。)
⑥ Originale peccatum est illud quod contractum est a primo parente scilicet Adam. Et illud deletur per baptismum. (英文翻译:That is, is the one that has been contracted original sin from our first parent Adam. And it wiped out by baptism.)
⑦ 引用 Faber Stapulensis 的学生 Jodok Clichtoveus 的观点:Missa est sacrum altaris ministerium et sacrificium ait Jod clithoueus。(Mass is the sacred ministry of the altar and sacrifice to Jod clithoueus) D. 22, Bl. B3.

"神职级别"（Weihestufe），模仿长老授职仪式。① 在牧师的教育内容上，他与一般推崇"七艺"中的三种（语法、修辞学、方言学）的观点不同，也提倡其他四艺（算术、几何、音乐、天文学）。由此，被伊拉斯谟称赞为"教育改革家"。由于他的好友法布里（Fabri）担任神职考试主考官，因此，他的理念也被推行到了考试中去。②

总体上来说，雷氏在布道过程中，通过引用当时的流行神学家的观点，如伊拉斯谟、埃克（Johann Eck）、采修斯（Ulrich Zasius）等，对旧有的布道模式进行了一定程度的改革。③ 雷氏受过高等教育，其自身受到很多人文主义的影响，因此，他的布道也充满了人文主义色彩。

1520年，奥格斯堡大教堂主事向马丁·路德转达雷氏的问候，此时雷氏还不完全是路德派，此时的路德在雷氏眼中，也只是一位比较关注现实的，严肃认真的神学家。④ 不仅如此，在埃克与路德争论之前，埃克曾经对路德的评价也是很正面的。1518年10月，雷氏与埃克还在英格斯塔特的时候，埃克曾对路德反驳赎罪券的滥用赞赏有加。⑤ 埃克在自己的著作中，也曾明确说："路德博士是我们的朋友"，⑥ 该书于1518年1月写就，6月在奥格斯堡出版。雷氏也在这本书中写了一首称赞埃克的诗作。

在反对赎罪券滥用这件事上，雷氏第一次与茨温利建立了联系，时年1519年3月2日。⑦ 当时雷氏在写给法布里（Fabri）的信中表明了对这件事的态度，主要是想阻止那位法兰西的兜售赎罪券的人杉松（Bernhardin Sanson）。而法布里甚至在他还没有把这项任务交给雷氏之前，"当这种没有尊严的赎罪方式传到康茨坦的时候"，他就"借用路德的率先发难，来反对这种赎罪方式"，并写信给他（Sanson），将他投诉到相关的教会，并且促使当时还在瑞士的茨温利来干涉这种滥用行为⑧。雷氏由此被他的老师和朋友，如法布里这些站在路德一边的非常有影响力的宗教改革

---

① Liebmann, S. 125.
② Liebmann, S. 126.
③ 此外还有 Faber Stapulensis, Jodok Clichtoveus, Liebmann, S. 127。
④ Liebmann, S. 129.
⑤ "……quamvis ipse non negem maximos esse indulgentiarum abusus. Quare in his luther laudo, a quibus a vulgo laudatur", Johann Eck an Johann Cuspinian, 13. Okt. 1518. In MIÖG, 37, Bd, S73f.
⑥ "D. Martinus Luder Heremita amicus noster", In Ecks Werk: Aristotelis Stagyritae, fol. XXXVI.
⑦ Liebmann, S. 129.
⑧ 根据学者的研究，当时茨温利对 Fabri 的呼吁是反对的。参见 Helbling, Fabri und die Reformation, S. 59f。

战斗者，卷入了这场反对赎罪券滥用、反对兜售赎罪券的浪潮中。也正是在这个事件中，雷氏的新教倾向表现了出来。再加上雷氏在布道中的新教倾向，很快就引起了奥格斯堡大教堂的不满，他们试图把他作为"路德的火苗"消灭在摇篮中。因此，借由雷氏与一个教堂主事的私人的冲突的机会，迫使雷氏离开奥格斯堡，时年 1521 年 12 月。①

此时的雷氏虽然之前有很多良好的声誉，但很明显，作为大教堂这个隶属于主教的核心教堂所在，他们怎么会容许新教的布道存在呢！由此也体现了城市主教势力作为保守力量的强大。雷氏作为第一个"吃螃蟹"的人，第一回合自然是败北而归。市议会对这个事件也保持了沉默，毕竟这在主教的势力范围，市议会也无法直接插手，或者此时的市议会也无意插手。那么市议会在此期间对于新教到底是一种怎样的态度呢？新教在这段时间又有怎样的发展呢？

三 佯装不为所动：市议会对新教的态度

1521 年市议会首次讨论新教问题，市议会认为，尽管城市中有部分民众具有新教信仰倾向，但是没有理由对教会采取任何改革政策，或者支持新教牧师。② 例如任主教教堂解聘雷氏。即使是在 1523 年取消教士独身这样大的事件前，例如与奥格斯堡关系紧密的乌尔姆的教士们在这一年纷纷结婚，市议会也佯装不为所动，也并没有借此机会聘用或者支持新教牧师。③

然而城市中已有的牧师在这个时候早已转向了新教，他就是加尔默罗修道院的与路德关系甚好的弗洛斯（Johann Frosch）以及圣莫里茨教堂的牧师斯派则（Dr. Johann Speiser）。1522 年 7 月主教要求市议会驱逐这两位布道士，因为"他们讲了很多丑陋、邪恶的东西，无视、玷污了神圣的基督教和基督福音"。④ 市议会的回答很有趣，他们认为只能在确实证明了他们有罪之后才能做出惩罚，而且只能是在市议会的监督与法律的规定下做出惩罚。⑤ 市议会的这种回答隐蔽地表达了中立态度。此后，主教想办法限制弗洛斯和斯派则的布道，市议会则对牧师们加以保护，然而事情的发展也出乎了市议会的意料，他们发现，如果不安排新教牧师们适当的

---

① Maximilian Liebmann, P130f.
② Nicole Finkl, Adminstrative Verdichtung und Konfessionalisierung: die Verwaltung der Reichsstadt Augsburg im 16. Jahrhundert. Verlag Ph. C. W. Schmidt, 2011, S. 320.
③ Roth, Reformationsgeschichte, Bd. I., S. 294.
④ Roth, Reformationsgeschichte, Bd. I., S. 140, Anm. 27.
⑤ Roth, Reformationsgeschichte, Bd. I., S. 121.

布道，就无法安抚一些社区民众的情绪。①

　　1522年秋季，教皇大使奇里噶提（Chieregati）来到纽伦堡，有人在这次会面中报告奥格斯堡有路德的新教倾向（在两个节日上的礼拜仪式偏离了传统的仪轨），鲍丁格听到这个消息后，与海灵格博士一起，急急地请求大使召见，澄清此事。② 虽然大使被鲍丁格说服，相信奥格斯堡没有问题。然而实际上，在1522年年底，奥格斯堡的宗教情况的确已经部分偏离了正统天主教的传统理想模式。③ 一位教士估算了当时的所谓的"异教徒"的数量，已经达到了人口的一半。《圣经》文本的大量传播导致了世俗教徒作者的出现，他们激烈地批评修道院的生活、教士独身制度，催发了奥格斯堡的僧侣还俗。④

　　随着新教思想在民众中间的传播，1523年市议会也准许了在社区布道堂（Predigthäuser）的新教布道。因为城市中的一些社区在"堂区长"的职权范围内，随着社区自治的权限的提升，他们可以安排这样的事情。⑤ 尽管这些"堂区长"和市议会成员有着紧密的联系，但是管理也并不是直接自上而下的，这种灵活性与双方的配合也是彼此心照不宣的。由此而可以看出从中世纪晚期以来，堂区的世俗化管理在宗教改革的过程中所起到的关键作用，以及民众社区对于市议会从下至上的影响，以及双向的灵活互动。

第三节　民生问题的新教解决方案：1522年救济金制度改革

　　在新教传播逐渐扩大的情况下，社会的潜在不稳定因素也在增加。宗教改革前夕就已经存在的贫富差距问题在此时显露了出来，并且变得愈加危急。城市本有的乞讨者，加上每天进城的外来乞讨者，为城市的救济事业带来很大的压力。这种情况在宗教改革爆发后显得越来越严重。那么，

---

① Roth, Reformationsgeschichte, Bd. I., S. 121 – 122.
② "… zu Augspurg were ain christenlich, gehorsam und from volk, und obgleich ainer oder mer und ainer grossen mengin liederlich gefunden, werde solchs zu Rom und etwan mer auch auesoehen und gehort, und er solt gmaine stat in gunstigen bevelh haben", Konrad Peutinger, Briefwechsel, hrsg. V. E. König, München, 1923, 371ff. Nr. 230.; Heinrich Lutz, Conrad Peutinger, S. 224 – 225.
③ Roth, Reformationsgeschichte, Bd. I., S. 66f, 113ff.
④ Roth, Reformationsgeschichte, Bd. I., S. 115.
⑤ Nicole Finkl, Adminstrative Verdichtung, S. 320.

市议会为此采取了什么样的政治举措？这种举措与新教思想又有着什么样的关联呢？路德的新教思想对此产生了促进作用吗？我们可以将之定性为对于社会民生问题的一种新教解决方案吗？

一 改革举措

1522 年 3 月 27 日，奥格斯堡市议会效仿其他城市，进行了救济金制度改革。新的救济金规定，一共满满七页纸，主要用来保证救济金用在那些有需要的居民身上。① 必须说明，救济金制度在城市由来已久，但此次的改革却大有不同。市议会在三个城区中（圣雅各布、圣乌里希和圣斯蒂芬），设置了六位救济金负责人，这些负责人都来自上级阶层（准贵族或者骑士），他们在救济金办公处的协助下管理救济金，任期两年，任期内不允许同时兼任其他的市政职务。② 他们主要的职责就是汇集募捐来的钱财，并且监督这些钱财是否用在了有意义的花费上，比如通过定期访察把钱发给有需要的穷人。根据新的规定，这些领取救济金的人会被列在一个花名册上，上面记录了他们的名字、救济金额以及他们的市风举止是否符合市议会规定；领救济金的人和他们年岁稍大的孩子可以凭自己能力上街乞讨，但是必须经过救济金办公处的许可，并且还会在本来的救济金领取金额中扣除一部分；外来的乞讨者最多允许在城市中停留三天；乞讨者的孩子将被送到勤劳正直的市民家中照料；教会收到的供养捐赠必须交给城市的救济金办公处，一旦违反，市议会将会施以严重的惩罚，甚至驱逐出城；救济条款的修正必须经市议会开会讨论决定；1526 年的救济条款规定，领受救济金的人不被排除在行会选举之外。③

二 改革对于市议会的意义及其新教性质

那么，这次改革对于市议会来说有什么不同呢？1522 年救济金条款的颁布对于市议会来说意义重大，甚至可以说是市议会的一次胜利，因为它直接接管了中世纪的原属于教会的这种救济机制。可以说是利用教会的财力扩大了自身对教会的影响。这种改变背后的因素除了教会势力衰弱之

---

① StAA, Ratserlasse 1507 – 1599；KWA, G 36；SStBA 2°Aug. 243/2；2°Aug. Ordnungen, 1 Abt., Nr. 1 u. 2；2°Aug. 9 Anschläge, 2. Abt., pag. 1 u. 9.

② 通常他们在任期一年的时候交替更换一半的新负责人，例如 1528—1530 年。StAA, Reichstadt, Ratsbücher, Nr. 15, fol. 179v；Nr. 16, fol. 3r, fol. 19v.

③ StAA, Anschläge und Dekrete I (1490 – 1649), Nr. 17；EWA-Akten, Nr. 1561/1, nr. I, 17 (Abschrift)；SStBA, 4°Aug. Ordnungen, 2 Abt., 5. Bd., Teil. Nr. 1.

外，还有很多重要的因素：例如人们希望通过这种世俗权威设立的救济金制度，可以给予那些无家可归的人以及贫苦的穷人一种规范的安置，尤其是可以对一些潜在的不稳定的人员进行监督。从市议会的角度这样能够缓解由此带来的社会压力、消除不稳定因素、保证城市的和平与秩序，从而实现"公共福祉"。并且这种规范使得市议会将接受救济金的人收拢在自己领导范围下，间接地增加了这些民众对于市议会的认可，增强了市议会作为世俗政府的权威。

那么，救济金制度改革和新教思想有没有关联呢？答案是肯定的。类似的救济金制度改革，不仅仅在奥格斯堡，也在其他帝国城市实行了，例如莱比锡、纽伦堡，而后两个城市的救济制度改革直接引申到路德的改革意见，奥格斯堡的改革等于间接引进了路德的改革思想。

传统的社会救济制度是一种教会掌控下的慈善事业，主要的理论依据是行善可以积德，而善功的积累可以帮助基督徒进入天堂。来源主要是教会以及富人的捐助。社会救济事业的改革呼声早在新教改革之前就已经存在，根本的原因有二，一是靠教会主持的社会捐赠所得到的资金严重不足，需要政府增加投入以确保其运行；二是随着贫富差异的两极分化，社会救济已经成为影响社会安定的一个重要因素，对社会救济的管理以及救济有效度的改革已经势在必行。传统天主教会与人文主义者对于社会救济这项事业都很支持，但是只限于在原有体制之外的一种努力，一旦触及关闭修道院，没收修道院财产来充实公益基金的时候，就止步不前了。恰恰在这一点上，路德的新教改革思想，起到了极大的促进和推动作用。

首先，路德否定了捐助的善功作用，认为这只是一种属世的道德行为，与灵魂得救无关。其次，路德认为应该遣散修道院，世俗政府应该接管修道院的财产，所得财产一部分支付剩余的修士们的基本生活，更重要的一部分用来建立公益基金制度。① "要把所有剩于的财产投入成立一个公益性质的公益基金，这样既可以出于基督教之爱，向土地上所有需要的人，无论是贵族还是穷人，提供救济品和借贷……"② 此外，路德反对穷人乞讨，因为他认为整个基督教徒中间不应该有行乞的事，无论是修道士还是乞丐应该工作，只有缺乏工作能力的人方可得到救济。③ 因此，要用法律来规定每个城市应该救济他们本地的穷人，不准外来的乞丐进入，即

---

① Marin Luther, "Ordnung eines gemeinen Kasten", 1523, S. 405.
② Marin Luther, "Ordnung eines gemeinen Kasten", 1523, S. 407.
③ [德] 马丁·路德：《路德选集》下册，徐庆誉、汤清译，宗教文化出版社 2010 年版，第 51 页。

使是乞食的修道士也不允许。"每一个地区应该委任一个管理员,他应当熟悉一切穷人,并将他们的需要向市政府报告。如果有更好的办法可以采用……据我的判断,没有别的事像行乞一样有那么多的诡计和欺骗。"①

莱比锡的市议会写信给路德,询问社会救济制度的改革意见;纽伦堡市议会则从路德文章中找到依据,据此执行。从这个角度上来说,路德的新教改革思想一定程度上促进和推动了社会救济金制度的改革。就奥格斯堡的社会救济制度改革来说,在改革背景与需求上,奥格斯堡与其他帝国城市是有很多相像之处的,但在具体的执行上,却有诸多差异,一则奥格斯堡并未直接与路德取得联系,询问其改革意见(考虑到自身明面上的保守态度),二则执行程度也有一定的缓和。奥格斯堡主要是建立新的更有效的改革制度,加强了市议会在这方面的领导权,但没有达到关闭修道院,没收修道院财产的地步。从这个过程中我们可以看出奥格斯堡的改革一定程度上隐蔽地接受了路德的新教思想,同时,也受到了周边帝国城市的影响。事实上,从13世纪到16世纪在城市的政治管理、改革举措上,奥格斯堡与其他帝国城市一道,一直都是比较同步的。可以说16世纪20年代奥格斯堡的这项改革是依据自身条件作了调整了,相对比较保守、稳妥的改革。而且,奥格斯堡在这点上作为率先突破,也是很智慧的,因为济贫改革虽然受到了新教思想的影响,但是也是社会所需,也可以在官方层面上说是和新教没有关联的,从而应对来自主教与皇帝方面的压力。

16世纪20年代发生在帝国城市中间的社会救济改革,其实也是德国社会救济制度从中世纪的宗教慈善事业向近代社会救济制度转向的重要标志。它不仅仅为城市解决当下问题提供了解决方案,也为迈向近代德国社会保障体系开辟了道路。这场改革的理论依据是新教的公益济贫观念,他打破了社会救济与善功之间的联系,把教会管理下的慈善业改变为世俗政府管理下的体现"公共福祉"的社会福利制度。因此,我们可以说这场改革实际上是一场具有新教性质的社会民生解决方案。

第四节 信仰与利益诉求的杂糅:1524年下层民众动乱

新教传入奥格斯堡之后,可以说是引起了惊涛骇浪。城市的下层民

---

① [德]马丁·路德:《路德选集》上册,徐庆誉、汤清译,宗教文化出版社2010年版,第215页。

众，尤其是纺织工人，最先成为新教的忠实追随者。虽然在城市中上层，新教与天主教力量的变化表现得比较和缓，受过高等教育的人对于新教虽然也心有倾向，但在具体表现上比较和缓。但在城市中下阶层中，他们对社会现状的不满情绪在宗教改革前夕就积压已久了，如前文所述的社会贫富差距问题和社会民生问题。以纺织工人为代表的下层民众这次借着这次改革思潮，更借着1524年6月农民起义的爆发，以留下自己"喜爱"的牧师为由，借机表达自身的宗教诉求以及对社会现状的不满，最终酿成了1524年的城市动乱。

一　1524年农民战争的爆发

1524年6月23日，农民战争中的第一次起义在施图林根（Stühlingen）附近的乌塔合塔（Wutachtal）发生。这场起义针对统治霍恩卢普芬城堡的西格蒙德二世冯·卢普芬（Sigmund II. von Lupfen）伯爵。农民们在圣布拉辛（St. Blasien）组建了一面旗帜，并选举汉斯·穆勒·冯·布尔根巴赫（Hans Müller von Bulgenbach）为领导人。1524年，纽伦堡附近的福希海姆（Forchheim）附近再次发生骚乱，不久之后，埃尔福特附近的米尔豪森（Mühlhausen）也发生骚乱。1524年10月2日，在传统丰收节上，约800名来自赫高（Hegau）西部的农民联合起来组成了"联盟"。不久之后，3500名农民向富特旺根（Furtwangen）进发。围绕康斯坦茨湖畔的上施瓦本地区的民众已经酝酿了很长时间，在很短的时间内，1525年2月和3月就形成了三个武装的农民团体：巴尔特林格团体（der Baltringer Haufen）、西布恩团体（der Seehaufen Haufen）和阿尔高团体（der Allgäuer Haufen）。几天之内，超过12000名农民、公民和神职人员聚集在比伯拉赫（Biberach）附近的巴尔特林格里德（Baltringer Ried）。林道（Lindau）附近也有近12000人组成的起义团体聚集。7000名阿尔高农民在留巴斯（Leubas）附近扎营。

上施瓦本的三个农民群体主要是想改善他们的生活条件而不是发动战争。因此十分重视与施瓦本联盟的谈判。三个农民团体的50名代表在自由帝国城市梅明根举行会议，该城市的公民对农民表示同情。在这里，所有三个团体的领导人都试图阐明农民的要求，并用圣经中的论据来支持他们。1525年2月至3月，《十二条款》写成，其作者通常被认为是塞巴斯蒂安·洛泽（Sebastian Lotzer）和克里斯托夫·沙佩勒（Christoph Schappeler），后者是梅明根的一位熟练皮货商和传教士。彼得·布瑞克认为，《十二条款》同时是"一份控诉书、一项改革方案和一份政治宣言"。① 效仿瑞士联邦，1525 年 3 月 7 日，上施瓦本农民团体成立了基督教协会或上施瓦本联合会（Oberschwäbische Eidgenossenschaft），这是巴尔特林格、博登湖和阿尔高三大团体的合并，以保护他们在德国农民战争中的利益。为此还制定了联邦法规（Bundesordnung）。《十二条款》和《联邦法规》这两个文件很快就被印刷和发行，受到了下层民众尤其是农民的热烈追捧，因为它们表达了农民的诉求，并提供了公共联邦社会秩序的模型。这两份文件也激发了起义在整个德意志南部和蒂罗尔州异常迅速地蔓延。这两份文件完成后，起义农民向奥格斯堡的施瓦本联盟报告了基督教协会的成立，希望能够作为平等伙伴参与谈判。然而，鉴于各种抢劫和温斯贝格大屠杀（Weinsberger Bluttat），施瓦本联盟的贵族们对谈判没有兴趣。在奥格斯堡商人富格家族的支持下，格奥尔格·特鲁赫塞斯·冯·瓦尔德堡－泽尔（Georg Truchsess von Waldburg-Zeil，简称 Bauernjörg）受命率领一支由 9000 名雇佣兵和 1500 名装甲骑兵组成的军队去镇压农民起义。②

二 "奥格斯堡十二条款"的提出：1524 年城市动乱

农民起义的呼声传到了奥格斯堡，引发了奥格斯堡城市下层民众的

---

① Peter Blickle：Die Revolution von 1525. 4. durchgesehene und bibliografisch erweiterte Auflage. Oldenbourg, München 2004, S. 24. 更多有关农民战争的论述可参见 Peter Blickle：Der Bauernjörg. Feldherr im Bauernkrieg. C. H. Beck, München 2015; Peter Blickle：Der Bauernkrieg. Die Revolution des Gemeinen Mannes（= Beck'sche Reihe-C. H. Beck Wissen Bd. 2103），4., aktualisierte und überarbeitete Auflage, C. H. Beck, München 2012; Peter Blickle（Hrsg.）：Revolte und Revolution in Europa. Referate und Protokolle des Internationalen Symposiums zur Erinnerung an den Bauernkrieg 1525（Memmingen, 24. – 27. März 1975）（= Historische Zeitschrift. Beiheft. Neue Folge, Bd. 4），Oldenbourg, München, 1975。

② 更多有关农民战争的论述可参见 Horst Buszello, Peter Blickle, Rudolf Endres（Hrsg.）：Der deutsche Bauernkrieg（= UTB Bd. 1275），3. bibliografisch ergänzte Auflage. Schöningh, Paderborn u. a. 1995; Günther Franz：Der deutsche Bauernkrieg. 12., gegenüber der 11. unveränderte Auflage. Wissenschaftliche Buchgesellschaft, Darmstadt 1984; Benjamin Heidenreich：Ein Ereignis ohne Namen? Zu den Vorstellungen des, Bauernkriegs "von 1525 in den Schriften der, Aufständischen " und in der zeitgenössischen Geschichtsschreibung. De Gruyter Oldenbourg, Berlin 2019; Günter Vogler（Hrsg.）：Bauernkrieg zwischen Harz und Thüringer Wald（= Historische Mitteilungen. Beihefte 69），Steiner, Stuttgart 2008; Rainer Wohlfeil：Der Bauernkrieg 1524 – 1526. Bauernkrieg und Reformation. Neun Beiträge（= Nymphenburger Texte zur Wissenschaft. Bd. 21），Nymphenburger Verlagshandlung, München 1975; Wilhelm Zimmermann：Der große deutsche Bauernkrieg. Köhler, Stuttgart 1841 – 1843; Dietz, Stuttgart 1891; Dietz, Berlin 1952; deb, Berlin 1980 und 1982（7. Auflage ISBN 3 – 920303 – 26 – 1）; Berlin 1993。

激荡。市议会十分紧张地关注着事态的发展,并极力关注着城市中可能发生的动荡的苗头。1524 年 8 月,托钵修士约翰·席令(Johann Schilling)在城中进行激进的布道,正处在紧张观望状态中的市议会于是下令将他逐出城市。正是这一举动成为导火索,引发了民众的骚乱。约翰·席令是新教布道士。在来奥格斯堡之前在格木德(Gemuend)城镇布道,但那里的议会因他的布道具有反叛性而驱逐了他,也因为他经常举止不当,表现得像一个唯利是图的士兵。根据编年史记录员詹德(Sender)的描述,当他还在格木德进行煽动性的反叛布道的时候,就过着不贞的生活,每天红酒不离身,然后在奥格斯堡他又故态重演,和其他三教九流之辈混在一起,并且根据他们的劝告和建议进行布道,并且在他布道的时候,还没忘记自己的利益,在短时间内就搜刮了 600 古尔登。① 此时,在如此紧张的形势下,他的激进布道自然引发市议会的警觉,市议会下令逐他出城。然而,命令一出,民众就开始了反抗。1524 年 8 月 6 日,在圣西克图斯日(Saint Sixtus Day)早上七八点钟之间,大概有 1300 人聚集在帕拉赫(Perlach)广场,在市政厅门前,然后要求议会允许约翰·席令留在城内。市议会先进行安抚,答应请雷吉乌斯博士(雷氏)来替代。②

议会回答说,他们会认真忠实地调查请愿者的要求,在调查结束之前,他们会请另一位合适的布道士。他们指定了雷吉乌斯博士接替这个职位。收到这个回答之后,这些被新教团体聚集起来的人们很快就离开了。于是议会认为反叛已经结束了,应该处理议会的其他事情了。同时,他们派了乌里希·海灵格(Ulrich Rehlinger)和康哈德·何瓦特(Conrad Herwart)通知雷吉乌斯博士。然而,当他们坐下来的时候,他们开始担忧,市长赫尔尼姆斯·殷浩富(Hieronymus Imhof)安慰他们说:"我的诸位议员们,把你们的恐惧放到一边,因为我们的人民非常顺从和虔诚,不会对我们议会做什么事情。所以,让我们都精神起来吧!"但是还没等他说完这些安慰的话语,外面的反抗声就传了进来。市长走出去问发生了什么事

---

① 本段记录参考编年记录者 Clemens Sender 对 1524 年反叛运动的记录。Clemens Sender (1475 – c. a. 1537) 是圣乌里希多米尼克修道院的修道士,也是 Conrad Peutinger 影响下的人文主义者。他的编年纪录,主要是记载他一生在奥格斯堡经历的事件。Die Chronik von Clemens Sender von den ältsten Zeiten der Stadt bis zum Jahr 1536, 156. 9. In Die Chroniken der deutschen Städte, Vol. 23, 1894 (herafter Sender-Chronik)。

② Sender-Chronik, 156. 9; siehe auch B. Ann Tlusty (edited & translated) Augsburg During the Reformation Era, an Anthology of Sources, Hackett Publishing Company, Inc., Indianapolis/Cambridge, 2012, p. 7.

这么吵闹，反抗者回答说："一句话，我们希望圣方济修会托钵修士依旧做我们的牧师！"然后他们要求议会允许教堂执事何瓦特（Christoph Herwart）① 代表他们向议会讲话。②

反叛者要求，除非答应他们的要求，否则他们不会平息。为此市议会对集会者说，要镇定下来，心平气和地谈。可是一会之后，在广场上又发出了反叛的呼声，这令议会要员很震惊，也很害怕，他们不敢打开窗户，只能通过缝隙悄悄地看这些反叛者的动静，也不敢离开屋子。然后，反叛代表第三次来到议会，要求不应该惩罚此次集会的任何人，因为他们的动机是好的。到了十二点，鲍丁格（Konrad Peutinger）博士代表市议会给出了答复："议会会认真公正对待这件事情，如果大家和平离开的话"，然后，议会的要员们一直坐到了一点钟。③

随后，市议会担心事态严重化，提前做好准备。1524 年 8 月 9 日，圣洛伦茨节（St. Lorenz Tag），也就是 3 天以后，市议会在夜里下了紧急诏令，令所有的官员都要在早上六点穿上盔甲，带上武器来到市政厅，严阵以待。他们照此执行了。然后市议会占领了市政厅以及上议院和商人的聚会所。④ 这一天，所有的官员都再次宣誓保卫和支持市议会……⑤

一个月后，市议会经过各种审讯（包括一些刑罚），使得两位纺织工汉斯·卡克（Hans Kag）和汉斯·斯派则（Hans Speiser）对其罪行供认不讳（实际上有一点屈打成招），⑥ 在 9 月 15 日，将他们在位于市政厅和圣彼得教堂之间的皮拉赫山丘上处以断头死刑。他们都 60 岁了，据称是近来反叛暴徒的领头人，被判以死刑的罪名是犯了亵渎罪。还有在 9 月 12 日圣希拉里日（St. Hilarie et sociae）他们反对议会，反对公共福祉。执行死刑的时候，他们被悄悄地带出了监狱，⑦ 警钟没有敲响，因为这样不会引起民众的再次反叛。他们在监狱里没有给圣餐，只是给他们念了一段弥撒。汉斯·斯派则（Hans Speiser）不想接受圣餐，除非是按照新教仪式，同时提供面包和酒，但是市议会这边不想这样做，

---

① Herwart 家族是奥格斯堡一个比较有影响力的家族，早期是宗教改革的支持者。Christoph Herwart 是教堂的执事，也是 Georg Herwart 的兄弟，Georg Herwart 1538 年被选为奥格斯堡市长。
② Sender-Chronik, 156.9.
③ Sender-Chronik, 156.9.
④ 聚会所字面上叫饮酒俱乐部，是当地上流社会进行社交和政治讨论的场所。
⑤ B. Ann, Tlusty, p.9.
⑥ B. Ann, Tlusty, pp. 10 – 14.
⑦ 监狱建造在市政厅后面的小山丘下，称为山丘铁窗。

所以他就没有领受圣餐就赴刑了,但是汉斯·卡克(Hans Kag)接受了一种形式的圣餐。①

然而实际上汉斯·卡克(Hans Kag)和汉斯·斯派则(Hans Speiser)只是召集人们参与1524年8月集会,向城市议会提出要求的众多煽动者中的两个。考虑到帝国现在整个处在骚动不安的状态下,农民战争的战火正在四处蔓延,所以议会决定杀一儆百,把他们定义为反叛集会的最高头目,施以砍头刑罚。

尽管市议会已经采取了措施,然而受到周边地区农民战争的影响,奥格斯堡城市内部的反叛依旧愈演愈烈,正如前文所述,这次骚乱民众们意图留下托钵修士席令只是一面幌旗,更重要的是,下层民众希望借此机会改善自己的处境。这一次,城中的新教徒民众正式提出了"奥格斯堡十二条款",②要求市议会答应。据记录,是在名叫哈斯(N. Has)的石匠的家里,新教徒们决定再次去议会,提出他们的十二条款,并且四处传播这个消息。③"奥格斯堡十二条款"要求:

  第一,在主教大教堂和多米尼克大教堂的两位布道士必须要逐出城市;
  第二,啤酒和红酒的计量单位必须恢复到以前;④
  第三,不应该给贵族属于主教和神职人员的任何东西;
  第四,不应该再付给神职人员地租;
  第五,啤酒应该像从前一样酿造,而且不应该额外收税;
  第六,所有的贸易公司都应该自由经营,每个人应该为他们自己经营;
  第七,监狱中的皮毛商⑤应该放出来;
  第八,神职人员应该支付财产税和货物税;
  第九,如果议会不同意以上条款,他们会诉诸于武力。

---

① B. Ann, Tlusty, p. 9.
② 尽管参考文件中记录为12条款,但是只有9条保留了下来。B. Ann. Tlusty, p. 10.
③ Wilhelm Vogt, "Johann Schilling der Barfüßer-Mönch und der Aufstand in Augsburg Jahre 1524", Zeitschrift des historischen vereins für Schwaben und Neuburg, 1879 (6): 1 – 32, Beilage VI.
④ 1474年,啤酒和红酒的公售计量单位被减少,但是货物税却保持不变,故引起市民不满。
⑤ 指的是Kießling,此人是个皮毛商,因为在酒吧打了他的妻子之后威胁要刺穿市长和其他的官员被判终身监禁。

以上条款可以看出骚乱已经到了一个高度政治化的程度。民众们首先在宗教领域提出要求，反抗教会权威，如第一条，逐出不受民众欢迎的布道士，第九条，免除神职人员特权，神职人员也应该支付财产税和货物税；其次，民众们也把矛头指向贵族，例如第二条，不应该给贵族属于主教和神职人员的任何东西；而第二、第四、第五、第六以及间接的第七条，都是提出民众自己的经济利益，反映了城市市民阶层、商人、手工业者在经济上的诉求。

由此我们可以看出，宗教改革涉及的不单单是宗教信仰问题，人们在宗教信仰问题之外，也抒发在经济利益上的诉求。有趣的是，如我们前文所述，这种诉求在宗教改革发生之前，就已经存在了，所以一定程度上也可以说，宗教改革的爆发，给这些市民手工业阶层提出他们诉求的机会。此外，如果我们展向时间与空间的另一端，可以发现一个有趣的现象，此时在德国境内如火如荼的农民战争，却是在1525年3月30日才提出他们的"十二条款"，① 奥格斯堡的十二条款反倒早了一些。相同的是，在"宗教"之外，民众都提出了一些经济上民生上的诉求，努力为自身谋求更好的生存发展条件，由此可见宗教信仰与社会民生、经济利益之间的交互杂糅。在以"信仰"为名的改革时代，这也是一种历史的常有面貌。

四 "公共福祉"的指导：市议会平息动乱

针对这种愈演愈烈的反叛活动，市议会不得已请了600名帝国士兵进行镇压。② 并颁布比较高压的言论监督法令：1524年8月12日市颁布"集会禁令"，禁止公开集会声称为了"完好的统一/基督教与城市的秩序/管理/以及和平"，③ 实际上主要是为了避免类似的事情发生。除此之外，还禁止激进的言论。正式的法令文本这样写道："在城市内部和外部，言论与交往，如引起反对、骚乱、愤慨，将被视为违抗以及不恭罪

---

① 有关农民战争的十二条款，可以参见 [德] 彼得·布瑞克《1525年革命：对德国农民战争的新透视》，陈海珠、钱金飞、杨晋、朱孝远译，广西师范大学出版社2008年版，第1—7页。此外，有关市民与手工业者等普通人阶层尝试在南德建立基督教社区的内容也可以参见朱孝远《近代欧洲的兴起》，学林出版社1997年版，第198—215页；朱孝远《宗教改革与德国近代化道路》，人民出版社2011年版。

② B. Ann, Tlusty, p. 9.

③ "gutter ainigkait/Christenlicher/vnd Statlicher ordnung/Regierung/vnd fridens", StAA, Anschläge und Dekrete I (1490 – 1649), Nr. 9; Ratsbücher, Nr. 15, fol. 69r.

提交城市裁判法院处理。"① 一旦触犯这条规定，将会面临最严厉的惩罚，例如"财产/荣誉/身体/乃至生命"，由于此次席令（Schilling）事件引发的骚乱，两位纺织工作为骚乱带头人被处死，执行的就是这个条例。②

奥格斯堡的城市动乱刚刚平息不久，爆发在其他周边地区的农民战争又给城市营造了十分紧张的氛围。市议会之前已经颁布了"集会禁令"，于是1525年1月29日又颁布了一个新的禁令："禁止携带武器"。③ 这项措施主要是出于城市安全的考虑，避免因为携带武器而引发的各种斗殴以及潜在的大的动乱。④ 城市有许多民众对于持武器的农民持同情态度，市议会也是为了避免民众大规模同情情绪一旦公开，会再次引发骚动。值得注意的是这个条款对于骑士以及普通教徒比较具有针对性："任何人不允许在白天和晚上，与其他人发生冲突，或者尖叫嚎叫，只能在街道上和平、安静地走；所有城市中人员，无论神职人员还是世俗人员都应知晓此事。"⑤

同样奥格斯堡的教堂也不能保证不受暴力的侵扰，例如1524年有人亵渎了托钵修士教堂中的圣水和诸多墓地，还有人偷走了圣安娜教堂的圣坛上的圣饼。⑥ 这种情况在接下来的几年更严重，甚至新教的布道士也参与其中，例如1529年3月14日激进的新教布道士米歇尔·凯勒（Michael Keller）破坏了托钵修士教堂的十字架。⑦ 在隔一天的布道上他承认了这件事情并宣称要破除偶像。对于这件事，市议会采取了容忍态度，因为他

---

① "inner vnd ausserhalben derseblen Stat/sind redden vnd handlungen fürgenomen vnd geschehen/die zu widerwillen/auffrur/entpörung/auch zu vngehorsam/vnd verachtung gepürender oberkait dieser Stat dienen sollen", StAA, Reichstadt, Ratsbücher, Nr. 15, fol. 66r – 69r; Roth, Reformationsgeschichte I, 156 – 169.

② "an gut/Eeren/Leib/vnd Leben, Sender-Chronik, 159; Rem-Chronik, 208 (= Kastner, Quellen, 179).

③ 这项措施主要是出于城市安全的考虑，避免因为携带武器而引发的各种斗殴以及潜在的大的动乱。城市有许多民众对于持武器的农民持同情态度，市议会也是为了避免民众大规模同情情绪一旦公开，会再次引发骚动。SStBA, 2°Aug. 9 Anschläge, 1. Abt., Nr. 23; 2 Abt., 29; 4°Aug. Anschläge, Nr. 2。

④ SStBA, 2°Aug. 9 Anschläge, 1. Abt., Nr. 23; 2 Abt., 29; 4°Aug. Anschläge, Nr. 2.

⑤ "Es soll auch nyemandt weder tags noch nachts/den andern freuenlich antaschten/noch behonen/sonder manigklich fridlich vnd berublich auff des Reichsstrasse wandeln. Daruor sich auch alle vnd yede/gaistlich vn weltlich personen in diser stat zuuerhuten wissen", Roth, Reformationsgeschichte I, 158f; Preu-Chronik, 24 – 26.

⑥ Roth, Reformationsgeschihcte I, 158f.

⑦ Roth, Reformationsgeschichte I, 306; Broadhead, Politics, 237f.

们担心凯勒（Keller）在信众中的受欢迎程度会引发像1524年那样的大规模的市民骚乱。①

为了避免接下来对教堂以及教堂物品的破坏，市议会紧接着在1525年3月19日颁布了一个新的"禁止破坏圣像"的规定。不允许任何人："冒犯、滥用、弄脏或者毁坏挂在或立在教堂，教堂庭院以及其他地方的圣像，军队的铠衣、绘画作品以及其他物件"②，违反者将会受到"财产、身体、以及生命"方面严厉的惩罚。③

五 以和为贵：市议会对农民战争的态度

有关1524/1525年的农民战争，路德的态度是严厉批评的，正如他的文章《反对农民掠夺和杀人的行径》，④ 到后来他自己也控制不了他的言论的巨大影响，稍后又写了《反对农民的一封信》呼吁不能打开暴力的大门，⑤ 以及"劝告和平：对上施瓦本农民的十二条款的回复"——"你们正在夺取政府的权力，甚至于它的权威——或者可以说，它的一切，一旦政府失去了权力，它还能维持什么呢？"后来还有"理解下层民众及其问题的信号"态度有一些缓和。⑥ 和路德的《反对农民的一封信》一起，雷氏的文章《世俗权力解决反叛》⑦ 也随之一起发表。⑧ 但是和路德不同，雷氏没有那样尖锐地反对农民，他的立场更多地是想在农民战争结束后，

---

① Sender-Chronik, 214 – 217（Kastner, Quellen, 188f）.
② "*die Bilder/Wapen/gemeel/vnd annder gedechtnuß/So in Kirchen/auf den Kichenhäfen/vnd sonnst allenhalben aufgemacht sein/vnd stehen/on wissen/willen vnnd schaffen der Oberkait daselbs/mit vnsaberkait nit betadeln/noch schehen/noch in annder weg bescheidigen/noch zerbrechen*", StAA, Ratserlasse 1507 – 1599；Sender Chronik, 217（= Kastner, Quellen, 189）.
③ 然而，禁令仍然没有完全阻止一些狂热新教徒的破坏行动。1524年4月13日晚上，鞋匠Jorg Naesslin和他的仆人用牛血弄脏、抢夺和毁坏了圣母大教堂和教堂庭院以及修道院的所有饰板，这些饰板是为纪念死去的人而竖立在那里的，上面画有人物、耶稣受难像、橄榄树、圣玛丽，以及圣徒的图像。随后，这位鞋匠躲起来3天，然后被抓了起来，被判以逐出城市一年；但是之后不久他就又被放了回来，变得比以前更加激进。B. Ann, Tlusty（edited & translated），*Augsburg During the Reformation Era*, an Anthology of Sources, Hackett Publishing Company, Inc., Indianapolis/Cambridge, 2012, p. 7。
④ "*Wider die räubischen und mörderischen Rotten der Bauern*", WA 18,（344）357 – 361.
⑤ "*Sendbrief von dem harten büchlein wider die Bauern*", WA 18,（375）384 – 401；Brecht 2, 185ff.
⑥ "*Signal des Verständnisses für die Unterlegenen und ihre Probleme*", WA 18,（375）384 – 401；Brecht 2, 187.
⑦ "*Beschlußred vom weltlichen Gewalt wider die Aufrührischen*", D54. Der Titel des Drucks（Nürnberg 1525；VD 16：R 1879）.
⑧ Augsburg 1525；VD 16：R 1878.

将上层阶层的宗教改革思想总结起来，从而建立一个和平的社会秩序。[1] 这一点和市议会的态度一直是一致的。他在动乱时间写了具有和平导向的文章《从农奴制到骑士阶层，从领主到平民，怎样做一名基督教徒》[2] 希望尽量把改革控制在一个和平的框架内。他重新提出上层阶级的责任和权利问题，认可路德所说的"世俗之剑"，与世俗的权利秩序相连接的还包括权力的实施以及暴力的震慑和使用，这是上帝针对人类的恶与软弱所设置的。[3]

1525 年 3 月 11 日在市议会写给施瓦本联盟主席阿茨特（Artzt）的信中（由鲍丁格主笔），市议会请求阿茨特，在联盟成员与农民之间的冲突问题上，尽可能寻求中和之道，缓解与农民之间的矛盾，尽可能避免不必要的流血牺牲。[4] 阿茨特主席在两天之后的回信中毫不客气地说道，奥格斯堡只要管好自己如何为放纵的邪说赎罪就好了，因为很显然人们担心城市中的下层弱势民众会与农民们沆瀣一气。[5] 显然，这位坚定的传统信仰者、政治经验丰富的主席并不满意奥格斯堡的"怀柔策略"，在他看来这种策略过于保守，对于这些造反的农民只有采取武力的手段解决。然而这位主席的意见以及随后城市中发生的动乱并没有改变鲍丁格制定的市议会的既定中间路线政策。两天之后，阿茨特又单独给鲍丁格写了一封信，在这封信中，他了解了鲍丁格的观点，然而自己依旧保持对农民的强硬态度。[6]

市议会依然坚持执行自己的温和策略，始终保留对话的可能性，在 1525 年 3 月中旬的农民战争中也依然如此，[7] 这种情况也在另一封信中报告给了阿茨特，[8] 由此奥格斯堡作为农民战争爆发期间的一座和平城市而备受瞩目，他的中立态度也得到了交战双方的认可。[9]

---

[1] Maron 331, Kirchner 154.
[2] "Knight Klasse von der Leibeigenschaft, von den Herren Zivilpersonen, wie ein Christ zu sein".
[3] D 54 436, 30ff; WA 11, 250, 23ff.
[4] StAA, Litslg, 1525, Maerz (ad 13.3); Lutz, Peutinger II, 240f. Druck bei: Vogt, Wilhelm: Die Correspondenz des schwäbischen Bundeshauptmanns Ulrich Artzt von Augsburg 1524 – 1527, I, Teil, in ZHVS 6 (1897), 281 – 404, hier 366 – 368 Nr. 213.
[5] StAA, Litslg, 1525, Maerz (ad 13.3); Lutz, Peutinger II, 240f.
[6] StAA, Litslg, 1525, Maerz (ad 17.3); Druck bei: Vogt, COrrespondenz I, 371f. Nr. 128.
[7] StAA, Reichstadt, Ratsbücher, Nr. 15, fol. 84r-v (25.3).
[8] StAA, Litslg, 1525, Maerz (ad28.3).
[9] StAA, Reichstadt, Ratsbücher, Nr. 1, fol. 85r-97r 27. /30. 3. 25. Rem Chronik, 228.

第五节 鲍丁格与"中间道路"政策的制定

宗教改革爆发之后,市议会的官员并不是坐以待毙,而是根据自己的情况积极地思考对策。思考的结果便是"中间道路"政策,这一政策成为主导奥格斯堡 16 世纪 20 年代政治、经济、信仰问题的核心政策,它与城市书记官康哈德·鲍丁格(Konrad Peutinger,1465—1547)[1]密不可分。鲍丁格所主导的这一政治路线主要有三个原则:第一,对哈布斯堡皇室家族的绝对忠诚;第二,奥格斯堡的经济繁荣;第三,以人文主义为理想的适度教会改革。[2]那么,鲍丁格其人为谁?为什么他会制定这样一个"中间道路"政策呢?

一 人文主义政治家——鲍丁格

康哈德·鲍丁格属于奥格斯堡最有名望、最有影响力的政治家之一。他的社会和政治影响,从 16 世纪初一直延续到 16 世纪 30 年代。在他的身上折射了整个社会、政治结构的变化以及各种思潮的混合。[3]康哈德·鲍丁格不仅仅是一名奥格斯堡公民与贵族议员,同时也是帝国层面的政治家、外交家,此外还是律师、人文主义者。鲍丁格是那个时代除

---

[1] 有关鲍丁格的 16 世纪原始史料:Konrad Peutinger:Romanae vetustatis fragmenta,Augsburg 1505;Konrad Peutinger:Inscriptiones Vetustae Romanae Et Earum Fragmenta In Augusta Vindelicorum Et Eius Diocesi,Mainz 1520(überarbeitete Fassung)。当代整理的史料:Erich König Hrsg.):Konrad Peutingers Briefwechsel. C. H. Beck,München 1923;Hans-Jörg Künast,hrsg,Die Bibliothek und der handschriftliche Nachlaß Konrad Peutingers. Teil 1:Die Bibliothek Konrad Peutingers. Edition der historischen Kataloge und Rekonstruktion der Bestände. Niemeyer,Tübingen 2003 ff. Band 1:Hans-Jörg Künast,Helmut Zäh:Die autographen Kataloge Peutingers,der nicht-juristische Bibliotheksteil(= Studia Augustana. Bd. 11),2003;Band 2:Hans-Jörg Künast u. a.,Die autographen Kataloge Peutingers,der juristische Bibliotheksteil(= Studia Augustana. Bd. 14),2005。

[2] Lutz Heinrich,Conrad Peutinger,S. 199;Gößner,Andreas:Weltliche Kirchenhoheit und reichsstädtische Reformation:die Augsburger Ratspolitik des "milten und mitleren weges";1520 - 1534,Berlin,Akad. -Verl,1999,S. 46.

[3] 从 18 世纪开始,鲍丁格的重要作用就主要是通过一些专著来呈现的,例如 König,Peutingerstudien;König,Briefwechsel;Lutz,Peutinger II,(这本书主要是经济政治方面的,鲍丁格在其中起到了"红线"中间穿线人的作用,但有关宗教改革描述较少,只到 1530 年);此外还有很多文章、传记、论文,例如 Aulinger,Peutinger,561 - 568;Lutz,Peutinger I,129 - 161。

了蒂罗尔（Tirol）西格蒙德（Siegmund）公爵的私人医生阿道夫博士（Dr. Adolf Occo I）之外，奥格斯堡最重要的人文主义者。鲍丁格是一位古籍收藏专家，他从1505年就开始系统地收集古罗马的手稿，也是德意志第一位开始系统收集古代手稿的人。在他的建议下，马克西米利安皇帝给乌里希·胡腾（Ulrich Hutten）授予了桂冠诗人的称号。在鲍丁格身边围绕者一大批贵族知识分子，例如，伯恩德·阿法曼（Bernd Adelmann）①，康哈德·阿德曼（Konrad Adelmann），乔治·何瓦特（Georg Herwart）等。② 鲍丁格对威尔瑟-霍林-商业联盟（Welser-Voehlin-Handelsgesellschaft）发展也发挥了很大的影响作用。③

1465年鲍丁格出生于奥格斯堡一个受人尊敬的商人家庭。鲍丁格家族在奥格斯堡扎根已久，世代贵族，隶属于大商人行会。父亲有两位兄弟，同样也是商人，是德意志驻威尼斯商业联盟代表。父亲在鲍丁格出生不久后离世，母亲1469年再嫁卢卡斯·哈温斯伯格（Lukas Ravensburger），他们的儿子1478年娶了鲍丁格家的大女儿安娜。当时，由于母亲的再嫁，与父亲的一位姐妹结了婚的当地另一位大贵族乌里希·霍西斯塔特（Ulrich Hoechstetter）成了安娜与康哈德的监护人。乌里希·霍西斯塔特是其家族贸易联盟的主导人，在16世纪初的时候变得特别富有，但是1529年就破产了。④ 1498年康哈德与威尔瑟家族安东·威尔瑟（Anton Welser）和凯瑟琳娜·霍林（Katharina Voehlin）的女儿——时年十七岁

---

① Bernd Adelmann 非常反对大商人的净利息收入，为此与雅各布·富格大吵一架，这件事情发生在1518年路德来奥格斯堡，Bernd作为路德的一名支持者在富格宫殿共同参与讨论，于是与雅各布·富格就利息盈利行为大吵一架。Wolfgang Zorn, Augsburg, Geschichte einer europäischen Stadt, S. 221。
② Wolfgang Zorn, Augsburg, Geschichte einer europäischen Stadt, S. 221.
③ 有关鲍丁格的专著研究及个人介绍可参见 Heinrich Lutz, Conrad Peutinger: Beiträge zu einer politischen Biographie. Die Brigg, Augsburg 1958, DNB 453117279 (= Abhandlungen zur Geschichte der Stadt Augsburg, Band 9, zugleich Dissertation an der Universität München, 1953, DNB 480435413); Werner Bischler, Des Kaisers Mann für alle Fälle. Der Stadtschreiber Konrad Peutinger, in: Augsburger Geschichte (n), Band 1. Wissner, Augsburg 1994, S. 47 - 55; Monika Grünberg-Dröge: Konrad Peutinger, in: Biographisch-Bibliographisches Kirchenlexikon (BBKL), Band 7, Bautz, Herzberg 1994, Sp. 392 - 397; Erich König, Peutinger-studien (= Studien und Darstellungen aus dem Gebiete der Geschichte. Bd. 9, H. 1/2, ZDB-ID 510176 - 1), Herder, Freiburg (Breisgau) 1914; Hans-Jörg Künast, Jan-Dirk Müller, Peutinger, Conrad. in: Neue Deutsche Biographie (NDB), Band 20, Duncker & Humblot, Berlin 2001, S. 282 - 284。
④ Lutz, Peutinger II, 262 - 266.

第二章　改革思潮的冲击与中间道路政策(1518—1524)　109

的玛格丽特(Margarethe)结婚,① 安东·威尔瑟(Anton Welser)当时担任梅明根城市长官,威尔瑟家族是奥格斯堡最古老的贵族之一,安东·威尔瑟是当时非常具有影响力的欧洲以及航海贸易的带头人,是威尔瑟-霍林家族贸易和矿业联盟的带头人。② 这次婚姻提升了鲍丁格的社会地位,使他跻身到了所谓的"社会贵族名流"阶层。

1479—1480年康哈德先在巴塞尔读大学,1482—1488年相继在帕度(Padua)、博洛尼亚、佛罗伦萨和罗马就读。1491年在帕多瓦大学获得法律博士学位。③ 自此开始了他的律师的职业生涯。在他求学期间,他深入地了解了文艺复兴时期的人文主义运动,并且这种人文主义思想伴随着他一生。1490年,他开始为奥格斯堡的书记官艾博(Valentin Eber)做助理,④ 1495年他的合同延长了,艾博去世之后他就接任了这一职位。⑤ 1493年他被选为家乡奥格斯堡的法律顾问。他的这一职位要求他不仅仅处理城市内部的事务,也要处理外交上的事务,经过他多年的磨练,以及自身的超群能力,最后1506年被马克西米利安皇帝看中,被聘用为皇帝宫廷顾问。⑥ 此后,他也被继任者查理五世委任为皇室顾问。与此同时,从1497—1534年他也常年担任奥格斯堡的城市书记官,对城市的宗教改革进程影响深远,是宗教改革阶段最重要的政治家之一。

除了政治家、法律家之外,鲍丁格也是一名学者,他与人文主义者伊

---

① 鲍丁格与玛格丽特一共有十个孩子,其中有两个比较出色,大儿子Claudius Pius与二儿子Christoph。鲍丁格于1547年去世,时年82岁,他的妻子1552年去世。Lier, Art. Peutinger, 567; Sieh-Burens, Art. Peutinger, 281f.; DBA 947, 369, 376, 389. 大儿子Claudius Pius (1509—1551)在巴塞尔获得法学博士学位,在那里与Johannes Oekolampad相交甚好,1534年被聘请为奥格斯堡律师,其后追随他的父亲处理很多政府事务,他死于1551年。参见Lier, Art. Peutinger, 562; Lutz, Peutinger II 264, 371ff.; 二儿子Christoph (1511—1576)首先是在西班牙威尔瑟家族贸易联盟中工作,后来成为奥格斯堡的市长和行会市长。参见Lutz, Peutinger II, 318f.; 女儿Juliane1504年四岁的时候在皇帝马克西米利安皇帝来的时候做了一个拉丁语的欢迎辞;另外一个女儿Konstanze1517年在奥格斯堡为桂冠诗人Ulrich von Hutten制作了桂冠;还有一个女儿Felicitas1519年作为见习修女进入圣凯瑟琳娜修道院,1526年离开修道院,和许多其他的贵族女儿共同生活,直到1582年去世。参见Lutz, Peutinger II, 265; Sender-Chronik, 154。
② Rem-Chronik, 86, Anm. 5; Lier, Art. Peutinger, 567 (此书中记载他是1499年结婚); DBA 947, 394。
③ Lutz, Peutinger II, 16, 42; Sender-Chronik, 154. 后来他的法学博士头衔的优先权1504年被皇帝取消。
④ StAA, Litslg, Peutinger 1490-1569.
⑤ Lutz, Peutinger II, 16, 25; 有关接任的更多细节可参见Rogge, Nutzen, 135-137。
⑥ Lutz, Peutinger II, 42, 400, Anm. 90。

拉斯谟来往甚密，也与斯特拉斯堡的人文主义者雅各布·斯特姆（Jacob Sturm）、纽伦堡贵族商人、人文主义者皮克海默（Willibald Pirckheimer）、著名画家阿尔布雷希特·丢勒（Albrecht Dürer），以及奥格斯堡、巴塞尔、斯特拉斯堡的大出版商等保持着很好的友谊。他复杂的高层人际关系网，也为他开展很多外交工作提供了便利。①

鲍丁格在他任职期间在欧洲各处宫廷之间游走，写了很多书信和公函，其内容主要涉及三方面政治主题：其一通过重建施瓦本联盟加强城市自身的权利；其二保护奥格斯堡大贸易联盟的利益，反对皇帝针对罗马的借款要求；其三消除奥格斯堡贸易与威尼斯关联的威胁（威尼斯是那时世界贸易的最重要贸易中转站之一）。② 这几个主题是鲍丁格在16世纪20年代最主要的政治工作，也为奥格斯堡带来了切实的影响。③

二 "中间道路"政策的制定

随着宗教改革的浪潮的发展，鲍丁格陷入了两难境地：一方面，作为一名政治家，他必须要代表家乡的政治和经济利益；另一方面，作为一名博学的人文主义者，他很深刻地认识到了教会改革的必然性，因此，他坚定地认为，改革必须只能通过十分谨慎、和缓的方式来进行。④ 为此鲍丁格在16世纪20—30年代做了很多工作，来实现他的这种政治意图：在查理五世刚刚当选为帝国皇帝之后，已经55岁的鲍丁格就带领奥格斯堡代表团奔赴布鲁格（Bruegge），请求查理五世继续授予奥格斯堡的帝国城市头衔。⑤ 一年以后，在沃尔姆斯帝国议会上，鲍丁格作为地区代表，在5月24日和25日与路德进行谈判。⑥ 此时他的立场不仅仅是帝国城市的一名政治家这么简单，而且也是受到他的人文主义导师伊拉斯谟⑦

---

① Lutz, Peutinger II, 23 – 125f.
② Lutz, Peutinger II, 23 – 125f.
③ Lutz, Peutinger II, 198 – 222, 300 – 307.
④ 鲍丁格与路德第一次见面是在1518年10月，路德首次来到奥格斯堡的时候。WA. B 1. 209, Nr. 97。
⑤ Lutz, Peutinger II, 160 – 163.
⑥ RTA J. R. II, 651f., Nr. 92. 与路德的谈判 RTA J. R. II, 546 – 558, Nr. 79.；有关 Vehus、特里尔选帝侯以及鲍丁格参见 RTA J. R. II, 560 – 567, Nr. 79.；有关鲍丁格写给市议会的关于与路德谈判的汇报 WA 7, 882ff.；Rem-Chronik, 156；Lutz, Stadt, 39 – 47。
⑦ 伊拉斯谟在1520年11月9日从科隆写给鲍丁格一封信，两个人是在1520年6月在查理五世的宫廷认识的。König, Briefwechsel, 325 – 329（Nr. 206）；Peiffer, Peutinger, 179f。

的委托，将宗教问题置于统一的教会的框架下进行商讨。① 在诸多衡量之后，他为奥格斯堡制定了"中间道路"政策，指导了20年代奥格斯堡的主体政策方向。同时，鲍丁格站在一名人文主义者的立场，对于路德以及他所引发的宗教改革运动持有同情态度，② 为此不遗余力地请求皇帝在制定宗教政策时能综合考虑。③

鲍丁格的对皇室的忠诚这种思想根源于他为马克西米利安皇帝效力的经历以及他早期的法学教育。他的经历也造就了他对于帝国政治的熟稔。鲍丁格对于经济政治的兴趣与他的家族和威尔瑟家族的商业贸易有关，也包含着他对家乡经济蓬勃发展的美好期望。鲍丁格对教会改革的想法主要是基于人文主义的思想，以伊拉斯谟为代表的人文主义者也痛心于教会的弊端，提倡对教会的适度改革。从20年代开始，鲍丁格就开始将他的政治影响力主要发挥在市议会以及市长身上，他既批评权力的滥用，同时也提倡适度的改革。

此外，哈布斯堡王朝的密切业务关系涉及三个主要的家族网络，富格、威尔瑟和何宝特，他们意识到，尤其是在所谓的"垄断"问题上，对大型贸易公司的主导地位的攻击，只能共同在鲍丁格的帮助下渡过这些难关，因此他们愿意支持鲍丁格的政策。反过来，依赖与哈布斯堡皇帝作为城市至尊的紧密关系，市议会打压一切可能危及城市，特别是涉及奥格斯堡老信徒与巴伐利亚公国和奥格斯堡的主教（包括承诺在奥地利名下的伯高边境伯爵）相关利益的势力。还有周边区域是奥格斯堡城市所依赖粮食和原材料的供应地，这个关系在宗教改革的20年代及以后始终发挥作用。加上一直以来追求"公共福祉"的执政理想，这些因素都导致了"中间道路"政策是一种最优的选择。④ 因此，鲍丁格在起草这次会议纪要的时候写道"寻找一种中间道路"是城市应该做的，是在路德的学说所带来的政治影响之下，寻求最佳的政治—外交路线。⑤ 鲍丁格的这些

---

① 鲍丁格于1521年在"Causa Lutheri"的审判中出席了沃尔姆斯议会的会议。他的过程汇报为奥格斯堡市议会保存，记录了路德拒绝听证会指控的实际过程，是马丁·路德这方面史料的重要来源之一。由教会历史学家 Theodor von Kolde 编辑在他的 *Analecta Lutherana* 一书中。Lutz, Peutinger, 186 – 196。

② Lutz, Peutinger II, 228. SStBA, Cod. 2°, S. 92.

③ Lutz, Peutinger II, 236f.

④ Rolf Kießling, Augsburg in der Reformationszeit, in Günther Grünsteudel u. a. hg., Augsburg: Augsburger Stadtlexikon, 2. Aufl, 1998, S. 61 – 74.

⑤ Schmidt, Reichstädte, 304f. Schmidt 认为奥格斯堡在这个十年的后半段，主要坚持的是"拒绝的态度"。从奥格斯堡市议会内部的角度来说，"中间道路"不是那种空洞的摇摆不定，而是积极的政策。

"中间道路"的想法在他的伊拉斯谟的《罗马书》评论信件中有论述。①

第六节 小结

1518—1524年,由于印刷技术的推波助澜,路德的宗教改革思想在奥格斯堡形成了巨大的影响风潮,出版的小册子、书籍以及布道活动向城市民众传达了新的思想以及新的神学建设意见,对不同的阶层都产生了巨大的影响。积压已久的信仰虔诚的渴求,以及城市的社会问题借由这次机会爆发了出来。城市的底层民众迅速接受新教,很多人逐渐转变为激进派别,激进地表达自身的信仰与经济诉求,由此引发了1524年的城市动乱,体现了信仰与经济利益二者的杂糅。牧师们已经有一部分转向新教,逐渐担当起引领改革的使命。与此同时,新教思想也逐渐渗透进城市的其他阶层。

城市的市议会在这种大的潮流冲击下,为了维护城市秩序,率先颁布了出版审查和言论监督,对于新教宣传采取了监管的措施;后期根据形势发展又陆续颁布集会禁令、武器禁令、破坏圣像禁令等。虽然表面上市议会维持了保守的政治政策,然而实际上市议会也并不是铁板一块,完全拒绝新教思想的。鉴于城市统治阶层与罗马教会、皇帝及城市驻扎主教的关系,市议会不得不公开表示坚守传统阵营,然而实际上市议会也没有完全遏制新教思想的宣传与发展,在一些审查和监督上也有缓和的余地。市议会所做的种种举措,与其说是在教派上的表态,不如说是在"公共福祉"的执政理想之下,维护城市的发展与秩序。

市议会的救济金制度改革一定程度上可以理解为"公共福祉"的执政理想之下,世俗权威解决社会民生问题的一种"新教"解决方案。通过这项改革,市议会作为世俗的权威阶层逐渐承担了原本教会承担的"宗教关怀"的任务;② 与此同时,市议会颁布的各项具体法律法规,基

---

① SStBA 8°Th. Ges. 56a. (VD 16-E 3058), In Erasmus "Paraphrasis in epitolam Pauli ad Romandos": *Totam enim reeum summam, in tria genera dividamus licebit. In ea quae vere coelestia sunt, quae tanquam Christo perculiaria, sunt ubique rebus ominibus anteponenda. In ea quae prorsus sunt hujus mundi, veluti cupiditates, ac vitita. Haec vobis sunt ominibus modis fugienda. In Medium quoddam genus, quod per se neque bonoum, neque malum, sed necessarium tamen pro totius Reipublicae statu concordiaque tuenda*, LA 7, 820C.

② Schmidt, Reichstädte.; Hamm, Burgertum, 68ff.

本涵盖了不断增长变化的帝国城市市民的社会生活的方方面面,[①] 其中事态与市议会的反应机制构成了一个互动,由此构建了市议会的自主性以及作为帝国城市管理者的权威性。[②] 此外,市议会出于"公共福祉"的根本追求,对于维护城市内部安定和平不遗余力,因此对于下层民众所引发的社会动乱以及他们所追随的激进的新教布道,持打压的态度,在这样一个过程中,市议会逐渐从社会秩序的维护者向改革驱动者的身份转换。

与此同时,鲍丁格作为城市书记官所制定的"中间道路"政策,指导了20年代奥格斯堡的主体政策方向。其三大原则包括:第一,对哈布斯堡皇室家族的绝对忠诚;第二,保障奥格斯堡的经济繁荣;第三,以人文主义为理想的适度教会改革;如上文所述,既符合城市法律上皇帝是最高君主的要求,又符合自身发展经济的需求,更重要的,也是这个时代最新的变化与趋势,即在路德的学说所带来的宗教影响之下,寻求适度的教会改革。1524年的城市动乱,展现了城市下层民众的对新教思想的青睐以及对改革的需求,秉承着"中间道路"原则的指导,以及"公共福祉"的执政目标,也许进一步的适度改革对于市议会来说,已是箭在弦上,不得不发。

---

① 例如前文提到的救济金制度,Sieh-Burens, Oligarchie, 147f。
② Sieh-Burens, Oligarchie, kapitel 5.1 und 5.4.

第三章 适度改革与早期教派多元化（1524—1530）

在宗教改革爆发之前，世俗世界与精神世界之间有一个虚拟的和平，随着路德新教学说作为"异端"的传入，教会的权威合法性受到质疑，世俗权利参与教会事务被视为合法，乃至一种责任，打破了这种平衡。虽然这种责任的具体化由于城市中已有的各种特权以及城市的和平而一再拖延，然而在很多城市新教布道得到正式承认，表明了新教的发展正式获得许可的空间。对于奥格斯堡来说，在过去短短的几年之间，城市内部支持传统教会学说与支持新教学说的力量发生了不可小觑的变化，聘用新教牧师已成为民意所向，新教牧师与其他城市的影响，也逐渐带动了市议会的"适度"改革。与此同时，传统教派学说也得到保留。这个过程中，传统阵营和新教阵营相互竞争，各自声称代表真正的教会，成为当时最热门的讨论主题。这一过程从1524年之后加快了，这一点可以在传统信派的编年史记录员詹德（Clemens Sender）的记录中略见一斑，他痛苦地抱怨道："这些牧师都是茨温利派和路德派的，颠倒是非、偏离上帝、愚昧民众、谋杀灵魂。"[①] 那么，在奥格斯堡这个奉行"中间道路"政策的城市，新教的巨大潮流如何带动城市市议会部分转向新教？市议会推行了哪些"适度"的改革？市议会的"中间道路"政策在新旧力量变化的情况下如何一以贯之？市议会如何应对圣餐之争与早期教派多元化发展的挑战？"中间道路"核心政策体现在教派政策上有何不同，因何不同？如何评价此时的"中间道路"政策？

---

① Chronkien Augsburg 4, 180 Sender Chronik, 180. "Dise prediger alle sind zwinglisch und lutherisch gewesen und verkerer der waren, götlichen geschrifft, verfierer des frumen volcks und morder der seelen."

第一节　内外形势与雷氏的第二回合："适度"的改革

一　雷氏的回归与新教牧师的聘用

随着形势的发展，帝国境内新教的浪潮也越来越大，与奥格斯堡关系紧密的纽伦堡已经在市议会的带领下正式转向新教，南德很多其他地区和城市也开始了一定程度的改革。与此同时，奥格斯堡城市内部支持传统教会学说与支持新教学说的力量发生了不可小觑的变化。在这种形势下，市议会决议进行适度的改革，以应对当下的局面。

首先，市议会开始召回雷氏，并正式任命新教牧师。此时，虽然圣莫里茨教堂的传教士斯派则（Speiser）1524年被"正统"的奥特马尔·那和提噶（Otmar Nachtigall）取代，但也有新传教士马蒂亚斯·克雷茨（Matthias Kretz）和多米尼克传教士约翰内斯·法贝尔（Johannes Faber），新教方面的力量得到了加强。此外，弗洛斯（Johannes Frosch）1523年就被聘任在圣安娜教堂布道，他是路德的坚定追随者；1524年，雷氏被市议会正式聘任为新教最主要阵地——圣安娜教堂的牧师，[①] 标志着市议会开始正式聘用新教牧师。其次，雷氏重新回归后，致力于与市议会联手进行适度的新教改革。同年11月，迈克尔·凯勒（Michael Keller）也在托钵修士会布道。这些牧师现在都在市议会名下，他们的薪酬也由市议会支付。

除此之外，在圣十字教堂、圣乔治教堂、圣乌尔里希教堂和教会医院任职的神职人员则由堂区负责，其中就包括阿格里克拉（Stephan Agricola），[②] 但他们也被市议会所承认。因为如前文所述，"堂区长"独立于教

[①] Maximilian Liebmann, S. 134f.

[②] Stephan Agricola (Kastenbauer, Agricola Boius, 1491 – 1547), Theologe. Nach Theologie-und Jurastudium in Wien und Bologna Priester, Prediger und Lehrer in Wien und um 1519 in Regensburg. Als Anhänger Luthers 1522 Flucht aus Bayern. Seit 1525 mit Johann Frosch und Urban Rhegius lutherischer Prediger bei St. Anna. 1526 Heirat. Verließ Augsburg 1531 als Gegner der Zwinglianer und wirkte nach Stationen in Nürnberg, Hof und Sulzbach schließlich in Eisleben. Sein Sohn Stephan d. J. trat 1556 zum Katholizismus über. Friedrich Roth, Augsburgs Reformationsgeschichte, 1901 – 1911; Neue deutsche Biographie1, 1953, 104f.; Matthias Simon, Zur Lebensgeschichte des Stephan Agricola und zur Person des Agricola Boius, in zeitschrift für bayerische kirchengeschichte 30 (1961), 168 – 174; Biographisch-Bibliographisches Kirchenlexikon 1, 1975, 270 f.; Horst Jesse, Die Geschichte der Evangelischen Kirche in Augsburg, 1983, 90, 109; Robert Stupperich, Reformatorenlexikon, 1984, 20; Lexikon für Theologie und Kirche 1, 1993, 208f.

会管辖之外，以及与市议会的紧密关系，恰恰在改革的过程中为市议会提供了极大的助力。在未来的十年中，市议会能够逐渐掌握城市的教会，堂区长这种机制功不可没。市议会正式聘用并承认新教牧师，这对于这个城市来说意义重大，等于公开承认了新教学说的合法性，标志着奥格斯堡新教合法化的开始，也标志着城市天主教与新教兼容并包历程的开始。

二 双重圣餐礼改革

离开奥格斯堡之后的1522—1524年，雷氏始终停留在自己的家乡，潜心研究《圣经》和路德的著作。这个阶段的学习，深化了他的神学思想。① 随着1524年，雷氏被市议会正式聘任为新教最主要阵地——圣安娜教堂的牧师,② 由此开始了他在奥格斯堡的第二个阶段也是最为重要的改革工作。1525年圣诞节，雷氏和弗洛斯一道，共同公开举办了双重圣餐礼。③ 詹德（Sender）对这次双重圣餐礼做了如下描述："男人和女人们，被赐予圣餐杯和圣面包，持之于手。"④ 雷氏和弗洛斯（Frosch）分别将圣餐杯和面包分发给众人，并且圣餐杯不与接受者触碰，直接被送入口中，面包也一样。⑤ 当时参加的人员有很多是威尔瑟家族的人员，例如豪格（Haug）、冯·施伯恩（Langenmantel vom Sparren）、鲍丁格（Peutinger）、海灵格（Rhelinger）、沃林（Voehlin）家族成员。⑥ 在此之前，早在1524年圣诞节，他们就在圣安娜教堂秘密举行了双重圣餐礼。⑦ 这次圣餐礼意义重大，它标志着奥格斯堡新教团体与传统教会的决裂，也标志着新教改革的开始。⑧

三 修道院解散与修女还俗

随着新教思想的传播以及其他联盟城市，例如纽伦堡的改革，奥格斯堡也开始了部分的适度的改革。有雷氏与弗洛斯坐镇的新教阵营的先锋——圣安娜教堂首当其冲，除了改革圣餐仪式之外，1524年也开始解

---

① Maximilian Liebmann, S. 132f.
② Maximilian Liebmann, S. 134f.
③ Schott, Beiträge, S. 260.
④ Sender, Chronik, S. 154.
⑤ Chronica Ecclesiastia Augustana, unum, Bl. Zwischen 60 und 61.
⑥ Max. Liebermann, Urbanus Rhegius und die Anfänge der Reformation, Muenchen, 1980, S. 196.
⑦ Langenmantel Chronik, fol. 477'; Sender, Chronik, S. 154.
⑧ Roth, Augsburg, Bd. 1, S. 299.

散修道院,到了 1525 年圣安娜教堂已经全部解散。① 其后,1526 年方济各修道院②也全部开始解散,如前文所述,该修道院是 1265 年在手工业者居住区域建立的第一个修道院,城市的下层民众本就倾向于新教,此时率先支持新教改革也并不奇怪。并且教会财产转移到市议会管理。③ 在其他的修道院里,修士与修女们则分成两派,支持宗教改革的人退出修道院,例如,圣卡瑟琳娜女修道院的修女们鲍丁格的女儿费丽琪塔丝(Felicitas)以及海灵格的女儿波丽吉塔(Brigitta)都还俗了,不支持宗教改革的人仍坚守在修道院。④ 这种相对宽容、民主的作风符合奥格斯堡的一排作风,然而更大程度上也是因为有了纽伦堡的先例。即,纽伦堡市议会出于对路德和梅兰希通的尊重,把强行遣散修道院改为按照修女们的意愿来逐步关闭修道院,保留了圣佳兰修道院。当然这件事还要数纽伦堡最著名的人文主义学者皮克海默的姐姐卡瑞塔丝———一位杰出的女性人文主义者最为功不可没。⑤ 这件事成为宣传纽伦堡修道院改革成功的标志:纽伦堡的改革是建立在自愿的基础上的,推动这场改革的不仅有城市的统治者,还有市民自身,这种符合"公共福祉"的行为,自然能到得到其他城市的效仿和欣然接受,奥格斯堡就是其中一个。在修道院改革的同时,他们附属的一些基金会也开始转型,由市议会开始掌管。⑥

有关修女们的真实处境,历史学家威斯那(Merry E. Wiesner)认为:"妇女不是简单又被动地接受宗教改革的信息,有些妇女会选择离开修道院进入世俗生活,另一些选择留在修道院终老。妇女还会自己进行祷告,作出预言,去与朋友和家人讨论宗教,也会要求丈夫改信新教,有的会因信仰不同的原因离开丈夫。部分妇女还能撰写圣诗、圣歌,甚至

---

① Sender-Chronik, 174f; Roth, Reformationsgeschichte I, S. 290 – 294.
② Karl Haupt, Ehemalige franziskanische Niederlassung in Augsburg,有关这个修道院的历史还可以参见 Bavaria Franciscana Antiqua 5, München, 1961, S. 341 – 525; S. 37。
③ Sender-Chronik, 174f; Roth, Reformationsgeschichte I, S. 290 – 294.
④ Sender Chronik, 179f.
⑤ 有关纽伦堡的修道院改革具体可以参见周施廷《信仰与生活:16 世纪德国纽伦堡的改革》,第 140—154 页。有关皮克海默姐弟在圣佳兰修道院的事件中的影响还可以参见 Helga Scheibe, "Willibald Pickheimes Persönlichkeit im Spiegel seines Briefwechsels am Beispiel seines Verhältnisses zum Klosterwesen", in Frany Fuchs, Die Pirckheimer: Humanismus in einer Nürnberger Patrizierfamilie, pp. 76 – 78. Julia von Grünberg, Ciriatas Pirckheimer und das Zeitalter der Reformation: Deutsche Geschichte in Lebensbildern mit zeitgenössischen Abbildungen。
⑥ Roth, Reformationsgeschichte I, 290ff, 299f.

论战文章。"①

这种大批量的修士修女还俗当然引起一定程度上的社会波动。然而相较于纽伦堡等城市，奥格斯堡的改革只能算是"适度""温婉"的，真正转向新教并完全关闭的修道院并不多，只有圣安娜教修道院和方济各修道院。其他的修道院依然尊重修士、修女们的自身意愿。由此可以看出奥格斯堡一贯的"中间道路"态度。

四　雷氏的婚礼与教士结婚浪潮

在关闭修道院，修士修女还俗之后，潮流自然走向破除教士独身制度，举行教士婚礼。早在1522年，奥格斯堡就已经流传很多路德的宣传打破教士独身制度，宣言教士结婚的小册子。人们对于破除旧有的教士独身制度，建立新教的婚约方式，显示出极大的热情。甚至在奥格斯堡，这一过程也并不显得缓慢。因为路德刚刚做出表率后三天，这个城市最知名的神学家雷氏，就紧随其后，举行婚礼了。

1525年6月16日，在路德在维腾堡举行婚礼之后三天，雷氏也在奥格斯堡与安娜·外斯布鲁克（Anna Weisbrucker）② 举行了他们的婚礼。③ 雷氏的这场婚礼，重大之处并不是因为他是第一个（早在1523年奥格斯堡就有教士弗洛斯结婚），而是因为这场婚礼不同于以往的私人场所，雷氏选择了他在奥格斯堡的布道舞台——圣安娜教堂这一公共场所，其宣扬新教意图表露无遗。

时年1525年6月16日，星期五的上午，雷氏像奥格斯堡级别最高的社会名流一般，在他多年的好友与神学战友弗洛斯与奥格斯堡的最高行政官员——市长乌里希·海灵格（Ulrich Rhelinger）④ 的左右陪同下，走向婚礼圣坛。在声势浩大的婚礼队伍跨过圣安娜教堂的门槛那一刻，伴随着乐师们的华丽演奏，这一场新教与传统教会公开决裂的"游行"也达到了高潮。⑤ 弗洛斯按照他之前自己的受礼程序为他的同事雷氏举行婚礼仪式：在简短的布道之后，他将这对新人引领到圣坛前，并且宣讲祝辞，分别询问安娜

---

① Merry E. Wiesner, "Beyond Women and the Family: Towards a Gender Analysis of the Reformation", *The Sixteenth Century Journal*, 1987 (18).
② 外斯布鲁克家族是奥格斯堡一个有名望的家族，安娜是修女，以其才学著称。嫁给雷氏时25岁，于1566年去世。Liebmann, S. 195。
③ Liebmann, S. 195.
④ Sender, Chronik, S. 176.
⑤ Sender, Chronik, S. 176.

与雷氏双方是否愿意以基督之爱嫁娶对方，双方都给予肯定的回复，然后仪式结束，双方亲属朋友相互交流之后，共进"午宴"，随后大家跳舞助兴。①

此时市议会中也有越来越多的成员倾向于新教，很多政要参加了这场别有深意的婚礼。除了市长乌里希·海灵格（Ulrich Rehlinger）外，还有威尔瑟家族网络的市政委员克里斯托夫·何瓦特（Christoph Herwart）和卢卡斯·威尔瑟（Lukas Welser）都到场了。② 这是威尔瑟家族支持新教的一个明显信号。实际上，宗教改革在奥格斯堡的良好接受可以从1523年安东·鲁道夫（Anton Rudolf）和后来成为市长的马尔茨·费希特（Marz Pfister）参加这个城市的第一场牧师婚礼——弗洛斯的婚礼——就算起了。③ 然而奥格斯堡的另外一位市长，乌里希·阿茨特（Ulrich Artzt）④ 以及在城市素有声望的书记官鲍丁格（Konrad Peutinger）也没有来，有趣的是，鲍丁格的女儿却参加了婚礼的舞会。⑤ 加尔默罗修道院赠送了2古尔登作为婚礼贺礼。⑥ 担任修道院前任院长的弗洛斯在婚礼前14天在账簿上专门划出2古尔登，以作此用。⑦

此后，又有很多修士追随雷氏纷纷结婚，奥格斯堡一时形成一个教士结婚浪潮。⑧ 弗朗茨（Franzen）对此事的看法是："此次教士结婚，不仅完全跳过了教会，也跳过了城市法律，不免有些鲁莽，因为教会的教士独身法早就植根于帝国法律中了。"所以人们可以想象，这场婚礼当时具有多大的示威色彩。⑨

六 新教牧师的努力与成果

在市议会聘用的这些牧师中，雷氏由于其出色的文笔才能，成为其中的领导人物。⑩ 他的作品多署名为新教牧师。⑪ 1524—1527年发表的作品

---

① Sender, Chronik, S. 176.
② Sender, Chronik, S. 295.
③ 即1525年3月20日，弗洛斯的婚礼。Roth, Augsburger Reformationsgeschichte I, S. 115, Rem Chronik, S. 219.
④ Ulrich Artzt 同时也是施瓦本联盟的主席，并且宣称要置雷氏于死地，Roth 称他为"异教徒灭绝者"（Ketzerfresser），Roth, Augsburg, Bd. 1, S. 310; Sender, Chronik, S. 176.
⑤ Sender, Chronik, S. 177.
⑥ Rechnungsbücher St. Anna, 24 Juni 1525.
⑦ Ebd. 4, Maerz 1525.
⑧ Roth, Augsburg, Bd. 1, S. 295.
⑨ Franzen, Zoelibat, S. 30.
⑩ Roth, Reformationsgeschichte I, S. 147.
⑪ D45, D67.

主要是改革派和与之站在对立面的教会学说,他虽然不是问题的提出者,但是却让更多的人明白新旧阵营双方神学上的核心分歧是什么,并将读者们带到正确与错误的选择上来。他的大量作品中并没有新的神学思想,主要还是继承路德的因信称义的学说,并加以宣扬。其余的新教牧师弗洛斯(Frosch)和阿格里克拉(Stephan Agricola),这两位不像雷氏出版和发表那么多作品,更多地进行新教布道。凯勒(Michael Keller)则也参与同罗马阵营的论战,他吸收和强化了世俗僧侣对于教会的批评,并且尝试将他的学说贯彻以行动。[1] 他发表的作品主要是针对大主教教堂神甫克莱茨(Mathias Kretz),[2] 以及富格支持的圣莫里茨教堂的那和提噶(Ottmar Nachtigall)[3] 这两位传统阵营的主力。

在天主教与新教共存的过程中,雷氏一直希望能够和平推进奥格斯堡的宗教改革,为此为新旧阵营进行会谈做了很多努力。1527年4月1日雷氏在写给茨温利的信中[4],介绍了他与埃克[5]、那和提噶(Nachtigall)以及克莱茨(Kretz)的会面,其中雷氏提出了要进行一场公开的宗教会谈(Disputation),甚至愿意在根据上帝之言——《圣经》进行评论的前提下,接受埃克(Eck)作为仲裁员,然而埃克回绝了。[6] 在传统阵营中奥格斯堡的罗马代表出于各种"原则"拒绝了与"异教徒"进行平等的会谈之后,市议会方面也从帝国政治以及经济的角度出发,回避做出一个明确的决定,继续实行简单的监管宗教政策。这样,新教牧师们在应对传统阵营的势力时就不可能像纽伦堡和梅明根那样有大动作。[7]

尽管如此,20年代中后期,新教方面仍有很多进展。除了前文提到

---

[1] Roth, Reformationsgeschichte I, 303f.
[2] Uhlhorn 65ff;例如他的文章题目:"Frag vnnd Antwort etlicher Artikel zwischen M. Michaelen Keller predicanten bey den parfuessern vnd Dr. Mathia Kretzen predicanten auff den hohen stifft zue Augspurg newlich begeben"; Augsburg 1525 (VD16: K658) Matthias Kretz (Gretz), * um 1480 Augsburg-Haunstetten, † 1543 München, Domprediger, N. Paulus, Matthias Kretz, in Historisch-politische Blätter 114 (1894), 1–19; Neue deutsche Biographie 13, 1982, 16 f。
[3] Roth, Reformationsgeschichte I, 130f.
[4] Brief an Huldyrch Zwingli, 1. April. 1527; Z 9, 82f., Nr. 603.; Z9, 82 – 84, Nr. 603.
[5] Johannes Eck (eig. Johann Maier), * 13. 11. 1486 Egg/Günz, † 10. 2. 1543 Ingolstadt, Kontroverstheologe. Erwin Iserloh, Johannes Eck, 1981; Theologische Realenzyklopädie 9, 1982, 249 – 258; Erwin Iserloh, Johannes Eck, in Katholische Theologen der Reformationszeit 1, 2, 1984, 65 – 72.
[6] Z9, 83, 20 – 84, 13. 对此的回应可以参见雷吉乌斯1527年3月31日写给埃克的信件。(D65; O2, 6V)
[7] 纽伦堡在1525年完成宗教改革,梅明根在1528年。

的有一些修道院开始解散，教会财产转移到市议会管理，修女还俗，教士结婚，基金会管理之外，市议会也默许了1525年圣诞节雷氏和弗洛斯依照维腾堡的模式举行两种形式的圣餐礼。① 并且有的时候，市议会还会对传统阵营做一些打压，例如惩罚出版了埃克的《有关弥撒的三本书》（Drei Buecher von der Messe）的格里姆（Sigmund Grimm）②，并且惩罚了那和提噶（Ottmar Nachtigall），后者由于布道论战最后被迫离开城市。③

经过这一系列的改革与宣传，社会中越来越多的人转向新教。中下层民众的转变早在1524年城市反叛的过程中就已经显露无遗。然而，在城市四大家族层面，这种转变也是巨大的。其中威尔瑟家族网络的成员的转变最为明显。1525年12月，市政委员米歇尔·冯斯泰特（Michael von Stetten）转向新教。1536年成为奥格斯堡的市长的汉斯·汉策（Hans Haintzel），也安排他的女儿在1525年8月15日邀请圣安娜教堂的路德派牧师弗洛斯进行洗礼，而这仅仅是在他的儿子约翰（Johann Baptist）接受沃格林（Niclas Voeglen）"以教皇的名义"洗礼之后一年。之后，他的这位儿子也改信了新教。④ 同样，卢卡斯·海姆（Lukas Rem）的情况也与此类似，1522年他的儿子接受了圣十字大教堂主教的洗礼仪式，而1527年，他的女儿玛格林娜（Magdalene）就通过新教牧师施密特（Hans Schmid）接受了新教的洗礼。⑤ 这两个例子可以说明，包括威尔瑟（Welser）、汉策（Haintzel）、何瓦特（Herwart）、朗曼特·冯·施帕仁（Langemantel vom Sparren）、鲍丁格（Peutinger）、费希特（Pfister）、鲁道夫（Rudolf）、冯·斯代特（Von Stetten）和沃林（Voehlin）在内的威尔瑟家族关系网，他们更倾向于新教。实际上，这个关系网还包括市长安东·比墨（Anton Bimmel）、汉斯·汉策（Hans Haintzel）、乔治·何瓦特（Herwart）、赫尔尼姆斯 I·殷浩富（Hieronymus I Imhof）、乔治·菲特（Georg Vetter）和汉斯 I·威尔瑟（Hans I Welser），这些人也是宗教改革的支持者。⑥

与此同时，甚至比威尔瑟家族更早，何宝特家族在最开始的时候就表示出对宗教改革的同情，在20年代下半叶，他们更加倾向于茨温利

---

① Chroniken Augsburg 4. 154. Sender-Chronik, 154; Roth, Reformationsgeschichte I, S. 299; Liebmann, 196f.
② Roth, Reformationsgeschichte I, S. 304.
③ Roth, Reformationsgeschichte I, 306ff.
④ Staats-und Stadtbibliothek Augsburg, 20, cod, S. 93, fol. 54v, 61r.
⑤ Greif, Tagebuch des Lucas Rem, S. 66.
⑥ Roth, Augsburger Reformationsgeschichte I-IV, Bd. I, S. 50 – 52.

教派。由于他们自身是基于商业上的成功提升的社会地位，因此，他们对于有助于他们发展商业的新教十分青睐，并且积极促进宗教改革的发展。例如这个家族的庞大的社会关系交织就为宗教改革思想的传播作了很大贡献。集团成员中，豪泽（Simprecht Hoser），是 1538 年首次被选入市政最高委员会的，常年位于市长职位的路德维希·豪泽（Ludwig Hoser）的儿子，也是茨温利的忠实追随者。① 这个关系网中的黑格（Georg Regel）也是很早就与瑞士的改革者有信件往来了。此外，家族集团中的也有很多（例如 Eiselin、Grimm、Hopfer、Jenisch、Jung 和 Krafter）是奥格斯堡首批宗教改革的追随者。其中，出版商格里姆（Sigmund Grimm）以及法律顾问约翰·荣（Johannes Jung）也在人文主义者之间发挥着多方媒介的作用。②

然而，由于早期教派多元化的挑战以及外部环境的压力，整体上的教会秩序改革在 1527 年后停滞不前，市议会只是"具体地处理一件一件迫在眉睫的事情"。③ 在这种缓慢的改革过程中，奥格斯堡、基督教信仰与世俗生活不可抑制地相互关联在一起，新旧阵营双方谁都不能排除另一方，也因此形成了奥格斯堡独特的天主教与新教共存的"双教派"阵营的初始格局，为 16 世纪下半叶的发展奠定了基调。

第二节　信仰的裂隙："圣餐之争"神学疏要与奥格斯堡作为舆论战场

早在 1525 年 12 月 18 日写给比利坎（Billican）的信中，雷氏就表达了对于宗教改革阵营内部的学说派别多样性的认识，他当时称这些现象为"邪恶的恶魔"（Malus daemon），冲破宗教改革的断釜之力。④ 他把这种改革阵营内部的神学解释多元化看作是从 16 世纪 20 年代中期开始与罗马断绝关系，并且放弃了机构性的教会神学把控的不良后果。⑤ 他的这种有点消极的评价在宗教改革时期的局势下并不算令人惊奇。新教的开始，只

---

① Roth, Augsburger Reformationsgeschichte II, S. 8.
② Roth, Augsburger Reformationsgeschichte I – II, 散见各处。
③ "nur zugestaendnisse von Fall zu Fall, wie sie der Augenblick zur fordern schien", Roth, Reformationsgeschichte I, S. 309.
④ De verbis coenae dominicae; Augsburg 1526. VD 16：R 1874. c4rv. Köhler I. 451. Anm, 539.
⑤ De verbis coenae dominicae; Augsburg 1526. VD 16：R 1874. c4rv. Köhler I. 451. Anm, 539.

是被看作是与错误的教会决裂，并且是重建一个符合福音教导的基督教体系，并且同样也是一个有秩序的整体。为了保证神学的权威性，一切都以圣经为最终标准。由此引发了对于正确的阐释的争论，彼此相近或相反的观点的争论，最终导致了新教阵营的分裂以及教派之争，这是宗教改革运动过程中最令人扼腕的痛苦经历。在圣餐之争中，这种潜在的危险第一次爆发。

然而，圣餐之争本是覆盖所有地区的神学问题，于奥格斯堡有什么特别影响呢？原来由于奥格斯堡相对和平与宽松的舆论环境，以及自身作为印刷中心的有利条件，所有有关圣餐之争的论战文章、小册子都在奥格斯堡发表，既意外也不意外地使之成为汇聚各方立场的舆论战场。在这场舆论之战中，奥格斯堡无疑完全无法置身事外。可以说，"圣餐之争"这个神学问题最生动地表明了新教内部教派之间的争斗，以及奥格斯堡早期多元教派因素复杂的形势。那么，奥格斯堡的世俗权威——市议会又是如何应对圣餐之争以及这种早期教派多元化的局面的呢？

一 "圣餐之争"神学疏要

在宗教改革前期，尤其是1519—1529年，路德针对罗马教会的"本质转化说"[①]进行辩驳，提出自己的圣餐礼神学见解"本质同在说"。但针对路德的"本质同在说"，新教内部又起了分歧，辩驳持续不断。路德从《圣经》文本出发，在《马可福音》14：24中，基督指着酒说："Hic est sanguis Meus"（这是我的血），其中的 Hic 是阳性，而不是说"Hoc est sanguis"，其中的 Hoc 是中性。路加福音22：20《哥林多前书11：25》中，基督又说"这杯是用我的血所立的新约"，其中这杯"Hic calix"也是阳性。从而说明基督所指的就是他的血，他的血就在杯子里面。基督还说，"Hic est Corpus meum"（这是我的身体），在希腊文和拉丁文的《圣经》中，"这"与"身体"是同性的，"这"是指向"身体"这个词的。而在当时传道的时候，基督很可能讲的是希伯来文，希伯来语中，没有中性，

[①] 中世纪神学家们从亚里士多德的本质偶性说出发，提出了所谓的"本质转化说"。根据亚里士多德的哲学，任何事物都由本质和偶性组成。本性决定此事物为此事物，而偶性的增减并不影响此事物的存在。本质和偶性共同构成了一个事物，但两者可以在一定意义上是分离的。因此，在本性转化说看来，圣坛上的饼和酒在圣礼的作用下，其本质发生了转化，变成了耶稣的肉和血，但是其作为饼和酒的偶性并没有变化。参见《天主教百科全书》中的"transubstantiation"一条。参见［美］威利斯顿·沃尔克《基督教会史》，孙善玲、段琦、朱代强译，中国社会科学出版社1992年版，第409—410页。

所以"这"指的就是"饼",从而,当基督说"hic est sanguis meus",(das is meyn leyp)的时候,"饼"就是"基督的身体"。①

就路德而言,基督说的"这是我的身体"应当从字面来解释。他深刻的宗教感情使他认为,实际领食圣餐是得到赦罪的最可靠的保证,圣餐即是上帝应许的证明。1523 年,茨温利(Zwingli, Huldrych, 1484—1531)②认为这句话的正当解释应该是"这代表我的身体"。③ 此后,他便否认基督的身体临在圣餐中的任何教义,强调圣餐的纪念性质(纪念论),注重圣餐在联合全体教徒共同向上帝表示忠诚方面的意义。因此到了 1524 年,这两种针锋相对的解释导致一场激烈论战。路德和布根哈根为一方,茨温利和厄克拉帕迪乌斯(Oecolampadius)④为另一方,各自发表小册子进行论战。双方的朋友、同事也多有参加者。1526—1528 年,双方的冲突公开化,茨温利先后写了《关于最后的晚餐的教谕》《友善的解释》,在阐明自己的观点的同时,还对路德进行反驳。路德则针锋相对,在 1528 年发表了《关于主晚餐的大告白》进行攻击。茨温利指责路德的圣餐解释是天主教迷信的残余,是不符合理性的,因为一个物质的

---

① 1520 年,路德的《论教会的巴比伦之囚》中则对圣餐进行了比较详细的论述,搭建起了完整的圣餐理论。路德认为,首先要以《圣经》为依据来理解圣餐;其次,根据《圣经》肯定了圣餐确实是包括饼和酒的,而且,基督的肉和血临在实实在在的饼和酒里面,而不是有了那些代表的躯壳,便不要那些实实在在的饼酒;《圣经中》有两处经文很直接地谈论过圣餐礼,一处是福音书上关于基督最后晚餐的记载,另一处则是保罗在《哥林多前书》第十一章中所说的。《马太福音》(26)、《马可福音》(14)和《路加福音》(22)中记载说基督将整个圣餐交给他的信徒,包括说圣餐也确实是包括饼和酒的。参见[德]马丁·路德《论教会的巴比伦之囚》对此的论述,参见[德]马丁·路德《路德三檄文和宗教改革》,李勇译,谢文郁校,世纪出版集团、上海人民出版社 2010 年版,第 115—116 页。

② 茨温利早年受人文主义学说影响较深,1522—1525 年他在苏黎世先后提出各种政治和宗教的改革主张,得到市民阶层和市议会的支持。1523 年提出《六十七条论纲》,同天主教神职人员公开辩论,得到市议会和群众的拥护。1524 年之后几年,巴塞尔、伯尔尼、圣加伦等许多州都进行宗教改革。在各市、州议会和群众的支持下,瑞士大部分州都归向新教。1525 年起,茨温利受到来自瑞士新教内部和国外路德派两方面的挑战。1529 年,茨温利与路德派在马尔堡举行辩论(史称马尔堡会谈),结果意见未能达成一致,使得改革派的分裂加深,力量削弱。此后忠于天主教的瑞士西南林区五州结成同盟,在奥地利的支持下,向苏黎世等新教各州联盟进攻。茨温利号召新教各州扩大联盟予以抗击,未果。1531 年 10 月卡匹尔战役中改革派战败,茨温利阵亡,被天主教军分尸焚毁。

③ 1521 年,有一位叫科尼利厄斯·霍恩的荷兰律师主张,这句话的正当解释应该是"这代表我的身体"。茨温利原本已经倾向于这样的见解,所以 1523 年,当霍恩的论点引起他的注意时,他即确认了这句话的这种象征性解释。

④ 厄克拉帕迪乌斯(Oecolampadius, 1482—1531),瑞士宗教改革家,精通拉丁文、希腊文和希伯来文,与茨温利观点基本一致,除了宿命论。1531 年 11 月,在茨温利去世不久后去世。

身体怎么可能在同一时刻分临各处,而只能在一处。路德反驳说茨温利将理性凌驾于《圣经》之上,是罪过的。路德采用了奥卡姆经院哲学的主张来解释基督的身体可以同时临在一千个圣坛上。基督的神性中所具有的种种性质,包括无所不在性,都已经转移到他的人性之中,从而避免分裂基督的位格。路德认为茨温利绝不是基督徒,茨温利则肯定路德比罗马教会的卫道士埃克更坏。[1] 总体上有关路德与茨温利在圣餐问题上的争议可以简单概括如下:

茨温利着眼于中世纪弥撒教义,主张:

第一,圣餐礼不是重复基督献身于十字架,而是纪念那一次献身;饼酒不是再现的基督,而是象征曾为众人受难于十字架上的基督的体血;

第二,罪的赦免不是由于吃了再现的基督,而是信仰献身于十字架的基督;

第三,基督的功德总是通过信来享用,而赎罪也是以信在基督变成我们的事务的圣礼中获取的;但这种既非物质的又非肉体的事务,不是靠嘴而是靠存在于心灵中的信来享用的。所以,圣餐礼中的确有基督降临,但不是肉体的降临,而是精神的降临。真正的和充满生机的信总是包含着信徒与基督的融洽一致,同时也包含了基督的真正降临;所谓基督的降临,既然是表现在以信而坐的每个行动之中,那么也表现在信徒真诚参加的圣餐礼中。

第四,只要认为圣餐礼起源于基督的献身,饼酒是基督圣体受难的象征,那么吃饼酒也就是重新表示与复活的基督永远保持意志的象征和保证。

第五,"因为我主亲自特别告诫他那时的人,不要将他作为肉体的或物质的食物来吃"(约翰福音·第6章)所以那句名言不能生硬地照字面解释,"这是我的身体"的意思是"这象征我的身体"。

路德的观点主张:

第一,圣餐礼最初用于使领受圣餐者的信徒直接与复活的基督接触;

---

[1] [美] 威利斯顿·沃尔克:《基督教会史》,孙善玲、段琦、朱代强译,中国社会科学出版社1992年版,第409—411页。

第二，为达到这个目的，他始终认为"无所不在"的基督光荣圣体，必定就降临于饼酒之中；与圣餐圣体直接接触的领受圣餐者，像主在世上的门徒和现在在天上的圣徒那样，已经与主沟通；

第三，基督的这种就地降临，不能推测为教士的什么特殊奇迹，因为基督的光荣圣体凭其"无所不在""自然""到处"都有，所以也存在于饼酒之中；这种当然的降临之所以成为圣餐中的降临，在于上帝对虔诚和真心领受圣餐的这许多诺言。

第四，共享复活的基督，意指享用基督之死和有基督之死得到的赎罪。①

1529年10月1日到3日，马丁路德与梅兰希通代表萨克森教会，茨温利、奥克兰姆帕迪乌斯、布策（Matin Bucer）代表瑞士教会在马尔堡举行辩论，史称马尔堡会谈。② 双方对路德起草的16条和解中的前15条都没有异议，但在最后一条圣餐问题上，却未能达成一致。③ 这使得新教的分裂加深，④ 力量削弱。1531年10月，茨温利死于战场，路德拍手称快。⑤ 1538年，在卜克尔、梅兰希通与加尔文等人的努力下，两派暂时休战。然而，茨温利的见解不仅仅得到瑞士德语区人民的支持，也得到了德国西南部许多地方的支持。

二 奥格斯堡作为"舆论战场"

奥格斯堡成为这场神学之争汇聚各方立场的舆论战场，不可避免地自

---

① Lindsay, Thomas M.（Thomas Martin），1843—1914，A history of the Reformation，Edinburgh: T. & T. Clark, 1907—1908. 中译本：[英]林赛：《宗教改革史》，孔祥民、令彪、吕和声、吕虹译，商务印书馆1988年版，最新版2016年版，第357—358页。有关圣餐之争也可参见 Thomas Kaufmann, Erlöste und Verdammte, S. 169 - 172。
② 有关这场辩论，可参见 Walther Köhler, Das Marburger Religionsgespräch, 1529, Versuch einer Rekonstruktion, Leipzig, 1929。
③ 第15条是关于圣餐的，虽然在这一条中，其他细节意见没有任何分歧，但基督临在的性质无法调和，只好将分歧写进条文。因此双方在签订马尔堡信条时，附带申明："我们应按各人良心所允许，以基督徒的友爱彼此相待"。路德离开马尔堡后，随即与其他宗教改革派人士编订了"施瓦巴赫信条"，主张教会乃是有信心并有着一致的主张、信条、教导的基督者的团契。Walther Köhler, Das Marburger Religionsgespräch, 1529, Versuch einer Rekonstruktion, Leipzig, 1929。
④ 有关新教阵营的分裂可参见 Thomas Kaufmann, Erlöste und Verdammte, S. 156 - 179。
⑤ 路德听到了茨温利的死讯，宣称这是对异端的天罚，是"我们的胜利""我衷心希望，茨温利能够获救，但我又害怕相反之结果，因为基督曾说，凡不认他者，均将遭受天谴"。[美]威兰·杜克：《宗教改革》，东方出版社1999年版，第515页。

身也被"战火"点燃。针对"圣餐之争"问题,城中不同的牧师看法不一,最终导致了城市内部新教阵营的分裂。

市议会对于自己聘用的新教牧师没有限制,实际上每个牧师只对自己所理解的"福音"负责。在圣餐问题上,主教教堂的教士们坚持罗马教廷的"本质转化说"、弗洛斯与阿格里克拉支持路德的"真实临在说"、凯勒支持茨温利的"纪念说",城市中的再洗礼派在圣餐问题上也支持茨温利的纪念说,而奥格斯堡首席神学家雷氏更倾向于居中调和。这种情况逐渐导致各方追随者的"神学认同分裂",逐渐形成了奥格斯堡独特的早期教派多元化局面。下层民众更加倾向于强调圣餐的纪念意义的,有一点激进的教派,因为这与他们所反对的腐败的教会以及社会矛盾相关联;相反,富有的有声望的阶层更加倾向于相对保守的路德派;那么,市议会对圣餐之争是什么样的态度呢?雷氏作为市议会的首席神学家是怎样的主张?他们的态度与市议会的"中间道路"政策是否一以贯之?

三 雷氏与市议会的调和态度

从雷氏1524—1527年这几年出版的作品来看,很少有有关圣餐之争的文章。在1524年年底,有一篇反对卡尔斯塔特的圣餐说的文章,[1] 在与比利坎(Theobald Billican)的书信中,仅占一小部分,[2] 此外就没有公开发表的涉入这场争论中的作品了。[3] 偶尔有只言片语,零星见于雷氏写的反对罗马教会的诸多文章中。[4] 总体上来说,雷氏并没有公开表达他的圣餐观点。随着1525年和1526年圣餐之争开始,雷氏应该是感受到了路德与茨温利在以出版作品作为前线的争论的激烈,因此不想卷入这场纷争之后,也并没有明确表态支持哪一方。[5] 但是也因为他的这种态度,被双方所不信任。[6]

学者乌豪恩(Uhlhorn)曾对雷氏的圣餐态度做过研究。[7] 他认为,雷

---

[1] Liebmann, 374ff. D47.
[2] Liebmann, D62.
[3] Seitz, Stellung, 305.
[4] "Nova Doctrina" D63, "Summas Christlicher Lehre", D66.
[5] 从雷氏1524年到1527年这几年出版的作品来看,很少有有关圣餐之争的文章。在1524年年底,有一篇反对卡尔斯塔特的圣餐说的文章,在与Theobald Billican的书信中,仅占一小部分,此外就没有公开发表的涉入这场争论中的作品了。偶尔有只言片语,零星见于雷吉乌斯写的反对罗马教会的诸多文章中。总体上来说,雷吉乌斯并没有公开表达他的圣餐观点。Liebmann, 374ff, D47, D62; Seitz, Stellung, 305; "Nova Doctrina" D63, "Summas Christlicher Lehre", D66。
[6] Zschoch, 166f, S.197ff.
[7] Gerald Uhlhorn: Urbanus Rhegius im Abendmahlstreite. Uhlhorn, 82ff.

氏主要是一名路德派的神学家,在圣餐问题上 1526 年和 1527 年比较倾向于茨温利的圣餐理解,但是也并没有放弃路德的基本思想。1527 年和 1528 年,由于他的教派立场,又转向路德的观点。同时代的另一位学者奥拓·塞茨(Otto Seitz)认为:尽管雷氏从一开始一直都是路德派的,但是在神学思想上,却更加接近茨温利派。[1] 此外,奥拓·塞茨(Otto Seitz)也认为雷氏的圣餐观点受到伊拉斯谟影响,属于中立调和态度。[2] 所以从这个方面来讲,雷氏也无法确定具体属于哪一派别,他是路德 – 伊拉斯谟 – 茨温利三派皆有的。所以也可以说雷氏并不是完全无条件的忠实路德派。库勒尔(Koehler)从伊拉斯谟的影响的角度出发,认为雷氏是属于调和派,[3] 但是他也许是过高估计了伊拉斯谟在圣餐问题上的影响,雷氏本身具有一定的"宗教和平共处"倾向。[4] 这点一定程度上和市议会吻合。

托马斯·考夫曼(Thomas Kaufmann)在他的有关斯特拉斯堡圣餐理论的书中[5]指出,库勒尔(Koehler)的观点只是区分了路德派和茨温利派,把剩下的神学家简单地认为是"附和者",忽略了这些神学家内部的复杂性。雷氏在 1524 年和 1525 年的时候还不需要在路德派和茨温利派之间明确作出决定,从 1526 年开始,当路德亲自发文声讨了以后,雷氏的表态就显得比较重要了。换言之,他的表态更多的是一种对于宗教改革阵营内部的分歧的一个被迫回应。[6] 采绍赫(Zschoch)根据对 1526 年"Nova Doctrina"(新学说)文本的研究,认为雷氏已经背离了路德的思想,但也未完全变成茨温利派。[7] 并且在这段期间除了"Nova Doctrina"一文从未公开加入圣餐争论。[8] 就有关茨温利的圣餐问题上还可以看他 1526 年 3 月 1 日写给比利坎(Billican)的回信。在这封信中,他的圣餐文章也主要是反对罗马教会的,[9] 在"新学说"中总结雷氏的六点反

---

[1] Otto Seitz, Die Stellung des Urbanus Rhegius im Abendmahlstreit, von 1899. Zschoch, 166f, S. 197ff.

[2] Köhler Hans-Joachim, Bibliographie der Flugschriften des 16. Jahrhunderts Tübingen Band I, Bibliotheca-Academica-Verl, 1996, 256ff, 564ff, 712ff, S. 822f.

[3] Köhler I. 456, 565, 717, 719, S. 822f.

[4] Köhler I. 456, 565, 717, 719, S. 822f.

[5] Kaufmann Thomas, Die Abendmahlstheologie der Straßburger Reformatoren bis 1528, Tübingen: Mohr, 1992, 3f.

[6] Hellmut Zschoh, S. 169f.

[7] Seitz Otto, Die Stellung des Urbanus Rhegius in Abendmahlsstreite, ZHG 19 (1899, 198 – 328) 308. Zschoch, S. 205.

[8] D 63, 22r – 23r.

[9] D 63, 22rv.

对罗马的教会的圣餐言论中,[1] 其中反对罗马的有四条,第一条说道"圣餐是作为纪念主餐的,以此来加强信仰、爱和希望,起到使基督生命重生的作用。[2] 最后一条他认为,圣餐仪式本身并不是一个洗除罪恶的仪式,而是更多地基督被钉十字架牺牲的信仰。[3]

由此可以看出,雷氏在"新学说"中已经背离了路德的思想,但也未完全变成茨温利派。[4] "新学说"代表着雷氏的一种跨教派的一种倾向。新旧阵营上,他是明确反对罗马教会的,然而在改革阵营内部,他也许正在努力跨越教派之争。[5] 而这种态度也是市议会的态度。1527 年,雷氏的这种努力在圣餐的态度上再次表现了出来。他努力融合了茨温利派和路德派的观点,认为,圣餐既使信仰者有纪念意义,也是基督向信仰者的承诺和恩赐。[6] 雷氏首先于 1527 年 4 月亲自撰文"adhortatio ad fratres coenae domini participes fieri voltentes"(对想参加圣餐的兄弟们的邀请文)[7] 这篇代表着"奥格斯堡共识"的文章[8]明确表示了想促成奥格斯堡新教牧师们在圣餐问题上的统一,并于 1527 年 4 月 15 日传达给全城所有

---

[1] D 63, 22v, 他是这样开篇的: Est igitur haec fides nostra et catholica de coena domini。
[2] D 63, 22v.: "Coena domini ad praescriptum Christi, prima Corinth. 11 V. 24f, peragi debet, ut iugi dominicae mortis recordation nostra fides augeatur, acendatur caritas, roboretur spes nosque cognita pretiossimae mortis causa magis magisque ad gratiarum actionem pro inenarrabili dilectione ad abolendum ad abolendum corpus peccati et ambulandum in vitae novitiate, urgeamur."
[3] D 63, 23r: "Neque tamen hac ipsa coenae communion remitti peccata adserimus, sed cum recordamur fide vera et grata beneficium redemptionis, quo filius Dei corpus suum tradidit victimam pro peccatis et sanguinem fudit ad abluenda peccta, hac fide iustificanmur et remissionem prccatorum morte Christi partam consequimur."
[4] Seitz, Stellung, S. 308.
[5] Zschoch, S. 205.
[6] D 66 70r. "desselbigen todts (christi) und einigen opfers frucht wehret allweg und ist vor Gott für uns so new und kreftig als des ersten tags, des werden wir auch teglich theylhaftig, so und Gott das wort der warheyt, sein evangelium, gnedigklich schickt und lest uns sein gnad, die und in Christo vor der zeyt der welt geben ist, jetzt verkuenden und anbieten. Dann kompt mit dem wirt der heylig geyst, erleucht und reyniget die hertzen der Sünder durch den glauben, durch welchen glauben wir des verdiensts Christi theylhaftig werden, den wir nemen Christum an als unsern heyland und werden kinder Gottes, Johann. 1V12, Galat 3V. 26 und werden also e-ying mit Christo, das er unser ist mit seiner gerechtigkeyt und was er hat. Darumb wo man das wort Gottes bey den sacramenten recht fürhelt und fast, da werden kinder Gottes, denen ihr sünd verzeihen und nicht zur verdamnus gerechnet werden."
[7] H 37; Z 9, 136, 1. "appeal to the brethren, partakers of the Lord's Supper".
[8] 这篇代表着"奥格斯堡共识"的文章只保留下来一个小片段,也就是保留在 1527 年 5 月 Wolfgang Wackinger 和奥格斯堡市民 Jörg Regel 写给茨温利的信中, H 37; Z 9, 136f. Seitz, Stellung, 315; Köhler I, S. 564f. Zschoch, S. 212。

的新教牧师。① 雷氏的这篇文章中根据一些材料拒绝了路德派的说法，却引用了茨温利的例子，也一定程度上受到了凯勒（Michael Keller）的认可。这种观点一定程度上代表着市议会的调和态度。不难看出，这种调和态度与市议会的一贯主张平衡与保守的"中间道路"政策的一致之处。

第三节 多元调和：应对早期教派多元化局面与自身"教派认同"的建构

一 他城未有：奥格斯堡的早期教派多元化局面

1527年路德在给斯巴拉丁（Spalatin）的信中抱怨道，奥格斯堡城市中有六个教派之多（Augusta in sex diuisa est sectas）。② 当然这不是精确的数字，但是至少表明了维腾堡的改教家们对于奥格斯堡的混乱教派状态的一个态度。实际上奥格斯堡此时城中大概有五个教派，代表罗马教皇的传统天主教派、弗洛斯以及阿格里克拉所代表的路德派、凯勒所代表的茨温利派，掀起了城市动荡的再洗礼派，以及像雷氏一样的居中调和派。③ 茨温利派的追随者们，包括在圣餐问题上也认可他们的再洗礼派，在城市中有大量的民众支持，人数最多，④ 如果随着他们奥格斯堡必然会变成一个"茨温利派"的城市。⑤ 雷吉乌斯在1528年9月21日写给梅明根的牧师布莱尔（Ambrosius Blarer）的信上抱怨道，"你了解我们的城市，再没有任何一个巴比伦城市比她更复杂了"⑥。那么，针对这种独一无二的早期教派多元化局面，市议会的立场与态度如何呢？作为市议会聘用的首席新教神学家雷氏的看法又如何呢？教派林立之中，市议会与雷氏如何选择，如何构建自己的"教派认同"？

16世纪20年代后半叶，由于在新教神学上的不同理解，奥格斯堡这个城市汇集了包括传统天主教、路德派、茨温利派、再洗礼派、调和派等复杂的教派元素，这些元素后期逐渐发展成为新教的不同教派。学者采绍

---

① Uhlohorn, S. 144; Uhlhorn, Abendsmahl S. 40; Roth I, S. 207; Koehler I, S. 564.
② Brief vom 11.03.1527; WA. B 4, 175, Nr. 1087. "Augusta in sex diuisa est sectas" (Z19).
③ Brief Joachim Helm an Sebastian Weiss in Zwickau, vom 7. März 1528, Kawerau, Reformationsgeschichte Augsburgs, in BBKG, 2. Bd. 1896, S. 131f.
④ Kawerau, Reformationsgeschichte Augsburgs, in BBKG, 2. Bd. 1896, S. 131f.
⑤ Roth, I, S. 208.
⑥ Dobel, Reformationswerk, 65ff. Brecht, Blarer 143.

赫（Zschoch）的研究观察到了这种现象，① 柯斯灵（Kießling）在他的论著中也提到了这种现象，将之称为早期教派多元主义（Frühkonfessioneller Pluralismus），本书将这种局面称为早期教派多元化局面。② 在 1520—1534 年，政治与宗教神学的发展的最大特征恰恰是早期教派的多元性发展。这种早期教派多元化的局面恰恰汇聚在奥格斯堡这座城市，成为这个城市在宗教改革过程中最大的一个特点。

面对这种局面，市议会引导教派化的走向这样的事情在奥格斯堡是不可能的，因为奥格斯堡的"中间道路"政策初衷，主要是维持传统的城市的作为一个统一、安定，有序的"基督教社会"。③ 因此，在"中间道路"的原则之下，奥格斯堡市议会即使是在"圣餐之争"舆论之战打得头破血流时，也并未明确表示支持或反对哪一方。④ 但是我们从雷氏的居中调和主张中能够看出市议会的态度。雷氏在圣餐之争爆发后，努力弥合两大主要教派路德派和茨温利派之间的争议，在这一点上，市议会是赞许的，并且双方有很多合作。市议会的中间路线，始终以城市的和平稳定秩序为目标，雷氏在神学上的调和努力无疑对于这点是十分必要的。在不断调和的努力过程中，雷氏也在努力构建奥格斯堡的统一的"新教认同"。

二 市议会与雷氏建构统一的"新教认同"的努力

在教派选择上，雷氏始终希望建立一个统一的新教阵营。这在某种程度上也是市议会的意愿。也是由于这一种态度，雷氏努力突出在圣餐问题上教派之间的共同性，期望能够达成共识，并亲自撰文，这篇代表着

---

① Zschoch, Reformatorische Existenz, S. 133, 134. Zschoch, Augsburg zerfällt in sechs Richtungen, Frühkonfessioneller Pluralismus in den Jahren 1524 – 1530, in Helmut Gier und Reinhard Schwarz hg., Arbeitskreis Reformation und Reichsstadt, Luther in Augsburg, Augsburg, 1996, S. 78 – 95.

② Freilich entfaltete sich dabei ein breites Spektrum unterschiedlicher theologischer Orientierungen, ein "frühkonfessioneller Pluralismus" (H. Zschoch), seit neben Luther und den Wittenbergern mit Huldrych Zwingli die Schweizer Ausformung schärfere Konturen gewonnen hatte. Insbesondere über die Auffassung vom Abendmahl, das in Augsburg erstmals am Weihnachtstag 1525 in St. Anna in beiderlei Gestalt gereicht wurde, entwickelten sich sehr heftige Kontroversen, die auch Urbanus Rhegius mit einer 'gemeinsamen Vermahnung zum Abendmahlsempfang' (1527) als 'Augsburger Konkordie' nicht überbrücken konnte, Rolf Kießling: Augsburg in der Reformationszeit, in Günther Grünsteudel u. a. hg., Augsburg: Augsburger Stadtlexikon, 2. Aufl, 1998, S. 61 – 74.

③ StAA, Ratserlasse 1507 – 1599;"和平、宁静、与统一"("friden, ru und ainigkeit")。

④ K. Sieh Burens, *Oligarchie, Konfession und Politik im 16 Jahrhundert, zur Sozialen Verflectung der Augsburger Buergermeister und Stadtpfleger 1518 – 1618*, Verlag Ernst Voegl, Muenchen 82, 1986.

"奥格斯堡共识"的文章只有一小段保留在1527年5月威科灵格（Wolfgang Wackinger）和奥格斯堡市民雷格尔（Joerg Regel）写给茨温利的信中，[①] 这封信中明确表示了想促成奥格斯堡新教牧师们在圣餐问题上的统一。[②] 雷氏的这篇呼吁文也曾在1527年4月15日给全城所有的新教牧师。也许这对于奥格斯堡的布道也起到了一些影响作用，例如对于他最亲近的弗洛斯和阿格里克拉是有影响的。[③] 此外，在1527年反对再洗礼派的布道中雷氏也表达了自己的一些看法。[④] 雷氏的这篇文章中引用了茨温利的例子，也一定受到了茨温利派凯勒的认可。雷氏的这篇共识文章根据一些材料拒绝了路德派的说法，此外还有一个雷氏在1528年12月21日的声明，是根据奥格斯堡市议会的要求写的。[⑤] 他的这篇文章也不是一篇说教文章，而是引导世俗基督徒更好地了解圣餐。雷氏希望为社区民众建立圣餐虔诚。然而雷氏的这篇期望达成"奥格斯堡共识"的文章并没有真正实现。

1527年秋天雷氏加入"讨伐"再洗礼派的阵营中，这使他再次与市议会合作，维持城市的宗教秩序。1528年在平息再洗礼派风波之后，圣餐之争再次浮出水面。为此，雷氏在1528年9月21日写给梅明根的牧师布莱尔（Ambrosius Blarer）的信上疲惫而又无奈地抱怨道："你了解我们的城市，再没有任何一个巴比伦城市比她更复杂了。"[⑥] 此时布莱尔刚刚领导完梅明根的宗教改革。[⑦] 布莱尔在刚刚结束的梅明根的宗教改革中，成功地将路德派和茨温利派的牧师们在圣餐上的认识达成了部分统一，[⑧] 因此，雷吉乌斯也想极力效仿。[⑨] 此时的市议会和雷氏的意见也是一致的。1528年9月奥格斯堡市议会请求牧师们再次尝试调和，努力达成

[①] H 37；Z 9，136f. Seitz, Stellung, 315；Köhler I, 564f.
[②] H 37；Z 9，137，33f.
[③] Uhlohorn, S.144；Uhlhorn, Abendsmahl S. 40；Roth I, S. 207；Koehler I, S. 564.
[④] Rhegius, "Ernstlicher Erbietung", Zschoch, S. 212f, S. 134f, S. 233f, S. 268f.
[⑤] Uhlhorn, Abendsmahl S. 41；Roth I, S. 207；Koehler I, S. 564.
[⑥] Dobel, Reformationswerk, S. 65ff；Brecht, Blarer, S. 143.
[⑦] H 41. Auszüge des Briefs bei（Schiess 版本中节选）1, Schiess, 174 – 176, Nr. 131；还有一份不完整的版本，参见 BHPT VI/5, 1021 – 1026；Vadianische Sammlung, St. Gallen II/374："nosti forstian urbis nostrae ingenium, nulla certe Babylon confusior est".
[⑧] Vgl. Seine Briefe an Buergermeister und Rat zu Memmingen vom 29. Okt. 1528.（Scheiss, 1, 171f. Nr. 128.）und an Thomas Blarer vom 12. Nov. 1528.（ebd. 172 – 174, Nr. 130）
[⑨] H 41："Optarim igitur ten obis quoque adesse, sicut non sine fructu Memmingensi ecclesiae adfuisti, Esti feri posset, nihil non tentarem quo tu quamprimum ad nos adduceris; forsitan fratres qui meum concilium despexerunt, Christo cooperante pluris facerent tuam persuasionem."

一致意见。① 然而却在强大的新教内部的固执已见面前败下阵来，也使得雷氏与其他牧师渐有疏离。1528 年秋天，他在"兄弟"（Bruedern）这篇文章上表露的这种态度，被视为神学上的极简主义（theologischer minimalist）而受到其他牧师们的质疑，认为他不一的言论是对上帝之言的不敬。②

1528 年年底，雷氏写信给布莱尔，希望能够为了新教内部的统一，暂时置圣餐的分歧以及其他的争论问题于一边。③ 他认为神学上应该以称义学说为核心；但在具体的信仰与爱的定位上可以有一些差异（Ausrichtung auf Glaube und Liebe），④ 雷氏的这个观点也就是说在统一的核心框架下，允许神学上的多元化，这也是他在 1527 年夏天在"警示"（Warnung）这篇文章中就曾提出来的。⑤ 并且在奥格斯堡市议会的要求下，雷氏还在 1528 年 12 月 21 日写了一份调和声明。⑥

尽管如此，雷氏原本与市议会貌似愉快的合作，也在一次次令人失望的现实打击下，逐渐变得疏离。奥格斯堡的这种现状令雷氏失望，这些年的努力始终未能达成预期目标。⑦ 尽管雷氏对于奥格斯堡的现状有很多失望以及无奈的情绪，但他仍然拒绝了 1528 年的布兰登堡-安斯巴赫伯爵乔治的邀请，⑧ 并且在接下来的两年里，继续努力在奥格斯堡进行新教布道，努力为奥格斯堡建设符合新教理想的信仰与生活秩序，将基督教带往

---

① Sender-Chronik；Chroniken Augsburg 4, 208 f. 其中记录是在 9 月 26 日，但是市议会政令（Ratsdekreten）中记录是 9 月 15—19 日。（ebd, Anm. 1）

② H 41；s. o, S. 212，Anm. 703.

③ H 41："soleo et iam de coena sic loqui publice et privatim, ut synaxeo vim et fructus perdiscant simplices citra iacturam evangelicae vertitatis, omittant atutem contentions inutiles."

④ H 41；s. o, S. 212，Anm. 703.

⑤ H 41；s. o, S. 216ff.

⑥ Uhlhorn, Abendmahl, S. 41；Roth, I, S. 207；Koehler, I, S. 564.

⑦ Brief an den ansbachischen landhofmeister johann von schwaryenberg vom 31. August 1528（H 38）；drucjt bei：Kolde, Briefwechsel Markgraft 27 - 29. Rhegius schreibt：diewezl ich nun hie zu Augspurg, nit wenig nachlessigkheit vnd schmalen eifer gottis in vil dingen dise 4 jar. gemerckt hab, bin ich offt des synns gewesen vnd bins noch, wo es nit anders würd, wollt ich da dannen ziehen, vnd hoffart, geitz vnd weltlichheit dem grechten gricht Gottis befehlchen.

⑧ H 38："desselbigen meins willens（Augspurg zu verlassen）sind etlciher gutherzige menschen gwar worden, welche got sonderlich alls rosen vnder den dörnern noch behalten hatt vnd also bewart, das sy vnder dem großen haufen des abgötrischen Isreals noch nit ire knie gebogen leeren vnd vermanen von ynen nit wenden wölle. In gutter hofnung, got werde noch durch sein milter gnad zugeben, das man animal mit mererem vleiss, das Euangelium lassen geschechen, alls ain ordenlichen beruff erkennen soll vnd bessers hoffnen dann bisher erschinen ist, aus pflicht der lieb, die alweg das best erhofft.（Kolde, Briefwechsel Markgraf 28）Liebmann 303ff.

一个和平框架内。① 总体上来说，雷氏的目标包括三个方面，首先，统一新教的信仰认识，作为改革派区分于其他分支的学说差异的根本"身份认同"，尤其是在圣餐问题上；其次，在统一的认识基础上，树立教会虔诚思想，而非精神上的主观主义；最后，为了推行新教的基督教思想，要建立针对罗马教会的清晰界限，这也将有利于新教的教会建设。② 这三个方面的内容充斥于雷氏这些年出版的大量的文章中。雷氏为此为奥格斯堡的新教改革奠定了基础，也在神学上为新教的"身份认同"做出了贡献。

雷氏期望在和平的框架内塑造统一的"新教认同"，完成奥格斯堡的宗教改革，对于构建统一的"新教认同"，市议会也是积极赞同的，但在进行宗教改革问题上，二者是有差异的。对于雷氏来说，完成奥格斯堡的宗教改革是他的最终目标，而对于市议会来说，正如他们所坚守的中间道路政策，城市经济的稳定发展以及与内外关系的平衡才是最根本的出发点，是否进行新教改革进行以及进行到什么程度，都取决于这个根本要点。

1529年施拜耶尔帝国议会的召开，奥格斯堡并没有加入新教阵营。③ 对此雷氏在1529年4月30日写给黑森菲利普伯爵的信中表达了他对该决定的惊诧，认为这背后必然有金钱权势的参与，④ 同时也强调了，奥格斯堡的新教布道与政治权利的利益之间的对垒必不可免。⑤ 雷氏也说，想在奥格斯堡实现宗教改革，只有在新教牧师们齐心协力，并且所有支持市议会的力量都变成盟友的时候，才可能成功。⑥ 雷氏的这种判断被证实是正确的。1530年帝国议会在奥格斯堡召开，查理五世的诏令令雷氏及其他

---

① H 41: "ego totus in hoc sum, ut pacifice Christi ecclesiam."
② Zschoch, S. 304.
③ Roth I, S. 280ff.
④ H 44 3v: "Ich kans nit chreiben, was kummer und angst sich bey den guethrtzigen hiezu Augspurg erhaben, nachdem bottschaft kam, wie sich unsre gesanten von den christlichen herren und stetten hetten abgesundert", H 44 3v-4r: "wie es die herren wöllen verclugen (= beschönigen), kan ich nit wyssen, es hat ain ubels ansechen gegen allen menschen, und wirt wunderseltzsam ding dazu geredt. Ich kan auch noch nit wyssen, was sy im synn haben, dann das mich gedunckt, es haißt ainer Mammon, ain starcker ryse, der helt die welt auf und laßt sie ungern Christo nachfolgen, wie sie teglich von mir muessen hören, wiewol ungern, … ditz acht ich vast die ursach sein, das die unsern neben ab geschlichen seind: das verdampt gelt schendt und blendt die welt."
⑤ H 44 4r: "Wolan, wöllen si mich zum prediger haben, so muessen sie das evangelium hören, da hilft nichts fur."
⑥ Roth, I, 304; Schott, 9, (1882) 261, Anm. 1.

新教牧师所做的努力功亏一篑,而雷氏自己,也被迫离开了奥格斯堡。面对来自皇帝的强势态度,城市双教阵营框架下的早期教派多元化的平衡被打破,市议会不得不采取更有教派倾向性的政策选择。

第四节 早期教派的此消彼长:路德派的式微与茨温利派的发展

奥格斯堡的新教牧师们虽然羡慕梅明根的改革,但他们也知道奥格斯堡的情况远不像梅明根那样简单:一方面改革派还与传统天主教阵营对抗,努力树立新教的"身份认同";另一方面,还要在新教内部努力统一意见,达成共识;而市议会的态度谨慎,一方面不能与天主教决裂,另一方面希望能够调和新教内部差异问题。因此,最后早期教派多元化的局面走向分化,各个教派内部的"身份认同"逐渐树立起来,分裂为不同的教派认同与改革路径。

一 早期路德派在城市的发展与式微

路德派在宗教改革早期是最受欢迎的。一开始,无论是人文主义者、传统教会中的开明人士、城市的中下层民众,都对路德的学说持支持态度。但是由于1524年的城市暴乱、1525年农民战争的冲击,以及随后的极端的再洗礼派的冲击、路德派并没有得到持保守态度的市议会的青睐,支持纯粹路德派的市议员只占少数。

在奥格斯堡支持马丁路德神学思想的代表人物主要是在牧师圈内,例如弗洛斯(Johannes Frosch),阿格里库拉(Stephan Agricola)和胡伯尔(Kaspar Huber)。[①] 雷吉乌斯虽然常常也被划在路德派中,但实际他的思想更具有调和派的倾向。弗洛斯和雷氏共同把圣安娜教堂建成奥格斯堡宗教改革运动的中心。[②] 这几个人物在宗教改革初期影响很大,这从市长乌里希·海灵格、卢卡斯·威尔瑟以及克里斯多夫·何瓦特这三位"大人物"参加1525年雷氏的婚礼事件上就可见一斑。此外,奥格斯堡早期宗教改革思想的传播与发展,这几位也是劳苦功高,他们通过布道和发表小

---

① Roth, Augsburger Reformationsgeschichte I-IV,散见各处。
② Max. Liebermann, Urbanus Rhegiusund die Anfänge der Reformation, Muenchen1980, S. 185-188,

册子等宣传手段，激发了民众的宗教改革思想，奠定了奥格斯堡的宗教改革基调。

在奥格斯堡的家族关系网络中，支持路德派的有少量的威尔瑟家族内的成员。例如汉斯·汉策1525年分别将他的女儿交于弗洛斯受洗，他的儿子交于雷氏受洗。基于类似这样的关系，他们也形成了一个"朋友与主顾"的大圈子。① 此外，这些牧师与倾向于宗教改革的市政官员在政治上始终保持友好关系，这在20年代的冲突事件中就已经初见端倪了。雷氏向刚刚来到奥格斯堡的牧师米歇尔·凯勒（Michael Keller）暗示，他自己在1524年煽动社会改革的托钵修士约翰·席令（Johannes Schilling）骚乱中是与市议会紧密合作的，事实也是这样。② 同样在农民战争问题上，路德派的牧师是站在权威这一边的，他们把追随他们的信众散布到社区中，发挥影响作用。③ 在弗洛斯和雷氏这两位奥格斯堡的路德新教牧师的努力下，使得奥格斯堡并没有发生特别激进的宗教改革事件，而是更多地探寻一种合作的可能性。这种态度尤其在1525年和1528年反对再洗礼教派的时候表现得非常明显。为此，市议会在1528年1月11日特别表彰了弗洛斯、阿格里库拉和雷氏三位牧师的所作所为。④

路德派貌似为他们的教派的扩展传播打下了一个很好的基础，然而，实际上却很快就偏离了预计的方向。自20年代中期以后，不断有动摇和分裂路德学说的事件发生，如前文所述，圣餐问题首当其冲，破坏力巨大。其次内部人员之间存在着私下的反感，这也造成核心影响力下降。⑤ 雷氏在圣餐问题上的调和态度，被认为是在茨温利观点和路德的思想中游移，也产生了一些消极影响。⑥ 此外就是路德教派在人员上的困境。因为在路德的追随者中缺少受过高等教育的贵族，这就造成路德派在市议会中申请新的布道士职位时，很难追随维腾堡模式，争取到有利的形势。到1530年为止，在奥格斯堡还仅仅有弗洛斯、雷氏和阿格里库拉，到了1530年，来自皇帝诏令的压力，所有的新教牧师被遣散，雷氏、阿格里库拉和弗洛斯相继离开。1531年以后，只剩下胡伯尔和相对来说不那么

---

① Roth, *Augsburger Reformationsgeschichte*, I, S. 136.
② Friedrich Roth, Zur Lebensgeschichte des Meisters Micheal Keller, Praedikant in Augsburg, in Beiträge zue Bazerischen Kirchengeschichte V, 1899, S. 161.
③ Roth, I, S. 174.
④ Roth, I, S. 200.
⑤ Roth, I, S. 200.
⑥ Max. Liebermann, Urbanus Rhegius und die Anfänge der Reformation, Muenchen, 1980, S. 197 - 200. 茨温利写信给 Vaidan, 1525 年，称雷氏太狡猾，是变色龙。

重要的魏麦尔（Stephan Weinmair）留在奥格斯堡。① 路德派在奥格斯堡其势渐微，在四大家族关系网络中也失去多数派支持。在1530年后，最有影响力的威尔瑟家族更多转向具有茨温利派倾向的布策改革派。1532年乔治·费特和1534年殷浩富之后就只剩下沃夫冈·海灵格偶尔为路德派发声。② 而富格家族网络始终支持天主教派，何宝特家族和塞茨关系网也多支持茨温利派。

路德派在市议会中的政治影响力的衰弱，即使是路德和梅兰希通1536年亲自出马，来到奥格斯堡促谈施马尔卡尔登以及维腾堡协议加强了新教力量之后，仍然没有多大改善。新上任的牧师弗斯特（Johannnes Forster）作为奥格斯堡人以及路德的朋友在这个城市中享有良好的声誉，然而他却在1539年由于个人原因与其他的牧师离开了奥格斯堡。此外还剩下胡伯尔、魏麦尔和1536年加入进来的约翰·麦克哈特（Johann Meckard），虽然还能勉强维持，包括作为马丁路德的中间人所能发挥的一些作用，然而指望在政治上有所作为却是不可能的了。③

二 早期茨温利派在城市的发展

在路德派逐渐式微的同时，茨温利派在市议会中的影响却越来越大。其原因多样，主要在于茨温利相比于路德派在政治上更倾向于城市贵族政治，而这一点恰恰是符合奥格斯堡的政治实情的。茨温利认可市议会，认为市议会的权柄是上帝赋予的，他把他的改革理念实施于瑞士苏黎世，其后对南德城市产生很大的影响；④ 此外，非常重要的一个原因是茨温利的人文主义思想背景也与很多市议要员的人文主义思想相吻合。随着茨温利思想的传入，市议会成员中越来越多支持茨温利派的人员。通过倾向于茨温利派的何宝特家族、塞茨关系群、部分的威尔瑟家族群成员，以及老贵族市长乌里希·海灵格，茨温利派成功地影响着城市的政治。其中自16世纪20年代末开始扮演了重要角色的茨温利派牧师就是前文提到的米歇尔·凯勒。1524年城市骚乱的时候恰是他崭露头角的时候。凯勒作为骚

---

① Roth，II，S. 207.
② Roth，II，S. 11.
③ Roth，II，S. 241–257，III，S. 130.
④ 茨温利区分了三类政治制度：君主政体、贵族政体和民主政体，他比较倾向于贵族政体，认为君主政体容易导致暴君，民主政体容易产生混乱，只有贵族政体最为合理；路德比较倾向于君主政体的形式；此外，茨温利也认为市议会的权柄是上帝赋予的。具体论述可参见 ［英］阿利斯特·麦格拉思《宗教改革运动思潮》，蔡锦图、陈佐人译，中国社会科学出版社2009年版，第229—230页。

乱事件的核心——托钵修士席令的后继者是成功的，他成功地获取了托钵教堂社区以及相应的牧师的拥护。通过他的努力，托钵教堂（Barfüßer-Kirche）成为奥格斯堡茨温利派的中心，并且圣乔治教堂，圣十字教堂的牧师汉斯·塞弗里德（Hans Seifried）和汉斯·施耐德（Hans Schneid），也纷纷追随他。① 这样，茨温利派就占据了三个汇集了城市上区的中下层民众的重要的堂区。这种情况也方便了凯勒与市议会的联系，尤其是市长汉斯·汉策、乔治·何瓦特、乌里希·海灵格和邝·塞茨对茨温利派的相对青睐也帮助他稳固了自己的地位。② 凯勒1525年也属于市议会特聘的三位布道士之一。1529年，凯勒为市长汉斯·汉策的一个儿子洗礼，这也是茨温利派终于打败路德派，更受青睐的一种指向。为此，凯勒的私交网络也功不可没。③

奥格斯堡几大家族关系网在政治上的关系交织在市议会选举之前表现得尤为明显。茨温利派的牧师甚至在他们的布道上进行选举宣传，例如在1533年，这一决定宗教改革发展的关键一年的选举上，他支持老市长乌里希·海灵格和邝·塞茨。1537年他又支持汉斯·威尔瑟。一年以后，他也成功地把乔治·何瓦特推上了市长之位。④ 茨温利派在政治上获得主导地位也与他们和瑞士的改革者保持紧密的联系有一定的关系。⑤ 到了20年代末期，茨温利已经成为城市中超过路德派最受欢迎的早期教派。

第五节　宽松的舆论环境造就再洗礼派中心

一　再洗礼派在奥格斯堡的兴起

由于奥格斯堡相比于其他的帝国城市和地区相对宽松的舆论环境，再洗礼派的宣传小册子混迹于各种新教思想诠释中，得到大量的出版发行。那些再洗礼派的先驱如汉斯·胡特（Hans Hut）、皮尔格拉姆·马尔贝克（Pilgram Marbeck），以及赛巴斯提安·弗兰克（Sebastian Franck），卡斯帕·施万菲尔德（Kaspar Schwenkfeld）在奥格斯堡有一段时间可以自由地

---

① Friedrich Roth, Zur Lebensgeschichte des Meisters Micheal Keller, Prädikant in Augsburg, in Beiträge zue Bayerischen Kirchengeschichte V, 1899, S. 161 – 172.
② Roth, Zur Lebensgeschichte des Meisters Micheal Keller, Prädikant in Augsburg, S. 151.
③ Roth, Zur Lebensgeschichte des Meisters Micheal Keller, Prädikant in Augsburg, S. 149.
④ Roth, Augsburger Reformationsgeschichte II, S. 430.
⑤ Roth, Augsburger Reformationsgeschichte II, S. 66.

发展，出版文章。支持他们的出版商主要有奥特玛（Silvan Otmar），乌尔哈特（Philipp Ulhart D. Ä.）以及格格勒（Hans Gegler）。乌尔哈特（Ulhart）甚至出版了 50% 的再洗礼派的文章作品，一共出版了 100 种书目。① 很快，再洗礼派聚拢了大量的信徒。此时的奥格斯堡焦点多在圣餐之争上面，对于再洗礼派的苗头也没有给予特别的关注，使之得以迅速发展。那么，再洗礼派的教派认同是怎样的？为什么能够在奥格斯堡得到顺利的发展？一向持"中立""宽容"原则的市议会为什么独独对再洗礼派无法包容呢？为此市议会采取了哪些措施？雷氏以及其他新教牧师又与市议会合力打了一场怎样的保卫战呢？

根据乌兰德（Uhland）的研究，再洗礼派思想的源头，其实早在宗教改革的一开始就出现了。在 1521—1523 年奥格斯堡的新教宣传风潮中，出现了一些转向新教的世俗作者的文章，其中最有影响力的就是曹勒尔（Haug Zoller）。② 他出身于梅明根贵族，1508—1535 年在奥格斯堡服兵役。他在 1522 年和 1523 年有三篇文章很受欢迎，第一篇文章阐述了他自身对于路德思想的理解；第二篇文章宣扬要追随耶稣为榜样，虔诚地追随我父；第三篇文章最重要，他在这篇文章中心宣称："即使是在新教徒中也找不到一丝真正基督徒的痕迹：那些商人们欺骗、放高利贷，一如既往；那些贵族们虽然没有这些恶行，却发动大的战争，造成街头巷尾，人人自危；没有上帝之爱，一切的书籍与布道都毫无作用。所以人们应该放弃城市的繁华生活，身着麻衣，回归田野。"③ 曹勒尔的这篇文章应和了当时城市下层民众与大资本家、统治贵族的矛盾，得到了他们的拥护。最重要的，这种思想与后来的再洗礼派思想有不谋而合之处，为之做了舆论铺垫。

1526 年，曹勒尔又写了一篇有关圣餐之争的文章。因为言论激进，他被关入塔内 8 天。④ 同一时间，另一位后来成为再洗礼派的汉斯·劳伊

---

① 比如 Hans Hut, Ein Senbrief, Daran: Urbanus Rhegius, Verantwortung. Augsburg: Alexander Weißenhorn, 1528. VD－16 H: 6620. SStBA. 4°Aug. 1145; Urbanus Rhegius, Zwei wunderseltsame Senbriefe zweier Wiedertäufer. 相比之下，与之进行书面对抗的只有 1527—1533 年见雷氏的一些文章。后期针对 Frank 与 Schwenckfeld 的分析奥格斯堡鲜有牧师来做。Augsburg: "Alexander Weißhorn, 31. Mai 1528, SStBA. 4° Aug. 1146; Hans-Jörg Künast, Getruckt zu Augspurg", Buchdruck und Buchhandel in Augsburg zwischen 1468 und 1555, Tübingen: Niemeyer, 1997, S. 15f。

② Haug Zoller 传记可参见 Roth, wer war Haug Marshcalck, genannt Zoller von Augsburg? in BeitrrbayerKG Bd. 6（1900），S. 299－234。

③ 两篇文章的大体内容可参见 Clemen Chronik, Haug Marshcalck, genannt Zoller von Augsburg? In BeitrrbayerKG Bd. 4（1898），S. 223－230。

④ Roth, wer war Haug Marshcalck, S. 230。

普德（Hans Leupold）由于对圣餐有讽刺性的言论，被关入塔内14天。①另一位比较有影响的作者是奥格斯堡的纺织工瑞希斯纳（Ulrich Richsner）。② 他在文章中表达了如何创建新的福音教会的构想，正是这篇文章表现了他们激进派别的特征。在这篇文章中，他们不同于路德驳斥罗马天主教会，以及"因信称义"的核心思想，他们声称根据真正的基督学说建立民众的社区组织，并且将整个权威等级体系置于怀疑之下。③ 这些人的引导为再洗礼派的形成做了舆论铺垫。真正对奥格斯堡影响最大的再洗礼派领导人有路德维希·海策（Ludwig Haetzer）、汉斯·邓克（Hans Denck）、巴尔塔扎尔·胡波迈尔（Balthasar Hubmaier）。

路德维希·海策（Ludwig Haetzer）早年追随茨温利在苏黎世活动，后来与苏黎世激进派联系紧密。④ 在此期间，他结识了奥格斯堡的印刷商奥特玛（Silvan Otmar），1524年曾短暂来到奥格斯堡。1525年1月由于他反对婴儿洗礼，被迫离开苏黎世，他选择来到舆论相对宽松的奥格斯堡，并相信他作为瑞士的再洗礼派代表一定可以在奥格斯堡有所作为。⑤ 来到奥格斯堡之后，海策与奥特玛合作，很快成为奥格斯堡一线的宣传册作者。在他的文章中，他把教皇、放高利贷者、富有的阶层通通骂了一遍，并提出要建立第一个真正的基督徒社区，届时所有的富人都要把财产分给穷人。⑥ 海策的激进观点引起了市议会的注意，邀请雷氏写文章反驳了他。

1525年9月汉斯·邓克（Hans Denck）⑦ 出现在奥格斯堡教派舞台上，他是第一个建立了奥格斯堡再洗礼派社区的人。邓克1500年出生在黑巴赫（Heybach），与海策同岁，在英格斯塔特完成学业，曾在雷根斯

---

① Roth, wer war Haug Marshcalck, S. 231. StAA, Ratsbücher, Strafbuch, 1509 – 1526, fol. 179r. (1526, Juni, 9).
② Roth, Reformationsgeschichte I, S. 135, S. 148 有关 Richsner 的记录在奥格斯堡 1503—1525 年的税务记录中有迹可查。
③ "Ain schöne vnderweysung/wie vnd wir in Christo alle gebrüder vn schwester seyen/dabey angezaigt nicht allain die weltlichen/wie sy es nennen/sonder auch die gaistelichen zu straffen/wa sy anders in dem leybe dessen haubt Chritus ist wollen sein auff die geschrift gotes gegründt vn daraußen gezogen zu nutzen allen die das göttlich wort lieben seindt " Vtz Rychßner Weber MDXXIIII Jar. Roth, Reformationsgeschichte I, S. 148f.
④ 有关 ludwig Haetzer 的传记可以参见 Goeters, Ludwig Haetzer, Spiritualist und Antitrinitarier, Eine Randfigur der fruehen Taueferbewegung. QFRG, 25, 1957。
⑤ Uland, S. 70f.
⑥ Uland, S. 71f. 后来雷氏在市议会的授意下，写文章反驳了他。Haetzer 后来由于太激进，Georg Regel 出于对巴伐利亚公爵的担忧，收回了提供给他的房子，后来境遇不是很好。
⑦ 有关 Hans Denck 的传记可参见 Kiwiet, the life of Hans Denck, MQR 1957, S. 227 – 259。

堡进行改革宣传，后来主要在巴塞尔，为印刷商（Cratander 和 Curio）校改文章。他追随新教神学家约克拉姆派德（Oekolampad），并在他的推荐下 1523 年来到纽伦堡，主持西巴尔德（Sebald）学校的教学，后来由于他在对"圣经、原罪、上帝的公义、律法、福音、洗礼以及圣餐"七个问题上观点与市议会允许的大相径庭，被迫于 1525 年 1 月 21 日离开纽伦堡。①

1525 年 6 月，他来到了圣加仑（St. Gallen）社区，并与那里的再洗礼派凯斯勒（Kessler）和瓦迪安（Vadian）结识。9 月他以教外文课程的名义得到市议会的许可，留在奥格斯堡。在这里他结识了海策（Haetzer）之前已经聚集的虔诚的再洗礼派信徒，并在第二年为他们建立了再洗礼派社区。1526 年他结识了刚到奥格斯堡的巴尔塔扎尔·胡波迈尔（Balthasar Hubmaier），二人联合将最有影响力的南德的再洗礼派组织带到了奥格斯堡。②

巴尔塔扎尔·胡波迈尔（Balthasar Hubmaier），1480 年出生在奥格斯堡的临近小城弗里德堡（Friedberg），并先后在奥格斯堡以及弗莱堡完成了中小学和大学的学习，取得神学博士学位，他的老师也是埃克（Johann Eck）。③ 1516 年开始他在雷根斯堡大教堂布道，后来来到苏黎世成为茨温利的同道中人。1525 年他来到小城瓦尔德胡特（Waldshut），公开声称婴儿洗礼是不符合圣经原义的。同年侯博礼（Wilhelm Roeubli）为胡波迈尔（Hubmaier）和其他六十人洗礼，第二天洗礼人数达到 300 人，而市议会也认可这种做法。由此，小城瓦尔德胡特（Waldshut）成为第一个承认再洗礼派的城市。此后他回到苏黎世，由于其言论激进被关入监狱，从 1525 年 12 月 29 日一直到 1526 年 4 月 6 日。出狱后，他直奔奥格斯堡。④

胡波迈尔的到来无疑是令邓克（Denck）惊喜的，在他们见面的当天中午，胡波迈尔就为邓克洗礼了。此后又以惊人的速度为汉斯·胡特（Hans Hut）⑤ 洗了礼（5 月 20 日）。后来还为从斯特拉斯堡来的汉斯·布恩德林斯（Hans Bünderlins）进行了洗礼。⑥ 1526 年 7 月 21 日，胡波迈尔在尼克斯堡（Nikolsburg）建立了自己的再洗礼教堂。他们发表文章，组

---

① Uland, S. 72f.
② Uland, S. 73.
③ 有关 Balthasar Hubmaier 的传记可以参见 Bergsten, Balthasar Hubmaier, seine Stellung zu Reformation und Täufertum, 1521—1528。
④ Uland, S. 74f.
⑤ 有关 Hans Hut 的传记可以参见 Klassen, the life and Teaching of Hans Hut, MQR（The Mennonite quarterly review），Goschen, Ind. 33, 1959。
⑥ Meyer, zur Geschichte der Wiedertaeufer, S. 223；QGT（Quellen zur Geschichte der Täufer）VII S. 232（1529, Maerz, 16）；Uland, S. 76.

织集会，影响越来越大。1526年11月，邓克的观点在和雷氏辩论后，被雷氏认为是错误的，此后在市议会的安排下，组织他们进行辩论，但是邓克没有出席，他秘密离开了奥格斯堡，去往了斯特拉斯堡。① 在邓克被迫离开奥格斯堡后，汉斯·胡特（Hans Hut）接替他成了奥格斯堡再洗礼派新的领导人。② 胡特认为自己的使命是尽可能广泛地传播他的思想，他为很多人洗礼，去了很多城市和地方布道。在海纳（Haina）、科堡（Coburg）、科尼斯堡（Königberg）、奥斯特海姆（Ostheim）、班贝格（Bamberg）、埃尔兰根（Erlangen）、纽伦堡（Nürnberg）、武藤胡特（Uttenrüth）、帕绍（Passau）、尼古拉斯堡（Nikolasburg）、维也纳（Wien）、梅尔克（Melk）、施代尔（Steier）、弗赖施塔特（Freistadt）、加仑教堂（Gallenukirchen）、林茨（Linz）、布劳瑙（Braunau）、劳芬（Laufen）、萨尔茨堡（Salzburg）这些城市和地方都留下了他的足迹。③

1527年，再洗礼派活动在奥格斯堡达到高潮。在这年的斋戒期，奥格斯堡的再洗礼派社区组织开始活动。萨尔明格（Sigmund Salminger）作为第一个转信的信徒被选为他们的领导。④ 从英格斯塔特来的达赫泽（Jakob Dachser）被选为他的助手。⑤ 此外，他们还设立一个济贫处，负责人是胡波尔（Konrad Huber），还有纺织工费舍（Gall Fischer）、瓦匠工凯斯灵（Hans Kießling）。这个社区组织不仅对于贫穷的下层民众很有吸引力，对于其他阶层也是如此，一些奥格斯堡很有名望的贵族阶层的人也加入了进来，例如朗曼特（Eitelhans Langenmantel），他支付的税款是很大的一笔数额。⑥ 在印刷商乌尔哈特（Ulhart）的帮助下，朗曼特借着参与圣餐论战的机会，间接地为正在成长的再洗礼派社区组织做了很好的宣传，他们支持圣餐的纪念意义，提倡圣餐应遵照在耶稣使徒中保留的真正的

---

① Denck 来到斯特拉斯堡后，在一个月后的圣诞节就遭到市议会的驱逐。并随后在 Worms 展开了再洗礼派的传教工作。Meyer, zur Geschichte der Wiedertaeufer, S. 220f.；Bibliographische Beschreibung, QGT, VI, Teil 1, S. 32ff. Uland, S. 79ff。
② Klassen, the life and Teaching of Hans Hut, MQR33, 1959, pp. 171 – 205, 267 – 304；Armour Anabaptist Baptism, S. 58 – 96.
③ Uland, S. 82.
④ Meyer, zur Geschichte der Wiedertäufer, S. 225；Uland, S. 82.
⑤ Dachser 最开始是路德派，后来转向再洗礼派。有关这两个人的更多情况可参见 Radlkofer, Jakob Dachser und Sigmund Salminger, in BeitrrbayerKG, Bd. 6, 1900, S. 1 – 30；Uland, S. 82。
⑥ Roth, Zur Geschichte der Wiedertaeufer in Oberschwaben. II. Zur Lebensgeschichte Elterhans Langenmantels von Augsburg, in Zeitschrift der historischen Vereins für Schwaben und Neuburg, 1900, S. 2f.

基督教义来理解，并在话里行间赞美按照真正的基督教义建立的奥格斯堡的再洗礼派社区实践："所有的人都是信徒/大家同舟共济/共同拥有所有的东西/财产和买的东西/他们分配这些东西/根据各自所需/他们有稳定的统一的庙堂/将面包送到各个房所/以开放热情的新与朋友共享甜点，恩典于所有的人民/人们每日忙碌/对于所有人像是天堂一样。"① 此外，在他的文章中他既批判了老的天主教徒，又批判了"新的天主教徒"。他所谓的新的天主教徒就是路德追随者，他们甚至比老的天主教徒更加唯利是图："我告诉你们，在他们面前保管好你们的钱包，如果你富有/你不要给出超过一或两个古尔登/如果你贫穷/给他们两到三毛钱/他们也很乐意收下/然后他们回到自己的房子/他们给他们的妻子一磅五/或者更少。还有的时候/如果孩子出生了/要给他们遗产/他们给孩子洗礼/他们走不出这个房子/他们比老的天主教徒/多出两重的工资/但是他们仍旧不能满足。"②

1527 年，越来越多再洗礼派信徒在公园和住所集会，例如有一次在三个花园聚集了 1100 多人。③ 这种形势愈演愈烈，1527 年 8 月甚至在奥格斯堡召开了整个南德的再洗礼派领导人会议。④ 奥格斯堡俨然成为南德再洗礼派的中心。同时期还有唯灵主义者卡斯帕·施万科菲

---

① "alle aber die glaubig waren worden/waren bey einander/vnd hielten alle ding gemeyn/gütter vnnd hab verkaufften sy/vnd teylten sy auß/nach dem yedem man not was/vnd sy bliben bestendig täglich in tempel einmütig/vnd brachen das brot hin vnd her in heusern/namen die speyß mit frewden vn einfältigem hertzen vnd hetten gnad bey dem gantzen volck/der herr aber thet hin zu täglich/die sa sälig wurden zu der gemein," Schottenloher, Ulhart, Nr. 137, Ein kurtzer begryff, AIII. v. f.

② "Ich rat euch aber/bewarend ewer taschen wol vor jnen/Bist du reych/das dir nit vil an einem oder zweien guldin gelegen/bistu dann arm/gibstu jm zwen oder drey batzen/er nympt sy gern/dann ee er lär auß einen hauß gieng/er nem ee eine halb pfund flachs siner hawßfrawen/oder minder. Vnn also geschicht es auch/so kinder geborn werden/vnd Erber lewt nach jn schicken/die kinder zu Tauffen/sy komen nit auß dem hauß/sy haben dann zwifachen lon/mer dann die alten Papisten/vnn seind dennocht nit wol damit zu friden…" Schottenloher, Ulhart, Nr. 137, Ein kurtzer begryff von den Allten vnnd Papisten/Auch von den rechten vnd waren Christen. MDXXVI. 有关更多 Langenmantel 的文章可以参见 Mueller，Glaubenszeugnisse, S. 126. ff。

③ Chroniken der deutschen Städten, Bd. 23, S. 186. 再洗礼派常集会的地点后来经证实有纺织工 Gall Fischer 家，Augustin Bader 家，还有 Konrad Huber 家。Gall Fischer 家集会规模大概 60 人这样。最大的集会是 8 月 24 日，在屠宰行会的 Matheis Finder 家中，有超过 60 人。Hans Hut 被捕后供出来的。可参见 Peutinger 对此的记录。Roth, der hoehepunkte der wiedertaeuferischen Bewegung in Augsburg, Zeitschriften der Schwabischen Städten 28, 1901, S. 65. Uland, S. 87。

④ 会议有专门的名字 "Maertyrerkonzil" 或者 "Maertyrersynode, 参见 Mennoitisches Lexikon III, S. 53 - 56, Art. Maertyrersynode (HEGE)。

尔德（Kaspar Schwenckfeld），[1] 他的思想也对再洗礼派产生了很大的影响作用。

总体上，再洗礼派神学上认为孩子一经出生就洗礼在圣经中是没有根据的，因此成年信徒需要接受再洗礼；[2] 社会影响上，再洗礼派汇集了诸多城市中下阶层的信徒，他们经常组织集会，令市议会担心会引发像1524年那样的动乱；最为重要的，他们的团体自成一派，独立自主，不承认世俗权威的体系。1527年10月1日，再洗礼派拒绝参加市议会组织的向城市效忠的宣誓。[3] 这一点终于挑战了市议会的容忍度，认为他们蔑视了市议会作为上帝律法之下的世俗权威，打破了市议会为"公共福祉"建立一个统一的基督教社会（corpus chrisitianum）的目标，因此决定采取一系列措施来对抗再洗礼派。[4]

二　保住"池鱼"的努力：镇压再洗礼派

市议会针对再洗礼派的举措主要有以下几方面。首先在神学方面，市议会指责再洗礼派是误入歧途，是错误的学说，并且邀请了雷氏（Urbanus Rhegius）、弗洛斯（Johann Frosch）、阿格里克拉（Stepha Agricola）、凯勒（Michael Keller）进行布道和反驳，包括书面神学论述，反驳再洗礼派的观点。[5] 同年10月，市议会委托这几位布道士发挥自己的影响力，在再洗礼派社区自由地布道。[6] 为此，市议会也分别奖励了几位布道士。[7] 在奥格斯堡的财务账本中，记录了雷氏两次因由反对再洗礼派

---

[1] Caspar Schwenckfeld，也叫做 Kaspar von Schwenckfeld（1490—1561）是一名唯灵主义者，他反对路德的圣餐真实临在说，同时也反对天主教和路德的因信称义，提倡一种神秘主义的"内在"体验。16世纪30年代，在所有的各教派领军人物都被驱逐之后，只有他还拥有影响力。他在1533年至1534年独自在城市中发挥影响力，其学说特别强调内在，而不是任何外在的教派形式。

[2] Roth, Reformationsgeschichte I, S. 237 – 240；Sender-Chronik, S. 186 – 194.

[3] StAA, Ratsbücher 15. fol. 149v.："*Uff den ersten tag octobis anno 1527 ist ain erber rath in der gewohnlichen Gerichtstuben gesessen, alda vor ainem erbern rath alle und yede personen, so sich taufen lassen und hievor gnugsam bestimpt und anzaigt ist, desshaln in leib und gut nit zu verrucken, hinder ainen erbern rath geschworen, erschinen, daselbs inen allen durch die vier predicanten, doctor Urban, doctor Frosch, doctor Steffan und maister Michelen ain sermon oder oredig thun lassen.*"

[4] Zschoch Hellmut: Reformatorische Exisitenz und konfessionelle Identität, Urbanus Rhegius als evangelischer Theologe in den Jahren 1520 bis 1530, Tübingen, 1995, 233 und 268 – 273.

[5] StAA, Reichstadt, Ratsbücher, Nr. 2, fol. 111r – 115r.

[6] StAA, Reichstadt, Ratsbücher, Nr. 15, fol. 149v.

[7] Ausgburg StAA：Baummeisterbuch, 1528, fol. 63.

被市议会授予荣誉称号。第一次是在 1528 年 1 月 11 日，他收到了 4 古尔登作为奖励，理由是因为他在市议会上多次反对了洗礼派与再洗礼派；此外，为了感谢他在圣彼得教堂的类似行为，市议会又奖励了他 1 古尔登。① 同一时间也由于同样的原因，在同一天弗洛斯（Johannens Frosch）、凯勒（Michael Keller）、卡斯滕鲍尔（Stephan Kastenbauer）也获得了 4 古尔登作为奖励。②

1527 年 9 月 21 日和 25 日，市议会召开了一次会谈，邀请了雷吉乌斯、弗洛斯、阿格里克拉和凯勒代表新教牧师以及胡特（Hut）、萨尔明格（Salminger）、达赫泽（Dachser）和格罗斯（Gross）代表再洗礼派参加，就一些神学问题进行辩论。③ 根据会议记录：新教牧师方面由雷吉乌斯代表发言，再洗礼派方面达赫泽（Dachser）和格罗斯先后发言，主题是婴儿洗礼是否正确。雷氏认为婴儿洗礼是符合圣经的，④ 因为婴儿也属于上帝恩典的对象，不能被排除在外，因此，婴儿洗礼也是正确的。在雷氏与胡特之前和之后的辩论中，胡特没有成功反驳（从 1526 年开始一直到再洗礼派运动结束）⑤。经过辩论雷氏认为胡特在神学理论上根本不够成熟，胡特根本无力与雷氏辩驳，不足以真正代表再洗礼派，⑥ 仅能够代表那些不顾神学认识上的错误，制造社会混乱的追随者。⑦

此次与再洗礼派会谈之后，雷氏的文章正式出版，四位新教牧师共同反对再洗礼派。1527 年 10 月 1 日，再洗礼派拒绝参加市议会组织的向城市效忠的宣誓。⑧ 市议会受到苏黎世对待再洗礼派的模式的影响，⑨ 让城市中的牧师们进行宗教上的引导，保证城市内部的和平秩序，避免或者缓

---

① StAA, Baummeisterbuch, 1528, fol. 63.
② StAA, Baummeisterbuch, 1528, fol. 63.
③ StAA, Geheime Ratsbücher 2. fol. 111r – 115r. （21. Sept.）117r – 119r（25. Sept.）.
④ 根据圣经章节 Mt 28, 18 – 20; Mk 16, 15f; Apg 19, 1 – 7; Mk 10, 13 – 16, Mt18. StAA, Geheime Ratsbücher 2. fol. 111r – 115r. （21. Sept.）117r – 119r（25. Sept.）。
⑤ D 71 a2v – a3r. 具体辩论可参见 Zschoch, 269 – 270。
⑥ Seebaß, Erbe, S. 336 – 567.
⑦ D71 a2r.
⑧ StAA, Ratsbücher 15. fol. 149v. : "Uff den ersten tag octobis anno 1527 ist ain erber rath in der gewohnlichen Gerichtstuben gesessen, alda vor ainem erbern rath alle und yede personen, so sich taufen lassen und hievor gnugsam bestimpt und anzaigt ist, desshaln in leib und gut nit zu verrucken, hinder ainen erbern rath geschworen, erschinen, daselbs inen allen durch die vier predicanten, doctor Urban, doctor Frosch, doctor Steffan und maister Micheln ain sermon oder oredig thun lassen."
⑨ OGTS 1, 260, Nr. 237.

和再洗礼运动引发的骚乱。此外，市议会还制定一些针对市民加入再洗礼派的惩罚措施，在这样多管齐下的努力下，最后绝大多数再洗礼派市民转变了。① 这种世俗权威和新教牧师的合作也通过1527年10月11日的法律依据"Beruf"（行业规范）的出台而宣告结束，这份文件中包含了对于婴儿洗礼的支持以及对于再洗礼的禁止要求，以及对于创建一些特殊宗教团体的惩罚。② 对再洗礼派的信仰被看做是分裂以及破坏社会、政治和平稳定的行为。并且还把雷氏对于再洗礼派的观点附了条文的后面。市议会已经发布了规范之后，新教牧师们在实际的布道中持续宣扬。③

其次，市议会颁布了一些惩处法令。1524年8月为针对城市叛乱，市议会颁布了"集会禁令"，声称为了"完好的统一/基督教与城市的秩序/管理/以及和平"，④ 禁止公开集会。从1526年开始，城市开始出现再洗礼派的集会，形势发展迅速，越加不容小觑，市议会于是开始扩大"集会禁令"，不仅仅是在公开场合，也包括非公开场合。⑤ 此外，从前的言论监督也一直在执行。1526年，早期再洗礼派奠基人曹勒尔（Zoller）写了一篇有关圣餐之争的文章，因为言论激进，曹勒尔被关入塔内8天。⑥ 同一时间，汉斯·劳依波德（Hans Leupold）由于对圣餐有讽刺性的言论，被关入塔内14天。⑦ 此后，1526年11月邓克（Denck）因其激进的再洗礼派观点被驱离奥格斯堡；⑧ 出身贵族的朗曼特（Langenmantel）虽然避过了1526年的风头，但是1527年3月，他仍然被拘留一段时间，据推测也是因为他的文章以及他与再洗礼派社区的联系。⑨

1527年夏，市议会针对再洗礼派采用了一系列的惩处措施；1527年9月15日，奥格斯堡市议会公布了对再洗礼派的"警示"文件。之前只

---

① Roth, I, 236f.
② Text des Berufs bei Meyer 251f. Nr. XX.
③ Liebmann, 197f. StAA Baumeristerbuch, 1528, fol. 63r.
④ "gutter ainigkait/Christenlicher/vnd Statlicher ordnung/Regierung/vnd fridens", StAA, Anschläge und Dekrete I (1490 – 1649), Nr. 9; Ratsbücher, Nr. 15, fol. 69r;
⑤ Roth, Reformationsgeschichte I, 237 – 240; Sender-Chronik, S. 186 – 194.
⑥ Roth, wer war Haug Marshcalck, S. 230.
⑦ Roth, wer war Haug Marshcalck, S. 231. StAA, Ratsbücher, Strafbuch, 1509 – 1526, fol. 179r. (1526, Juni, 9).
⑧ Meyer, zur Geschichte der Wiedertäufer, S. 220f; Bibliographische Beschreibung, QGT, VI, Teil1, S. 32ff. Uland, S. 79ff.
⑨ 市议会记录了3月11日他被释放，但不清楚确切的原因。Uff11. Tag marcii anno 1527 ist Eytelhanns Langenmantel ausgelassen worden auff ain Urfehdt; Roth, langmantel, S. 4; Uland, S. 84。

第三章 适度改革与早期教派多元化(1524—1530) 147

是有个别的嫌疑犯，市议会逮捕并审问了其中的达赫泽（Jakob Dachser），解散了再洗礼派的集会，并逮捕了所有的参与者，其中也有胡特（Hans Hut）和格罗斯（Jakob Gross）。接下来的几天，陆续逮捕其他的人。普通的追随者在进行宣誓后就被释放了，一些领导人物被严厉地审讯，内容包括集会的计划以及神学见解，那些抵死保持沉默的人被驱逐出城市。① 后来，1527 年 11 月，胡特在尝试从奥格斯堡地牢中逃出来的过程中被杀死。②

1527 年 10 月 11 日，市议会正式取消再洗礼派信徒的选举资格。③ 由于很多再洗礼派的领导人是外来的，④ 为此，市议会开始特别监察外来的人，并且赋予城市所有的职能机构对于"榜上有名"的再洗礼派信徒的监察权利；在法令的描述中，特别强调了再洗礼派对于城市社会统一的威胁。城市当局要求市民们让孩子们接受洗礼，自身不接受再次洗礼；不去参加他们的路边讲道，而是去平常的教会去听讲道；并且最后市议会规定如果违反这种规定将面临严厉的惩罚。⑤ 规定颁布后，市议会也严格地照此执行了，那些自己进行了再洗礼，或者将他们的房子用于再洗礼信徒聚会场所的，或者为之提供落脚处的，被驱逐出城；那些改信再洗礼派的，其市民资格及职务也被取消。⑥

三 打压1528年年初的千禧年主义运动

市议会的一系列举措虽然暂时压制了再洗礼派运动，但是却没有长期地阻止其发展，相反，再洗礼派在底层扎根更深了。⑦ 所有的现象都表明，市议会需要再次采取强力措施，一举击破。被捕的胡特（Hans Hut）直到 1527 年 11 月 26 日，在他逃跑之前三天，还宣扬着他的千禧年——世界末日理念，期待着圣灵对尘世的接管，等待现在的这个尘世权威得到

---

① Roth I, 124ff. 市议会把城市秩序看作是自己的事情，至于神学争论交给神学家们处理。
② 1527 年 11 月 29 日，他受到严重的烟雾中毒，12 月 6 日死去。Seebaß, Erbe, S. 149ff。
③ StAA, Anschläge und Dekrete I（1490 - 1649），Nr. 12；Druck, Mayer, Geschichte, S. 251f.
④ "das etliche alhie/auch ettlich frmbde/so an anndern ortten vertriben/veriagt/vnd annde meer/herkomen/den hayligen vnd christenlichen kindertauff/veracht/vnd vernicht", ibid.
⑤ StAA, Litslg, Selekt, "Wiedertäufer & Religionsacten"; Teildruck bei; Uhland, Täufertum, Quelle Nr. III, S. 287 - 289, Lutz, Peutinger II, S. 278 - 283.
⑥ Sender-Chronik, 194f.；Uhland, Täufertum, S. 153f。
⑦ Vgl. Die Aussage der Täuferin Anna Butz vo, 20. April 1528, Roth, WT 3, 1 - 11；Uhland, S. 153ff.

暴力的惩处。① 对于市议会来说这个奉行末日信条的胡特是一个危险的煽动者，必须处死，以儆效尤。② 因此，11月29日，在他尝试逃跑时被抓获，12月6日死去。然而，胡特死去之后，1528年2月又出现了另一位千禧年主义的领导人物，乔治·奈斯皮策（Georg Nespitzer），③ 他在奥格斯堡又掀起了另一波再洗礼运动高潮。

1528年4月12日，复活节的早上，再洗礼派追随者在一位女性苏珊娜·道赫尔（Susanna Daucher）的家门口前结合，等待着预言的末世降临。消息灵通的市议会很快派人驱散了集会，并且施加更严厉的惩处，并在1528年4月25日抓捕了一位貌似再洗礼派领导人的裁缝汉斯·劳依波德（Hans Leupold）④。这样，奥格斯堡的再洗礼派运动再次遭到了镇压。但在城市周围的小山村里还有小范围的传播，并且在奥格斯堡城市内部，个别骚乱也此起彼伏。⑤

为了应对这种千禧年——世界末日的宗教思想，市议会再次请求雷吉乌斯出面，另外写了两篇文章来驳斥这种说法。⑥ 市议会为雷氏提供了一切便利，将神学上反驳再洗礼派的重担交到他手里。根据奥格斯堡的史料记载，⑦ 雷氏在这两年针对再洗礼派做了如下的事情。

其一，1527年9月21—26日，弗洛斯（Johannens Frosch）、卡斯腾堡尔（Stephan Kastenbauer），凯勒（Michael Keller）与雷氏这四位奥格斯堡新教改革代表人物齐聚一堂，开会讨论，分析形势。⑧ 再洗礼派的代表人物有：汉斯·胡特（Hans Hut），萨尔明格（Siegmund Salminger），达菏泽尔（Jakob Dachser）硕士和雅各布·泰门（Jakob Themen）。⑨ 争议的焦点在于神学问题，割礼作为一种标志以及之前信仰的洗礼的必要性。⑩

其二，10月1日，星期二，雷氏和其他几位一道，在平常的法律会

---

① Meyer S. 239ff., Nr, X und XI; Seebass, Erbe, Anhang 69ff., Nr. 21, 22.
② Meyer S. 252f., Nr, XXI; Uhland, S. 133ff.
③ 也叫做 Jörg von Passau, Roth, Wiedertäufer3, 8; Hege, Nespitzer。
④ Hans Leupold, 出生在奥格斯堡附近的小村庄，常年在奥格斯堡经营自己的手工店，大概是在1527年8月，受到Jakob Dachser的洗礼，并且参加了同年的南德再洗礼派大会。Roth Hoehepunkt, Nr. 86, S. 58 – 66. Uland, S. 168ff。
⑤ Roth, WT3, S. 85.
⑥ 为此，雷氏获得了市议会6古尔登的奖励。StAA, Baumeisterbuch, 1528, fol. 69v。
⑦ StAA: Geheime Ratsbücher (Dreizehnerprotokolle), Ratsbücher, Literaliensammlung, Urgrichtensammlung, selkt Wiedertäufer und Strafbücher.
⑧ Augsburger StA: Geheime Ratsbücher, 1527 – 1529, fol. 111 – 120.
⑨ Ebd. fol. 111; Roth. Augsburg, Bd. 1, S. 218 – 271.
⑩ Ebd. fol. 111 – 119; Uhland, Täufertum, S. 115.

馆（Gerichtsstube），做了一次布道。① 关于如何对待再洗礼教派的问题，根据乌兰德（Uhland）的观察，奥格斯堡写信给苏黎世，苏黎世随后在9月15日回信，讲述了苏黎世的处理办法，因此奥格斯堡也采取了类似的处理方法。②

其三，还有一次重要的争辩是在1528年5月11日，由朗曼特（Etelhans Langenmantel）③ 发起的，朗曼特将雷氏视为奥格斯堡倒数第二的布道士，并且轻蔑地称呼他"Urban Rieger"。④

其四，1528年6月20日雷氏发表"为反对再洗礼派写的小册子"，⑤ 市议会也授予6古尔登的奖励。⑥

雷氏反对再洗礼派的举措是有效的。时至1529年1月14日，奥地利的施蒂利亚州（Steiermark）的最高领导人（Siegmund von Dietrichstein），还要求把雷氏的著作也带到施蒂利亚，以便对抗在那里的再洗礼派。⑦

通过以上与新教牧师的合作，以雷氏为代表的神学布道、文章宣传、以及市议会大量的强制驱逐出城以及对外来者的监察和各种处罚方式，市议会逐渐掌控了局面，奥格斯堡的再洗礼派运动得到了镇压。⑧

此次镇压再洗礼派，市议会只请了这些有新教思想倾向的布道士来与再洗礼派作对，这种情况其实并不常见，可能主要是因为当时整个城市还没有接受新教改革。既然同是新教改革，似乎代表新教的头面人物出头会更有效果，因此他们采取了以上的办法。对于市议会来说，在奥格斯堡，新教改革的头号代表人物就是雷氏。雷氏的影响力不仅局限于奥格斯堡，甚至对于整个施瓦本地区都有辐射影响。⑨ 雷氏的儿子恩斯特（Ernst）在他1562年给父亲写的传记中（Vita Urbani Regii）曾经记录这样一件事，一位出身名望家庭的再洗礼派女士，曾经私下来到雷氏家中，与之进行讨

---

① StAA，Ratsbücher，15，fol. 149.
② Uhland，Täufertum，S. 110f.
③ Roth. Langenmantel，S. 9；Uhlhorn II. Weiss S. 128；Langenmantel 最后在他的家人的求情下，由死刑改判为终生驱逐。Roth 研究发现，在 Langenmantel 强大的家族力量的帮助下，Langenmantel 被救了，但是没有被记录在市档案中。
④ StAA：Literaliensammlung，Kasten 1528 Mai，fol. 4'.
⑤ "Buchlen wider die widertauffer"，StAA：Baumeisterbuch，1528，fol. 69'.
⑥ Roth，Augsbugr，Bd. 1，S. 267.
⑦ 1月28日的信件回复，见 Grete Mecenseffy：DGT，Bd. 11，1964，S. 181 – 183。
⑧ 这个条文的起草和颁布与 Konrad Peutinger 鲍丁格是分不可分的，鲍丁格在条文中尤其强调了宗派主义可能会造成市民分裂的危险。Uhland Friedwart，Täufertum und Obrigkeit in Augsburg im 16. Jahrhundert，Tübingen，1972，169；Sender-Chronik，204。
⑨ Liebmann，Urbannus，S. 198.

论，并且指责雷氏与市议会是一丘之貉。① 然而这位女士的话也一定程度上揭露了再洗礼派的事实：作为世俗权威的市议会与教会之间关系紧密，与新教牧师们关系紧密，而支持再洗礼派的下层民众们却显得孤立无援。② 市议会对于这种代表下层民众的民众教会，尤其使他们可能扰乱社会的稳定秩序，拒绝向世俗权威效忠，无疑是无法容忍的。从这也可以看出市议会在教派问题上所一贯秉持的"中间路线"的特点，始终介于新教与天主教阵营中间。③

第六节 天平的失衡：帝国政治层面的博弈投射于"中间道路"政策

一 1526年施拜耶尔帝国议会

1525年年底，德意志虽然从农民战争中摆脱出来，但宗教问题并没有解决，国家已经分裂成分歧日益严重的两部分。造成这种局势的原因，也许是许多亲罗马天主教诸侯的镇压暴动的做法。施瓦本联盟在南德意志获胜后，到处掀起宗教迫害，路德派传教士是主要的迫害对象。人们并不是因为暴动而被判处死刑或者没收财产，他们甚至根本没有参加起义，而是因为他们接受了路德的教义。曾经担任施瓦本同盟宪兵司令的艾歇利，其人以掠夺、敲诈和残杀路德派闻名。据说他在一个小教区的路旁树上吊死了四十个路德派牧师。早在1525年7月，罗马天主教诸侯就结合起来实行联防。这个联盟中比较有影响的成员有萨克森公爵乔治、勃兰登堡选侯、美因茨选侯和布伦瑞克-沃尔芬比特公爵亨利。他们推举公爵亨利向皇帝报告他们做的事，希望得到皇帝的同情和支持。他告诉查理五世，他们也已结成联盟对付路德派，必要时他们将采取武力或者使用计策争取他们改变信仰。④

与此同时，新教诸侯彼此间也达成谅解，虽然还未结成明确的联盟，但领导人萨克森的约翰，黑森的菲利普，已经努力联合布伦瑞克-吕纳堡的奥托公爵、埃内斯特公爵、弗兰西斯公爵，还有曼斯菲尔德的几位伯爵。他们也努力获取帝国城市的支持，其中就包括领土四周都是罗马天主

---

① Vita Urbani Regii, Regius 2rv; Zschoch, S. 273f.
② Roth I, S. 242f.
③ Uhland, Täufertum, S. 111.
④ Lindsey, p. 341.

第三章　适度改革与早期教派多元化(1524—1530)

教派诸侯的纽伦堡。1525年在奥格斯堡召开的帝国议会，与会者稀稀拉拉，两派都期待1526年在施拜耶尔召开的帝国议会。皇帝在宗教问题上的立场是明确的，他在沃尔姆斯帝国议会上就已经着重阐释过，他受的是中世纪天主教信仰的教育；尊重中世纪礼拜的礼仪和惯例；他不知道别的教会政体；相信罗马主教是世上教会的主宰；他从一开始就坚决反对新教徒；他渴望执行反对路德的沃尔姆斯禁令。如果他留在德国的话，他将运用他个人和官方的一切影响反对新教信仰。西班牙的动乱和反对法国弗朗西斯的战争使他不能停留在德意志，然而，战争胜利了，他有时间可以来德意志了。然而，恰恰是他的成功使他事与愿违，教皇又制造了一个针对他的外交阴谋，他依然无法访问德意志，所以这个宗教问题只能在他缺席的情况下在施拜耶尔讨论。[1]

1526年施拜耶尔帝国议会召开之际，仇视罗马的民族情绪并没有减轻的迹象。德意志人不满罗马教廷的问题再次被提了出来。大家认为教会地主的种种残酷勒索是引起这次农民战争的主要原因。事实真相反驳了那种认为路德学说是引起社会革命的责难。会上，因为德皇与教皇正处在交战状态，所以许多教会人士认为自己应该采取慎重立场，没有出席会议，因此路德的同情者占了多数。许多城市的代表坚决认为贯彻沃尔姆斯禁令是不可能的，诸侯委员会提出的解决宗教问题的折中方案，大多是有利于宗教改革一方的。他们提议应该允许教士结婚、俗人可以使用圣杯、在洗礼和圣餐礼中可以像使用拉丁语那样使用德语、废除一切秘密弥撒、大大缩减宗教节日的数量，以及解释圣经的原则应该是用经文说明经文。经过激烈辩论之后，帝国议会最后决定，宣讲上帝之道应该不受干扰，应该宽赦以前触犯沃尔姆斯禁令之事，还有在德意志城市召开宗教大会之前，每邦应该按照各自希望对上帝和德皇所下的保证去行事。[2] 新教诸侯和城市立刻把帝国会的这项决定解释为，他们有合法权利建立地方教会和变革公共礼拜仪式，以便与他们的福音信仰相一致。这个胜利几乎让整个德意志欢呼雀跃，潜在的新教感情一下子被激发出来，不到三年，几乎所有北德意志，除了勃兰登堡、萨克森公爵区和布伦瑞克-沃尔芬比特尔之外，都成了路德派。[3]

查理五世和斐迪南为什么会接受这个明显有悖于其初衷的决定呢？当

[1]　Lindsey, p. 342.
[2]　Lindsey, p. 342.
[3]　Lindsey, p. 343.

时,德皇与教皇正处在对立之中,德皇要对教皇诉诸武力,并于1527年5月洗劫罗马,目的是给教皇一个教训,而此时如果德意志内部爆发宗教动乱,将会是教皇声讨德皇的有力武器。而斐迪南此时正在争取接任匈牙利和波西米亚国王,也不敢过度冒犯德意志臣民。但两兄弟都把对德意志路德派的让步当做暂时的妥协,一旦局势变化他们将不再妥协。

二 1529年施拜耶尔帝国议会

1526年的帝国议会闭幕不久,黑森的菲利普犯下了一个致命的政治错误,他的许多新教朋友认为那是背叛祖国,以至于不敢和他联合,极大地削弱了新教阵营的力量。1526年帝国议会之后,许多亲罗马天主教的教会诸侯,对决定传播路德教义和组织路德教派大为恼火,便用没收动产和处死的办法迫害路德教派人士。这位黑森伯爵娶了萨克森乔治公爵之女为妻,他深知他的岳父一直在威胁萨克森选侯。菲利普忧心地思考着这些情况,越来越坚信亲罗马天主教正在策划对路德派发动一次致命的攻击,而且首先受到进攻的是萨克森选侯,其次是他本人,而他们的领土将被这些占领者瓜分。他没有证据,但坚信不疑。有一次,他偶然碰到萨克森公爵的档案管理员奥托·冯·帕克,经他探询,帕克承认菲利普的怀疑是正确的,并答应设法帮他弄到一份条约副本。帕克是一个无赖,根本没有这样的条约。他伪造一份文件,说它就是真实条约的副本,就此获得了4000古尔登的酬劳。菲利普把这份伪造的文件送给萨克森选侯和路德,他们两人都不怀疑它的真实性。然而,两人都不同意菲利普在帝国之外寻求支持的打算。这位黑森伯爵认为局势极其危险,已不能消极对待。他试图取得法王弗朗索瓦和奥地利皇室在波希米亚的死对头——匈牙利的扎波利亚的支持。直到发觉他信以为真的那份文件只不过是个假货,他还自信他是对的。他要求法国和匈牙利插手帝国内部事务的轻率行径,引起了他同一教派人的极大的不满。因为大多数北德意志诸侯,虽然他们坚持地方分权原则,却有一种质朴真诚的爱国思想;这种思想使他们觉得,任何一个善良的德国人都不会寻求法国的帮助或者与捷克联盟。[①]

到了1529年施拜耶尔帝国议会开幕时,路德派已经分裂、声望大跌。与此相反,此时教皇和德皇的交战状态已结束,因此此前亲天主教的大批教会人士蜂拥去参加帝国议会。在这次重要的施拜耶尔帝国议会(1529年)上,团结的罗马天主教会多数对抗分裂的路德派少数,结果似乎显

---

① Lindsey, p. 345.

而易见。德皇一开始就通过其官员声明，他"根据皇帝的绝对权力"，废除路德派据以建立其地方教会的1526年法令中的条款；他说，那个敕令引起"许多错误看法和误解"。帝国议会中的多数支持皇帝的决定。此外，议会又通过了一项法令，实际上等于废除了1526年的帝国议会的法令。新法令宣布，已经接受沃尔姆斯敕令的德意志诸侯应当继续照此行事；他要求在罗马天主教辖区里不容许有路德派存在。新法令还说，在那些违反沃尔姆斯敕令的地方，除了不禁止任何人做弥撒外，不得再实行其他改革；否认圣餐是耶稣体血的各派（包括茨温利派）应同再洗礼派一样不能被容许。尤其重要的是，宣布不得剥夺教会的权力和收益。法令中的最后一条是建立路德派教会实不可能，因为它旨在恢复中世纪天主教会的统治和主教支配辖区内所有传道士的权力。因此，14座新教城市，6位新教诸侯愤起离席，自此，福音教徒被称为抗议者（Protestant），福音教被称为抗议宗（Protestantismus）。

1529年4月19日，帝国议会上宣读了路德派的这个抗议。斐迪南和其他几个帝国政府官员不同意它在"法令"里公布，但允许抗议派利用合法手段散发与公布他们的抗议及其所有必要的附件。从法律观点看，一次帝国议会（1526年）一致同意的决定不能被另一次帝国议会（1529）的多数人所取消。"抗议派"宣布，他们打算继续坚持1526年的法令，1529年的法令对他们没有约束力，因为他们作为与会一方没有同意。如果强迫他们在服从上帝和服从德皇之间做出选择，他们会被迫选择前者。由于这次帝国议会对他们做了错事，他们将会向德皇，向新一届神圣基督教世界自由的宗教大会或者德意志民族的宗教会议提出控诉。在起诉书上签字的有萨克森选侯约翰、勃兰登堡侯爵乔治、布伦瑞克－吕纳堡的两位公爵欧内斯特和弗兰西斯、黑森伯爵菲利普，以及安哈特亲王沃尔夫冈。十四个城市表示支持，即斯特拉斯堡、纽伦堡、乌尔姆、康斯坦茨、林道、梅明根、肯普滕、内尔特林根、海尔布朗、罗伊特林根、伊斯尼、圣加仑、维森堡、温茨海姆。[①] 需要说明的是，这些城市与其说是路德派，不如说是更加亲茨温利派，但是为了应对共同的威胁，他们都选择联合起来。

施拜耶尔的抗议体现了一个并非新的原则，即德意志诸邦的少数派，当他们觉得受到多数派的压迫时，可以用帝国法律后盾保护自己。这种思想一直被认为是有效的，到1555年经帝国议会予以明确认可。这样

[①] Lindsey, p. 346.

的一种少数，为能有效地防卫，不得不联合起来并且在必要时能使用武力保护自己。这一点在帝国议会上宣读那个抗议之后的第三天（4月22日），萨克森选侯区、黑森以及斯特拉斯堡、乌尔姆和纽伦堡等城市，缔结一项"秘密特别条约"，就体现了出来。他们以上帝的名义宣誓，一旦遭到攻击便相互保护，不论这种攻击来自施瓦本同盟、帝国枢密院还是皇帝本人。

这次帝国议会之后不久，他们提出了使这团结更有效、更广泛的两项建议——一项由城市的代表起草，另一项由萨克森选侯起草——它们极其详细地规定出相互支援的义务。但无论哪一项都没有考虑到"抗议派"内部的潜在分歧。这些分歧非常严重，足以危及团结。导致德意志新教徒分裂的许多分歧意见，并不完全是神学方面的，尽管他们在教义上的争论非常明显。

三 1529年马尔堡会谈

在新教城市结盟方面，早在1524年，茨温利给皮克海默的信里就提到纽伦堡和苏黎世两个强大的新教城市结盟的可能性。他认为，他在政治方面所负使命与在宗教方面完全相同，不论在国土有限的瑞士或者幅员较大的德意志，都需要借助政治力量实现宗教改革，并应建立联盟。这是在他推行宗教改革计划的同时，心里就有的明确的政治目标。在1523年，茨温利精心设计了宗教改革纲领，并在苏黎世议会支持下逐步予以实现，带动了苏黎世的宗教改革。此后，他便逐步谋求新教城市联盟。在1527年，苏黎世和德意志帝国城市康斯坦茨结成了宗教政治联盟。1528年，圣加仑入盟。1529年，比尔、米尔豪森和巴塞尔加入联盟。1530年，斯特拉斯堡也加入进来。茨温利狂热的政治活动引起了黑森的菲利普的兴趣。

到了1529年，德国南部的城市斯特拉斯堡、梅明根、康斯坦茨、林道等，与其说是属于路德派，不如说是属于茨温利派。他们不仅倾向于这位瑞士宗教改革家更为激进的神学，更重要的是，他们发现茨温利为苏黎世制定的建立改革教会的办法，比德国北部路德派教会采用的地方分权办法更适合他们的市政制度。但这样的特点，是路德所反对的。在德国农民战争之后，路德对"普通人"的看法已然改变，在他看来，茨温利的办法使教会政府太民主了，而恰恰又在民主是最危险的几个中心城市来做这样的事，它本身就是对路德派新建教会的一种威胁。他不会忘记，这些南德城市的暴徒们曾参加刚刚被镇压下去的社会革命，那里的工人阶级大众一直是再洗礼派补充新生力量的基地。而且正是在梅明根，茨温利的追随者协助组织了革命，使该城市走向宗教觉醒。

此外，从德意志帝国政治层面来看，将这些南德意志城市转向瑞士的吸引力，可能导致德意志帝国似乎尚存的团结有彻底瓦解的风险，甚至有可能使许多城市脱离德意志祖国而独立，投入瑞士联邦怀抱。这些想法在路德及其同时代的神学家的心里也都存在。当南德城市拒绝参加防御同盟，迫使该计划流产时，一心想建立新教联盟的黑森伯爵尤其感到沮丧。他相信，神学上的分歧或受到怀疑的分歧都是造成分裂的主要原因。他希望路德派和茨温利派能坐在一起，更好地相互了解。于是，他尝试在他的马堡城堡里安排一次宗教会议，解决双方之间的分歧，建立稳固的新教同盟。

这次会议从1529年10月30日开始到11月5日结束。在准备过程中，路德或梅兰希通都不愿会晤茨温利。梅兰希通则希望，如果要召开一次宗教会议，最好能会晤厄克拉姆帕迪乌斯（Oecolampadius）或某些知名的罗马天主教会人士。而反过来，茨温利十分渴望会晤路德。他立即响应，甚至不等得到苏黎世议会的离境许可，便来到一个处处是敌人的国度。最后，陪同路德参会的有梅兰希通、尤斯图斯·约纳斯、克鲁西格、哥达的弗里德里克·梅库姆、纽伦堡的奥西安德、哈尔的布伦茨、奥格斯堡的斯特凡·阿格里科拉和其他一些人。陪同茨温利的有厄克拉姆帕迪乌斯、布克尔、斯特拉斯堡的黑迪奥、鲁道夫·科林（他正式讨论时已离开）、巴塞尔和苏黎世的两名议员以及斯特拉斯堡的雅各布·施图尔姆。一方面由茨温利与梅兰希通之间，另一方面由路德与厄克拉姆帕迪乌斯之间举行预备会议以后，在该城堡的大厅里举行正式讨论。

这次被称为"马尔堡会谈"的会议，虽然没有完全实现黑森伯爵的期望，但达成的重要协议有永恒的价值。双方确定了基督教信仰要点的十五条神学条款——《马尔堡信纲》，其中有十四条路德和茨温利都签了字。这也表明，两派神学家之间几乎在所有方面都取得了实质上的一致。仅在一个问题上，即圣餐礼中基督圣体与饼酒的关系，他们没能达成一致意见。这共同签署的十四条，可以充分说明德国人和瑞士人有着共同的信仰。然而，路德坚持说他们在圣餐礼上的分歧使他们无法结成一种现实的兄弟友谊。

黑森伯爵菲利普没有因为这次失败而灰心，他下一步打算组织一个较小范围的联盟。假如路德和茨温利不能结成一种兄弟关系，是否可能把德国南方诸城和路德派的诸侯结合在一起呢？于是1529年10月他在施瓦巴赫安排了另一次会议，那时有可能在一系列神学教条上达成协议。路德准备了十七条款，打算提交这次会议。这十七条款是以《马尔堡信纲》为基础；但由于路德毫不妥协地阐述他那圣餐教义，南方诸城的代表们对是否签字表示犹豫就没有什么奇怪的了。他们说，那个信纲和在他们中间宣讲的教义不一致，在要他们表态之前，他们需要同他们的友好城市协商。这样，菲利普联合德国新教徒的努力再次失败，一个分裂的新教只好静候决心解决宗教纠纷的德皇的驾临。

那么，德意志的这样一种新教内部分裂局面，对奥格斯堡产生了什么样的影响呢？

四 奥格斯堡的"中间道路"政策难以为继

对于奥格斯堡来说，早在1525年1月底，在与施瓦本联盟会谈之前，鲍丁格在十三委员会议上就城市的政治主体走向进行讨论，讨论奥格斯堡的改革问题，[①] 并且尝试在外交上贯彻"中间道路"政策。1525年1月在奥格斯堡十三委员会议召开时，奥格斯堡特使何瓦特（Konrad Herwart）成功地为奥格斯堡申请到作为帝国城市参加"1526年施拜耶尔帝国议会"的资格。[②] 市议会为此感到十分高兴，因为这样他们便可以在帝国议会上发表提议，提倡所有的城市在面临改革还是不改革，新教还是天主教的两难选择时像他们一样走中间路线。[③] 虽然奥格斯堡的建议并没有得到采纳，但是1526年帝国议会达成的方案却为这个城市的新教发展提供了一个宽松的外部环境。但是奥格斯堡依旧决定，不会与违背沃尔姆斯禁令的城市"沆瀣一气"，加入他们的联盟。然而奥格斯堡的邻城都是一些倾向于改革的城市，这样奥格斯堡在与他们合作时会不受信任，由此会对经济上的合作和往来产生很大的影响。相较于经济上的这个大问题，奥格斯堡的教会革新就只是一个次要问题了。因为奥格斯堡担心，奥格斯堡作为帝国城市是其自身立足的基础，以及城市自身的利益、城市贸易家族的利益，是建立在这种在城市联盟的基础之上的，而其他城市的嫉妒会不惜在奥格斯堡的经济衰退的路上落井下石。[④]

奥格斯堡所担心的在政治上的孤立，在鲍丁格这种政策执行不久之后的1525年，就已经显露出来，这也反映在施瓦本联盟主席乌里希·阿茨

---

① StAA, Reichstadt, Ratsbücher, Nr. 1, fol. 48v – 50v (27. Jan).
② Schmidt, Reichstädte, S. 268 – 274.
③ Lutz. Peutinger II, S. 295 – 298.
④ Schmidt, Reichstädte, S. 304f.

特（Ulrich Artzt）①与市议会以及鲍丁格的回应之中。②市议会（由鲍丁格主笔）在3月11日写给阿茨特联盟主席的信中，向施瓦本城市联盟中保证了奥格斯堡会在地区和平问题上给予支持，并且市议会请求阿茨特主席，不要在联盟成员中宣扬奥格斯堡内部的动荡，因为这可能会威胁到对奥格斯堡作为一个可信赖的联盟伙伴的认可。

农民战争之后，诸帝国城市都在找寻一个合适的立足点，既不与诸侯公爵的权力相抵抗，也不完全不顾及民众的意愿。因此，在同一目标驱使之下，乌尔姆和施拜耶尔在1525年7月到9月之间尝试建立一个适合所有帝国城市的联盟。③奥格斯堡也如此，有联盟的意愿。④然而这个计划却以失败告终，因为小城市和大城市的需求不同，根本无法满足所有城市的需求。在这样的背景之下，同年帝国城市中最有权势和影响力的纽伦堡、乌尔姆和奥格斯堡结成一个单独的联盟——三城联盟。然而因为奥格斯堡想要保持已有的诸多贸易垄断，并且想要最大限度地执行中间路线，不能对教会改革的人全面让步，因为一旦让步也就意味着站到皇帝的对立面，这是奥格斯堡极力避免的，因此这个联盟也很快以失败告终。⑤

这种帝国城市之间的不统一局面，也促使了黑森州伯爵在接下来的几年努力建成一个统一的诸侯与帝国城市之间的新教联盟。奥格斯堡对此虽然也有一些响应，因为此时城市的上层阶级已经有很多倾向于改革，虽然还是非公开的状态，例如已经容许新教牧师在城市中布道，然而纽伦堡、乌尔姆和奥格斯堡三城最终还是拒绝了黑森州伯爵的提议，尽管背后原因各一。到了1526年3月，在斯特拉斯堡联盟发展之时，这三个城市也开始商讨强化结盟，但是由于各自的利益不同，尤其是奥格斯堡对于竞争关系的考虑，最后失败了；1527年秋为应对施瓦本联盟，三城的关系又近了一些；⑥接下来的1528年，随着施瓦本联盟对三城的压力又加大了一

---

① Blendinger Friedrich: Ulrich Artzt; in PÖLNITY'Z, Gött Freiherr von (Hg.) Lebensbilder aus dem Bayerischen Schwaben Bd. 6, München 1958, 88 – 130, hier 121 – 123.
② Roth, Reformationsgeschichte I, S. 177 – 179; Broadhead, Politics, pp. 172 – 182.
③ Schmidt, Reichsstädte, S. 234 – 242.
④ Roth, Reformationsgeschichte I, 272 – 288; Lutz, Peutinger II, S. 267, 335.
⑤ 纽伦堡不同，在证明了会"毫不动摇忠诚于皇帝陛下"之后，市议会从1525年开始一步一步地进行城市的宗教改革，第一个高潮是在1525年3月举行了一次宗教会谈，然后就开始有目的地逐步清除城市中的传统信仰的人员和教会，一直到1525年8月。1533年又开始进行进一步的教会整顿改革。参见 Schindling Anton, Nürnberg, in ZIEGLER, Walter hg., Die Teritorien des Reiches im Zeitalter der Reformation und Konfessionalisierung, Land und Konfession 1500 – 1650, Münster, 1989, S. 32 – 42。
⑥ RTA, J. R. VII/1, S. 143 – 148; Lutz, Peutinger II, S. 283 – 286.

些，三城在艾斯林根尝试与斯特拉斯堡建立一个新的四城联盟；在这次会谈中，奥格斯堡的使者提出这两点建议：①

第一，派一位共同的使者前往皇帝查理五世那里，请求皇帝解除对诸城的"沃尔姆斯禁令"，为此，诸城愿意为皇帝在需要的时候提供财政上的支持；

第二，联盟的基础应该在于共同保护福音派，但是原则上并不反对皇帝和斯瓦本联盟；

然而，这个几个城市都不大情愿接受奥格斯堡的这个提议，因此这个联盟最后也未成功。这样，奥格斯堡的中间路线就面临着两难的境地，一方面与南德诸城难以达成一致，另一方面其自身的政策设定也难以为继。②

这一年的帝国议会，对奥格斯堡的决策意义也十分重大。鲍丁格建议依旧走中间路线，何瓦特在询问市长安东·比墨（Anton Bimmel）意见之后，将鲍丁格的意见书搁置了，这样，中间路线作为主导的外交政策就失败了。③ 由此也为30年代后，奥格斯堡的宗教政策制定不再过问鲍丁格的意见，做了一个铺垫。④ 那么，市长比墨为什么搁置了鲍丁格的中间路线呢？

我们可以从整个20年代下半叶的发展中找到一些端倪：首先，整个城市从20年代下半叶越来越趋向于新教，不仅仅是底层的民众，中上层民众包括市政官员，几大家族成员多数都已转向新教；其次，市议会在一半默许一半暗地里鼓励的情况下进行了很多改革，虽然这些改革并不是完全彻底的，也并不完全是打着新教旗号的，然而实际上依然与新教有着密不可分的关联。再者，从外部关系来看，与奥格斯堡关系密切的周边城市与地区逐渐都转向新教，出于经济贸易合作的关系，以及政治孤立性的考

---

① StAA, Reichsstadt, Ratsbücher, Nr. 15, fol. 193v (24.9); RTA, J. R. VII/1, 335.
② Lutz, Peutinger II, S. 295 – 300.
③ Gößner 认为，在16世纪30年代初，中间道路仍然在奥格斯堡宗教与联盟政策考量中发挥一个不可或缺的作用，此外，Immenkötter 也持同样观点，不同的是，Immenkötter 从教派的角度来看待1534年，而 Gößner 对此有不同看法，可参见 Gößner 书第10.3 章节，Gößner Andreas, Weltliche Kirchenhoheit und reichsstädtische Reformation, in Die Augsburger Ratspolitik des "Milten und mitleren weges" 1520 – 1534, Berlin, Akademie Verlag, 1999.
④ 1533年之后鲍丁格一个人坚持中间道路，到1534年，市议会完全放弃了中间道路的政策，Gößner 认为，1524年、1530年和1534年是奥格斯堡比较明显偏离中间道路的年份；Broadhead 原来也是这种观点，后来有所改变。Broadhead, Politics, S. 50, S. 107, S. 111f, S. 196f.

虑，奥格斯堡不得不慎重考虑，虽然表面上依旧接受了皇帝的保守协议，但内在的天平慢慢向新教倾斜。

对于鲍丁格的"中间道路"政策，我们可以说，从 20 年代开始，鲍丁格就致力于进行一种人文主义的适度和缓的教会改革，正如在 20 年代中叶做出的几项改革，然而到了 20 年代末，奥格斯堡自身的政治利益与皇帝所给出的政治要求越来越难以统一，也并不符合外部的政治现实环境。城市所寻求的联盟的可能性也越来越走入困局。对此，路茨（Lutz）认为："帝国的政治结构，根据鲍丁格十多年来的从政经验来看，正在他眼前发生令人惊诧的变化。不仅仅是那些浅层的，埋葬过去的传统，产生新的事物，而是正在发生的宗教分裂改变了整个国家和帝国之间的关系格局。所有的政治秩序的根源，即在人们需要共同生存这一前提条件下，对于破裂的宗教分裂的现实应对，也因此，这位老书记官不得不一如既往地寻找支持，这是他的政策能够发挥影响的外在条件，也是他失败的原因所在。"[1] 接下来 1530 年帝国议会在奥格斯堡的召开，对于奥格斯堡市政当局是一个巨大的考验。

第七节　小结

16 世纪 20 年代中叶以后，影响市议会决策的内外因素更加明显地体现了出来。内部有民众对改革的呼声、牧师们建设新的信仰秩序的需求、早期教派多元化的冲击、圣餐之争与再洗礼派的发展、四大家族对新教的逐渐青睐、外部的施瓦本联盟、三城联盟、帝国诸侯与新教联盟、帝国政治环境的紧张与松动、皇帝的政令、对城市经济发展的考量，这些都作用在市议会的决策上，影响着城市的改革进程。

首先，以中间道路政策为主导的市议会也随着改革大潮进行了部分的适度的教会改革，如聘请新教牧师、允许新教布道、圣餐礼改革、解散部分修道院、收管修道院财产、允许修女还俗以及教士结婚等。这样的改革符合鲍丁格所推崇的人文主义的适度教会改革，也契合了城市内部对改革的呼声。中下层民众以及四大家族中的威尔瑟家族以及何宝特家族网都很大程度上转向新教。塞茨网络的行会特性，使得他们一开始就是支持新教的，只不过他们的影响作用在 30 年代体现得更为明显。

---

[1] Lutz, Peutinger II, S. 223.

在20年代奥格斯堡执行的"中间道路"政策中,其中庸、持稳的特点最能体现在它的教派政策上。20年代后半叶,由于奥格斯堡开放的态度以及自身作为印刷中心、文化中心,逐渐汇集了包括传统天主教、路德派、茨温利派、再洗礼派、调和派等早期教派多元化因素。这一点是任何其他帝国城市所无法比拟的,也是奥格斯堡的独特性所在。面临这种挑战,市议会以维护城市的统一、和平与秩序,"公共福祉"为根本出发点,对不同教派采取了不同的态度与政策,尝试调和路德派与茨温利派的分歧,并通过一些具体的行政法令法规,努力保证城市的统一与和平秩序。在教派政策上,市议会一开始对于新教是比较警惕的,支持传统天主教,控制新教宣传以及激进的布道;从1524年开始,市议会聘用新教牧师,对于新教已经持默认发展态度;对于路德派和茨温利派都比较包容。但对于代表下层民众利益的激进的布道以及拒绝向世俗权威效忠的再洗礼派运动是镇压态度的。在教派认同上,市议会主张建立跨越教派的统一的"新教认同"。这种教派政策的差异性,构成了奥格斯堡应对早期教派多元化的政策上的独特性,体现了"中间道路"政治政策在宗教事务上的应用。

奥格斯堡市议会对于传统天主教、新教以及新教内部早期各教派的态度也经历了一个发展变化的过程:最初市议会是比较保守的,支持传统天主教,控制新教宣传以及激进的布道;从1524年开始,由于形势发展,市议会开始聘用新教牧师,对于新教已经持默认发展态度;但是对于代表下层民众利益的激进的布道、宣传以及由此引发的社会骚乱是持打压态度的;同样,对于拒绝向世俗权威效忠的而备受下层民众欢迎的再洗礼派运动也是坚决镇压的;在新教阵营内部,路德派、茨温利派在圣餐问题上争论不休,雷氏所代表的居中调和派和市议会立场一致,然而却始终无法构建跨越教派之间统一"新教认同";到了20年代后期,城市已经更多倾向于新教,但是,由于奥格斯堡内部权贵阶层与天主教的关系密切,自身又是一座主教驻扎城市,市议会在对待传统天主教问题上始终态度谨慎,秉承着既包容天主教也包容新教的"中间道路"政策,这也是奥格斯堡成为帝国城市中唯一的长时段的"双教城市"的原因所在。这种相对宽容的教派包容态度以及政令管理的办法可以说是16世纪奥格斯堡市议会作为地方世俗政府值得称道的地方。

在城市的教派认同这个问题上,从1524年到1529年,经过雷氏和其他新教牧师的努力,在民众认识上,新教已经打败了传统教派,普遍得到了认可。在新教阵营内部,早期备受青睐的路德派却在20年代末逐渐式

第三章 适度改革与早期教派多元化（1524—1530） 161

微，而早期茨温利派则受到城市几大家族网络的更多支持。①

在奥格斯堡，城市中市民对于新教改革的热情与教会改革的迟滞形成一个反差。尽管此时城市中的民众已经绝大多数都转向了新教阵营，至少都是反对天主教的，但是市议会却始终没有采取任何措施来应对传统天主教阵营，将教会改革的问题放了又放。② 这种占据绝大多数民众的改革的内在需求与市议会外在的"中立"或者"不作为"形成了社会的一种张力。以雷氏为代表的新教牧师们不止一次向布莱尔表达过对于梅明根和康斯坦的羡慕，那里神学家们和城市的统治权威一道建立了教会改革秩序。③ 在奥格斯堡，情况却不是那样，反对罗马的传统教派的工作仍然是很重要的一部分。牧师们一方面必须全力以赴地对付罗马天主教阵营，另一方面还得面对改革阵营内部不同的教派纷争，此外还要面对一个改革态度不甚积极的世俗权威。牧师们的使命显得任重道远。市议会在这一阶段态度始终是"中间道路"的，此时虽然市议会内部已经更倾向于新教，并且期望新教教派内部达成统一意见，但自始至终都是包容传统天主教的。背后的原因不难得知，城市中的大家族与天主教关系紧密，不可能轻易了断，而主教驻扎始终是一个强大的阵营。

就奥格斯堡市议会的政策来看，1520—1529 年改革早期阶段，市议会主要以"公共福祉"——稳定、秩序、发展经济为核心追求，对所有可能产生社会混乱以及动荡的事件都严加管制，无论是世俗事件还是宗教事件，体现了奥格斯堡市议会的执政目标，即把城市建设成为一个统一、稳定的"基督教"社会有机体；然而，教派逐渐分裂成形，它所带来的影响也越来越不可忽略，在这样的局势下，市议会作为世俗权威介入宗教事务，增强了自身权威与管辖范围，为后期的宗教改革打下了铺垫；1520—1529 年，鲍丁格的"中间道路"策略是市议会坚持的主导策略，其原则坚持对哈布斯堡皇室家族的绝对忠诚、保证奥格斯堡的经济繁荣、以人文主义为理想的适度教会改革，在这三者之中，相较于经济的发展问题，教会革新只是一个相对次要的问题；也正是因为如此，奥格斯堡

---

① 有关城市几大家族网络的教派认同及其作为把政集团对于奥格斯堡教派选择和宗教改革决策的影响可以参见笔者的论文《信仰与践行：奥格斯堡寡头集团影响下的早期宗教改革（1518—1534）》，《燕园史学》2016 年第 12 期。
② Roth, I. 305f. Uhlhorn, S. 141f.
③ H 41："O felicem Constantiam, quoties ego huius urbis condicionem gemebundus et laetus conszdero? Doleo enim Augustae et gaudeo saltem Constantiam resipuisse et pulchrum exemplum edere exteris urbibus, ut… ipsae considerent quam tutum sit ante omina quaerer regnum dei." zur reformation in Konstanz und Memmingen, Brecht/Ehmer, S. 161ff.

1526—1530 年在政治决策上始终保持保守态度。奥格斯堡出于经济原因与纽伦堡和乌尔姆结成"三城联盟",面对 1526 年施拜耶尔的第一次帝国议会的宽松环境,奥格斯堡依旧保持中间道路。在 1529 年第二次施拜耶尔帝国会议中,奥格斯堡依旧没有参加著名的新教联盟,而是接受了帝国议会的保守协议。虽然奥格斯堡尝试在循着"哈布斯堡家族在经济与政治上的利益方向,通过部分的教会改革来达成某种平衡",[①] 然而随着时局的变化,奥格斯堡越来越陷入两难的境地,一方面难以与南德诸城达成一致,另一方面来自城市内部改革的呼声与来自皇帝和传统势力的矛盾也越来越尖锐。因此,奥格斯堡市议会作为城市世俗政府,其挑战远未结束。新的局势变化即将迫使市议会必须在天平的两端做出选择。

[①] Rolf Kießling, Augsburg in der Reformationszeit, in Günther Grünsteudel u. a. hg., Augsburg: Augsburger Stadtlexikon, 2. Aufl, 1998, S. 61 – 74.

第四章 多元力量的博弈:改革决议与实践(1530—1537)

1530年,查理在博洛尼亚发出传召,命令帝国各位选侯、诸侯和各等级代表出席于1530年4月8日在奥格斯堡召开的帝国议会。皇帝宣称,他打算把以往的一切过错留待救世主耶稣去裁决,希望倾听每一个人的意见、想法和建议;他的唯一心愿是保证大家都能在一个基督、一个国家、一个教会和一个团结的气氛下生活。① 然而,时局已变,新教与传统教会的对立已经不可逆转。皇帝与参加帝国议会的各诸侯、城市也是各怀心思。此时,奥格斯堡的内部民众已经大多转向新教,传统势力却显得坚不可破,外部南德诸城联盟难以达成一致,市议会所推崇"中间道路"的平衡岌岌可危。"鱼与熊掌不可兼得"贴切地成就这一段历史叙述。那么,市议会作为决策者该何去何从?旧有的平衡被打破,新的平衡如何建立起来?市议会如何一步一步走向宗教改革?对内,市议会如何安抚民众与牧师们的改革呼声,如何平衡主教的压力?对外,市议会如何避免政治孤立,应对复杂险峻的帝国政治环境?法律上,市议会又如何如履薄冰地探讨改革的合法性,避免帝国城市地位的根本动荡?实践上,市议会如何一步一步拔出主教的堡垒,完成城市的新教改革?

第一节 查理五世的回归与"布道之战"

一 1530年的查理五世与帝国新教局面

1530年,查理五世(Karl V, Charles V)(1500—1558)正处于其权力的顶峰。这位年轻的君主,1506年就获封尼德兰君主,1516年承袭西

---

① Schirrmacher, Briefe und Achten zu der Geschichte des Religionsgespraeches zu Marbung und des Reichstages zu Augsburg, 1530, S. 33f.

班牙王位，1519年当选德意志国王，1520年加冕为神圣罗马帝国皇帝。在1521年沃尔姆斯帝国议会上，这位略显病容的年轻君主，已经成长为一位严肃庄穆的30岁的成熟帝王。过去9年里的一系列成就，使他成了欧洲乃至世界上最具有权势的人物。他平息了西班牙人的骚乱；在帕维亚之战中制服了劲敌法国；他使教皇威信扫地，并用洗劫罗马的办法使教皇陛下懂得对抗神圣罗马帝国皇帝的危险；他还迫使难驾驭的教皇给他戴上皇冠（1530年2月教皇在博洛尼亚为他加冕）；他不断巩固和扩大哈布斯堡家族的领地，并使得他的弟弟斐迪南当上了波希米亚和匈牙利的国王。查理五世在其极盛时期统治的领域，一度横跨亚非拉美四大洲，包括西班牙、那不勒斯、撒丁岛、西西里岛、奥地利、低地国家及名义上的神圣罗马帝国，还有非洲的突尼斯、奥兰等，以及包括智利和秘鲁两国在内的广阔的美洲殖民地。在过去的9年时间里，查理五世未曾亲临德意志领土。这成就了他在世界上浩大声势的同时，也使他疏于对德意志本土的新教发展的控制，从而为德意志境内的宗教改革的迅猛发展提供了契机，使德意志的宗教改革免于受到帝国皇帝强有力的干预，获得了相对宽松的发展时间和外部环境。

查理五世以历史上的查理曼大帝为偶像，他坚信"一个帝国、一种信仰"。1530年，他手上棘手重大的事件终于处理完毕，于是他决定御驾亲临，利用他个人的影响力来解决德意志的宗教纷争，实现"一个帝国、一个信仰"的伟大政治抱负与理想。这个时候的查理五世无疑是意气风发、信心满满的。那么，1530年，德意志境内的宗教改革已经发展到什么程度了呢？

从1521年沃尔姆斯帝国议会之后，路德所在的奥古斯丁隐修会，以会长为首的全体修士，一致宣布在德意志和低地国家支持宗教改革。此后，整个德意志的非修道院教士声称支持新的福音教义。上德意志区域的帝国城市纽伦堡、乌尔姆、斯特拉斯堡等重要城市，瑞士城市苏黎世、日内瓦都进行了新教改革；新教诸侯领地也迅速接受新教，到1530年，德意志帝国境内仅剩下巴伐利亚、部分波西米亚王国和奥地利大公国地区以及西莱茵地区还信奉天主教。天主教在帝国其他地区已经全然失势。

二 奥格斯堡成为"布道战场"

查理五世6月份才会到达，在他到来之前，德国各诸侯、帝国城市代表等早已齐聚奥格斯堡，等待皇帝到来。在等待的这段时间里，这些具有不同教派倾向的诸侯、代表们都不甘寂寞,在奥格斯堡掀起了一场没有硝烟的"布道之战"。5 月 4 日星期三,阿格里克拉(Johann Agricola)开始在奥格斯堡的多米尼克修道院(Dominikaner kloster)布道。这周周日,他又转换到圣卡特琳娜教堂(St. Katharina)女修道院进行布道,这也是出于选帝侯约翰的要求①以及奥格斯堡市议会的意愿。② 阿格里克拉受新教路德学说影响深刻,主要宣扬路德的学说。有关圣餐的争议也由他造成了茨温利派的激愤。③ 选帝侯约翰不仅仅安排他在这两个修道院中布道,也把他安排去了圣安娜教堂。④

约翰·胡海尔(Johannes Rurer),作为布兰登堡——安斯巴赫的宗教改革代表人物⑤也随着他的领主乔治伯爵(Markgraf Georg)在 5 月 24 日来到奥格斯堡。⑥ 四天以后,他开始在多米尼克女修道院布道。⑦ 维腾堡的施奈夫(Erhard Schnepf),也就是梅兰希通与路德还在五月初与之通信的这位牧师,也在 5 月 13 日(周五)在圣莫里茨教堂布道。⑧ 市议会这样安排自有其考虑,他们请外面的教士来布道以补上一些空的讲席,因为有一些当地的布道讲台已经关闭了。⑨ 例如,市议会将这位牧师强行安排给了圣卡特琳娜教堂(St. Katharina)女修道院,让他为修女们布道,但事先没有征求修女

---

① Schirrmacher, Briefe und Akten, S. 45f; Sender, Chronik, S. 254.
② Sender, Chronik, S. 254. "als die sag ist gewesen, aus aines rats verwilgung…".
③ Jonas an Luther, 12. Juni 1530. "M. Esilebius Agricola, ostrae aulae concionator, inde ab aduentu nostri principis pro concione quosdam principales articulos tractauit doctrinae christianae, de fide, de operibus, de sacramentis etc. , atque inter hos per quatriduum concionatus est contra errorem sacramentarioum. Ibi irritauit crabrones, et indignissime fert multitude in hac vrbe zwinglianam doctrinam damnari aut etaim leuiter perstringi", WABr. 5 Bd, S. 357 (M. Esilebius Agricola, Ostra court preacher, from the time of the arrival of the prince for the assembly of some of the principal part of the treatment of the doctrine of our Christian faith, and the works, of the sacraments, etc. , it is contrary to his discourse, and between them the error of sacramentarioum for four days. There irritated hornets, and unworthy of its population in this city of Zwingliana. Even the doctrine condemned or slightly dazzled. 大意如下:M. Esilebius Agricola, Ostra 的布道士,从公爵到来的时候就开始基督教的信仰教义、作品以及圣餐礼进行布道,他大肆讲圣餐礼的错误,还讲了四天,这激怒了这个城市中的茨温利的信众,甚至遭到了茨温利的信众谴责。
④ Sender, Chronik, S. 281.
⑤ RGG, 5. Bd. , S. 1222.
⑥ Schirrmacher, Briefe und Akten, S. 44; Sender, Chronik, S. 258.
⑦ Weis, Diarium, S. 680; Rurer an Althamer, 4 Juni 1530. in: Kolde, die älterste Reaktion, S. 107.
⑧ Schirrmacher, Briefe und Akten, S. 46.
⑨ Roth, I, S. 333.

们的同意，修女们对这种方式表示抵制，声称没有人想去听布道。①

在接下来的周二，5 月 17 日，菲利普伯爵（Landgraf Philipp）在圣莫里茨教堂宣布安排施奈夫（Erhard Schnepf）在接下来的周一、周二和周三七点，在圣乌里希教堂布道。② 约纳斯（Justus Jonas）于 6 月 12 日周日，将这件事情告诉路德。约纳斯（Justus Jonas）也知道施奈夫的布道非常受欢迎，听众很多，全城的布道频率"甚至高于我们"。③ 在他写信的这个周日，施奈夫在他的伯爵菲利普在场的情况下，就圣餐问题公开反驳茨温利派，并且引发了教堂内部的骚乱。④ 布兰登堡选帝侯（Joachim）所带来的多米尼克教派理论家约翰·蒙兴（Johann Mensing）也在大主教教堂（Domkirche）进行言辞激烈的布道，这是在他听说亚当·外斯（Adam Weis）在 5 月 29 日周日的布道上公开反对宗教改革思想之后所作出的反应。据说外斯的言语只有谩骂、蔑视还有嘲弄。⑤ 亚当·外斯（Adam Weis），本身是布兰登堡–安斯巴赫的侯爵乔治的路德派教士，与约翰·胡海尔（Johannes Rurer）随侯爵一同于 5 月 24 日来到奥格斯堡。⑥ 他与胡海尔一道，被要求在圣灵降临节的前后几天进行布道。⑦ 在这些天里，也允许他们在圣卡特琳娜教堂布道。⑧ 有关他的最后一场布道，有比较详细的记录。⑨

传统教派的代表则是维尔茨堡的主教康哈德三世（Konrad Ⅲ）。他也安排教士巴特罗毛斯·乌辛（Bartholomaeus Using）在大主教教堂进行布道。⑩ 同一天，萨克森选帝侯也邀请雷氏在多米尼克女修道院的圣卡特

---

① Sender, Chronik S. 254f.
② Schirrmacher, Briefe und Akten, S. 46.
③ "maiori etiam frequentia quam nostri……"，WABr. 5 Bd, S. 357f.
④ Vgl. Dazu auch：Gussmann, Quellen und Forschungen, I/1. Bd. , S. 397f. Schnepf 在布道时公开批驳茨温利派的圣餐理论，是很出人意料的事情，因为他的领主菲利普看起来也更倾向于茨温利的解释；对此 Gussman 在第 60 页有这样写道，"他禁止他的宫廷布道士 Erhard Schnepf 在布道台上讲有关圣餐之争的问题。"
⑤ Weis, Diarium, S. 682：" Dominica exaudi, Audivimus contionem Joannis Mentzinger, ord. praedicatorum. Quem Joachimus Brandenburgensis, secum adduxerat. Homo stolidus, magno supercilio, ingenti clamore, insane manuum jactaione, eruditio nulla, mire ineptiebat, aperte item et sepe mendatia in nostrates impudentissime spargens. "
⑥ Schirrmacher, Briefe und Akten, S. 44.
⑦ Weis, Diarium, S. 684："Quatra Juni contionari cogebar, Item altera penth."
⑧ Sender 在他的编年记录中记录的是圣莫里茨教堂，Sender, Chronik, S. 281f, 但是 Schirrmacher, Briefe und Akten, S. XXI. Anm. 1 和 Rurer 记录的都是圣卡特琳娜教堂。
⑨ "主要讲了第一章，祈祷和基督的灵的共融……" Weis, Diarium, S. 696. "Ad Philip. de precatione et communicatione Spiritus Christi, necessariis mediis ad fructum verbi."
⑩ Weis, Diarium, S. 686.

琳娜教堂布道。雷氏、阿格里克拉以及弗洛斯，看起来是最勤劳最忙碌的布道士，他们几乎每天都要布道。[1] 外斯（Weis）称雷氏是奥格斯堡"最有学问的神学家"（Theologis eruditissimis）。[2] 然而圣安娜教堂其他的布道士却没有什么声望。在城市中，米歇尔·凯勒（Michael Keller）是最受欢迎的。约纳斯（Justus Jonas）在写给路德的信中甚至描述到："听雷氏布道的只有两百个，而听凯勒的有六千人。"[3] 凯勒是茨温利派的，是民众眼中的"上帝使者"（Abgott）。[4] 路德派的布道士，尤其是从外地来的，都把他视为当地布道的最大障碍，眼中钉、肉中刺，多方孤立和排挤他。[5] 萨克森侯爵菲利普想提拔他，但是被萨克森的布道士们想办法阻止了，他们可不想弄出一个萨克森的"凯勒"出来。[6]

在传统阵营的那边，当地最有名望的要数克莱茨（Mattias Kretz），此人从1521年开始接替雷氏成为大主教教堂的布道神父。[7] 在帝国议会召开期间，他在家里接待了很多传统教派的神学家，如埃克（Eck）、法布里（Fabri）、考克劳斯（Cochlaues）、乌辛努斯（Ursinus）。[8]

这些持不同教派信仰的教士在奥格斯堡必然会发生碰撞，而在乌里希教堂发生的路德派牧师施奈夫（Erhard Schnepf）就圣餐布道问题引发的骚乱就是一个高潮明证。罗特（Roth）描述到，改革派的布道士们"言语上污蔑教皇派，而天主教派也不是软弱的绵羊……"[9] 这些支持路德教

---

[1] Schirrmacher, Briefe und Akten, S. 46.
[2] Weis, Diarium, S. 676.
[3] Jonas an Luther, 12. Juni 1530. WABr. 5 Bd, S. 358. "videas in Urbani concionibis vix ducentos osse! auditores, in Michaelis concoinibus sex milia hominum". Mathis Pfarrer 也在1530年6月2日写给 Peter Butz 的信中说，"他们中有一位，Michel，属于茨温利教派，在民众中呼声最高，拥有最多的听众"; in Virck, Politische Correspondenz, 1. Bd., S. 448；还有一个叫 Joachim Helm 的奥格斯堡人，在1528年3月7日甚至写道："当再洗礼派或者茨温利派布道士为我们布道的时候，应该有6千名听众；当其他人布道的时候，大多数时候，听众不足六七个。" in: Kawerau, zur Reformationsgeschichte Augsburgs, S. 131f. vgl. Auch Paztzhold, die Konfutation, S. XIII。
[4] Roth, Augsburg, 1. Bd, S. 333; Uhlhorn II, S. 104.
[5] Weis, Diarium, S. 675f.
[6] WABr. 5 Bd, S. 306, Anm 17. & S. 358f.；以及 Gussmann, Quellen und Forschungen, I/1. Bd., S. 60, bzw, S. 397f; Uhlhorn II, S. 153f.。另外，Jakob Sturm 和 Mathis Pfarrer 在1530年5月28日写给康斯坦市议会的信中也提到"…gegen den (Keller), lassen sich dei Sachsischen predicanten uf den canzeln hoeren…", in: Virck, politische Correspindenz. 1 Bd., S. 446。
[7] Uhlhorn II, S. 146f.
[8] Kretz an Erasmus, 29. Oktober 1530. Allen, 9. Bd., S. 73.
[9] Roth Augsburg 1. Bd, S. 334.

派的公爵刻意安排他们的教士进行布道，实际上已经是政治动机大于宗教动机了，然而，那些传统教派的布道，谁又能说不是怀着同样的目的呢？皇帝是否因此被他们激怒了呢？形势已经很明显，皇帝一定要做点什么来阻止这种混乱的状态。

三 查理五世的到来与布道禁令

1530年6月15日，皇帝抵达奥格斯堡。德意志历史上一支空前壮观的队伍排列整齐地举行了入城仪式。一群教士唱着"君之来，和我所期"（Advenisti desiderabilis）在城门口迎接这支队伍。大批德国诸侯早已在那里等候，他们一起向皇帝敬礼，皇帝也有礼貌地下马向他们亲切致意。查理携带的随行人员中有教皇使节、红衣主教坎培吉奥。大多数选侯跪下来接受这位红衣主教的祝福，然而萨克森的约翰笔直地站着不动，拒绝接受他的祝福。各选侯的随从全部手拿专用的旗帜和武器——按照古代的传统，萨克森走在队伍的前列，然后是皇帝独自一人，随从帮他打着华盖。他原想让教皇使节和他的弟弟骑马走在他身旁的华盖下，但德国人不容许这样做，因为他们不能容许教皇的代表与德意志帝国的皇帝骑马并肩进入帝国最重要的城市——奥格斯堡。奥格斯堡市议会雇佣了2000名士兵来保护他们。① 随后，皇帝、众诸侯以及他们的随从，全部走进大教堂里。唱起了"赞主歌"，皇帝接受了祝福。接着，人们又排起了长队，陪同查理前往主教宅邸下榻。②

在这里，皇帝做出了解决路德派问题的初次努力。他邀请萨克森选侯、勃兰登堡的乔治、黑森的菲利普和吕内堡的弗兰西斯，一同前往他的住处。在得知他们都带着路德派的牧师随行之后，查理要求路德派在这次帝国议会期间保持沉默，然而这个要求遭到了拒绝。接着查理要求他们设法劝阻会引起争吵的讲道，这个要求也被拒绝。这引起查理的不快，查理提醒他们：他的要求完全符合1526年的决议，皇帝是所有帝国城市的君主。他还向他们保证，他会为自己指定传道士，并保证他们仅仅不加解释地宣读圣经，不做讲道。这个意见得到了赞同。接着，他又要求诸侯贵族们同他一道参加次日的传统教派的基督圣体节游行，他们拒绝了。斐迪南怀着愤怒，查理则以冷漠的态度倾听黑森的菲利普的争辩，然而皇帝坚持

---

① Schirrmacher, Briefe und Achten zu der Geschichte des Religionsgespraeches zu Marbung und des Reichstages zu Augsburg, 1530, S. 52f.

② Schirrmacher, Briefe und Achten zu der Geschichte des Religionsgespraeches zu Marbung und des Reichstages zu Augsburg, 1530, S. 54–57.

这个要求。接着，勃兰登堡的老乔治站起来告诉陛下，他办不到，所以也无法服从。这是一句简短刺耳的话，虽然态度十分恭敬。老乔治末了又讲出一句传遍德意志的像珠光一样照亮人们心灵的话："我宁愿跪在陛下面前并砍下我的脑袋，也绝不违抗上帝和上帝的福音"——这位老人立刻就用手中的利刃搁在自己的脖子上。查理不懂德语也能理解意思。他和蔼地用弗勒芒式的德语说："不砍脑袋，亲爱的侯爵，不砍脑袋。"①

6月18日星期六，在亚当·外斯（Adam Weis）准备给多米尼克女修道院布道时，皇帝下达了"布道禁令"。②

有关皇帝的"布道禁令"是在皇帝到达之前还是到达之后颁布的，是针对新教牧师还是包括天主教的布道士，学界观点不一。兰克（Ranke）认为"布道禁令"是在皇帝到达之后颁布，并且是针对新教布道士；③ 海姆伯格（Heimbürger）认为禁令是在皇帝到达之前就颁布了，而且是针对所有的布道士；④ 凯姆（Keim）认为皇帝一开始只是要求新教布道士保持沉默，之后新教布道士都被遣返，皇帝才有所让步，决定"只保留一些没有派别之分的布道士，并且只是宣读上帝之言"；⑤ 乌豪恩（Uhlhorn）也认为禁令是在皇帝到达之后才颁布的，而且是这些新教公爵们，使得"皇帝被迫保持中立态度"；⑥ 帕斯特（Pastor）认为皇帝的中立态度并不是被迫的，他从一开始就是要求两方都保持沉默；⑦ 罗特（Roth）也认为皇帝是在到达之后当日就召集了新教公爵，要求他们的牧师保持沉默，然而罗特也提到了禁令有可能是在皇帝到达之前就颁布了的；⑧ 对此的分析要数瓦尔特（Johannes von Walter）最为清晰，他说明，皇帝在6月18日帝国议会上宣布面向所有布道的"布道禁令"，是基于梅兰希通提出的四个原则。⑨ 根据利伯曼（liebmann）的论证，皇帝此次"布道禁令"不仅仅是针对新教的牧师，同样包含传统教会的布道士。对信仰正误与否的判定，应该依据对圣经的不同理解，而不是教皇对正统诠

---

① "nit Kop ab, Loever Foerst, nit Kop ab", Foerstenmann, Urkundenbuch, etc. i. 268, 271; Schirrmacher, Briefe und Acten, etc, S. 59.
② Weis, Diarium, S. 696.
③ Ranke, Leopold von: Deutsche Geschichte im Zeitalter der Reformation, 3. Bd., S. 239.
④ Heimbürger, Urbanus Rhegius, S. 128.
⑤ Keim. Schwäbische Reformationsgeschichte, S. 157.
⑥ Uhlhorn II, S. 156.
⑦ Pastor, Reunionsbestrebungen, S. 19.
⑧ Roth Augsburg I. Bd, S. 337., Anm. 40.
⑨ Tiepolo, Despeschen, S. 38.

释的决定。此外,尤其明确的一点是,为了避免骚乱,必须调整布道士,而不是由于新教布道士错误引导了信众。其间也不涉及教派纷争、教派偏向以及沃尔姆斯禁令。①

四 雷氏的败北:新教牧师被迫离开

早在5月11日,选帝侯和梅兰希通分别写信给路德,告诉他皇帝的想法是"所有的布道士都需要在帝国议会期间进行调整"。路德在5月15日写信回复选帝侯,也参考了梅兰希通的意思"皇帝是我们的城主,城市与所有的一切都是他的……"② 路德设想,皇帝之所以禁止路德派的布道,主要是因为它们具有煽动性和骚乱性,这点不需要用事实来验证。因此,选帝侯想让皇帝"不要在没有听布道之前就禁止布道,而是首先先试听一下某位布道士的讲道",③ 然后再做决定。萨克森选帝侯的意见,虽然完全是从皇帝的意图出发,然而也并不比约翰·弗里德里希(Johann Friedrich)选帝侯的儿子的判断更加明智。"当下的情况,我也认为保持令人舒适的平静要比更进一步好"。④

萨克森选帝侯的想法大致比较明确:

1. 将这位年轻的经教皇加冕的皇帝,划定为支持传统信仰的、"教皇一派"的;
2. 将自己视为对立派——宗教改革阵营的不次于黑森州菲利普代言人和领导者;
3. 尽可能地将改革阵营建立成一个统一的坚强的阵营;
4. 强化自己在德意志领土上代表真正基督教的信仰的领袖身份,以及上帝之言的真正守护者。⑤

因此,对于皇帝的这个要求,约翰与黑森的菲利普觉得甚为棘手,并且约翰还是做出了相反的决定。他在圣灵降临节那天,特意安排了雷氏为

---

① Liebmann, S. 225.
② WA Br, 5. Bd, S. 319.
③ "nicht so vnuerhoret das predigen verbotte, sondern liesse doch zuuor yemand zuheren, wie man predigte", WA Br, 5. Bd, S. 319.
④ CR., 2 Bd., Sp. 48.
⑤ Müller, Die Römische Kurie, S. 114.

圣卡特琳娜修道院进行定期布道。① 他这样安排，是希望能够借助雷氏的声望，为当前昏暗的局势打照一盏光明。当他这样做之后，"勃兰登堡的乔治伯爵与其他的公爵也都依照萨克森选帝侯的意愿去听了布道"。②

雷氏的布道，赢来了一片喝彩。这些来自不同背景的听众，对雷氏的布道十分满意。来听布道的听众甚至有斯特拉斯堡的主教，"主教在很多宫廷人员的陪同下来到现场，这一消息立刻被报告给了选帝侯，后者十分友好的欢迎了他们。"③ 在布道结束之后，选帝侯询问主教是否喜欢这场布道，主教回答，"并不后悔听这么长时间的布道"④。此时选帝侯的意图依然十分明显，"难道这样的布道皇帝应该禁止吗？"然而，市议会毕竟要听从皇帝的命令，当皇帝的布道禁令在奥格斯堡帝国议会上公布的时候，也决定了雷氏的命运。皇帝甚至早在到达奥格斯堡之前就要求奥格斯堡市议会"调整"当地的新教布道士。⑤ 查理提醒他们：他的要求完全符合1526年的决议；皇帝是所有帝国城市的君主；⑥ 皇帝宣称，他是所有帝国城市的君主，因此，要求奥格斯堡市议会遵照他的决定。奥格斯堡市议会不得已向皇帝提交了一份书面保证，其中提到将会保留一切传统信仰的事物。⑦ 与此同时在皇帝到来之前，已经准备遵照皇帝的旨意，调整城市中的布道士。⑧ 无论是圣乌里希教堂、圣十字教堂以及圣乔治教堂聘任的为社区民众布道的教士，还是市议会聘用的教士——雷氏、弗洛斯、阿格里克拉和凯勒，都必须保持沉默。⑨

---

① Schirrmacher, Briefe und Akten, S. 46.
② Schirrmacher, Briefe und Akten, S. 46.
③ Wilhelm von Hohenstein 1506—1541, siehe: Eubel, hierarchia Catholica, III, Bd., S. 117.
④ Chronica ecclesiatica Augustana, S. 88f.
⑤ Roth Augsburg I. Bd, S. 358, L. C. Gol. 90.
⑥ Foerstenmann, Urkundenbuch, etc. i. 268, 271; Schirrmacher, Briefe und Acten, etc. p. 59 and note.
⑦ Roth Augsburg I. Bd, S. 358, L. C. Gol. 90.
⑧ 纽伦堡的使者在6月11日的信函中写道，"当皇帝到达慕尼黑时，奥格斯堡为表示对皇帝的权威的尊重，与顺从，已经开始准备，停止布道，……让一切看起来没有太多的瑕疵"。CR, 2Bd., Sp. 90.
⑨ 对于这一点，实际情况是这样的，雷氏、弗洛斯、Agricola 和 Keller 尽管受市议会所聘用，但是不同于那些经过议会选举程序所任命的正式"市议会公务员"（Ratsdeiner），而只是以签订合同的形式受市议会聘用去布道，因此没有那种受到"相当尊重"的反驳的权利，而对于神职人员的聘用法律此时还并不完善，直到1538年才有相应的法律条款出台。对于 Keller，市议会不止一次地不承认他是受市议会所任命。Roth Augsburg I. Bd, S. 337, S. 358。

皇帝的意愿在萨克森选帝侯看来，还是一个隐藏得非常好的秘密。因此，雷氏的布道也可以在奥格斯堡市议会那里得到满意的解释："不要软弱，不要让步，要充满'英雄气概'"，萨克森选帝侯就是这样做的。然而，奥格斯堡这边却由于这样一场布道而备显尴尬，因为他们不止一次宣称，雷氏是他们聘任的布道士。① 这种情况最终导致雷氏成为了这场斗争的牺牲品，不得已选择离开奥格斯堡。在这种形势下，其他新教牧师弗洛斯、阿格里克拉、凯勒也纷纷出于自身安全以及城市新教改革前途黯淡的原因自愿或非自愿离开城市。②

随着布道禁令的颁布，代表着新教各派之间统一意见的"奥格斯堡信纲"（Confessio Augustana/Augsburger Bekenntnis）也起草完毕，上呈给帝国议会。皇帝的布道禁令是面向所有人的，他并未要求单独某一方在帝国议会期间保持沉默，而是双方，这也表明了他此时表面上的中立立场。③

第二节　1530 年奥格斯堡帝国议会的召开

一　《奥格斯堡信纲》的起草

1530 年 6 月 20 日，奥格斯堡帝国议会正式开幕。在皇帝的"倡议书"中，陛下渴望"用公平合理又温文尔雅的方法"结束使德国涣散的宗教分歧。皇帝再一次要求新教徒书面提出他们的意见和困难，并且已经决定首先解决宗教问题。为此，早在皇帝要召开帝国议会的诏书抵达萨克森时，总理大臣格雷戈里·布吕克已经建议萨克森的神学家准备一份意见书，以便必要时呈交皇帝。④ 于是以梅兰希通和雷氏为主要代表的神学家起草了《奥格斯堡信纲》（Confessio Augustana）。该文件中把新教的要求压缩到最低限度，处处贯穿着梅兰希通的和解精神，偶尔也穿插两句路德

---

① Oaiander an Linck, 4. Juli 1530. CR, 2. Bd., S. 164: "Augustenses ad eo pusillanimes immo frigidi sunt, ut Urbannum Regium a se vocatum esse profiteri nolint. Cum hoc an facturi essent, a Consule Senatu et a plerisque privatim requisierit (mera stultitia sapientum istorum mercatorum) hac insigni ingratitudine motus promisit Duci a Luneburg, se cum eo abiturum; et faciet."

② Roth, Reformationsgeschichte II, 5 – 10.

③ Keim. schwäbische Reformationsgeschichte, S. 157; Lindsey, En, p. 312.

④ Foerstemann, Urkundenbuch, i. 39：这位尊敬的总理大臣认为应当起草一份这样的文件："mit gruendlicher bewerung derselbigen aus goettlicher schrift"。

的犀利用语:"一个完美的基督教徒要做到衷心地敬畏上帝;其次是胸怀崇高的信仰,确信上帝由于基督的缘故才与我们和好;请求和期望上帝在我们的全部事业中给予帮助;广行善事、忠于职守。在这些方面包含着真正的完美无缺和对上帝的真诚崇拜,而不是在于不结婚、乞食或者穿破衣服。"①

6月24日,路德派准备好了他们"有关信仰的不满和意见的陈述"。第二天,也就是6月25日,帝国议会在主教府邸的大厅里举行,由萨克森的总理大臣克里斯提安·拜尔博士向皇帝宣读众所周知的《奥格斯堡信纲》。他声音清晰洪亮,不仅大厅里的听众,连大厅外面的群众也能听清。② 读完以后,总理大臣布吕克把这份文件连同拉丁文副本呈交皇帝。在上面签字的有萨克森选侯及其儿子约翰·弗里德里克、勃兰登堡侯爵乔治、吕内堡的埃内斯特公爵和弗兰西斯公爵、黑森伯爵,阿哈特的沃尔夫冈亲王以及纽伦堡和罗伊特林根等城市的代表们。这些诸侯知道在这份文件上签名要承担的风险。萨克森的神学家恳求选侯公开签上他们的署名。③

《奥格斯堡信纲》分为两部分,第一部分叙述签字人的观点,第二部分列举他们反对的弊端。④ 告白的形式和语言都表明,他的作者无意拟定一个详尽无疑的神学见解纲要,或者把其中各信条当做一成不变的一系列教义真理。他们皆致力于简单地阐明是什么使他们在信仰上团结在一起,

---

① [英] 林赛:《宗教改革史》,孔祥民、令彪、吕和声、吕虹译,商务印书馆1988年、2016年版,第316—317页。
② Schirrmacher, Briefe und Achten zu der Geschichte des Religionsgespraeches zu Marbung und des Reichstages zu Augsburg, 1530, S. 90f.
③ [英] 林赛:《宗教改革史》,孔祥民、令彪、吕和声、吕虹译,商务印书馆1988年、2016年版,第314页。
④ 有关《奥格斯堡信纲》的史料可以参看: Die Bekenntnisschriften der Evangelisch-Lutherischen Kirche; 1930 (= Göttingen 1992; wissenschaftliche Ausgabe); Confessio Augustana Variata. Das protestantische Einheitsbekenntnis von 1540, Speyer, 1993。相关的研究可以参看: Leif Grane: Die Confessio Augustana, Einführung in die Hauptgedanken der lutherischen Reformation. UTB, Göttingen, 1996; Thomas Kaufmann: Geschichte der Reformation. Suhrkamp, Frankfurt am Main, 2009; Vinzenz Pfnür: Einig in der Rechtfertigungslehre? Die Rechtfertigungslehre der Confessio Augustana (1530) und die Stellungnahme der katholischen Kontroverstheologie zwischen 1530 und 1535 (= Veröffentlichungen des Instituts für Europäische Geschichte. Abteilung Abendländische Religionsgeschichte; 60), Franz Steiner Verlag, Wiesbaden 1970 (Diss. theol. Münster 1969/70); May, Gerhard. "Augsburg Confession", in The Encyclopedia of Christianity, edited by Erwin Fahlbusch and Geoffrey William Bromiley, 157 – 159. Vol. 1. Grand Rapids: Wm. B. Eerdmans, 1999; Reu, Johann Michael, The Augsburg Confession: A Collection of Sources with an Historical Introduction. St. Louis: Concordia Publishing House, 1983。

"我们的教派宣讲的""我们所讲的""我们摒弃这样那样的说法"等措辞就是证明。在第一部分,作者说明他们与中世纪教会有多少共同之处,他们如何恪守西方大神学家圣奥古斯丁的教导;他们与茨温利派那样更激进的新教教派有什么不同,还有他们是如何否定再洗礼派的说教的。有一段话非常简明地说明了路德派的因信称义说,这段话现在仍然被当做和被说成是他们的共同信仰体系中许多部分的基础。在第二部分,他们列举出不得不抛弃的中世纪教会的那些观点和实践:强迫教士独身、弥撒的献祭性、必须秘密忏悔、发修道誓愿以及德国主教管区中存在的教俗权力不分等。①

二 "触犯龙颜":市议会拒绝签署"宗教事务决议书"

根据上文描述,很明显,在帝国议会召开期间,市议会面临来自皇帝与城市内部的双重压力。一方面,查理五世极力促成传统基督教的统一②,或者准确说是倾向于传统教派的统一;另一方面,城市内部民众已经倾向于改革,市议会不得不在二者之间周旋,极力避免帝国的政治决定与内部民众之间的冲突。为此,市议会一方面要求城市民众严格遵守法律法规,另一方面努力与皇帝保持和谐。

尽管市议会百般求全,但依旧与皇帝产生了很多不愉快。例如为保护此次帝国议会的顺利召开,市议会安排了雇佣军守卫,然而查理五世却要求安排皇帝禁卫军护卫,因为查理五世想最大程度地显示皇家威严以及执行自身意愿的决心,③ 为此市议会不得不采取了鲍丁格的意见,解散了城市的护卫军,来表现对皇帝的忠诚。④ 再比如,1530 年 6 月 15 日查理五世进城后⑤,很快下达指令,要重建帝国统一的信仰,禁止全城所有牧师的布道,并命令奥格斯堡身先士卒。⑥ 此外,他还要求在 6 月 16 日的基督圣体节,所有的帝国城市都举行全城游行。⑦ 在这种强大的皇令面前,

---

① [英] 林赛:《宗教改革史》,孔祥民、令彪、吕和声、吕虹译,商务印书馆 1988 年、2016 年版,第 316 页。
② Foerstemann, Urkundenbuch I, 1 – 9, bes. 8, Nr. 1; StAA, Litslg, 1530, Jan-Juli. fol. 5. ; Roth, Reformationsgeschichte I, S. 328 – 368.
③ Langenmantel-Chronik, S. 363 – 366; Sender-Chronik, S. 252f.
④ StAA, Litslg, 1530, Jan-Juli. fol. 202 – 205v; Broadhead, Politics, S. 272f.
⑤ StAA, Reichstadt, Ratsbücher, Nr. 16, 25r – 27v; SStBA, 4° Aug. 1194; Langenmantel-Chronik, S. 368 – 371; Sender-Chronik, S. 261 – 279.
⑥ Langenmantel-Chronik, 372; Sender-Chronik, 281; Roth, Reformationsgeschichte I, S. 337f.
⑦ Sender-Chronik, 279; Roth, Reformationsgeschichte I, S. 337.

市议会不得不要求所有的牧师停止布道。更重要的是，由于帝国议会的召开，奥格斯堡成为新教诸侯与保守的皇帝之间在新教问题上的战场。随着布道禁令的下达，以及由此引发的矛盾冲突，奥格斯堡成为阵前士卒，率先陨灭。很多新教牧师雷氏、弗洛斯、阿格里克拉、凯勒出于各种考虑自愿或非自愿离城。[1] 这样的局面无疑不是市议会愿意看到的。尤其是雷氏的离开，对于奥格斯堡来说损失巨大。因为长久以来，雷氏的调和主张都是和市议会一致的，市议会和缓的改革需要雷氏的助力。雷氏的离开，意味着奥格斯堡失去了新教神学家这一主心骨，以后的改革也缺少了一位神学家坐镇主帅。为此，市议会无疑是非常郁闷的。

随着帝国议会的召开，皇帝不考虑市议会的难处，继续强制推行他的宗教政策，引发民怨，例如皇帝的军队在8月份抓了圣十字教堂的牧师，[2] 另外一位牧师被怀疑为再洗礼派而被惩罚；[3] 10月份多米尼克妇女修道院圣凯瑟琳娜被宣称置于皇帝保护之下；[4] 同月，在教堂重建了天主教的传统。[5] 然而最糟糕的是，由于强制取消了新教的布道，城市民众强烈不满，再加上上述事情雪上加霜，城市内部的反抗或暴乱很可能一触即发，这也是市议会最为担忧的。这些皇帝的强制举措使得市议会在对内政策上不断偏离原来既定的"中间道路"路线，形势变得十分严峻。[6]

皇帝的这种"咄咄逼人"终于造成了市议会在政治态度上的转变，最后被逼上"梁山"，决定拒绝在帝国议会宗教事务决议书上签字。9月22日的决议书草案出炉，奥格斯堡签字了，但其真实意愿在附加说明中表达了出来。[7] 10月13日帝国议会"宗教事务"决议书出炉，奥格斯堡最终明确表态拒绝签字。因为市议会此时不得不面对皇帝的系列干预导致的民怨沸腾的局面。底层民众的情况已经发展到非常糟糕的地步，[8] 如果依然想保持现如今的社会秩序，就必须使教会改革跟得上局势发展。因为

---

[1] 例如 Urbanus Rehgius, Frosch, Agricola 等人。
[2] StAA, Reichstadt, Ratsbücher, Nr. 3. fol. 5v (ad 18.8); Langenmantel-Chronik, S. 390; Sender-Chronik, S. 306 – 308.
[3] StAA, Reichstadt, Ratsbücher, Nr. 16. fol. 29r.
[4] StAA, KWA, G 131 (original); Litslg, 1530, Aug-Dez., fol. 91r – 97v (ad6.10); Broadhead, Politics, S. 421f.
[5] Sender-Chronik, S. 279; Roth, Reformationsgeschichte I, S. 345.
[6] Broadhead, Politics, S. 276f.
[7] Foerstemann, Urkundenbuch II, 474 – 478, Nr. 230; vgl. 648, Nr. 232.
[8] Sender-Chronik, S. 352; Roth, Reformationsgeschichte I, 343f.; Broadhead, Politics, S. 76 – 81.

社会上的矛盾已经剑拔弩张，而他们最根本的诉求就是呼吁宗教改革。然而，市议会依旧不得不小心行事，不能太明显地解除向皇帝的效忠，并且市议会还需要保留"传统信仰"的礼拜以及教会。①

在拒绝签字后，首先奥格斯堡市议会请求再多给一些考虑时间，② 因为考虑到城市中强大的民众改革呼声已经不大可能接受这份严格的决议书，而且市议会最大的担忧就是民众的动乱会一触即发。此外，奥格斯堡这些统治阶层本身也并不愿意违背皇帝的旨意，而皇帝这一边，自然是信心满满地等待奥格斯堡接受。10月25日，皇帝再次催促市议会给出最后答复。

在这种两难的情境下，小议会多次召开了大议会紧急会议。③ 最后，大议会所代表的大多数民众做出了反对的决定。在很多次迟疑之后，市议会针对宗教事务没有作出明确的政治表态，最终拒绝了在皇帝的决议书上签字。④ 城市的领导阶层遵循了大议会的会议决定，最终还是更加侧重于保持城市内部的和平。市议会作此决议主要有如下两点考虑：

第一，对内，奥格斯堡统治阶层害怕并担忧暴力反抗，担心如果屈从于帝国对于新教的镇压，会失去自身民众的支持，从而影响最根本的政治根基；

第二，对外，奥格斯堡担心贸易危机以及德意志内部战争，将会导致奥格斯堡被迫提供经济支持。

然而，即使做了这样的决定，奥格斯堡也是十分犹疑不安的。因为一旦和皇帝方面决裂，奥格斯堡可能就会面临帝国法律层面（Reichskammergerichtsprozess）的危机（也在1530年11月19日的决议书中），这样导致的后果可能是被剥夺皇帝保护令（Reichsacht），从而丧失城市的合法地位。此外，这种威胁也来自那些坚守传统信仰的帝国城市和地区以及由此执行的政治孤立。

10月26日，市议会派了一个代表团去拜见查理五世，由约翰·海灵格（Johann Rehlinger）作为首席代表。这个代表团一方面要向皇帝表达奥格斯堡的忠诚意愿，另一方面则要向皇帝解释为什么没有接受决议书。两天以后，也就是10月28日，皇帝又做了一次努力，努力挽回奥格斯堡

---

① Sender-Chronik, S. 322.
② StAA, Reichstadt, Ratsbücher, Nr. 3, S. 31.
③ BSBM, Cgm 1355, fol. 25r ff., Langenmantel-Chronik, 393f.；Sender-Chronik, S. 324f.
④ StAA, Litslg, 1530, Nachtrag, Nr. 10, fol. 11r – 12r.

的决定，然而却没有成功。① 皇帝依然不愿意接受这样一个拒绝的结果，于是在11月12日向十三委员会重新表达了他的意愿。② 在信件中，他还回忆了市议会先生们从前向他以及帝国表示绝对的忠诚，要求他们接受此次的宗教事务决议。③

第二天，也就是11月13日，奥格斯堡为如何回复皇帝此次的信件，再次召开了一次大议会紧急会议。④ 11月16日他们起草完回复信件，⑤ 代表人依然是约翰·海灵格。⑥ 在回复中，奥格斯堡坚决肯定地表达了此封转交给陛下的信件决然没有冒犯皇帝的权威之意，并且也请陛下以宽大之怀接受他们不能接受决议书之决定，与此同时，他们还希望奥格斯堡能够一如既往地获得皇帝的庇佑。皇帝收到信件后表达了他的诧异，表示还需要一点时间考虑。⑦

三 对拒签决议书的分析与评价

市议会所起草的文件，是奥格斯堡第一份公开表达统治阶层与传统信仰保持距离的书面文件。⑧ 因为直至此时，奥格斯堡的宗教改革趋势已经深入民心，市议会必须维持内部和平。⑨ 在这个文件中，除了拒签决议书之外，奥格斯堡的统治阶层第一次向皇帝表达了一些在宗教问题上的不同意见，声称将对传统教派和新教派都持包容态度。这些只是内部可见，因为奥格斯堡作为帝国城市依旧被默认为传统信仰者。⑩ 其实早在1529年召开施拜耶尔帝国议会的时候，人们就已经向皇帝讲了奥格斯堡在宗教事务上的几点要求：

1. 布道士布道时不允许反对圣餐礼上基督血与肉的"真实临在"；
2. 再洗礼派一如以往，不允许在城市中出现；
3. 不允许任何布道士蔑视权威；

---

① StAA, Reichstadt, Ratsbücher, Nr. 16. fol. 32r.; Sender-Chronik, S. 325.
② StAA, Litslg, 1530, Nachtrag, Nr. 10, fol. 12v – 14v (= 36v – 38r).
③ Foerstemann, Urkundenbuch II, 825 – 827, Nr. 299; Langemantel-Chronik, S. 394.
④ 有关此次会议可以参看StAA, Reichstadt, Ratsbücher, Nr. 16. fol. 31r。
⑤ Roth, Reformationsgeschichte I, S. 348 – 350.
⑥ Roth, Reformationsgeschichte I, S. 366 – 368.
⑦ StAA, Litslg, 1530, Nachtrag, Nr. 10, fol. 26v – 27r. (= 48r)
⑧ Langenmantel-Chronik, S. 396f.
⑨ Langenmantel-Chronik, S. 398.
⑩ Wolfart, Reformation, S. 8.

4. 布道士在他们的布道中应该促进社会救济及其他的基督事业；

5. 印刷业不允许出版和发行诽谤性小册子；

6. 所有的世俗的和宗教上的权威都允许保留他们的收入；

7. 不允许阻止任何人参加弥撒、告解以及其他的仪式；也不允许强迫任何人参加。①

但是这种情况并没有得到皇帝的正式认可，因此教会改革事业的合法性一直拖延，直到 1533 年、1534 年。

11 月 20 日，考虑到未能接受决议书可能带来的危险后果，奥格斯堡市议会还起草了一份正式的陈情书，并按照程序把这份陈情书上交给美因茨大主教办公室。② 然而却遭到了拒绝，于是奥格斯堡只好在 11 月 21 日亲自交到皇帝手中。③ 这也算是市议会在外交上做的努力。1530 年 11 月 23 日，皇帝最后离开奥格斯堡，这件事暂时告一段落。

由以上的讨论可以看出，奥格斯堡市议会在皇帝与自己城市的市民天平之间，最终还是倾向了市民。在过去的十年中，在信仰和教会这个问题上，市议会始终坚持中间路线原则，既反对传统信仰的过激行为，也反对新教改革派的过激行为。市民们看到了市议会的倾向，反对再洗礼派，反对任何其他敌对权威的改革教派，反对任何或多或少有风险的激进改革，这在奥格斯堡过去的十年中一直有迹可循。

然而直至此时，奥格斯堡外交上的孤立也凸显了出来：一方面，奥格斯堡明确背离了传统信仰的阵营，另一方面却没有与其他帝国城市有政治或者教会改革方面的联系。④ 在宗教改革的大变动格局之下，这些联系由于奥格斯堡本身与皇帝之间的密切关联被阻断了。无论是在帝国议会召开期间奥格斯堡与宗教改革的关联，还是后来又拒绝皇帝的拉拢，奥格斯堡所面临的最核心问题始终都是——城市的教派政治。⑤ 奥格斯堡过去十年在城市中实行的监察制度，不仅仅影响了教会改革的走向，也影响了后来几年中城市统治阶层与布道士之间的互动。

---

① Reichasbschied 1529, RTA J. R. VII/2. 1142f. Nr. 106.

② StAA, Litslg, 1530, Nachtrag, Nr. 10, fol. 3r – 6r；(=7r – 10v, 27r – 32v, 48v – 52v)；Roth, Reformationsgeschichte I, 348f.

③ StAA, Litslg, 1530, Aug-Dez. fol. 196r – 197r；(ad. 21. 11)，Nachtrag, Nr. 10. fol. 33r – 34r (=53r/v) .

④ 有关奥格斯堡宗教改革对于整个帝国城市宗教改革的影响，可以参看 Hamm, Bürgertum, S. 113 – 118。

⑤ Immenkötter, Verantwortung, S. 85.

结果，奥格斯堡也没有参加1530年11月和12月召开的施马尔卡尔登联盟会议。① 联盟所做的拉拢奥格斯堡的努力，也只算是帝国议会之后的事了。帝国城市乌尔姆在接下来的几个月中接手了这项任务。② 奥格斯堡市议会最后接受了这份邀请，在天平的巨大失衡面前，奥格斯堡不得不暂时置帝国法律的后果于不顾。③

第三节　失衡之后的重建:1530年后市议会的改革努力

一　成立宗教事务委员会

在1530年帝国议会召开结束后，市议会打算和缓地开始教会改革。拒绝皇帝的决议书明示了市议会与传统阵营的决裂，然而与新教阵营方面的联盟也还没有建立，这种政治孤立的局面是市议会想极力挽回的。为此市议会着手进行一些调整，以适应和改善新的局面。其中最大的一个举措就是十三委员会在1530年12月23日成立了奥格斯堡宗教事务委员会，该委员会负责监管以后的城市宗教生活以及决定世俗教会的改革和发展。④ 被选进宗教委员会的委员有市长赫尔尼姆斯·殷浩富（Hiernoymus Imhof），财政总长乌里希·海灵格（Ulrich Rehlinger）、安东·比墨（Anton Bimmel）以及行会会长邙·塞茨（Mang Seitz），斯蒂芬·艾瑟林（Stephan Eiselin）、西姆布莱希特·豪泽（Simprecht Hoser）以及约斯·芬内贝格（Jos Feneberg）。这几位成员殷浩富、海灵格、比墨都属于威尔瑟家族关系圈，而艾瑟林和豪泽则属于何宝特关系圈，芬内贝格则属于塞茨的关系圈，这些人都是积极的新教改革派。威尔瑟家族成员虽然早在20年代初的时候多持保守态度，但是到了20年代下半叶，也逐渐转变为支持新教，但内部也有一些个性差异。于是，这个具有改革派倾向的宗教委员会做的第一件事就是把在帝国议会期间驱逐的三位牧师重新请了回来，阿格里克拉、弗洛斯和凯勒。⑤ 雷氏由于已经前往主持北德吕纳堡的宗教

---

① Roth, Reformationsgeschichte II, 1f; Broadhead, Politics, S. 288f.
② Fabian, Beschluesse, I, S. 178 – 184.
③ "da die sach an ir sebls gros und wichtig [ist], … die deschter mer und wol zu bedecken", Augsburg an Ulm 27. Mai. 1531; vgl. Fabian, Beschluesse, I, S. 187f.
④ StAA, Litslg, 1530, Aug. -Dez. fol. 235r – 236v (ad23. Dez); Roth, Reformationsgeschichte II, 10; Boradhead, Politics, S. 283f.
⑤ Roth, Reformationsgeschichte II, S. 10.

改革，不可能回来了。

二 改革派跻身决策阶层

在1531年1月7日的市长选举中，原来的两位市长费特（Vetter）和殷浩富（Imhof）被乌里希·海灵格（Ulrich Rehlinger）和安东·比墨（Anton Bimmel）取代，成为新任市长。[①] 虽然这四位市长都属于威尔瑟家族关系圈，但在时势的影响下，新上任的两位无疑面临更紧迫的改革任务，也更有改革的意愿。在下面的表格中，列举了1530年—1534年十三委员会的成员。[②]

表4-1　　　　　十三委员会成员（1530—1534）[③]

姓名（出身）＼年份	1530	1531	1532	1533	1534
Anton Bimmel（纺织行会）	财务总长	市长	—		
Franz Brigel（屠户行会）	十三委员会候选委员				
Hans Drechsel（屠户行会）			十三委员会候选委员	十三委员会候选委员	十三委员会候选委员
Stefan Eiselin（杂货商行会）	财务专员（Einnehmer）[④]	财务专员	财务专员	财务专员	
Jos Feneberg（建筑工行会）		十三委员会候选委员	掌印司	掌印司	掌印司
Hans Fischer（面包师行会）	十三委员会候选委员				
Hans Haintzel（商人）	财务总长	财务专员	财务专员	财务专员	财务专员
Georg Herwart（贵族）			十三委员会候选委员	十三委员会候选委员	十三委员会候选委员

---

① Roth, Reformationsgeschichte II, S. 12.
② 目前已有的资料还无法完全了解1533年和1534年的任职情况，可参见 StAA, Schätze, Nr. 49A。
③ 市议会公务员簿1520—1555：StAA, Schätze, Nr. 49a。
④ 据推测，Einnehmer 应指那个时代专门负责财务收款以及相关管理的财务专员。

续表

年份 姓名（出身）	1530	1531	1532	1533	1534
Simprecht Hoser （盐商行会）	财务专员	财务总长	财务总长	财务总长	财务总长
Hieronymus Imhof （商人）	市长	财务总长	市长	财务总长	市长
Matthäus Langenmantel （贵族）	十三委员会候选委员	掌印司	掌印司	掌印司	掌印司
Kaspar Mair （面包师行会）			十三委员会候选委员	十三委员会候选委员	十三委员会候选委员
Hans Rehlinger （贵族）	掌印司				
Konrad Rehlinger （贵族）	财务专员	财务专员	财务专员	财务专员	财务专员
Ulrich Rehlinger （贵族）	财务总长	市长	财务总长	市长	财务总长
Wilhelm Rehlinger （贵族）		十三委员会候选委员			
Wolf Rehlinger （贵族）					市长
Lukas Schellenberg （杂货商行会）					财务专员
Mang Seitz （纺织行会）	掌印司	市长	财务总长	市长	财务总长
Urban Sieghart （面包师行会）		十三委员会候选委员			
Georg Vetter （贵族）	市长	财务总长	市长	财务总长	
Georg Wieland （商人）		掌印司			

其中六位成员，在整个1530—1534年中发挥了重要的作用，乔治·费特（Georg Vetter）、沃尔夫·海灵格（Wolf Rehlinger）、赫尔尼姆斯·

殷浩富（Hiernoymus Imhof），乌里希·海灵格（Ulrich Rehlinger）、安东·比墨（Anton Bimmel）以及行会会长邝·塞茨（Mang Seitz）。这几位人员主要都在威尔瑟家族关系网内，塞茨作为曾经的行会会长也和他们关系密切。对这几位领导成员的分析可以展示出当时市议会的复杂决策过程，也可以分析出他们背后的家族集团之间的纵横捭阖。①

除了以上的正式任职人员之外，市议会顾问也在城市的政治中作用匪浅。比如传统阵营的康哈德·鲍丁格以及约翰·海灵格（Johann Rehlinger），他们参与了所有的政治决策，并且表现了他们对于市议会顾问一职的绝对忠诚，例如鲍丁格一直到1534年都是城市秘书处的最重要人物。从1530年11月到1531年6月，新的市议会顾问被提名，他们是康哈德·黑尔（Konrad Hel）、巴特特扎·郎瑙尔（Balthasar Langanuer）以及约翰·哈克（Johann Hagk）。以下分别说明一下这些核心成员的背景，他们属于哪一个关系圈，他们的宗教政治态度，以及他们在奥格斯堡的参政情况。

1. 市长费特—海灵格—殷浩福（Vetter-Rehlinger-Imhof）

乔治·费特（Georg Vetter）的家族②从15世纪和威尔瑟家族联姻开始跻身贵族阶层。③ 乔治·费特从1514—1532年一共担任了四次市长，从1515—1533年也经常担任财务总长。在这二十年中，他始终是十三委员会的成员。1534年和1535年他同时是大议会和小议会的成员。1536年，也是他去世的这一年，他依旧是大议会的成员。同时他也曾担任圣灵教堂、圣凯瑟琳娜教堂的"监管人"，施瓦贝克（Schwabeck）的监管人，④ 同时也是刑事总长（Strafherr）。⑤ 他在宗教教派态度上相对支持维腾堡派宗教改革。作为市长，1530年帝国议会期间拒绝皇命这件事他应该是要承担主要责任的，因为当时的另一位市长殷浩富（Imhof）卧病在床。⑥ 由于年纪的关系，从1534年开始他已经不再适合担任市长，最后由沃尔夫·海灵格（Wolf Rehlinger）接替。

---

① Rem-Chronik, S. 115. ; Preu-Chronik, S. 72.
② Roth, Reformationsgeschichte I, S. 87, S. 101, Anm. 1. II, S. 8. Reinhard, Eliten, S. 853f.
③ Muelich-Chronik, Anhang, S. 422f.
④ 一直到1528年，巴伐利亚公爵的统治权都对奥格斯堡有一定的影响作用，Sender-Chronik, 203; Kießling, Augsburg, S. 248。
⑤ StAA, Schätze, Nr. 49a; Repertorium, Nr. 35/1; Rem-Chronik, 21; StAA, Reichsstadt, Ratsbücher Nr. 16. Fol. 47r, 65r.
⑥ Langenmantel-Chronik, 369; Sender-Chronik, S. 273.

第四章　多元力量的博弈：改革决议与实践(1530—1537)　　183

　　沃尔夫·海灵格（Wolf Rehlinger）①　这位年轻的贵族从1533年才进入小议会，然后从1534年、1536年接连被选为市长，1541年被选为财务总长。此外，他还担任最高法官（Oberstrichter）、财务总长、税务总长、财务专员、刑事总长等，同时也曾担任圣灵教堂、圣安东教堂以及圣凯瑟琳娜教堂的"监管人"。1538年他以患病在身为由请求市议会解除他的最高领导职务。②一直到1548年查理五世重建奥格斯堡的贵族统治为止他都很少在公共场合露面。他于1557年去世。

　　殷浩富（Hieronymus Imhof）③　生于1468年。他担任了商人行会十多年的会长。1515—1534年，偶数年他都在市长办公厅任职，奇数年则在财务总长办公厅任职。④此外，他还担任过很多次圣凯瑟琳娜教堂以及圣灵教堂和圣尼古拉斯教堂的监管人，以及施瓦贝克的监管人，也曾是秘密办公厅的负责人和刑事总长。编年史作者乔治·布罗伊（Georg Preu）把他视为主导奥格斯堡政策的三位决策者之一，并且称他是"一个膨胀的、傲慢的、富有的、邪恶的、凶狠的并且贪婪的人"。并在其他地方把他描述为"整个市议会的监工和指导员"⑤。然而这段恶劣的评价也体现了编年史作者自己的主观立场，因为恰恰是在殷浩富执政的1534年，奥格斯堡开始了正式的宗教改革，由此触动了包括这位编年史作者在内一些人的宗教立场和利益。⑥在随后的几年中，随着城市天主教势力的翻身，人们把他完全解聘了，不留任何市政职位，显然，他是被当成"替罪羊"了。⑦1536年，他被作为主教的继承者被提名，⑧1539年他去世了，接替他的市长职位的是出身商人行会的汉斯·汉策

---

① StAA, Schätze, Nr. 49a; Repertorium, Nr. 35/1; Rem-Chronik, 21; StAA, Reichsstadt, Ratsbücher Nr. 16. Fol. 92v; Preu-Chronik, 58; Roth, Reformationsgeschichte II, 150f, 165, Anm. 19; Geffcken, Art, Rehlinger, S. 301; Reinhard, Eliten, S. 672.

② StAA, Reichsstadt, Ratsbücher Nr. 16. Fol. 137r; Roth, Reformationsgeschichte II, S. 456. Anm. 4; S. 430.

③ Roth, Reformationsgeschichte I, 87, 101, Anm. 2.; Geffcken, Art, Imhof, 181. Reinhard, Eliten, S. 358f.

④ 他的官职变化可参见：StAA, Schätze, Nr. 49a; Repertorium, Nr. 35/1; Preu-Chronik, 22, Anm2; StAA, Reichsstadt, Ratsbücher Nr. 16. Z. B. Fol. 53r, 73r, 85r., 96r。

⑤ "ain aufgeblasener, hoffertiger, reicher, gotloser, deuflischer und geitziger mann", "ains gantzen rath zuchtmaister und unterweiser" Preu-Chronik, S. 46, 51, 58.

⑥ Preu-Chronik, 46, 51, 58.

⑦ StAA, Reichsstadt, Ratsbücher Nr. 16. Fol. 97v - 98v (19, sept./1. Okt.), 101 (2. Jan.); Druck: Roth, Reformationsgeschichte II, 111f.; Preu-Chronik, 62f.

⑧ Sender-Chronik, S. 403.

(Hans Haintzel)。①

2. 市长海灵格—比墨—塞茨（Rehlinger-Bimmel-Seitz）

乌里希·海灵格（Ulrich Rehlinger）② 作为贵族议员，在1520—1541年被多次选举，在市议会办公厅任职。他在很长时间里一直是大小议会和十三委员会的成员，并且1520—1521年担任掌印司、1522—1536年奇数年担任市长、偶数年担任财务总长。③ 同时他也是秘密办公厅负责人、最高法官、军械总管（Zeugmeister）、刑事总长、施瓦贝克的监管人及圣雅各布、圣灵教堂、圣凯瑟琳娜修道院、圣马丁教堂、圣尼古拉斯教堂、圣乌苏拉教堂、玛利亚·斯德昂、圣玛格丽特、托钵修士以及多米尼克教堂的"监管人"。从1509年开始，他就因奥格斯堡主教封地的原因获得了在布赫劳（Buchloe）附近的一处村庄和宫殿，并且1536年被作为继承人提名。④ 1537年他申请卸任市长一职，1541年退出市议会，由此逐渐退出政治舞台。⑤ 接替他的是汉斯·威尔瑟（Hans Welser）。⑥ 作为上德意志区域的宗教改革促进者，海灵格去世于1547年。

安东·比墨（Anton Bimmel）生于1470年或1475年，⑦ 出身于纺织行会。他在个人才能以及政治野心上远胜于同时代的其他行会成员。1518—1531年，他不间断地成为纺织行会的会长。他担任过红酒管理员（Wein-Ungelter）、财务专员、财务总长和市长（1529—1531）。除此之外，他也是城市的服装贸易协会的委员，并且管理了很多年属于圣卡瑟琳娜修道院的基金会。编年史作者布罗伊称他是除了殷浩福和鲍丁格之外第三个影响城市命运的人。⑧ 然而，这个人看起来似乎不仅仅关心城市的福

---

① 1530—1535年是十三委员会成员；1536年还与Wolfgang Rehlinger共同担任市长；参见StAA, Repertorium, Nr. 35/1。
② StAA, Schätze, Nr. 49a; Repertorium, Nr. 35/1; StAA, Reichsstadt, Ratsbücher Nr. 16. Fol. 35r, 100v; Roth, Reformationsgeschichte I, 150f, 165, Anm. 19; Geffcken, Art, Rehlinger, S. 301; Reinhard, Eliten, S. 672.
③ StAA, Reichsstadt, Ratsbücher Nr. 16. Fol. 27r; Sender-Chronik, S. 273.
④ Kießling, Gesellschaft, S. 201, Anm. 43; Sender-Chronik, S. 403.
⑤ StAA, Reichsstadt, Ratsbücher Nr. 16. Fol. 190r; Roth, Reformationsgeschichte II, S. 310, 338, Anm. 6; Druck: Preu-Chronik, 74, Anm, 4.
⑥ 从1537年开始和Seitz共同担任市长；StAA, Repertorium, Nr. 35/1。
⑦ StAA, Schätze, Nr. 49a; Repertorium, Nr. 35/1; Jaeger-Weberchronik, S. 249, 270, 406-409; Roth, Reformationsgeschichte I, S. 88, 102f, Anm. 7; Geffcken, Art, Rehlinger, S. 48f.; Reinhard, Eliten, S. 49f.
⑧ Preu-Chronik, S. 46.

祉，也为个人谋私利。他在 1531 年被选为市长后，没多久就去世了。他之前所做的高利贷事情，也随之被曝光。① 根据他对宗教改革的态度，可以看出他从 1520 年中期以后就是布策的改革追随者。②

比墨死后不久，他的同行邝·塞茨（Mang Seitz）就被选为了新的市长。③ 他可以说是继承了比墨和乌里希·海灵格的宗教政治遗志，极大地影响了城市命运的人。一从 1527 年开始，一直到 1544 年去世，塞茨始终是间隔一年的纺织行会会长，1530 年成为掌印司，并且安排了迎接皇帝到来的隆重欢迎仪式。④ 1531—1543 年他不间断地被选为市长和财务总长，此外，他在这些年中也负责管理秘密办公厅，担任刑事总长，以及圣沃夫冈教堂和泽西小教堂（siechhaus）、布莱特小教堂（Blatterhaus）、圣灵教堂、圣凯瑟琳娜教堂和圣安东教堂的监管人。在奥格斯堡重建教会秩序以及寻求外交上的联盟最终加入施马尔卡尔登联盟的一系列大事件上，他毫无疑问是发挥了最大影响作用的那个人。

在 1531 年的市长选举中，乌里希·海灵格和安东·比墨以及后来的塞茨，三个人召集了支持上德意志区域宗教改革的人进入最高办公厅，从而形成了促动宗教改革的主导力量。他安排了合适的律师以及贵族，创建了市民教会事业的新格局，为此，可谓是功不可没。

3. 康哈德·鲍丁格（Konrad Peutinger）

鲍丁格在经历了 20 年代初宗教改革浪潮的涌入，⑤ 1524 年、1525 年的农民战争以及 1527 年、1528 年的再洗礼派运动⑥之后，对于教会改革可能会带来的具体的政治局面，有了更加清晰的认识。在农民战争爆发之前的 1524 年，奥格斯堡由于改革激进派与不断扩大的下层民众的饥荒问题就爆发了一场城市骚乱。⑦ 鲍丁格在这次动乱中是站在市政府而非下层

---

① Sender-Chronik, 327 – 329; Preu-Chronik, S. 47f.
② Roth, Reformationsgeschichte II, 7 – 10; 但是编年史作者布罗伊认为他是路德派的，而且是一个"好的路德派"（"gut lutterisch"），Preu-Chronik, S. 48。
③ StAA, Schätze, Nr. 49a, fol. 203r (24Jan); Preu-Chronik, 47. 中写道，"Mang Seitz, 一个坏人，但却是一个不错的基督徒，为穷人服务。"Repertorium, Nr. 35/1; StAA, Reichsstadt, Ratsbücher Nr. 16. Fol. 78r, 89v; Jaeger-Weberchronik, 249f, 289, 410 – 420.; Roth, Reformationsgeschichte I, 88, 104f, Anm. 10; Geffcken, Art, Seitz, 339.; Reinhard, Eliten, S. 773。
④ StAA, Reichsstadt, Ratsbücher Nr. 16. Fol. 27v; Langenmantel-Chronik, 370; Sender-Chronik, 272.
⑤ Rem-Chronik, S. 135ff.
⑥ Sender-Chronik, 329ff; Meyer, Geschichte, S. 207 – 253; Meyer, Wiedertaeufer, S. 249 – 258.
⑦ Lutz, Peutinger II, S. 231 – 236.

民众的利益一边的。①1527 年、1528 年的再洗礼派运动由于其成员拒绝向城市宣誓效忠而被城市当局视为眼中钉,为此他们果断地下发了驱逐令,②鲍丁格也是参与决策者之一。③鲍丁格和那个时候的市议会,都很害怕教会改革的浪潮会给他们带来经济和政治利益上的巨大损失。整个20 年代,奥格斯堡市议会以鲍丁格制定的"中间路线"政策为主导。

由于在 1530 年指责纽伦堡商人以及富格的高利贷和滥用垄断,鲍丁格捍卫正当商人的利益。他反对国家对定价的干涉,指责大商人对提价负有责任。他主张企业的自主权利,并强调对自身利益的经济追求(propria utilitas)会促进整个经济的发展,从而导致公共福祉(commoditas publica)的增加。他采取的论证,就是后来成为资本主义和自由市场经济基础的论证。虽然由于富格和威尔瑟家族对于查理五世皇帝的重要性,从来没有对他们进行过处罚,④但是可以看出鲍丁格对于经济发展以及公共福祉这两方面的重视。他的这种思想,也体现在他主导的"中间道路"政策上。

1530 年帝国议会召开,这是鲍丁格最后一次作为奥格斯堡代表在帝国层面露面,之前他已经代表了三十年。⑤ 在此之前,1529 年施拜耶尔的帝国会议上,他的政策在越来越严峻的宗教分裂的局面下已经难以为继。也因此,1530 年的帝国议会上他只谈了代表城市利益的经济和贸易问题,对于时下的宗教问题没有表态。⑥

接下来的三年他依旧在城市秘书处工作,1534 年 2 月 7 日正式退休。⑦ 随后致力于人文主义学问研究以及与一些博学人士书信往来,不再参与政事。几年以后,鲍丁格和其他几位"准贵族联盟"的成员被吸收到奥格斯堡的贵族中去,⑧ 此后 1547 年,查理五世封他为世袭贵族。⑨

---

① Sender-Chronik, S. 158.
② Lutz, Peutinger II, S. 279 – 282.
③ Lutz, Peutinger II, S. 279.
④ Pastperfect: Konrad Peutingers Wirtschaftsethos, Speyer: 1530, Webprojekt der Geschichtefakultät der Universität Wien.
⑤ Langenmantel-Chronik, S. 368, 379; Lutz, Peutinger II, S. 308 – 316.
⑥ Lutz, Peutinger II, Quellenanhang XVI, 353f.
⑦ 这在城市的财务账簿上也可以看到,StAA, Reichsstadt, Bauamt-Baimeisterbücher, Nr. 128, fol. 64r. Druck: Roth, Reformationsgeschichte II, S. 212, Anm. 113; Preu-Chronik, 60, Anm. 2。
⑧ WLBS, Cod. Hist. 2°161, unter 17. Okt. (实际上是 12 月) 1538, fol. 278r; WGA. Fasc. 1。
⑨ 有关鲍丁格的人文主义方面的贡献以及倾向,可参见 Bellot, Humanismus, S. 343ff, 353f.

鲍丁格对于教会事务的态度和其他同时代的人文主义者一样，如伊拉斯谟，他们都支持教会秩序的革新，① 但是前提是要在一个统一的基督教框架体系之内。因此他们对于路德最开始是持同情态度的。此后，随着教会的分裂，以及宗教改革运动的发展，尤其是农民战争的爆发，鲍丁格等人文主义者觉得事态已经超出了可控范围，因此站在城市管理者的立场，他主张在世俗权利与宗教权利完全分离的框架下，政治对于教会施行有限干预。② 基于他对《圣经》文本的深入研究（他曾参与伊拉斯谟的《圣经》翻译），以及从教父文献中，他支持普通信徒领用圣餐杯，③ 并且支持举行宗教会谈。④

4. 市议会顾问海灵格、黑尔、哈克、郎瑙尔（Rehlinger, Hel, Hagk, Langnauer）

（1）约翰·海灵格（Johann Rehlinger）

约翰·海灵格（Johann Rehlinger），1470 年出生于兰德堡（Landberg），是市长康哈德·海灵格（Konrad Rehlinger）的儿子。他的父亲是奥格斯堡贵族。⑤ 海灵格家族在宗教改革期间发挥了很大的作用，家族里出了几位重要的人物。其中就包括两位市长乌里希·海灵格（Ulrich Rehlinger）和沃夫冈·海灵格（Wolf Rehlinger）。

1486 年约翰·海灵格在英格斯塔特大学学习，1495—1497 年在意大利大学取得了法律（Iuris Utriusque）博士学位。1497 年开始担任帝国地方法庭检察官。⑥ 1501 年成为施瓦本联盟的地方法庭的法律顾问。⑦ 同年，他与雷根斯堡的贵族安娜·柏林格（Anna Beringer）结婚，此后定居奥格斯堡。

就约翰·海灵格的工作性质而言，他是站在大商人的立场的。因为一些大的帝国城市，例如奥格斯堡等重要贸易城市，需要有皇帝的授权，因此需要律师周旋于皇帝与帝国城市之间，进行紧张的谈判。例如，1507 年当皇帝马克西米利安提高向联盟的借款额度时，他作为律师为联盟辩

---

① Lutz, Peutinger II, S. 163ff.；König, Peutingerstudien, S. 64ff.
② Lutz, Peutinger II, S. 228.
③ 即在圣餐里，授予在普通信徒领用圣餐杯，饮用圣餐酒。Laienkelch: dem Laien gewährtes Trinken von konsekriertem Wein bei der Kommunion bzw. beim Abendmahl。
④ Lutz, Peutinger II, 196, S. 286.
⑤ Roth, Reformationsgeschichte I, S. 108, Anm. 16.
⑥ Wolff, Geschichte, S. 214, 366, 378.
⑦ Hans, Gutachten, 15.

护。① 同样在面对皇帝和威尼斯之间的矛盾时，约翰·海灵格作为联盟的地方检察官，也是站在帝国城市的经济利益这一边的。② 在这个位置上，约翰·海灵格的作用不可小觑，他借这些机会，将帝国城市所担心的皇帝剥夺他们在地中海的亚得里亚海的贸易的保护令，化险为夷。③

1511—1537 年他被聘请为奥格斯堡的市议会顾问以及律师，④ 同年，也被乌尔姆城市聘用为顾问和律师。⑤ 在 1520 年代，海灵格作为奥格斯堡的代表经常出席各种帝国以及联盟会晤。⑥ 主要是有关施瓦本联盟以及贸易联盟的事务，⑦ 以及农民战争期间的社会与经济问题，以及诸如是否出兵帮助攻打土耳其以及宗教改革问题等，不一而足。在此过程中，海灵格也常常作为其他城市的代表，例如多瑙沃特（Donauwörth）、考夫鲍恩（Kaufbeuren）、⑧ 诺德林根（Nördlingen）、雷根斯堡⑨。还有一次，约翰·海灵格也参与了奥格斯堡的内部事务，也就是 1524 年驱逐托钵修士席令（Johannes Schilling）的那次。⑩

最后，1530 年帝国议会召开期间，约翰·海灵格也在奥格斯堡拒绝接受皇帝的议会决议书事件上作为使者传话。⑪ 然后，最后由于他对宗教改革的反对态度——他坚持认为市议会作为世俗权威来插手宗教事务是不合法的⑫，因此被迫逐渐退出了公共视野，也被迫退出了议会。⑬ 1537 年、1538 年，在他与城市公务员之间的信任危机正式爆发之前，约翰·海灵格去世于奥格斯堡。

总体上来说，约翰·海灵格是与康哈德·鲍丁格同时代的为奥格斯堡服务的公职人员，他与康哈德·鲍丁格的在政治和外交观点上比较一致。

---

① Lutz, Peutinger II, S. 75.
② Lutz, Peutinger II, S. 79, 89 – 93; Boehm, Reichsstadt, S. 49 – 57.
③ Lutz, Peutinger II, S. 79, 89 – 93; Boehm, Reichsstadt, S. 49 – 57.
④ Rogge, Nuttzen, S. 139f.
⑤ Gaensslen, Ratsadvokaten, 254 – 256.
⑥ StAA, Reichsstadt-Akten, Nr. 1037.
⑦ Broadhead, Politics, S. 187.
⑧ 纽伦堡帝国议会，1522 年。
⑨ 纽伦堡帝国议会，1523—1524 年，施拜耶尔帝国议会，1529 年。
⑩ StAA, Reichsstadt, Ratsbücher, Nr. 15, fol. 66v. Rem-Chronik, 205 (Anml), Broadhead, Politics, S. 124.; Lutz, Peutinger II, S. 233 – 235.
⑪ Roth, Reformationsgeschichte I, 366ff. Wolfart, Reformation, S. 11; Broadhead, Politics, S. 281.
⑫ Roth, Reformationsgeschichte II, S. 109.
⑬ WLBS, Cod, Hist, 2°161. fol. 268v. (1536)

他主要是在康哈德·鲍丁格的影响之下工作，但是在法律上有一些成绩。[1]就1533年的时间来看，约翰·海灵格要比康哈德·鲍丁格的保守立场更加坚定一些。

（2）康哈德·黑尔（Konrad Hel）

康哈德·黑尔（Konrad Hel）出生于奥格斯堡一个有声望的家庭，[2]出生年份不详，可能是在1480年后，[3]根据大学注册文件记录他出生在肯普顿（Kempten），他的父亲娶了一位海灵格家族的女儿。所以黑尔也是属于威尔瑟家族关系网内的人。

1489年，康哈德·黑尔在海德堡学习法律，1506年在英格城注册大学，在完成了法律学业之后，紧接着攻读了法学博士学位，[4]随后他进入了勃艮第地方法院工作。1531年，他被奥格斯堡聘用为市议会律师和顾问。[5]在这个职位上他积累了良好的声誉，1544年被聘请到帝国地方法庭工作，但他婉拒了，继而被聘请做皇帝的顾问。从1544年一直到1552年，黑尔一直担任奥格斯堡的市议会顾问。[6]

1533年和1534年，在与主教咨议会的谈判过程中，他是市议会代表团的一员和发言人。[7]这个谈判结果就是1534年市议会的全面教会改革中，除了大主教教堂以及所属教堂之外，其他所有的传统布道士和弥撒都要取消，所有的小教堂都要关闭。[8]从1534年夏天开始，黑尔也负责监督改革中的学校建设事宜。[9]从以上这几件事中也可以看出他对于宗教改革的支持态度。[10]在1537年新的教会秩序已经基本建立的时候，在牧师的差异问题上，他也作为顾问参与讨论。[11]

从1531年开始，黑尔也代表奥格斯堡在宗教政治上处理很多外

---

[1] Roth, Reformationsgeschichte II, 197-212 Anm, 116; Rem—Chronik, 72f.; Roth, Reformationsgeschichte I, 89.
[2] Hans, Gutachten, 19 中说他出生在一个贵族家庭中，有误，其实只是一个有声望的家族。
[3] Roth, Reformationsgeschichte II, 6, Anm, 12; Hans, Gutachten, 19-21; Sieh-Burens, Oligarchie, 79, 250, Anm, S. 364, 146.
[4] Roth, Reformationsgeschichte II, S. 4.
[5] StAA, Reichsstadt, Bauamt-Baumeisterbücher, Nr. 125, fol. 103r, fol. 70r.; Sender-Chronik, 379, Anm. 1.
[6] StAA, EWA-Akten, Nr. 389; Reichstadt-Akten, Nr. 1037.
[7] Roth, Reformationsgeschichte II, S. 155.; Wolfart, Reformation, S. 92, 100, 108.
[8] Roth, Reformationsgeschichte II, S. 177.
[9] Roth, Reformationsgeschichte II, S. 192.
[10] StAA, EWA-Akten, Nr. 389; Reichstadt-Akten, Nr. 1037.
[11] Seebass, Krichenordnung, S. 46-48.

交事务。例如，1535 年在施瓦本联盟外交事务上，他作为奥格斯堡代表团的成员参加了在兰宁根（Laningen）的会议。① 同年夏天他奔赴维也纳，在那里为皇帝与帝国城市双方传达皇帝宫廷对奥格斯堡布道士的布道问题的意见。② 在奥格斯堡加入施马尔卡尔登联盟一事上，黑森州的菲利普伯爵特别提名黑尔，1537 年和 1538 年作为奥格斯堡使者参与谈判，为奥格斯堡取得了事关城市命运的来自联盟的庇护。③ 在此之前，他已经与奥格斯堡的联盟城市纽伦堡和乌尔姆达成了统一意见。④ 1541 年在雷根斯堡的帝国议会上，黑尔再次为奥格斯堡承担重要使命。⑤ 从 1531 年黑尔与奥格斯堡牧师的女儿（Felizitas Lauginger）结婚之后，黑尔就成为了准贵族，⑥ 1538 年他被正式接纳为奥格斯堡的贵族。⑦ 1552 年黑尔离世。⑧

（3）约翰·哈克（Johann Hagk）

约翰·哈克（Johann Hagk）出生在法国中部的丁克斯布（Dinkelsbühl）城市，他的出生年份不确定。⑨ 1523 年他与奥格斯堡的乌苏拉·海姆（Ursula Rem）结婚。⑩ 1529—1534 年他在奥格斯堡任职，1537 年 10 月 15 日退休，1540 年去世。⑪ 从 1528 年到 1529 年 2 月哈克担任施瓦本联盟的法院秘书，1529 年他作为奥格斯堡使团一员也参加了施拜耶尔帝国议会。⑫ 共同担任奥格斯堡城市顾问的还有两位重要的人物，马太乌斯·朗曼特（Matthaeus Langenmantel）⑬ 和康哈德·何瓦特（Conrad Herwart）⑭。马太乌斯·朗曼特（Matthaeus Langenmantel）在宗教改革问题上与纽伦堡

---

① Roth, Reformationsgeschichte II, S. 228.
② Roth, Reformationsgeschichte II, S. 294.
③ Roth, Reformationsgeschichte II, S. 372 – 277.
④ Roth, Reformationsgeschichte II, S. 372 – 277；Seebass, Krichenordnung, 39.
⑤ Roth, Reformationsgeschichte III, S. 36 – 40.
⑥ StAA, Historischer Verein. H. P. 9；EWA-Akten, Nr. 389.
⑦ WLBS, Cod, hist. 2°, 161 fol. 278r；WGA, Fasc. 1.
⑧ StAA, EWA-Akten, Nr. 389；Reichstadt-Akten, Nr. 1037.
⑨ Roth, Reformationsgeschichte I, 89, 107f. , Anm. 15；S. 359, Anm. 130；Sieh-Burens, Oligarchie, S. 146, 292, 122, 133.
⑩ StAA, Historischer Verein, H. P. 9，她是 Matthaeus Rem 的一个女儿，是后来成为市议会顾问 Balthasar Langauer 的妻子的姐妹。
⑪ StAA, Reichstadt, Bauamt-Baumeisterbücher, Nr. 125, fol. 103r, fol. 70r.
⑫ Roth, Reformationsgeschichte II, 1；Lutz, Peutinger II, S. 295.
⑬ Roth, Reformationsgeschichte I, 105, Anm. 11.
⑭ Roth, Reformationsgeschichte I, 281f. Hans Gutachten, S. 26.

和斯特拉斯堡的使者们意见一致，算是与哈克志同道合。①

康哈德·何瓦特（Conrad Herwart）相对保守，和当时奥格斯堡的市议会的保守意见完全一致，然而最后是哈克和朗曼特在会议决议书上签的字。② 1530 年，哈克再次作为奥格斯堡代表参加在奥格斯堡举办的帝国议会，在是否接受此次会议决议书的谈判过程中，哈克请求再多给出一些考虑时间。③ 1530 年年底，由于哈克出色的谈判能力，④被奥格斯堡聘请为城市律师，从此有固定的职务。⑤

1533 年夏天，哈克再次作为奥格斯堡使者出使施马尔登联盟，请求加入，此时奥格斯堡已经决定与新教一边的政治势力联合。⑥ 在完成这项任务之前，哈克已经与乌尔姆谈好。这项任务的完成使得奥格斯堡市议会重获希望。

为处理 1534 年夏天开始的全民宗教改革所产生的问题，即斐迪南国王 1534 年 9 月派使者冯·兰道（Jakob von Landau）来到奥格斯堡，宣布如果大主教教堂所属的天主教布道场不重新恢复布道的话，奥格斯堡将面临帝国法律的惩罚。1534 年冬哈克再一次代表奥格斯堡来到国王宫廷进行周旋⑦，并在维也纳停留了几周，来打探情况。⑧

由于哈克在很多外交事务上的出色表现，因此他在 1534 年被提名为城市书记官，⑨接手了原来鲍丁格的职位。这件事情也意义重大，代表了城市对于鲍丁格保守路线的放弃，转向改革。两年以后，也就是 1537 年初，哈克提前结束了他的任期（原本是到 1537 年 10 月），⑩具体是出于什么原因，史料中没有记载。此后，哈克退休十年。接替他的是奥格斯堡的乔治·弗洛里希（Georg Froehlich）。⑪

---

① 根据 Langenmantel 3 月 22 日写给市议会的报告（RTA JR VII, 593）以及梅明根使者写的报告，他们的倾向比较一致。RTA J. R. VII, 614, Z. 19ff.
② RTA J. R. VII, 1313. 有趣的是，鲍丁格在他的文档（STAA, Litslg. 1534, Nachtrag, I, Nr. 15/2, fol. 44v）中间记录使者只有 Conrad Herwart 和 Matthaeus Langenmantel。
③ Roth, Reformationsgeschichte I, S. 346.
④ Roth, Reformationsgeschichte II, S. 198.
⑤ Roth, Reformationsgeschichte II, S. 107f.
⑥ StAA, Litslg. 1534, Nachtrag, I, Nr. 10；精缩版史料可参见 Wolfart, Reformation, 130–133。
⑦ Roth, Reformationsgeschichte II, S. 216–223；STAA, Litslg. 1534, Okt-Dez.（ad. 31. 12）.
⑧ Roth, Reformationsgeschichte II, S. 233f.
⑨ Roth, Reformationsgeschichte I, S. 89；II, S. 198.；Preu-Chronik, S. 60.
⑩ StAA, Reichsstadt, Bauamt-Baumeisterbücher, Nr. 134, fol. 102r；Roth, Reformationsgeschichte I, 89；II, 335f, 359, Anm. 130.
⑪ Radkofer, Leben, S. 46ff.

(4) 郎瑙尔（Balthasar Langnauers）

有关郎瑙尔（Balthasar Langnauers）[①] 的已知信息甚少，出生年份不详，地点可能是在乌尔姆。[②] 他出生于奥格斯堡一个古老的家庭。1530年2月，他与哈克妻子的姐妹芭芭拉·海姆（Babara Rem）[③] 结婚。从1517年开始，他在英格斯塔特大学学习，1521年获得了硕士学位，同年在图宾根大学注册，1527年获得博士学位。[④] 1531年初成为奥格斯堡的市议会顾问以及律师。这个职位他只做了4年，1535年就去往了诺德灵根。[⑤] 他的后继者是改革派的律师卢卡斯·乌尔斯带特（Dr. Lukas Ulstet）。[⑥] 他在任职期间很少露面。1530年12月与1531年1月，他曾作为使者出访康斯坦和斯特拉斯堡，为奥格斯堡寻找一位新的牧师。[⑦] 此外，他曾两次从法律角度分析宗教改革的政治定位问题，一次在1533年全面开始执行宗教改革时，另一次则在一年以后市议会与主教争论时。

三 决策阶层的内外关系及其领导方向

前述几位奥格斯堡的重要领导人物决定了奥格斯堡接下来几年的宗教政治。这种转变可以说从1530年之后就开始了，其中重要的一个方向就是将奥格斯堡的宗教改革进程与社会改革联系起来。市议会在此过程中无疑扮演了领导者的角色。[⑧] 这种现象由于他们之间的集团网络关系早有基础。例如比墨（Anton Bimmel）、殷浩福（Hieronymus Imhof）、费特（Georg Vetter），都属于威尔瑟家族网络；乌里希·海灵格（Ulrich Rehlinger）和沃尔夫·海灵格（Wolf Rehlinger）虽然属于威尔瑟家族关系网络，但是与富格家族网络也关联匪浅。此外，海灵格家族与斯特拉斯堡也有重要的家族联系。除此之外，随着改革的呼声越来越高，纺织工行会出身的塞茨（Mang Seitz）关系网的影响力日益增大，从30年代开始他跻身

[①] Roth, Reformationsgeschichte II, S. 4, 6. Anm. 13.
[②] Sieh-Burens, Oligarchie S. 146, 292, Anm. 124. 133.
[③] StAA, Historischer Verein, H. P. 9, H. P. 178.
[④] Roth, Reformationsgeschichte II, S. 197f.
[⑤] 有关他的任职生涯可以参看 StAA, Reichsstadt, Bauamt-Baumeisterbücher, Nr. 125, fol. 103r; Nr. 129, fol. 102v。
[⑥] Roth, Reformationsgeschichte II, S. 198.
[⑦] StAA, Reichsstadt-Akten, Nr. 1037.
[⑧] 根据 Jörg Rogge 的分析，权威阶层在15世纪上半叶就已经开始了这种角色，上层权威的结构化从15世纪末初便开始，可参见 Moerke/Sieh, Fuehrungsgruppen, S. 168–183。

政治决策层。[1]

对于市议会顾问团,除了他们在奥格斯堡社会内部的关联,他们与城市外部的联系也十分重要。值得重视的除了康哈德·鲍丁格(Konrad Peutinger)家族与奥格斯堡大商人家族——威尔瑟家族集团之间的复杂关联之外,还有该家族1490年以后建立的与其他城市领导阶层的关联,尤其是与哈布斯堡家族的联系。[2] 同样还有已经跻身帝国法庭的检察官约翰·海灵格(Johann Rehlinger)。[3] 约翰·海灵格对于领导集团在宗教改革问题上的政治影响就是在市议会顾问黑尔、哈克以及郎瑙尔之间建立了联系。在他的影响下,市议会的领导阶层扩大了对专业律师的聘用,这也是适应了1530年以后奥格斯堡在宗教政治上对于法律方面的需求。[4] 以此为前提再加上其他社会局势的发展,才最终促成了1533年、1534年的改革决议。

在奥格斯堡内部,市议会顾问、成员之间的姻亲关系构成了市议会"执政家族"的寡头政治架构。[5] 这几大集团网的对外家族联系,为城市提供了与其他城市的外交联系基础,对于"中间路线"的放弃也加强了奥格斯堡与其他城市在宗教问题上的联系。[6] 城市的市民以及牧师也逐渐了解到这几大家族网络的影响力。对于他们来说,这几大家族基本上就是帝国城市的决策者。在1520—1530年的社会变革过程中,这几大家族网络支持下的执政团体扮演着一种领头羊的角色。作为世俗政府,他们要考虑社区与行会对改革的呼声,同时也要考虑自身的教派倾向,这种角色在1530年以后变得更加明显。[7] 在教派倾向上,新的市议会核心成员无疑是更倾向于新教的,而在新教内部,他们也在寻求路德派、茨温利派之间某种具有调和性质的、更适合自身需求的方向。恰恰在这点上,马丁·布策(Matin Bucer)[8] 对奥格斯堡产生了重要的影响。

---

[1] Sieh-Burens, Oligarchie, S. 116ff.
[2] Boehm, Reichsstadt, 150 – 154; Steuer, Aussenverflechtungen.
[3] "kammergerichtsprokurator", Boehm, Reichsstadt, S. 150 – 154.
[4] Sieh-Burens, Oligarchie, S. 133ff.
[5] Sieh-Burens, Oligarchie, S. 79.
[6] 例如 langenauer 就来自乌尔姆,这个人在30年代奥格斯堡推行宗教改革时影响很大。
[7] Blickle, Gemeinderreformation, bes, S. 101 – 108.
[8] Bucers Werke: Martini Buceri opera omnia. Series 1: Martin Bucers Deutsche Schriften. 19 Bde. Gütersloher, Gütersloh 1960—2016 Series 2: Opera Latina. Gütersloher, Gütersloh 1954/55 Briefwechsel = Correspondance. Brill, Leiden 1995ff. Bibliographie: Gottfried Seebaß (Hrsg.): Martin Bucer (1491—1551), Bibliographie. Gütersloher, Gütersloh, 2005.

第四节　来自改教家布策的助力：教派认同与改革模式的确立

一　布策协助市议会重整城市内部牧师秩序

如前文所述，宗教委员会为填补在帝国议会期间空出的牧师职位，[1]成立之后的第一件事就是重新召回了三位牧师：遵循着维腾堡改革模式的路德派的阿格里克拉（Stephan Agricola）和弗洛斯（Johann Frosch）[2]以及遵循茨温利派并有上德意志区域改革倾向的凯勒（Michal Keller）。[3]然而，此时奥格斯堡仍然面临着大量的牧师空缺，尤其是此时的市议会已经倾向于新教，新教牧师对于城市的新教建设与推广而言尤为重要。此前城市中最有影响力、最有声望的新教神学家雷氏离开了，这个时候最紧迫的任务之一就是聘请一位有声望的新教神学家来帮助市议会主持城市内部的新教事务。然而千兵易得，一将难求。这时，市议会决策阶层把目光投向了斯特拉斯堡的改教家马丁·布策。然而，布策既要主持斯特拉斯堡的宗教改革，又要主持周边小城的宗教改革，不可能常驻奥格斯堡。尽管如此，决策阶层还是通过他们的关系请求到了布策的帮助。[4]

此后，根据马丁·布策的推荐，市议会邀请了来自康斯坦的布莱尔（Ambrosius Blarer），随后两次派使者到斯特拉斯堡请求牧师都被婉拒。[5] 1530年12月，市议会第三次派出了郎瑙尔（Syndikus Langnauer）前往斯特拉斯堡，[6]"三顾茅庐"最后请到了明斯特的穆斯库鲁斯（简称穆氏）（Wolfgang Musculus），[7] 把他安排在了圣十字教堂。

---

[1] Roth, Reformationsgeschichte II, 11.
[2] 这两位都在圣安娜教堂布道，可参见 Roth, Reformationsgeschichte III, S. 543；Wiedemann, Pfarrerbuch, S. 3, 5。
[3] Keller 在托钵修士教堂布道，可参见 Roth, Reformationsgeschichte III, S. 543；Wiedemann, Pfarrerbuch, S. 24。
[4] 主要是通过奥格斯堡的人文主义者医生 Gereon Sailer，此人与布策私交甚好，有很多信件往来，可参见 StAA, Litslg, 1531, April-Dez.（ad 17.6）; Druck: BDS 4, 399 – 408。
[5] Cereon Sailor und Balthasar Langnauer.
[6] StAA, Litslg, 1530, Aug-Dez. fol. 233r – 234r；(ad. 22. 12) und fol. 241r – 242v；(ad. 27. 12.)。
[7] Musculus 在奥格斯堡圣灵教堂布道，可参见 Roth, Reformationsgeschichte III, 544。除了 Keller 和 Wolfart 之外，无论是在受欢迎程度还是神学理论上，Musculus 都属于奥格斯堡最重要的牧师之一。有关他的生平和介绍可参见 Wiedemann, Pfarrerbuch, 30; Lohmann, Art Musculus Sp. 381ff。

穆氏在接下来的岁月中为市议会做了很多事情。在他的建议下，市议会又邀请到了另一位马丁·布策的学生沃尔法特（Bonifacius Wolfart）。[1] 在推荐这两位牧师之时，布策也就与背后的市议会决策阶层殷浩富、乌里希·海灵格与比墨以及行会会长塞茨，市政要员艾瑟林（Stephan Eiselin）、豪泽（Simprecht Hoser）以及万内贝格（Jos Veneberg）建立了一种非正式的联系。在与布策商量之后，乌里希·海灵格与比墨又陆续安排了其他三位承袭布策思想的牧师。[2] 这样，自1531年起，各个教堂形成的牧师任职局面是：追随布策的牧师穆氏（Wolfgang Musculus）在圣十字教堂，沃尔法特（Bonifacius Wolfart）在圣安娜教堂，梅尔（Sebastian Mair）在圣乔治教堂，海尔德（Johannes Heinrich Held）以及他的继任者尼格里（Thobald Nigri）在圣乌里希教堂。[3] 显而易见，追随布策的牧师占据了上风。其中，沃尔法特（Bonifacius Wolfart）获得了最多的追随者。很快，这些牧师就开始逐渐影响市政决策。沃尔法特（Bonifacius Wolfart）与豪泽（Simprecht Hoser）关系尤为紧密，并且在1538年推动了豪泽第一次入选市长办公厅。[4]

来自斯特拉斯堡的代表——雅各布·斯托姆（Jakob Sturm），此人与乌里希·海灵格关系很好，也帮忙参与了这一系列推荐牧师的事情。[5] 这两重关系的构建，与海灵格家族与他们之间的亲属关系是分不开的。这样奥格斯堡和斯特拉斯堡在宗教改革事务上的联系就显得愈加紧密。

二 "茨温利—布策"派教派认同

在20年代下半叶，尽管茨温利派逐渐成为奥格斯堡市议会中支持力量最强的，然而奥格斯堡的茨温利派却与瑞士的纯粹的茨温利派不同，尤其是到了1530年以后，它更多受到来自斯特拉斯堡的改教家——布策（Matin Bucer）[6] 的影响。早在圣餐争论之时（1522—1529年为盛），布

---

[1] Wolfart 在圣安娜教堂布道，可参见 Wiedemann，Pfarrerbuch，S. 46。
[2] Keim, Schwäbische Reformationsgeschichte, S 268f; Pollet Matin Bucer II, S. 226-229.
[3] Roth, II, S. 49.
[4] Roth, II, S. 103.
[5] Keim, Schwäbische Reformationsgeschichte, S. 269.
[6] Martin Bucer（1491.9.11-1551.3.1），也称作 Martin Butzer，是重要的神学家和宗教改革家之一。他主要导了斯特拉斯堡（Strasbourg）和艾拉斯（Elsass）的宗教改革。此外，他还对南德诸多自由城市的教会改革多有贡献，如布道教义、社区建设和灵魂关怀等系列教会改革措施，影响广泛持久。

策的思想就影响到了奥格斯堡。① 自 1529 年开始，布策就开始与奥格斯堡有密切联系②，并且在整个帝国议会召开期间，都停留在奥格斯堡，了解和参与奥格斯堡的宗教改革。③ 市议会成员虽然多数倾向于茨温利派，但他们的宗教政治意图与布策具有很大的内在共同性，因此致力于在路德与茨温利派之间寻找一种中和，企图建立一种具有调和性质的"茨温利—布策派"，这是布策的思想能够受到奥格斯堡青睐的最根本原因。此外，布策对宗教改革运动的具体实践的关注，尤其是教会改革方面，非常具有现实意义；他在斯特拉斯堡的成功改革，也为其他城市推行宗教改革建立了典范；南德诸多自由城市的宗教改革的落实，也都得益于布策领导下的传道者与地方官员之间的紧密结合。④ 因此布策的思想也就逐渐渗透进了奥格斯堡的决策阶层内，慢慢形成了实质性的"茨温利—布策"派。

随着牧师们陆续被召回以及新牧师的到来，奥格斯堡 20 年代激烈的圣餐战火再次被燃起。1531 年 2 月，在市议会的领导下，所有的牧师都参与了"圣餐大讨论"。⑤ 这次讨论最终使得弗洛斯、阿格里克拉与凯勒、穆氏、沃尔法特两派分道扬镳。市议会为了努力平衡这两派牧师之间的关系，提出遵守布策提出的"四城决议"（Tetrapolitana）宗教政治共识，努力安抚这些对于上德意志区域宗教改革十分重要的牧师们。

在这种"不如人意"的情况下，弗洛斯、阿格里克拉请求离任，市议会最后允许了。⑥ 接替他们的是斯特拉斯堡的另两位牧师：梅尔（Se-

---

① 有关圣餐之争，路德认为，上帝的体在圣餐中是以一种形式临在的；茨温利认为上帝的旨意是怎样与圣餐关联上的更为重要，强调圣餐的纪念意义，认为坚持基督身体临在是天主教迷信的参与，是违反理性的。布策虽然在真实临在的辩论中是支持茨温利的一方，但他更主要是想调和二者之间的矛盾，属于折衷派，认为路德和茨温利之间的差异是"空谈之争，而非实践之争"（Streit mehr in Worten als in der Sache）。因此，他想把路德派与茨温利派都带到自己的教会教导实践中去。1536 年的《维腾堡协定》一般被视为他在这个方面的最大成就，在协定中发展出福音派思想基础的一套共识，在这个基础上，不同的重点或强调都是可以被接纳的。具体请参看 Walther Köhler: Das Marburger Religionsgespräch 1529. Versuch einer Rekonstruktion, Leipzig, 1929。
② 1529 年马格堡会谈。
③ Keim, Schwäbische Reformationsgeschichte, S. 268 – 269.
④ W. P. Stephens, *The Holy Spirit in the Theology of Martin Bucer*, Cambridge, 1970, pp. 167 – 172. 关于布策的政治神学概论，可参见 T. F. Torrance, *Kingdom and Church: A Study in the Theology of the Reformation*, Edinburgh, 1956, pp. 73 – 89。
⑤ Roth, Reformationsgeschichte II, S. 14 – 16.
⑥ Roth, Reformationsgeschichte III, S. 544.

bastian Maier)① 和尼格里（Theobald Nigri）。② 尼格里的作用不是很大，因为很快他就被另一位海尔德（Johan Heinrich Held）取代了。③ 市议会这样煞费苦心的安排终于使奥格斯堡内部的牧师神学派别一致了，至少在市议会管控下的牧师达成了统一。④ 同时，市议会依旧阻碍传统信仰的布道，并且在这些教堂里进行新教的布道。

然而在奥格斯堡民众之间，仍然存在维腾堡派和布策所代表的上德意志派的冲突。为了平息这种冲突，以及不同派别之间的矛盾，1531年6月17日布策被邀请过来以所有改革教派和平共处为题做了一次布道。⑤ 这主要归功于奥格斯堡一位博学的医生赛勒（Gereon Sailer）。⑥ 不难看出，布策所做的工作颇类似于从前雷氏为市议会所做的各种调和的努力。在市议会进一步的干预之下，原来的圣安娜教堂再次公开举行庆祝路德的圣餐礼的时候却遭到禁止。⑦ 至此可以说，奥格斯堡的布策派的牧师取得了胜利。

三　上德意志区域改革模式对奥格斯堡的影响

1530年奥格斯堡市议会决议走向新教之后，他的教会秩序建设在很大程度上受到了斯特拉斯堡以及乌尔姆的教会革新秩序的影响，而这两个城市，都是以布策的政策为主导的。布策的这种模式，称之为上德意志区域模式。

在南德与瑞士地区的互动影响问题上，美国历史学布雷迪（Thomas A. Brady）在1985年出版的《转向瑞士：1450年至1550年的城市与帝国》（*Turning Swiss: Cities and Empire*, 1450—1550）一书中，分析了瑞士苏黎世的宗教改革运动对于德国南部城市的影响。布雷迪认为，德国南部城市的宗教改革与茨温利的改革是紧密联系的。从1450年开始，有两种力量开始对德国南部城市产生影响：一是哈布斯堡家族的南部推进计划，

---

① 在圣乔治教堂布道，可参见 Roth, Reformationsgeschichte III, S. 544; Wiedemann, Pfarrerbuch, S. 20。
② Wiedemann, Pfarrerbuch, S. 31f.
③ 在圣乌里希教堂布道，可参见 Roth, Reformationsgeschichte III, 546; Wiedemann, Pfarrerbuch, 20。
④ 有一个不大重要的特例，是圣灵教堂下属的一个教堂牧师 Michael Weinmair，可参见 Roth, Reformationsgeschichte III, S. 546。
⑤ Roth, Reformationsgeschichte II, 18f, 30, Anm. 75.
⑥ StAA, Litslg, 1531, April-Dez. (ad 17.6); Druck: BDS 4, S. 399 – 408.
⑦ Roth, Reformationsgeschichte II, S. 20, 51.

即以哈布斯堡王朝的奥地利领地为基础，加大对南部其他城市的控制力度，企图把南部的斯特拉斯堡、纽伦堡等控制在自己的麾下；二是德国南部城市自身的倾向，即"转向瑞士"，与瑞士联合，甚至共同建立一个以独立自治为基础的新的瑞士联邦。这样，奥地利道路和转向瑞士道路就成为了德国南部城市的两种选择。[①] 在此基础上，德国宗教改革史专家考夫曼（Thomas Kaufmann）认为早期的城市宗教改革除了维滕堡模式、苏黎世模式之外，还有一种具有混合性质的"瑞士—南德"模式——上德意志区域模式。所谓的社区宗教改革与市议会宗教改革之间，仍是有很大的弹性空间的，即世俗管理逐渐走向台前，而宗教逐渐被驯管的过程，因为这是城市作为基督教社区单元逐渐走向统一与普遍化的必然路径。[②] 然而无论如何，城市的市议会作为城市世俗管理机构在这一过程中仍然起到了重要的引导作用。对于奥格斯堡的复杂情况来说，这种具有混合性质的"瑞士—南德"模式——上德意志区域模式，无疑是最适合自身情况的。那么，布策代表的这种模式是通过什么途径影响到奥格斯堡的呢？

1530年以后，布策频繁地亲临奥格斯堡，这是他这一派影响到奥格斯堡宗教政治的一个重要途径。在1531年6月，他进行了一次有力的和平宣传。在1534年正式执行宗教改革，以及1537年取消最后一个天主教机构的时候，这位斯特拉斯堡宗教改革家都亲临现场。除了他之外，还有来自康斯坦的布莱尔（Ambroisus Blarer）、来自乌尔姆的弗莱希特（Matin Frecht）、来自苏黎世的布灵格（Heinrich Bullinger），他们为了稳固奥格斯堡的新教教会事业而共同努力。[③] 他们分别与自己熟识的市议会成员和牧师进行互动，因为他们深知，奥格斯堡的宗教改革与帝国的大局紧密相连。1534年宗教改革的推行，1536年《维滕堡协议》的签订，以及1537年取消天主教机构的决定，都与这些因素是分不开的。在市议会与牧师的关系上，虽然城市的领导人物一方面对这些布道士施加影响，但是反过来布道士再用他们的神学思想影响城市的政治决策。[④] 在奥格斯堡的牧师中间，不仅仅布策的学生，而且布策自己也经常来到奥格斯堡，与市议会商讨甚至直接参与城市的教会改革。[⑤]

---

① Thomas A. Brady, Jr. *Turning Swiss: Cities and Empire*, 1450 – 1550, Cambridge, Cambridge University Press, 1985, p. 224.
② Kaufmann Thomas, Geschichte der Reformation, Frankfurt/Main-Leipzig, 2009, S. 420.
③ ibid. II. S 19, Pollet, Matin Bucer II, S. 226 – 235.
④ Sieh-Burens, Oligarchie, S. 142f.
⑤ Greschat, Bucers, 122 – 126; Sieh-Burens, Oligarchie, S. 143ff.

第四章 多元力量的博弈:改革决议与实践(1530—1537)

除了这些牧师之外,茨温利-布策派在政治上有这么大的影响力,还要感谢城市的一些市议员,例如斯特拉斯堡的雅各布·斯托姆(Jacob Sturm)①,以及奥格斯堡威尔瑟家族,海灵格家族的一些市政成员。他们常常作为使者被派遣到各个城市、地区、领地处理一些事情,或者完成某些使命,甚至参加帝国议会。这些人往往是城市中受过教育的,具有很好的学识和辩才。尤其是在宗教改革年代,在不同的利益团体之间构建出公共福祉并起草签订协议,十分具有挑战性。也有很多次,城市施政官作为城市使者出访斡旋。②

斯特拉斯堡的宗教改革运动一直到1534年,主要受到两个因素影响。这两个因素是奥格斯堡所没有的,一是城市宗教改革神学理论上的一致性,二是从一开始市议会(1523—1529年)就很明确新教改革的政策倾向。③ 斯特拉斯堡的一位领导人物,雅各布·斯托姆(Jacob Sturm),从1526年开始就致力于与其他新教城市的外交合作,从1529年开始,努力建立一个新教城市与地区之间的联盟,也就是施马尔卡尔登联盟。④

乌尔姆的宗教改革发展⑤尽管看起来是一种"迫于外界政治压力的,市议会摇摆不定的"⑥ 改革,这点与奥格斯堡有相似性,但是这个城市从1526年开始就确定了新教的方向,1528年完成了改革,并且从1529年就已经努力寻求与其他城市的联盟。因此,乌尔姆也是一个联盟的先行者,并积极拉拢奥格斯堡。

对于奥格斯堡的联盟政策,乌尔姆和纽伦堡对于奥格斯堡最为重要。纽伦堡的宗教改革从1521—1525年就在市议会带领下雷厉风行进行了,并且在1533年重建了教会秩序。⑦ 纽伦堡的贵族市议会也在内部新教倾向和外部帝国压力之间寻求"政治平衡"⑧,然而,他们却通过卓越的城市领导斯彭格勒(Lazarus Spengler)以及宗教领导人物奥西安德(Andreas Osiander)创造了一个与奥格斯堡的"中间道路"完全不同的局面。

---

① Brady, Thomas A., *The Politics of the Reformation in Germany: Jacob Sturm (1489–1553) of Strasbourg*, Atlantic Highlands, N. J.: Humanities Press, 1997.
② Zu Herkunft und Funktion Stätische Delegitier in der ersten Hälfte des 16 Jahrhunderts, der Städtetag in der Reichsverfassung, S. 111–143.
③ Rapp, Strassburg, S. 78–83; Schmidt, Reichsstädte, S. 33f., 57–68, 180–206, 324f.
④ Thomas A. Brady, Jakob Sturm.
⑤ Enderle, Ulm, 199–202; Schmidt, Reichsstädte, S. 307ff.
⑥ Enderle, Ulm, 200.
⑦ Schindling, Nürnberg, 36–39; Schmidt, Reichsstädte, 51–57, 152–180, 207f.
⑧ Schindling, Nürnberg, 39.

第五节　对改革合法性、改革范围与政治后果的讨论

一　城市牧师的呼吁：1533年上呈改革请愿书

奥格斯堡民众对于传统信仰布道士的拒绝态度，增强了改革派牧师的信心，以穆氏为代表的牧师在新市议会选举刚刚结束后的1533年1月21日，呈上了一份改革请愿书。①

在这份请愿书中，新教牧师首先提及两年前市议会将他们召到此处，希望他们能够清除错误的布道、改革并建立正确的教会礼拜仪式，但是结果没有成功，他们作为"忠诚的牧者"，将这份职责看作上帝所赋予的使命，努力尽职，兢兢业业，因此，他们也请求市议会履行自己的职责，纠正错误的学说，保护真正的福音。② 这份职责范围包含了市民社区，也就是基督教社区，因此，他们请求市议会："在整个城市范围内全面禁止传统信仰的学说以及布道，也同样包括主教名下的教会和修道院。"③ 紧接着，他们信誓旦旦地说明了城市信仰不统一将会带来的危险。这一点恰恰戳到了市议会的心窝，从宗教改革运动一开始，市议会就担心这一点，宗教上的不统一，将会暴露社会的等级差异，将矛盾激化，最后导致暴力的动乱。在前几年，市议会已经亲历了这样的教训。因此，市议会召集了城市中的传统教派布道士，请他们参加辩论，并要求他们调整布道。如果市议会不这么做的话，新教牧师也很可能自己动手，将传统布道士赶下

---

① StAA, EWA-Akten Nr. 487, fol. 1r – 3r（Eingabe）, fol. 3v – 4v（Rede）.；Litslg, 1533, Jan.-Juli（ad 21.1）（Eingabe）；Reichsstadt, Geh. Ratsbücher Nr. 3（1530 – 1537）, fol. 88 r/v – 89r（ad. 21.1.33）；Wolfart, Reformation, 127 – 130（Beilage 1）, Text der Rede: Roth, Reformationsgeschichte II 135f.

② "(fol 1r)：… wie dann auch E. E. W. ainer löblichen Oberkait ampt ist, ob der gesunden leer, mutig halten, dieselbigen rether, schutyen und schirmen, die bez iren unterhanen offenlich zuuerlestern nit gestatten, die unrechte leer und unuertediglichen falschen Gotdienst irer gemain, welhe gottes ist, die Er mit seinem plut erkauft, und Euch auffseher, unnd wechter daruber gesetzt at, kains wegs lassen furtragen, damit die ainfaltigen nit gift fur honig, das ist schedliche leer fur das (fol. 1v) wort gottes, die verderplich lugen fur die hailsam warhait aneme, sonnder alles, so der hailigsamen leer zuwider, straffen und abstellen, nach dem Ewangelion der herlichait des seligen gottes, 1. Timoth. 1. Also moechtenndt beyainannder bestan, frumme Oberherren und getrew Predicanten und das Reich Christi bey euch in Eur stat und gemein, sambt burgerlichem frid und ainigkait herlich uffgan."

③ "(fol 2r)：…, damit auf furderlichst alle widerwertige leer, und predigen, so zu unnser frawen, auch in anndern euer stat pfarren, unnd clöstern, noch vorhannden, abgeschaft werden."

布道台。

市议会的这项要求,被传统派看作逾越上帝之法度,市议会不仅没有这项权利,甚至干涉了他们的职责。① 新教牧师认为传统教派的布道以及学说的错误在《圣经》中可以得到证实,与此同时,他们向主教教堂的布道士邀约辩论,并将后者的退缩看作害怕面对真理的表现。因此,他们请求市议会出面邀请传统派出面论战。在请愿书递交之后,牧师梅尔(Sebastian Maier)在十三委员会做了一个演讲,他再三强调,文中提到的要求不能忽视,更不能被置之不理。这样市议会在1530年和1532年两次拒绝帝国议会宗教事务决议书之后,又继续向前走了一步。

小议会针对牧师们的大规模请愿,最初只是回应说需要更多的考虑时间。② 很多次,市议会已经意识到了必须要改革和调整城市内部的宗教生活、宗教秩序。只是小议会内部始终不确定他们在对内政策上有多大的把握,能够说服大议会,确定宗教问题上的政策方针。小议会的这种反应表明了,在长久以来牧师为建设教会—政治的结构秩序打下了良好的基础之后,市议会已经决意将宗教改革政策的缰绳紧紧把握在自己手中,1533年1月21日提交请愿书的这一天无疑预示着一个新阶段的开始。在帝国政治层面,市议会还有一个考虑,是否要公布奥格斯堡的宗教生活状况,并把这种宗教倾向带到外交政治上?如何来做?鉴于城市内部主教的驻扎,思量之后,市议会认为有必要先讨论改革的合法性以及改革可能面临的后果等一系列问题。

二 召集专家评议

根据其他城市的范例,在请愿书呈上之后接下来的几天,奥格斯堡宗教事务委员会③就开始了新的选举,新的成员也都是城市的最高官员:时任市长的乌里希·海灵格(Ulrich Rehlinger)、邙·塞茨(Mang Seitz)、财务总长西姆布莱希特·豪泽(Simprecht Hoser)、财务专员汉斯·汉策(Hans Haintzel)和斯蒂芬·艾瑟林(Stephan Eselin)。④

---

① "(fol 2v):…Dieweyl dann euer E. F. W. alles so zu der Eeren Gottes, gehorsam der oberkait, liebe in der gemain, und der seelen hail dienstlich und furderlich, amptshalb zufurdern schuldig, und dessen aus obgemelten ursachen, gut fug und recht haben."
② StAA, EWA-Akten Nr. 487, fol. 4v.
③ 1530年12月23日成立了奥格斯堡宗教事务委员会,被选进宗教委员会的委员有市长Hiernoymus Imhof,财政总长Ulrich Rehlinger、Anton Bimmel以及行会会长Mang Seitz、Stephan Eiselin、Simprecht Hoser 以及 Jos Feneberg。
④ StAA, EWA-Akten, Nr. 487, fol. 4v.;Roth, Reformationsgeschichte II, S. 128, Anm. 34.

这个宗教委员会由十三委员会成员组成,但并不完全一致,有时也有其他的市议会成员。从 1534 年开始由于在宗教问题上的新的政治风向,于是被十三委员会重新收回来了。① 这六位成员既是十三委员会成员,又是宗教事务委员会成员。他们是汉斯·威尔瑟(Hans Welser)、邙·塞茨(Mang Seitz)、沃夫冈·海灵格(Wolfagng Rehlinger)、汉斯·汉策(Hans Haintzel)、乌里希·海灵格(Ulrich Rehlinger)和西姆布莱希特·豪泽(Simprecht Hoser)。②

那么这个宗教委员会的主要任务是什么呢?从 1530 年到 1537 年,根据市议会的记录材料,这些领导人物,主要意在依照上德意志区域的其他城市的先例,进行奥格斯堡的宗教改革和宗教秩序建设。③ 其中最重要的三个人是乌里希·海灵格、邙·塞茨和西姆布莱希特·豪泽,他们分别是 1533 年的市长和财务总长。

此时的宗教委员会,在这种内外政策环境下,做出的主要判断有两点:第一,牧师提出的不允许传统教派的布道士布道,只是一个不彻底的措施,所有的传统教派的教堂、修道院等都必须改旗更张;第二,这个过程从 1530 年与皇帝分道扬镳时就已经开始了。④

根据以上的政治考虑,市议会下达指令,⑤ 授权宗教事务委员会召集城市中的法学学者以及博学人士,⑥ 起草一份问题分析书。在指令中,市议会表达了希望针对现有的问题,商讨这些问题可能带来的后果,并起草

---

① 在史料中被称为十三枢密委员会"Dereizehen Geheimen Raeten"。宗教委员会的设置开始稳定了政治局面,在 1536 年、1537 年的市议会记录中,有记录说,委员会成员被称为"6 位秘密议员,讨论和建议宗教和其他事务"。可参见 StAA, Litslg, 1534, Okt. -Dez.; Jan-Mai(Z. B. 26. 4, 29. 4, 13. 5); Nachtrag 1532, 1536 (26. 11. 34)。
② StAA, Reichsstadt, Ratsbücher Nr. 16, fol. 132 (ad. 1. Okt 1537)。
③ Roth, Reformationsgeschichte II, S. 128, Anm. 34。
④ Roth, Reformationsgeschichte II, S. 108f。
⑤ Roth, Reformationsgeschichte II, S. 137 - 140;19 世纪的 Benedict Greiff,曾在圣安娜教堂担任牧师,后来在城市图书馆工作,是施瓦本和纽伦堡历史协会的一个重要成员,他收集了奥格斯堡新教教会史的史料,并整理成册(StAA Einwohnereldarchiv, Familienbogen und Nekrolog in 35 Jahrsbericht des HVSuN 1872, XXXIXf)。在二手史料中,这件事情被错误记载成 1537 年,Greiff 将之改回 1534 年,然而正确的应该是 1533 年。Roth 在他的文章中没有明确说明此事是何年,Andreas Gößner 发现了史料,证明了这是在 1533 年 2 月 19 日。可参见 WGA, Fasc1, Anno 533, Cxxxiij; StAA, EWA-Akten, Nr. 487。
⑥ 在这份市议会指令中,提到了四位博士:Konrad Peutinger、Johann Rehlinger、Konrad Hel 以及 Balthasar Langauer,和三位律师 Wolf Vogt、Haimprand Edelmann 以及 Johann Hagk;还有城市书记官 Martin Haiden 以及法院书记员 Franz Közler。可参见 Roth, Reformationsgeschichte II, S. 139。

出一份书面的文件，在此基础上，大议会或者至少十三委员会，须在下一次施瓦本联盟会议召开前做出一个何去何从的决定，即在1533年4月20日前，奥格斯堡需要作出明确表态，是否延长或拒绝加入联盟。

最开始市议会只是打算让他们起草一个九条的分析书，例如针对核心问题：市议会作为城市的世俗权威，是否有权在宗教事务以及神圣的信仰事务上进行处理、改变抑或建立新的秩序？这个问题其实是对宗教改革在道德伦理、法律以及政治权利上的合法性的一个提问，以及探讨1520年之后面对内外矛盾阻碍，宗教改革的可行性。从1520年开始，直到1530年市议会才公开迈出了与传统阵营分离的第一步。随着1530年后内部形势的不断变化，是时候进行接下来的步骤。这点新教牧师首先提了出来，这是比较符合奥格斯堡的情况的，因为市议会由于各种原因一直回避这个问题，不明面作为。根据这样一种情况，人们可能会认为奥格斯堡的世俗权威也许对于教会事务或者神学事务根本不想干预，其实不是这样。市议会之所以抱持比较保守的态度，主要是担心这样可能会动摇他们作为世俗权威统治的正统性。[1]

最后这九个问题是：

1. 怎样能够避免两派牧师之间的分裂？
2. 制定一份错误的礼拜仪式清单。
3. 这些错误的礼拜仪式应该什么时候、在哪里、怎样去除？
4. 市议会在与教堂、修道院、受俸神职人员交涉时，应该有哪些可以退让、不可以退让的原则。
5. 针对由于"自由婚姻"造成的混乱，以及由此产生的对市议会的恶意诽谤，应该如何解决？
6. 为城市的共同利益和福祉，市议会进行宗教改革可能会面临哪些问题？
7. 怎样能够避免或解决这些问题，每个问题都有哪些解决的可能性。
8. 如果奥格斯堡加入了施马尔登联盟，是否还能够与皇帝宫廷

---

[1] 面临是否受到帝国最高议会法庭的裁决问题上，例如1530年11月19日在皇帝的指示下，要遵守沃尔姆斯禁令。Kastner, Quellen, Nr. 158, 516ff, 599ff; Semend, Reichskammergericht, 138-150. 1530年和1531年已经有帝国最高议会法庭针对乌尔姆（Enderle, Ulm 201）和康斯坦（Voegeli, Schriften I, 441, Anm. 983, 467）的先例，1524年开始针对斯特拉斯堡了（Rapp, Strassburg, 83）。

保持良好关系？是否还有其他方式能够保住皇帝的"恩宠"？

9. 如果奥格斯堡宗教上"改旗更张"，可以加入哪些联盟？①

由上述问题可以看出来，这几个问题并不是专门的神学问题，而是站在世俗政府的角度来看的整个城市秩序的问题。除了这九个问题之外，最重要的还是要选出法学专家，他们能够就具体的问题进行分析并给出强有力的立场阐述。② 因此，市议会最后聚焦在五个受过良好的法学教育以及各方面能力比较出色的人身上，即鲍丁格（Peutinger）、海灵格（Rehlinger）、黑尔（Hel）、郎瑙尔（Lannauer）以及哈克（Hagk）。市议会将主要考虑这五个候选人，对这些问题进行进一步分析，然后做最后决定。③

1533年2月19日的史料记录了对这九个问题的讨论。④ 在最后的问题起草完成后，只有两份卷本被送到鲍丁格（Konrad Peutinger）和黑尔（Konrad Hel）那里，⑤ 这两份文件的内容和格式无疑是被用作市议会的范本的。鲍丁格收到了三个问题，第一个问题就是世俗权威是否有权利进行宗教改革这个核心问题。第二个问题⑥就是有关城市内部牧师之间神学见解差异的问题，市议会想建立城市内部统一的教派方向。鲍丁格基于其自身在外交上的出色能力，似乎非常适合解答这种市民之间分裂的问题，尤其他一直是站在奥格斯堡的福祉立场上考虑问题的。并且市议会在"中间路线"失败之后，逐渐远离鲍丁格的政治建议，然而此时市议会依然在这个重要问题上询问鲍丁格的意见，有可能也是希望借助鲍丁格多年的经验，

---

① StAA, EWA-Akten, Nr. 487, fol. 6r. ; StAA, Litslg, 1534, Nachtrag II, Nr. 56; StAA, Litslg, 1534, Nachtrag I, Nr. 17.

② 在这个问题上市议会备选三个最有资历的人，Konrad Peutinger、Konrad Hel 以及 Johann Rehlinger。可参见 Roth, Reformationsgeschichte II, S. 139f.

③ StAA, EWA-Akten, Nr. 487, fol. 6r. 根据 Broadhead, Politics, 309 的猜测，最开始只委托了三位德高望重之人，即 Peutinger、Rehlinger 和 Hel，后来才加入了另外两个。但是这点在上述的史料中没有得到证实，例如在史料 WGA. Fasc. 1 中。但是在另一份史料中，Langauer 也被分配给了任务（StAA, Litslg, 1534, Nachtrag I, Nr. 22, fol. 1r），这份史料中也没有给出明确的时间。

④ WGA, Fasc. 1; StAA, Hostorischer Verein, N7, Pag 247.

⑤ Peutinger：StAA, Litslg, 1534, Nachtrag II, Nr. 56. ; Hel：StAA, Litslg, 1534, Nachtrag I, Nr. 17.

⑥ StAA, Litslg, 1534, Nachtrag II, Nr. 56 ; "Durch was weg und in was gestalt, der zwisplat der ungleichen und widerwertigen Predigen mag abgestelt werden, so die widerwertigen Predigen nit allain in den gaistelichen, Sonnder auch in weltlichen sachen, mercklich zerruttungen geperen."

以及他殚精竭虑为城市谋福祉的立场,来尝试为城市建立宗教与政治的和平未来。第三个问题①是有关加入哪一个联盟体系的问题,这是城市非常担忧的,一旦改变宗教政治轨迹,很大程度上会影响到城市的经济发展以及政治独立。鲍丁格多年浸染于帝国与联盟层面的外交与政治,这个问题交于他也是非常明智的,可能再没有人比他更有经验和资历谈论这件事。

提交给黑尔(Konrad Hel)的问题也是三个,②首先也是有关奥格斯堡世俗权威是否有领导宗教改革的权利问题。其次就是有关自由婚姻带来的秩序混乱问题。③在奥格斯堡和其他城市的宗教改革过程中,主教的婚姻法受到了极大的挑战,没有有效的婚姻规范,被很多人钻了空子,到时秩序混乱。这个问题也与第一个问题有关联,因为这涉及世俗权威是否有权插手一些个别的教会事务,例如婚姻问题,以及建立相关秩序。最后就是为城市的共同利益和福祉,市议会进行宗教改革可能会面临的问题。④

对于这几个问题的分析是宗教委员会主持的,问题的分配也是市议会和委员会深思熟虑的结果。

三 专家评议意见与讨论

有关最高评议书以及政治后果的审议的史料相对比较丰富。⑤ 这些评

---

① StAA, Litslg, 1534, Nachtrag II, Nr. 56: "… mit werme unnd in was gestalt die statt augspurg sich in verainigung unnd pundtnid begeben soll, Darbey Augspurg unangesehen irer furgenommen einndrung unnd ainer newen ordnung sich gwißer unverziger hilf vershen unnd getrösten mög. Also das ain Copy ainer verainigung, welher maßen die Statt Augspurg nach gestalt irer sachen, sich mit N. un N. verpinden solt, vergriffen und wolbedechtlich furgearbait werden mocht."

② StAA, Litslg, 1534, Nachtrag I, Nr. 17: "Ains Erbarn Rats ußschuß… beuilcht von rats wegen, dem Herren Doctor Conrad Helen, und pit, das E ruff die nachgeschribnen fragen sein Rat und gut bedunncken zum furderlichsten vergreuffen… wolle. (fol. 1r)"

③ StAA, Litslg, 1534, Nachtrag I, Nr. 17: "nach dem usserhalb Augspurg von Fursten und herren vil mer dann alhie von den unordnungen der fevenlichen heirat, ains erbarn Rats halb gantz schimpflich geredet wurdt, die ains tails also offenbar sein, das von unnöten ist, die zubestimmen, so soll der her Doctor Hel beratschlagen, wie ain Rat in solchen veranngnen oder gegenwertigen und künftigen fellen ain einsehen haben soll, damit ainem erbarn Rat und gemainer Statt nachred, spot und verklainung furkommen werde."

④ StAA, Litslg, 1534, Nachtrag I, Nr. 17: "Was gevarlichaiten leibs und guts ainem erbarn Rat und gemainer Stat tuff dem vorhaben ainer enndrung steen, soll der her doctor Hel mit vleiss und nach lenng erwegen, verzaichnen und auch überanntwurten."

⑤ StAA, EWA-AKten, Nr. 487, Cod. R; Roth, Reformationsgeschichte II, 128, Anm. 32.

议书从1533年1月开始被送到宗教事务委员会和市议会进行审议,然而就具体的方式和途径宗教委员会又进行了讨论和咨询。① 主要目的在于讨论怎样可以在不带来危险和不良后果的前提下,逐渐取消城市中的传统教会。

有关这点的史料比较丰富,一共有22点具体问题的讨论,② 只是很可惜没有最后七点的驳斥意见的史料。③ 这些意见中主要是五位"评议员"的意见,即来自斯特拉斯堡的弗朗茨·弗洛斯(Franz Frosch)、来自乌尔姆的赫尔尼姆斯·罗特(Hieronymus Roth),以及奥格斯堡的穆氏(Wolfgang Musculus)、弗朗茨·隗茨乐(Franz Koetzler)和巴特扎尔·郎瑙尔(Balthasar Langnauer)。

1533年7月12日,时任市长的乌里希·海灵格给斯特拉斯堡的雅各布·斯托姆(Jakob Sturm)写了一封信,询问他的政治建议,虽然不确定斯托姆是否直接给出了答复,但是这些问题确涉及斯特拉斯堡的律师弗朗茨·弗洛斯(Franz Frosch)④ 的评议意见,这个人是马丁·布策的改革追随者。雅各布·斯托姆是斯特拉斯堡的市议会顾问,可以看出,奥格斯

---

① StAA, EWA-AKten, Nr. 487, fol. 6v. : "Ains erbarn Rats beuelh dem usschuß gegeben: Wann aber, unnd wie der obangeregt anstall zum fuglichsten geschehen soll, haben E. F. unns kain verstenndigen zuerwegen unnd yubedenncken bevolhen. Damit nun E. F. unnd wir nit fur hityig und begirig Bildsturmer gehalten, noch ainer eilenden unnd unbedechtlichen beratschlagung, oder hannlung beyigen oder verdacht werden mögen, so haben wir alle obligennden gevarden, beschwerden und ursachen, die wir furdenncken, dardurch E. F. ehe irer furgefasten hanndlung des anstalls abzusteen, dann daruber also gefarlich furzufuren getrungenlich bewögt werden möchten, hierinn vergriffen, die E. F. wir hievor, ehe wir unnd unnsers guten bedunckens, uff den bevelh vernemen lassen, wol zubertrachten, guter gethrewer maynung zu hertzen, sinnen unnd gemuten furen, welhe erzelung (ob gleich E. F. sich an irem vorhaben ye kain menschliche vorsicht irren noch verhinndern lassen wölten), doch darin gedienen, das E. W. dardurch verursact werden möchten, sich dargegen mit sonnderer andechtiger anruffung der gnad Gottes, auch zeitlicher furtrachtung menschlicher hilff unnd rötting dester emßiger, furderlicher unnd das zustrecken unnd zufursehen, das also solhe gevard, beschwerden und ursachen unnsers verhoffens in den ain, oder anndern weg, ye nit gar one frucht zu hören sein werden."

② Roth, Reformationsgeschichte II, 130f. , Anm. 55. 可参见 StAA, EWA-AKten, Nr. 487, fol. 46r, fol. 40r。

③ StAA, EWA-AKten, Nr. 487, fol. 7r – 22r. (22条意见),fol. 22r – 52r (15条反对意见);参见 Roth, Reformationsgeschichte II, 140 – 144, Beilage III; 另见 Roth, Reformationsgeschichte II, S. 116 – 118; Broadhead, Politics, 318。

④ StAA, Litslg, 1533, Jan-Juli (ad. 12.7); Winckelmann, Correspondenz II, S. 195 – 197, Nr. 197.; Franz Frosch (ca. 1490 – 1540): Sitinzing, Frosch, S. 146f; Hans, Gutachten, S. 32f; Wolfart, Reformation S. 48, Anm. 3.

堡也在积极从斯特拉斯堡的经验中寻求可用的意见和建议。1533 年 7 月 28 日奥格斯堡收到了评议意见，① 弗洛斯在信中表达了两方面的意见：一方面是有关皇帝对于奥格斯堡圣凯瑟琳娜修道院的保护权，另一方面是在 1530 年帝国议会之后，奥格斯堡可能面向皇帝的直接法律责任，他的这两个意见主要涉及四个问题。②

第一，世俗权威是否有权利管理宗教事务。这个问题弗洛斯的答案是肯定的。③

第二，如果答案是肯定的话，那么世俗权威的这种"被授权"，是否可能会失去？对此，弗洛斯的答案是否定的，世俗权威不会丧失这种授权。④

第三，这样的情况可能会面临哪些法律后果，譬如奥格斯堡？针对这个问题弗洛斯认为从法律的角度无法给出明确的答案，因为奥格斯堡的申诉被皇帝拒绝了，因此，可能不存在法律上的联系性。⑤

第四，尽管圣凯瑟琳娜修道院被置于皇帝直属保护之下，市议会是否仍可以对其进行改革？这个问题弗洛斯也给出了肯定的答复，因为这种权利实质上是上帝赐予的，这一点并不因市议会的不了解而有所改变。⑥

另外一位评议员是乌尔姆的市议会顾问罗特（Hiernoymus Roth）。⑦ 他主要给出了两方面的评议。第一个是有关 1530 年帝国议会之后，奥格斯堡是否会受到法律牵连的问题，他和弗洛斯一样，给出了否定的回答。⑧ 第二个问题是有关奥格斯堡市议会的宗教改革计划，在施瓦本联盟、皇帝的纽伦堡声明，以及雷根斯堡的帝国议会决议的三方框架约束

---

① StAA, Litslg, 1533, Jan-Juli (ad. 28. 7); Hans, Gutachten, 32 – 35; Wolfart, Reformation 48; Roth, Reformationsgeschichte II, 117f; Broadhead, Politics, 322 – 325.
② StAA, Litslg, 1533, Jan-Juli (ad. 28. 7), fol. 3v – 4v.
③ StAA, Litslg, 1533, Jan-Juli (ad. 28. 7), fol. 4r – 12r.
④ StAA, Litslg, 1533, Jan-Juli (ad. 28. 7), fol. 12r – 14v.
⑤ StAA, Litslg, 1533, Jan-Juli (ad. 28. 7), fol. 14v – 25v.
⑥ StAA, Litslg, 1533, Jan-Juli (ad. 28. 7), fol. 25v – 30v.
⑦ Roth, Reformationsgeschichte II, 132, Anm. 59.
⑧ 两个例子，可参见 StAA, Litslg, 1534, Nachtrag I. Nr. 20a & Nr. 20b.; Hans, Gutachten, 36; Wolfart, Reformation 48 – 49; Roth, Reformationsgeschichte II, 118; Roth 认为 Ulm 当时并未就可能与皇帝对立这点上达成协议，尽管皇帝并未履行其召开宗教会议的承诺，也可参见 Gaensslen, Ratsadvokaten, S. 91.

下,是否仍能够合法进行?对此,罗特(Hiernoymus Roth)给出了驳斥意见,因为不会受到这些阻碍影响。①

第三位评议员是奥格斯堡的牧师,沃夫冈·穆斯库鲁斯(Wolfgang Musculus)。他的问题主要是面对错综复杂的局面,奥格斯堡的宗教改革秩序建设问题。② 穆斯库鲁斯给出的前两个对策很重要,③ 第一个对策,穆氏认为,当神职人员无法从《圣经》的立场出发,宣讲布道的时候,即使没有"上帝之言的指导",也是要进行宗教改革的;④ 第二个对策,穆氏认为城市中的一些传统教派的神职人员,出于善意批准了奥格斯堡的新教改革,但不能向教皇和皇帝进行辩解,是因为他们仍旧认为"现在的路德的学说,是错误的、邪恶的,理应丢弃和诅咒的"。⑤

另外一位评议员是奥格斯堡的法庭书记官弗朗茨·隗茨乐(Franz Koetzler)⑥,他也是最早一批被邀请写评论的人,但是他的意见和其他五位奥格斯堡的重量级评议员不一致。⑦ 在以下的分析表格中可以看出来。

最后一位评议员是巴特扎尔·郎瑙尔(Bathasar Langnauer),⑧ 他的意见也有一些不同,可看分析。

---

① StAA, Litslg, 1534, Nachtrag I. Nr. 20c. ; Hans, Gutachten, S. 36; Roth, Reformationsgeschichte II, S. 118;
② StAA, Litslg, 1534, Nachtrag II. Nr. 27. ; Wolfart, Reformation S. 29, 46 – 59, 93; Roth, Reformationsgeschichte II, 117, 131f. , Anm. 56.
③ StAA, Litslg, 1534, Nachtrag II. Nr. 27. fol. 1r/v und fol. 1v/3v.
④ StAA, Litslg, 1534, Nachtrag II. Nr. 27. fol. 1v.
⑤ "Die ietzige lutherische lere, als irrig unnd ketzerisch verworffen und verdampt haben", StAA, Litslg, 1534, Nachtrag II. Nr. 27. fol. 1v.
⑥ Hans, Gutachten, 29; Roth, Reformationsgeschichte II, 6, Anm. 16; Rogge, Nutzen, 138f.
⑦ 第一部分史料可参见 StAA, Litslg, 1534, Nachtrag II. Nr. 28. ;此外,能够证明 Koetzler 参与了这份评议的史料信息是:"Franz Kötzler, Gerichtsschreibers, unnd seiner gehilfenn ratschlag, ob. E. F. rath änderung in der religion fürnehmen möge?" Kötzler rechtfertigt seinen Standpunkt, das ein E. Rat gewalt hab von got, alle auswendige Ergernuss under der gemain gottes hinweg zu thon "weitgehend gestuetzt auf biblische Argumente gegen dreierlei gegenteilige Einwände: (1) nur der geistliche Gewalt sei es erlaubt; (2) nur der höchsten Gewalt sei es erlaubt und (3) nur Gott allein sei es erlaubt, Änderungen in Religionsangelegenheiten vorzunehmen, Vgl. dazu, Hans Gutachten, 30 – 32; Wolfart, Reformation 49; Roth, Reformationsgeschichte II, 117; Broadhead, Politics, 318 – 321。
⑧ StAA, Litslg, 1534, Nachtrag II. Nr. 29. 这部分信息被保留在 Langnauer 的手稿中,也可以见看其书信手稿进行比对, StAA, Litslg, 1532 – 1536 (ad 25/26. 5. 1536)。

第四章　多元力量的博弈:改革决议与实践(1530—1537)　　209

表 4 - 2　　　　　　　　　　专家评议意见汇总

编号	问题	驳斥意见
1	如果神职人员外迁,会导致对贫困人口、手工业者、农夫和面包师的不利影响。Peutinger①	神职人员不会外迁,因为在奥格斯堡生活有诸多益处,而且外迁会给他们自身带来未知。即使他们仍旧外迁了,由此产生的对手工业者等群体的利益损害也会通过其他有利方面弥补。Kötzler②
2	如果神职人员外迁,就不会有这么多帝国议会以及联盟议会在城市中召开。③	帝国议会虽然会招来一些人加入市民行列,但是整体上市民需要承担很多费用,并且只会带来不便。Kötzler④
3	如果神职人员外迁,市议会的牧师们会把批评矛头指向市议会以及市民。	牧师的这些批评可以通过市议会下达规范避免。⑤ Langnauer⑥
4	如果神职人员根据市议会的要求回返,可能会与传统教会产生冲突,这样不会有好处,需要置换一批新的神职人员。	神职人员必须遵守市议会的要求,只要这是在圣经中有论述的,如果有争议也必须要能够证明己方观点。⑦ Muskulus⑧
5	神职人员会容忍,并与城市中的大多数等,被市议会收买,与之站在一边。	市议会不想收买任何人,只是要去除滥用行为,只有这样,市议会才能把精神世界置于自身保护之下。
6	主教和神职人员迄今为止在城市中睦邻友好,如果这种睦邻关系被打破,主教的声望可以为城市所用。Peutinger⑨	事实上的睦邻友好是出于市议会的要求,维护好这种睦邻关系对市议会来说是第二位的,因为它涉及上帝的荣誉。Muskulus⑩
7	主教的位置与权利市议会不应轻视,因为这是施瓦本联盟决定要保护的。Rehlinger⑪	施瓦本联盟并不负责宗教事务(可参见联盟宪法)。如果这些在其管辖范围内,就不必等待一次大公宗教会议了。Langnauer⑫-Roth⑬

---

① StAA, Litslg, 1534, Nachtrag I. Nr. 15/2, fol. 64r/v.
② StAA, Litslg, 1534, Nachtrag II. Nr. 29, fol. 2v - 8r. Roth, Reformationsgeschichte II, S. 112f.
③ Roth, Reformationsgeschichte II, S. 134f. Anm. 79.
④ StAA, Litslg, 1534, Nachtrag II. Nr. 29, fol. 8r - 9v.
⑤ Sehling, Kirchenordnungen XII/2, 46 - 48.; Broadhead, Politics, S. 388 - 391.
⑥ StAA, Litslg, 1534, Nachtrag II. Nr. 29, fol. 2r - 2v; 8r/v.
⑦ StAA, EWA-Akten, Nr. 487, fol. 2v - 3r.; Wolfart, Reformation, S. 129f.
⑧ StAA, Litslg, 1534, Nachtrag II. Nr. 27, fol. 4r/v.
⑨ StAA, Litslg, 1534, Nachtrag I. Nr. 15/2, fol. 61r.; Roth, Reformationsgeschichte II, S. 129f. Anm. 47.
⑩ StAA, Litslg, 1534, Nachtrag II. Nr. 27, fol. 9r/v.
⑪ StAA, Litslg, 1534, Nachtrag I. Nr. 21, fol. 10v.
⑫ StAA, Litslg, 1534, Nachtrag II. Nr. 29, fol. 2v - 3r, 9r - 10r.
⑬ StAA, Litslg, 1534, Nachtrag I. Nr. 20c, fol. 4r.

续表

编号	问题	驳斥意见
8	如果出现暴力或者强制罢免，施瓦本联盟会帮助受到损害的神职人员。Rehlinger①-Hel②	这违反联盟宪法。如果判决是反对城市的，那么其他的周边地区没有义务追随这个城市。此外，如果宗教事务不包含在内，联盟也不会延长。Langnauer③-Roth④
9	因为圣乌里希教堂在巴伐利亚、普尔茨以及市议会的共同保护之下，市议会如果没有措施避免激发这些公爵，不能对圣乌里希教堂采取任何措施。Rehlincer⑤	公爵对于圣乌里希教堂的保护只涉及公爵领域内的修道院的世俗财产和收入，而奥格斯堡的保护可以暂时撤销。
10	圣凯瑟琳娜教堂1530年被置于皇帝的直接保护权之下，因此市议会是否不能对圣凯瑟琳娜教堂采取任何措施？⑥ Rehlinger⑦	皇帝的保护只是针对那些不涉及上帝的方面；另外，这种保护是暗中的，因此，可以通过谈判来动摇修道院，交出保护文件。Frosch⑧
11	许多奥格斯堡市民是主教的附庸，其他的传统信仰教派的侯爵/贵族，由于他们曾起誓对领主负责，因此他们作为奥格斯堡的市民不能参与到宗教改革中来。Rehlinger⑨	附庸的责任义务主要是面向皇帝、国王以及上帝的，一个主教的附庸人在这种情况下只对世俗的公爵负有责任和义务。⑩ Langnauer⑪
12	1530年帝国议会上市议会递交给皇帝的许诺必须得到遵守。Peutinger⑫-Rehlinger⑬-Hel⑭	正式来说，这份承诺并没有法律效力，这是一份单方面的没有应承对象的联系，因为皇帝并没有接受它，甚至表示了拒绝。这一使之生效的条件（符合法律的），在皇帝方面并没有完成。此外，内容上也并未完全实现，因为那些布道士仍然在教堂公开进行他们的礼拜。Koetzler⑮-Roth⑯-Frosch⑰

① StAA, Litslg, 1534, Nachtrag I. Nr. 21, fol. 10v.
② StAA, Litslg, 1534, Nachtrag I. Nr. 18, fol. 33v.
③ StAA, Litslg, 1534, Nachtrag II. Nr. 29, fol. 3r/v, 9r–10r.
④ StAA, Litslg, 1534, Nachtrag II. Nr. 20c, fol. 3r–5v.
⑤ StAA, Litslg, 1534, Nachtrag I. Nr. 21, fol. 10r.
⑥ StAA, Litslg, 1534, Nachtrag I. Nr. 21, fol. 9r–10r. 亦可参见前文所述。
⑦ StAA, Litslg, 1534, Nachtrag I. Nr. 21, fol. 12r, 14r–15v.
⑧ StAA, Litslg, 1533, Jan-Juli. (ad28.7), fol. 25v–30v.
⑨ StAA, Litslg, 1534, Nachtrag I. Nr. 21, fol. 11r–12r.
⑩ Sender-Chronik, 403; Kießling, Gesellschaft, 199.
⑪ StAA, Litslg, 1534, Nachtrag II. Nr. 29, fol. 10v–11v.
⑫ StAA, Litslg, 1534, Nachtrag I. Nr. 15/2, fol. 47v–48v.
⑬ StAA, Litslg, 1534, Nachtrag I. Nr. 21, fol. 16v–17r–19r.
⑭ StAA, Litslg, 1534, Nachtrag I. Nr. 18, fol. 23r–24v, 30v.
⑮ StAA, Litslg, 1534, Nachtrag II. Nr. 29, fol. 10r–17v.
⑯ StAA, Litslg, 1534, Nachtrag I. Nr. 20a/b, fol. 1r–17v.
⑰ StAA, Litslg, 1533, Jan-Juli. (ad28.7), fol. 14v–25v.

续表

编号	问题	驳斥意见
13	市议会与主教之间已有的法律协议必须得到遵守。Rehlinger①	这些法律协议只涉及与主教声称相关的几个教堂，并不是全部。其他的教堂现有的合同已经失去效力了，因为涉及了上帝的真理问题。Koetzler②
14	如果按计划进行宗教改革，那么市议会可能会面临被视为纽伦堡和雷根斯堡和平的破坏者的危险，这点必须要重视。Peutinger③-Hel④	根据计划（单纯的"罢免"），和平不会被破坏掉。如果人们仍然要向皇帝声称我们是"和平破坏者"，那也比陷入"被上帝剥夺法律保护令"要好。Koetzler⑤-Roth⑥
15	即使主教、主教咨议会、教堂和修道院愿意服从市议会的宗教改革，但并不表示皇帝、国王、公爵以及贵族愿意服从。Hel⑦	贵族没有理由反对宗教改革，因为不涉及主教咨议会，只涉及堂区和修道院，这些都是出自市民家庭。
16	计划的宗教改革的变化也会市民带来压力，后者对此还一无所知。Peutinger⑧-Rehlinger⑨	
17	市议会做了很多相关的事情，做得很好，与布道士们要求的宗教改革保持了距离。Rehlinger⑩	通过取消错误的学说与错误的礼拜仪式，为城市内部的基督教生活以及政策执行打下了良好的前提基础。Muskulus⑪
18	其他城市的宗教改革的"榜样"并不适合奥格斯堡，因为那些城市中内部与宗教教会的关系不同，很多城市接受了1529年的帝国议会决议书，并且1530年向皇帝许诺在纽伦堡和平框架内进行宗教改革。Hel⑫	

---

① StAA, Litslg, 1534, Nachtrag I. Nr. 21, fol. 10v.
② StAA, Litslg, 1534, Nachtrag II. Nr. 29, fol. 17v – 18v.
③ StAA, Litslg, 1534, Nachtrag I. Nr. 15/2, fol. 49r. 55r.
④ StAA, Litslg, 1534, Nachtrag I. Nr. 18, fol. 31r/v.
⑤ StAA, Litslg, 1534, Nachtrag II. Nr. 29, fol. 18v – 23r.
⑥ StAA, Litslg, 1534, Nachtrag I. Nr. 20c, fol. 2r – 3r.
⑦ StAA, Litslg, 1534, Nachtrag I. Nr. 18, fol. 31v.
⑧ StAA, Litslg, 1534, Nachtrag I. Nr. 15/2, fol. 55r.
⑨ StAA, Litslg, 1534, Nachtrag I. Nr. 21, fol. 11r/v, 20r.
⑩ StAA, Litslg, 1534, Nachtrag I. Nr. 21, fol. 19v.
⑪ StAA, Litslg, 1534, Nachtrag II. Nr. 27, fol. 10r/v.
⑫ StAA, Litslg, 1534, Nachtrag I. Nr. 18, fol. 32v, 34r.

续表

编号	问题	驳斥意见
19	城市内部的意见不和程度很严重,可能会导致宗教改革计划失败,并且衍射到其他各个方面。 Hel①	搁置当下的宗教改革计划只会使这些不和意见变得更多,正如和其他城市相比,现在市议会已经显得很迟疑一样,市议会作为上帝赋予的世俗权威,有责任重建基督教秩序,在此过程中持着上帝赋予的权柄,将之应用到宗教领域中去。 Muskulus②Koetzler③
20	出于对失去财产的担心,很多富有的奥格斯堡市民可能会离开,这样城市会陷入巨大的金钱危机,因为城市的主要收入是税收	
21	由于市议会容许具有煽动性的布道以及容许暴力反对一些神职人员,可能会导致皇帝的不满,派兵占领城市,重建秩序。 Peutinger④-Hel⑤	这种来自皇帝的权力的威胁,以及由此产生的恶果,市议会不用害怕,因为城市有更多次在服从上帝的权威的上是有罪的。市议会只有承接上帝赋予的权柄,来去除错误的学说,取消传统信仰的礼拜,才是正确的。如果市议会错过了,将会面临上帝永恒的毁灭之惩罚,因此,承受暂时之苦痛,来求得上帝之怜悯是明智的。 Koetzler⑥
22	世俗权威首先是作为世俗政府出现的,如果他此外还具有了管理信仰事务的权利,那么就会产生一个问题,人们应该对这个世俗权威有多大的顺从? Peutinger⑦-Rehlinger⑧	作为基督教的权威,市议会可以在所有为促进福祉,避免灾恶的事情上都要求(他人)服从。建立一个好的基督教秩序和宗教改革,也包含在他的职权范围内,如果这个权威忽略了他的职责,那么他的机构就一定会出现滥用行为。 Muskulus⑨-Koetzler⑩

---

① StAA, Litslg, 1534, Nachtrag I. Nr. 18, fol. 35r/v.
② StAA, Litslg, 1534, Nachtrag I. Nr. 27, fol. 5r – 7r.
③ StAA, Litslg, 1534, Nachtrag I. Nr. 29, fol. 23r – 27v.
④ StAA, Litslg, 1534, Nachtrag I. Nr. 15/2, fol. 63r.
⑤ StAA, Litslg, 1534, Nachtrag I. Nr. 18, fol. 30r.
⑥ StAA, Litslg, 1534, Nachtrag II. Nr. 29, fol. 27v – 36r.
⑦ StAA, Litslg, 1534, Nachtrag I. Nr. 15/2, fol. 57v.
⑧ StAA, Litslg, 1534, Nachtrag I. Nr. 21, fol. 2v – 3r, 10r, 19v – 20r.
⑨ StAA, Litslg, 1534, Nachtrag II. Nr. 27, fol. 7r – 8v.
⑩ StAA, Litslg, 1534, Nachtrag II. Nr. 29, fol. 18v – 23r.

四 市议会根据专家评议的决定

1533年5月底,[①] 小议会召开会议,就之前提到的五位专家的问题评议书进行讨论,决定是否进行宗教改革。[②] 尽管就世俗政府是否有权进行宗教改革这个问题,专家们意见不一致,但最后主导宗教改革的市议会成员乌里希·海灵格、邝·塞茨和西姆布莱希特·豪泽(Simprecht Hoser)占了上风,最后达成了压倒性意见:城市统治阶层不仅有权进行宗教改革,甚至这是他们的义务和责任。这一意见最后也得到了小议会中多数的支持。

然而,市议会此时对于具体执行宗教改革还没有完全明确的范围限定,因此,首先是针对那些位于城市世俗权威直接和间接掌控下的教会、教堂进行改革,统一布道、禁止传统礼拜和弥撒。而隶属于主教的所有教堂和修道院没有包含在内。在进行这些改革的时候,教皇已经多次拒绝帝国议会请求召开一次宗教会议的决议。[③] 市议会安排委员会进一步了解有关帝国议会决议的信息。

---

① 根据 Peutinger 的记录是在 5 月 24 日,StAA, EWA-AKten, Nr. 44;根据 Hans, Gutachten 28, Anm2. 是在 3 月 3 日至 5 月 5 日;Roth 的记录是在 3 月底到 4 月初,Roth, Reformationsgeschichte II, S. 110;Broadhead 的书中记录是在 4 月,Broadhead, Politics, S. 315。

② StAA, EWA-AKten, Nr. 487, fol. 6r. "Ains erbarn Rats vorgeender beschluss, der anstalls, des falschen Gotdiennsts: Zuuorderst ist der hauptarticul, nemlich, Ob E. F. als ainer weltlichen oberkait, in sachen die Religion berurennd, hanndlungen, enndrungen, and new odnungen furzunemen, uffzurichten, unnd zuhalten gepur oder nit, mit grund der hailigen schrift, unnd anzug der echten vorlenngst beratschlagt, daruber funff ratschleg gestellt, die alle E. F. furgelegt, und vorgelesen, deren beschluß ungleich erfunden worden sein, Darunder etlich dahin leden, das E. F. ainer solhen hanndlung, enndrung, und uffrictung newer christenlichen ordnungen nit allain fug und macht haben, sonnder auch als die oberkait in kraft ihres ampts in dem ain christenlich einsehen zuhaben schudig seyen. Derselbigen maynung, E. F. mit dem mereren bezfall gethun." 可参见 Roth, Reformationsgeschichte II, 128f. , Anm. 40。

③ StAA, EWA-AKten, Nr. 487, fol. 6r. "… darauff auch fur gut angesehen und beschlossen haben, dass sie den zwispalt der widerwertigen predigen allenthalben, aber die messen, biltnussen und anderen vermainten gotdienst dieser zeit allain in denen kirchen und an denen orten, die E. F. für ander kirchen und end zu versprechen steen, und, was in allen pfarren alhie, kaine ußgenommen, in die zechen gehoert, anstellen wöllen etc. ; wann jetzo etliche jar her uff mer dann ainem reichstag allweg ain frei, gemain, christenlich conciulium furgeschlagen und ain zeit, darin das ußgeschriben und angefangen worden sein solt, bestimbt, aber bisher weder ußgeschriben, angefangen noch gehalten, sonder (als man sagt) durch bäpstliche heiligkait abgeschlagen worden ist." 可参见 Roth, Reformationsgeschichte II, 129, Anm. 40。有关教皇的政策可参见 Mueller, Kurie: 56 – 59, 72 – 76, 189 – 210, 238ff。

第六节　为改革的政治保障所做的三次努力

从以上有关宗教改革计划的一系列讨论结果，可以看出奥格斯堡进行宗教改革法律上不成问题，政治上也不成问题，最重要的是权力关系问题。① 1533—1534 年的联盟谈判，折射出了不同公爵、地区、城市不同层面的政治—外交利益。谈判进行得并不顺利是因为奥格斯堡的利益并不会被放在首位，相反那些绝对位高权重的大领主的利益，尤其是哈布斯堡家族、维腾堡大公以及黑森伯爵，会被优先考虑。因此，奥格斯堡不得不在此情况下寻求与其他地区的联合，在谈判中（谈判时间与请五位专家评议时间是一致的），涉及教会政治方面有以下几点：② 第一，奥格斯堡与乌尔姆以及纽伦堡达成城市联盟，携手并肩逐渐与施瓦本联盟拉开距离；第二，与奥格斯堡主教与主教咨议会之间在教会政治上达成一致；第三，奥格斯堡努力加入施马尔卡尔登联盟，最后在新教学说问题上与维腾堡取得一致。

一　第一道政治后援：三城联盟

从 1533 年 2 月到 5 月，奥格斯堡再次尝试与乌尔姆和纽伦堡建立联盟，他们在政治层面上一直保持着友好的关系，与这两个城市的谈判从 1525 年和 1529 年就开始了，但是当时由于奥格斯堡的态度不明确，联盟最后以失败告终。③ 在 1533 年 4 月底，施瓦本联盟谈判失败后，这三个城市秘密达成统一意见。④ 因此，5 月 13 日，他们正式建立一个多年的联盟关系，并以法令代替宣誓。联盟声明将共同对付外敌，相互保护彼此之间的领土和法律权利，当一方发生内乱时，另外两方应给予支持。⑤ 这个联盟对于奥格斯堡至关重要，因为这是第一份解除了奥格斯堡外交孤立的

---

① Broadhead 认为，从 16 世纪 20 年代开始，市议会转向宗教改革的决策更多地受到政治因素的影响，而非神学上的考虑。Broadhead, Politics, 203. Gößner 也赞同这一观点。Gößner, S. 162。
② Broadhead, Politics, S. 203.
③ Roth, Reformationsgeschichte I, S. 273f.
④ 后来在施瓦本联盟会议上，三城也借此机会商谈，大概是在 1533 年 8 月和 12 月，参见 Wolfart, Reformation, 72 – 75；纽伦堡方面的记录可参见 Schmidt, Haltung, 215f。
⑤ 三城之间的协议可参见：StAA, Litslg, Nachtrag, 1532 – 1536（ad 1533）；EWA-Akten, Nr. 12；StAA, Reichstadt, Ratsbuch, Nr. 16, fol. 80r/v.；Roth, Reformationsgeschichte II, 129. Anm. 44, 111；Wolfart, Reformation, 35 – 37；Broadhead, Politics, 292f.；Immenkötter, Kirche II, 21。

第四章 多元力量的博弈:改革决议与实践(1530—1537) 215

联盟,同时也使得执行宗教改革有了一个政治后援。奥格斯堡和其他的施瓦本联盟城市,也积极寻求在宗教问题达成共识基础上,扩大贸易空间。①

二 难以逾越的障碍:与主教及主教咨议会的谈判

在与乌尔姆和纽伦堡达成联盟之后,市议会利用奥格斯堡主教的政治权力有限这个弱点,开始着手处理城市内部的主教势力问题。首先市议会尝试与主教克里斯多夫·冯·斯塔迪昂(Christoph von Station)进行谈判,看是否能在宗教改革事情上达成一致意见,② 因为主教之前在教会贵族与变化了的教会形势上一直是相对包容和中立的立场,③ 主教请求城市出具一份书面的要求。④ 因此,5月13日的时候乌里希·海灵格、邝·塞茨、康哈德·海灵格以及西姆布莱希特·豪泽共同起草了一份书面文件,递交给主教。⑤ 市议会首先建议主教,努力使传统教派的布道士与市议会聘请的布道士之间的争议问题达成一致。这一建议必然会涉及城市的世俗权威是否有权进行宗教改革的问题,⑥ 以及权威对于《圣经》解读的问题。⑦

---

① 1533年8月10日的联邦会议参见 Sender-Chronik,357f;1533年12月的联邦会议参见 Wolfart, Reformation, 77f., 134–139.(Beilage III & IV)。
② Roth, Reformationsgeschichte I, 341.
③ Wolfart, Reformation, 37–40; Hans, Gutachten, 28f; Roth, Reformationsgeschichte II, 113–115.; Schmauch, Station, 181–216; Zoepfl. Bistum, 108–112; Broadhead, Politics, 292f.; Immenkötter, Kirche II, 21. Immenkötter, Verantwortung, 86.
④ 5月12日这份材料才交到十三委员会手中,可参见 StAA, Reichstadt, Geh. Ratsbücher, Nr. 3, fol. 112r.; Roth, Reformationsgeschichte II, 130. Anm. 49。
⑤ Sender-Chronik, 346–351f;这份材料不是完整的材料,还有一部分可以参见 StAA, Litslg, 1534, Nachtrag I, Nr. 3,一共28页,可以看到写给主教的完整信件。Sender 的概括引用的原文文献还有1r–3r, 20r–22r, 22v–24v, 24v–26r,大意是相同的。Sender 所缺少的部分并不影响全文主要含义,但是可以很明显地看到,sender 省略了有关城市权威的权力的句子,这也符合这位圣乌里希教堂本尼迪克修道院的编年记录者的传统信仰立场。有关 Sender 可以参见 Kramer Schlette, Chronisten, bes. 29, 59–64。
⑥ 三个意见是:第一,教会的宗教改革只在神职权威手中;第二,唯一能进行宗教改革的世俗权威就是作为最高权威的皇帝;第三,宗教改革不在人的权威手中,而是在上帝手中,只有上帝,可以做出改变。
⑦ Röm 13, 3f.; 1 Petr 2, 14,原文:"Also das nit allain den gaistlichen sonnder auch allen weltlichen oberkaiten, in sachen der religion zu hanndlen gepürt, auch kainer oberkait von ainmen hohern gwalt mit gott gewört werden mag got iren hern, nach iren ampt unnd gwalt zudienen, das ist, das bös zustraffen und gut zuschutzen, so volgt beschließlich, das wir als die oberkait alhie nit allain, uß schuldiger pflicht, sonnder auch zu eeren unnd gefallen gottes unnsers hern, ain einsehen haben sollen unnd müßen, damit das so alhie offenlich furgat unnd geübt, dardurch die eer gottes verlötzt, die warhait verlästert, auch die ainfeltigen verfurt und geergert, abgestellt werde", StAA, Litslg, 1534, Nachtrag I, Nr. 3. fol. 17v–18r。

对此，市议会和牧师们共同列举出了教会中已经出现的错误行为和观念：

(1) 石头房子是上帝的教会，教皇是他们的首领。

反对意见：基督教的人才是上帝的庙宇，基督是教会的最高首领。

(2) 支持圣徒。

反对意见：基督是与上帝联系的唯一中间人。

(3) 通过神职人员赦免与忏悔。

反对意见：只有上帝才可以赦免。

(4) 炼狱说以及由此产生的灵魂弥撒、周年纪念日等。

反对意见：这只是出于金钱的目的而制造出来的。

(5) 蜡烛奉献、教父弥撒、只有一种形式的圣餐礼、回忆耶稣受难的祷告词（Kreuzweg）、游行、斋戒。

反对意见：这些都不是基督设置的。

(6) 圣餐礼只能以两种形式进行。

反对意见：这违背了基督的设置。①

(7) 教皇的弥撒

反对意见：在圣经中找不到依据。

(8) 偶像崇拜与朝圣

反对意见：这既违背《旧约》也违背《新约》。

(9) 错误的洗礼（taufbräuche）

反对意见：这违背基督的话和命令。

(10) 将修道院与世界隔离。

反对意见：基督是不会进去的。

(11) 错误的祈祷、歌咏、祷告词和游行。

(12) 蜡烛奉献等应根据上帝的指令更好地用在穷人身上。

针对这些意见很快主教就给出了回复。② 他首先表明了自己对和平的青睐以及希望会有一个友好的统一。市议会列举出来的所谓的错误行为，

---

① 这12点是从史料中提取出来的，其中前5条是概括性的问题，后7条是专门针对奥格斯堡的问题。可参见 Roth, Reformationsgeschichte II, 139f.；StAA, Litslg, 1534, Nachtrag I, Nr. 10. fol. 1r - v.；StAA, EWA-Akten, Nr. 487, fol. 6r。

② StAA, Litslg, 1534, Nachtrag I, Nr. 8.；Sender-Chronik, 351 - 353；Wolfart, Reformation, 40；Roth, Reformationsgeschichte II, S. 115f.

他并不认同，并且认为相反，传统信仰教派已经证明了他们的真理。① 他并不畏惧在新的争论面前表明自己的观点。然而他也认为在这些巨大的争议面前，为消除两方牧师的差异，努力寻找双方都认可的仲裁人，是明智之举。② 此外，他把自身的权威坚决地置于大公宗教会议的裁决以及皇帝的帝国决议之下，因此，他最后的观点认为人没有权力领导教会做出改变。此外，他提醒市议会注意自己的权利范围是在帝国决议以及皇帝外衣保护之下的。主教还引用了 1530 年市议会向皇帝做的保证，但是为了显示主教的良好意愿，他准备按照市议会的具体要求限制城市中的游行，并且不安排有争议的牧师进行布道。③

主教的回复立刻被市议会利用起来，他们告诉主教咨议会以及相关神职人员，从基督圣体圣血节开始，所有的游行和祷告都取消。④ 其他所有的被市议会在 5 月 13 日定为错误的传统信仰的仪轨，可以暂时得到恢复，这点变化也告诉给了主教。主教的回复被一条一条宣读出来，并且市议会表示，会在一定时间内考虑，最后执行教会的变革。此时，市议会再次表示出了开放性，写信给主教，并请求主教随时给出一些关于克服争议的解决建议。⑤ 这样在 1533 年 5 月底，市议会与主教以及奥格斯堡主教咨议会的谈判告一段落。

三 "教派认同"与政治的紧密关联：被新教联盟拒之门外

奥格斯堡所做的另外一方面努力就是在对外关系上，与新教联盟——施马尔卡尔登联盟拉近关系是其目的。1531 年年初，奥格斯堡已经错过

---

① StAA, Litslg, 1534, Nachtrag I, Nr. 8. fol. 1r – v: "das sollichs alles vor lenngst und vil mal durch unnsers tails predicanten unnd gelerten muntlich, schriftlich und in truck gnugsam verantwurt unnd mit dem hellen, claren wort gots verlegt worden sey." 对此主教反驳道，1533 年 1 月 21 日曾声明的，"wie wir uns selbs, gegen dem prediger zu unnser frawen, erstmals schriftlich und auch nachmals mit gegenwertiger haimsuchung erboten, unnd begert haben." StAA, EWA-Akten, Nr. 487, fol. 2v。
② 参见主教在 1534 年 3 月 24 日写给市议会的信件以及市议会对此的回复。StAA, Litslg, 1534, Jan-Mai. (ad6.3), Sender-Chronik, 367 – 371。
③ StAA, Litslg, 1534, Nachtrag I, Nr. 8. fol. 1v: "nochdann wurd unns nit geprun, die uß aigner vermessenhait abzustellen."
④ StAA, Litslg, 1534, Nachtrag I, Nr. 6. fol. 1r: "bej dem gemeinen man mer zu ergernus und unwillen, dann zu andacht raichen und gedienen, demnach und damit dann zwischen E. G. und Gunsten auch den andern gaistlichen, und ainer erbarn rat und gemain alhie dester mer guts willens, ru und ainigkait erhalten werden mög", Sender-Chronik, 353。
⑤ StAA, Litslg, 1534, Nachtrag I, Nr. 9.

了在乌尔姆与联盟谈判取得联系,① 这次,奥格斯堡打算抓住机会。

1533 年 7 月 12 日的一封信件中,市长乌里希·海灵格请求斯特拉斯堡市议会转达想要接受审核加入联盟的意愿。② 斯特拉斯堡方面回复说,这样重要的文件不能转交,需要派使者,但是表示愿意帮助打探情况。③ 最后奥格斯堡决定派人亲访乌尔姆,乌尔姆此时已经是施马尔卡尔登联盟成员了。

律师约翰·哈克（Johann Hagk）被宗教事务委员会派往这个第二友好的城市。在这里哈克所收到的信息④,被看作是对 1533 年夏天奥格斯堡改革计划极为有利的。在此基础上,包括之前已经实行的措施,市议会决定执行更加详细的宗教改革计划。⑤ 与主教相关联的教堂和修道院暂时还是不动,先进行纯面向大众的宗教改革,这也是几个月以前就已经显示出来的意向。⑥ 这样,问题就指向了另外一部分：1530 年帝国议会上对皇帝的许诺以及皇帝对圣凯瑟琳娜修道院的保护权。由于乌尔姆的多次鼎力相助,奥格斯堡初步赢得了加入施马尔卡尔登联盟的权利,因此,市议会想进一步了解的联盟的具体信息,再次派出了哈克。⑦ 而联盟这一方面,主要是萨克森一边的,还在考虑暂时不要接纳奥格斯堡。

这次外交上的努力最后败在了奥格斯堡市政牧师的神学理论派别上,因为他们不是维腾堡派神学,而联盟要求其成员在这一点上必须达成共识。

尽管 1531 年奥格斯堡努力形成了牧师教派统一的局面,但是 1533 年牧师们依然尝试在问答手册中总结,阐明自己的神学理论与路德派并无太大差别。这个奥格斯堡牧师们写成的问答手册招来了 1533 年 8 月 8 日路德派写给市议会的一封抗议信,⑧ 信中明确表示,奥格斯堡的牧师们是

---

① Roth, Reformationsgeschichte II, S. 3.
② Roth, Reformationsgeschichte II, S. 118 – 120.
③ Winckelmann, Correspondenz, II, S. 195, Nr. 197.
④ StAA, Litslg, 1534, Nachtrag I, Nr. 10. ; Wolfart, Reformation, S. 130 – 133 (Beilage II).
⑤ "auch sunst usserhalb der siben kirchen, zu unnser frauen, Sannt Moritzen, Peter, Ulrich, Heiligem Kreuz, Geörgen, unnd Sannt Steffan so in meins gnedigen hern von Augspurg spruch gehörn, (welher kirchen halben ains bischoven und rat alhie uffgericht worden, die noch vor augen) in den ubrigen clöstern, krichen oder capellen, die nit in seiner F. G. spruch verwannt sein, endrungen und ordnungen, zu abwendung des falschen gotdiensts, furzunemen und zuvorstrecken." (fol. 1r – v), fol. 1r: Brief Ulrich Rehlinger an Jakob Sturm nach Straßburg, gedruckt in Winckelmann, Correspondenz, II, S. 195 – 197, Nr. 197.; StAA, Litslg, 1533, Jan-Juli (ad 12.7).
⑥ StAA, EWA-Akten, Nr. 487, fol. 6r.
⑦ StAA, EWA-Akten, Nr. 487, fol. 52v – 62v.
⑧ Wolfart, Reformation, 63 – 67; Roth, Reformationsgeschichte II, 53, 103 – 106.

"茨温利派"的，他们错误引用了圣餐礼中"面包"和"酒"。这封信被传给牧师们，市议会请求他们作出回应。沃尔法特（Bonifaz Wolfart）的回应声称，不应以"茨温利派"或者"路德派"论英雄，而是看是否追随《圣经》。10月，这份回答被递交到市议会，市议会直接将之与一封附加声明于10月16日寄给了路德。① 10月29日，路德以一种坚决的态度否定了他们，并声称这些牧师的态度是一种谎言。②

在这种情况下，似乎奥格斯堡再一次陷入了政治孤立的局面。三次政治努力，第一次，三城联盟；第二次，与主教的谈判；第三次，努力加入新教联盟阵营，以失败告终。就最后的情况来看，奥格斯堡想毫无政治风险地进行宗教改革，外交上的政治环境还没有足够成熟。③

第七节 1534年正式改革前的内外政治环境与和谈计划

一 民众及牧师们对市议会施压

从1533年起，奥格斯堡的行会们不断向市议会证实之前的担忧，市民们对于传统信仰越来越不能忍受，对于市议会对于改革的缓慢步调以及保守的态度也越加不满，将之视为不愿意进行改革，牢骚漫天，民众骚动一触即发。这种情绪在1533年5月，借着圣莫里茨教堂事件爆发了出来。④ 转信新教的堂区长将传统信仰的弥撒器具收了起来，并且阻止传统教派的教士讲道。但是一向负责赞助圣莫里茨教堂的德意志首富富格家族轻易地解决了这个问题，安东·富格（Anton Fugger）重新置办了一套弥撒器具，并且安排新的讲道。到了圣灵升天节的弥撒仪式上，双方的冲突升级到暴力层面，民众要求惩戒，但鉴于安东·富格卓越的社会地位，最后只是温和地表示了一下惩罚。⑤

---

① StAA，EWA-Akten，Nr. 488（布道士的信），市议会写给路德的信参见 WA. B. 6，539f. Nr. 2058。
② WA. B. 6，547f. Nr. 2064。
③ Städtbündnis Lit Slg，1533，Jan-Juli（ad 26. 5），fol. 1 – 11。
④ Sender-Chronik，340 – 343；Preu-Chronik，53f.；StAA，Reichsstadt，Geh. Ratsbücher Nr. 3. fol. 122r – 124v；Wolfart，Reformation，30f；Roth，Reformationsgeschichte II，120ff.；Broadhead，Politics，303ff.
⑤ Georg Preu 引用了一个俗语来说明这次特殊的处理："dem reichen als dem reichen, dem armen, dass got erbarmen"，Preu-Chronik，54.；Sender 则说明了由于富格以往对于穷人和病人的关照，所以惩戒减轻。参见 Sender-Chronik，343f。

这件事情刚刚平息不久,1533年6月17日,在位于市中心的派拉赫(Perlach)广场发现了一封匿名信,① 这封信中说,已经有2000人共同起誓,如果市议会继续容忍传统教会布道的话,将反对市议会。

在这些大大小小的事情发生的同时,新教的牧师们也没有停歇。他们开始质疑小议会进行宗教改革的态度,于是在1533年10月17日,他们直接转向了大议会,大议会代表了绝大多数民众的意见。② 除了一位市议会聘请的牧师魏麦尔(Michael Weinmair)立场是站在小议会以及十三委员会一边之外,所有的新教牧师都参与了这次活动,这一举动直接影响了城市的政治走向。

二 市议会新的选举与决议

1534年1月7日,又开始了一年一度的选举。③ 老市长乌里希·海灵格以及邝·塞茨被现任市长赫尔尼姆斯·殷浩富(Hieronymus Imhof)以及乔治·费特(Georg Vetter)和沃尔夫·海灵格(Wolf Rehlinger)所取代。④ 这样,这几年中实际引领潮流的人就真正登上了最高位置。并且这一年年初还决定了,老市长将作为小议会和宗教委员会的常务理事,继续参与最高政治决策。实际上,在这一年的宗教改革执行策略中也的确可以见到他们的身影,而奥格斯堡的政治决策曲线变动,依旧是与这些占据高位的市长们息息相关的。

新一年的议会成员中支持宗教改革的人越来越多,而支持传统教派的人逐渐被取代。⑤ 在这种形势之下,1534年3月4日,宗教事务委员会召开了一次大议会全体会议,就1533年已经基本确定下来的宗教改革的时间计划以及具体措施进行商讨。根据大议会的决议情况,授权小议会全权与主教以及主教咨议会进行谈判,此外批准了之前与乌尔姆和纽伦堡的联盟决议。⑥

---

① Sender-Chronik, 354; Preu-Chronik, 54; Wolfart, Reformation, 41f; Roth, Reformationsgeschichte II, 123f.; Broadhead, Politics, 305 – 307.
② Rem-Chronik, 307; Roth, Reformationsgeschichte II, 124; Broadhead, Politics, 43, 219, 222, 306f.
③ 1534年2月Peutinger从城市书记官办公厅退出来,3月初由当时的市议会顾问Johann Hagk接任。这一重要的人事变动并没有直接影响当下的事情的结果,但是长期的影响却是逐渐显示出来的。
④ Preu-Chronik, 58; Wolfart, Reformation, 89; Roth, Reformationsgeschichte II, 149f.
⑤ Roth, Reformationsgeschichte II, 151.
⑥ Sender-Chronik, 367; Wolfart, Reformation, 91f; Roth, Reformationsgeschichte II, 151 – 155.

奥格斯堡与乌尔姆、纽伦堡的三城联盟本身也体现了那时各个邦国、城市之间的信任危机，①无论是在政治层面还是在信仰层面。②施瓦本联盟对于奥格斯堡来说，最主要的目的在于获得稳定的外部环境与政治军事支持，③虽然联盟最后延迟了奥格斯堡的申请，但其自身却由于内部在宗教信仰问题上的巨大差异，最后于1534年2月3日正式解散。④联盟的解散对于奥格斯堡来说却是一个好消息，这样奥格斯堡所面临的外部压力就减轻了很多。

三 与主教的新一轮的谈判与评议

根据大议会的决议，小议会来全权负责与主教以及主教咨议会的谈判。于是1534年3月6日，小议会与主教通信，请求商谈。⑤起草这次重要信件的成员有乌里希·海灵格、邝·塞茨两位老市长，行会会长西姆布莱希特·豪泽以及市议会顾问康哈德·黑尔（Konrad·Hel）。⑥这份信件措辞极为委婉客气，首先不遗余力地赞美和肯定了双方的友好睦邻关系。⑦紧接着提到了城市内部由于教派不同而带来的分裂以及冲突，并委婉地表达了为了"上帝之荣光、民众之和平、兄弟之爱、以及城市之统一"，双方的上层领导都难辞其咎。由于双方的教士都坚信自己的神学见解，市议会的牧师们已经上书请求正式停止传统教派的布道，而市议会认为唯一能够解决城市内部的冲突的大公宗教会议却迟迟未见日程，⑧因此，解决争议的重担就落在了市议会以及主教两方面的牧师宗教会谈上。此会谈所有参与者应切记以城市的统一和平为前提，且所有的辩论、决议

---

① Wolfart, Reformation, 79-82.
② StAA, Litslg, Nachtrag 1532/1536; 1534, Jan-Mai. (ad3.2): "Beschluß der Städtegesandten von Augsburg, Ulm und Nürnberg über verstärkte militärische Hilfe angesichts des endenden schwäbischen Bundes, bzw. Entwurf für eine Erweiterung des Städtebünisses auf bestimmte militärische Kontingente über den auf dem Nördlinger Bundestag abgestimmt werden soll."
③ Bock, Bund, 217f.; Roth, Reformationsgeschichte II, 145-147.
④ Sender-Chronik, 366.; Immenkötter, Kirche II, 20.
⑤ StAA, Litslg, Nachtrag 1534, Jan-Mai. (ad6.3) (3 Exemplare), mit kleineren Abweichungen siehe auch: Sender-Chronik, 367ß371; Wolfart, Reformation, 92f; Roth, Reformationsgeschichte II, 155f; Immenkötter, Verantwortung, 87.; Broadhead, Politics, 336f, 339.
⑥ Sender-Chronik, 367.
⑦ StAA, Litslg, Nachtrag 1534, Jan-Mai. (ad6.3) (1. Exemplar), fol. 1r-2r.; Sender-Chronik, 367f.
⑧ StAA, Litslg, Nachtrag 1534, Jan-Mai. (ad6.3) (1. Exemplar), fol. 1r-2r.; Sender-Chronik, 369-371.

都应以《圣经》为准。市议会一方参会牧师已有安排,特别请求主教安排己方的教士或神学家,并重申一切都以能够在城市中和平共处为目的。市议会委婉请求主教尽快给出书面回复。

市议会还将这份书信于3月12日分别抄送给乌尔姆和纽伦堡的小议会,[1]并询问他们的看法。其最核心的问题还是对于主教以及主教所属的教堂的传统布道是否继续持容忍态度。[2]然而这两个城市给出的回答却是截然不同的。乌尔姆在几天以后就给出了答复,肯定了奥格斯堡市议会的行动,并表示会给予支持。[3]而纽伦堡在3月16日的答复中态度却截然相反,纽伦堡提醒奥格斯堡市议会更多地注意这件事情的正当性基础,[4]因为人们会认为这是将自身权威置于主教权威之上。[5]此外,纽伦堡还认为,这个时机并不恰当,奥格斯堡也不能简单地照搬纽伦堡的例子,因为纽伦堡当时的情况和条件与奥格斯堡的今日大有不同。[6]纽伦堡甚至怀疑,奥格斯堡能否实现他们想要的内部和平。因此,纽伦堡强调,他们如此直言不讳绝对是基于两个城市之间最亲密的友谊关系,对于此事的结果他们也无法预料,也无法帮助承担责任。奥格斯堡方面收到这封信当然是很受打击的,在3月22日的信件中不情愿地引用到。[7]

主教方面与此相反,在已经与相邻的巴伐利亚产生过冲突的情况下,将这份市议会的书信交往慕尼黑公爵手中,并请求大臣雷昂哈德·冯·埃

---

[1] StAA, Litslg, 1534, Jan-Mai. (ad 12.3); Wolfart, Reformation, 144–146.

[2] "die gevarlich und untreglich spaltung der widerwertigen predigen ußzutreuten, desgleichen die messen allain in den klainen kirchen usserhalben der hohen und nidern stift, und der prelate clöster unnd die zechen in den pfarren alhie anzustellen, also das die Gaistlichen zu unser frauen, Sanct Morityen, Sanct peter, sact Ulrich, zum heiligen Kreutz, zu Sanct Georgen, Sanct Steffan und Sanct Ursula an iren Messen, Biltnußen und Ceremonien unverhinndert wol pleiben mögen." (fol. 1, Wolfart, Reformation, 144f.)

[3] StAA, Litslg, Nachtrag 1534, Jan-Mai. (ad 16.3); Wolfart, Reformation, S. 146–147, Beilage X, S. 94; Roth, Reformationsgeschichte II, S. 215; Broadhead, Politics, S. 339.

[4] StAA, Litslg, Nachtrag 1534, Jan-Mai. (ad 16.3); Wolfart, Reformation, 147–150, Beilage XI, 94; Roth, Reformationsgeschichte II, S. 215; Broadhead, Politics, 339f.; Schmidt, Haltung, S. 219.

[5] 这并不是一般常见的模式,1534年的改革,取消传统布道,但却保留弥撒,的确看起来像是干涉了主教的权威。

[6] 这一警告在奥格斯堡内部的讨论中已经提到了,前文22点中的第18点。纽伦堡的这个声明主要是和当时的与法国的紧张关系这一政治时局联系在一起的。更多细节可参见 Schmidt, Haltung, 219ff.

[7] StAA, Litslg, Nachtrag 1534, Jan-Mai. (ad22.3); Wolfart, Reformation, 150–153, Beilage XII, 94f; Roth, Reformationsgeschichte II, S. 215; Broadhead, Politics, 3 S. 41f.

第四章　多元力量的博弈:改革决议与实践(1530—1537)　223

克（Leonhard von Eck）给予回应。这份回应于是在 3 月 24 日经由主教代表团递交给市议会。① 对于市议会所肯定和赞美的双方的友好睦邻关系，主教也表达了赞扬的态度；② 对于信中提及的争议以及冲突问题主教的回答和以往一样，③ 这样一次宗教会议由于各方面的原因的确很难成行；④ 也许可以安排市议会的牧师们适度地公开布道；最后列举出了一些宗教会谈的参加条件。⑤

在收到主教的答复之后，宗教事务委员会决定请市议会顾问郎瑙尔（Balthasar Langnauer）以及鲍丁格（Konrad Peutinger）商量给出一个表态。⑥ 郎瑙尔在他的评议中首先给出建议，给主教的答复不要以书面的形式，因为这样太正式，主教的回复需要考虑到世俗以及上级等方方面面的影响，从而影响到决定。⑦ 这样，就不必要一定局限在这个不确定的法律立场了。这样，最后市议会就决定以下几点口头回复主教：

（1）市议会必须要明确表示，自己的所作所为都是出于为城市谋求和平、稳定以及统一，为此市议会作为世俗权威以及主教都要做出努力。⑧

（2）暗示有关奥格斯堡主教的历史上的收税、教堂以及济贫事业可以暂时将之置之一旁，因为这些对于目前的问题并不是最重要的。⑨

（3）对主教在回复中提到的条件表示感谢，并且与主教约定宗教会谈的日期。⑩

---

① StAA, Litslg, Nachtrag 1534, Jan-Mai. (ad24.3) (3 Abschrift); Selekt "Wiedertaeufer & Religionsacten" (ad Religiosa); Sender-Chronik, S. 371 – 378; Wolfart, Reformation, S. 95f; Roth, Reformationsgeschichte II, S. 157ff; Broadhead, Politics, S. 337.
② 前文 22 点中的第 1 点和第 6 点。
③ 在 1533 年 5 月主教和主教咨议会的回复中也已经提到。
④ 最主要的问题是，市议会的牧师们之间意见也不一致——那么谁能担任两方面的仲裁员？
⑤ 候选的仲裁员名单有：奥格斯堡主教、Freising 或者 Eichstaett 的主教、英格斯塔特大学、图宾根大学或者弗莱堡大学，皇帝或者国王或者巴伐利亚公爵；参见 StAA, Litslg, Nachtrag 1534, Jan-Mai. (ad24.3) (1. Abschrift), fol. 5v; Sender-Chronik, S. 377。
⑥ Wolfart, Reformation, 97; Roth, Reformationsgeschichte II, 159.
⑦ StAA, Litslg, Nachtrag I, Nr. 23; Wolfart, Reformation, S. 46 – 49.
⑧ StAA, Litslg, Nachtrag I, Nr. 23, fol. 3r, 6r.
⑨ StAA, Litslg, Nachtrag I, Nr. 23, fol. 3r/v, 6r.
⑩ StAA, Litslg, Nachtrag I, Nr. 23, fol. 3v – 4v, 6v.

(4) 宗教会谈是否能够以市议会所期望的形式和方式进行，目前未知，主教是站在教皇的立场上的，因此不可能请主教做仲裁。①

(5) 各方派别应全程记录宗教会谈。②

鲍丁格的建议③和他之前所做的评议在最关键问题上态度没有改变，并且此次有加入了一些暗示和引用。④ 鲍丁格将1534年3月6日市议会的去信以及1534年3月24日主教的回复仔细认真地分析了一遍：

(1) 市议会强调了，主教和主教咨议会的人员迄今为止在城市中都是免除任何公民职责的，主教和主教咨议会在回答中一定是会表示感谢。这个公民的权利与职责与市议会的要求没有直接的联系，倒是看起来有僭越权利的意思。⑤

(2) 在他们的信件中所表达的主教和主教咨议会的自由权利不仅仅是精神信仰上的，也包括世俗法律上的，并且就很多例子来看，精神信仰不受世俗法律管辖。⑥

(3) 此外，主教和主教咨议会也指出了他们尽管并没有义务，但还是履行了市民的职责。⑦

(4) 此外，尤其强调了主教给予施瓦本联盟的帮助，市民们看起来比他们期望的给予的更多。⑧

(5) 主教提及了以往的主教们的管理特权（Ungelt 特权），但是这个论据没有提及这些特权是皇帝特许给这个城市的。⑨

---

① StAA, Litslg, Nachtrag I, Nr. 23, fol. 4v, 7r/v.
② StAA, Litslg, Nachtrag I, Nr. 23, fol. 4v – 5v, 7v.
③ StAA, Litslg, Nachtrag I, Nr. 14; Wolfart, Reformation, 46 – 49; Broadhead, Politics, 342f.
④ Sallust, kaiserliches Recht；引用自3月6—24日之间的文件。
⑤ StAA, Litslg, Nachtrag I, Nr. 14, fol. 2v; in Auseinandersetzung mit: Litslg, 1534, Jan. -Mai. (ad 24. 3) (1. Abschrift), fol. 1r. (Sender-Chronik：372)
⑥ StAA, Litslg, Nachtrag I, Nr. 14, fol. 3r – 4v; in Auseinandersetzung mit: Litslg, 1534, Jan. -Mai. (ad 24. 3) (1. Abschrift), fol. 1r. (Sender-Chronik：372)
⑦ StAA, Litslg, Nachtrag I, Nr. 14, fol. 4v; in Auseinandersetzung mit: Litslg, 1534, Jan. -Mai. (ad 24. 3) (1. Abschrift), fol. 1r. (Sender-Chronik：372)
⑧ StAA, Litslg, Nachtrag I, Nr. 14, fol. 4v; in Auseinandersetzung mit: Litslg, 1534, Jan. -Mai. (ad 24. 3) (1. Abschrift), fol. 1r/v. (Sender-Chronik：372)
⑨ StAA, Litslg, Nachtrag I, Nr. 14, fol. 4v – 5r; in Auseinandersetzung mit: Litslg, 1534, Jan. -Mai. (ad 24. 3) (1. Abschrift), fol. 1v. (Sender-Chronik：372)

（6）此外又强调了主教和主教咨议会下属的教堂、慈善机构以及济贫机构下的基金会，但是，这些基金会的授权证明文件（Stiftungsurkunde）却还没有提交，并且可以确定的是，市民们至少和僧侣们创建了一样多的基金会。①

（7）主教和主教咨议会在一些荒年也交给了城市他们自己的粮食，然而这些是僧侣的财产，这些财产不能成为嫉妒僧侣的理由，并且应该在荒年中各自容忍承担自己的部分。②

（8）市议会应该在给主教的回复中不主动提及之前提到的争议，而是让其顺其自然，以尽可能地减少城市的损失。③

（9）主教和主教咨议会和观点，首先是基于帝国内部新旧信仰分裂、内乱四起这样的大背景之下，但是主教也无法肯定帝国管理机构以及皇帝在16世纪20年代的所有帝国议会上都为帝国的统一和和平作出了努力。在不同的帝国议会上，人们都表示了和平的愿望，并寄希望于一次大公宗教会议的决定。奥格斯堡也在这些帝国议会决议书上签了字，并且等待皇帝履行诺言。④

（10）主教在信件中表示出来的对于宗教会谈的怀疑态度，因为他知道这样也无法达成统一。⑤

（11）至于提到的以上帝之言作为依据双方进行陈述，实际上并不能解决，人们所期待的基督教大公宗教会议或者一个国家宗教大会所能解决的问题，正如皇帝和帝国城市以及区域所认为的那样。⑥

（12）这个意图尝试解决上述无法解决的问题而召开的宗教会谈，不是市议会能够召开的，因为这更多的是整个基督教的分裂问

---

① StAA, Litslg, Nachtrag I, Nr. 14, fol. 5r/v; in Auseinandersetzung mit: Litslg, 1534, Jan.-Mai. (ad 24.3) (1. Abschrift), fol. 1v. (Sender-Chronik: 372)

② StAA, Litslg, Nachtrag I, Nr. 14, fol. 5v; in Auseinandersetzung mit: Litslg, 1534, Jan.-Mai. (ad 24.3) (1. Abschrift), fol. 1v. (Sender-Chronik: 372)

③ StAA, Litslg, Nachtrag I, Nr. 14, fol. 5v – 6r; in Auseinandersetzung mit: Litslg, 1534, Jan.-Mai. (ad 24.3) (1. Abschrift), fol. 2r. (Sender-Chronik: 373)

④ StAA, Litslg, Nachtrag I, Nr. 14, fol. 6r – 9r; in Auseinandersetzung mit: Litslg, 1534, Jan.-Mai. (ad 24.3) (1. Abschrift), fol. 2v – 3r. (Sender-Chronik: 373f)

⑤ StAA, Litslg, Nachtrag I, Nr. 14, fol. 9v; in Auseinandersetzung mit: Litslg, 1534, Jan.-Mai. (ad 24.3) (1. Abschrift), fol. 3r. (Sender-Chronik: 374)

⑥ StAA, Litslg, Nachtrag I, Nr. 14, fol. 9v – 10r; in Auseinandersetzung mit: Litslg, 1534, Jan.-Mai. (ad 24.3) (1. Abschrift), fol. 3v. (Sender-Chronik: 375)

题，不可能自己独自解决，并全身而退。①

（13）主教的回复中还提到了精神信仰与皇帝的法律权利，其中禁止了独自进行宗教会议决议。②

（14）宗教会谈只有一些牧师参与，这样的结果不会得到基督教权威的承认；主教所声明的意见会得到支持，因为这会是一次尝试走特殊路径的失败教训，之前奥格斯堡帝国议会上四城协议作为一个负面例子仍然历历在目。③

（15）毫无疑问，允许牧师在城市中自由布道将会对城市的和平大有助益，在其他城市中这样的城市规定已经公布出来了。④

（16）在请皇帝或者国王做宗教会谈的仲裁之前，必须要警告市议会，这样只会引来其他有实力的帝国地区的不满。⑤

鲍丁格的这份评议书可以说非常细致，由此也可以看出他更加强调主教与市议会的对立立场。他对主教的说辞的一些评论也有诸多推测揣摩之意，一些论据被他揭露为假论据，对此再加上自己的观点。从中可以看出他希望市议会能够遵守皇帝的权威，并列举了15世纪和16世纪初发生的几个例子，希望市议会能够引以为戒。⑥ 此外他也警告并否定了市议会擅自行动的想法，也引用了巴伐利亚大臣雷昂哈德·冯·埃克（Leonhard von Eck），纽伦堡市议员克莱斯（Kress）以及奥格斯堡主教基于《新约》的一些说辞。⑦ 由此我们可以看出鲍丁格相对保守的立场和态度。⑧

---

① StAA, Litslg, Nachtrag I, Nr. 14, fol. 10r; in Auseinandersetzung mit: Litslg, 1534, Jan.-Mai. (ad 24.3) (1. Abschrift), fol. 4r. (Sender-Chronik: 375)

② StAA, Litslg, Nachtrag I, Nr. 14, fol. 10r/v; in Auseinandersetzung mit: Litslg, 1534, Jan.-Mai. (ad 24.3) (1. Abschrift), fol. 4r/v. (Sender-Chronik: 375f)

③ StAA, Litslg, Nachtrag I, Nr. 14, fol. 11r; in Auseinandersetzung mit: Litslg, 1534, Jan.-Mai. (ad 24.3) (1. Abschrift), fol. 4v – 5r. (Sender-Chronik: 376)

④ StAA, Litslg, Nachtrag I, Nr. 14, fol. 11r; in Auseinandersetzung mit: Litslg, 1534, Jan.-Mai. (ad 24.3) (1. Abschrift), fol. 5r. (Sender-Chronik: 376f)

⑤ StAA, Litslg, Nachtrag I, Nr. 14, fol. 11v; in Auseinandersetzung mit: Litslg, 1534, Jan.-Mai. (ad 24.3) (1. Abschrift), fol. 5r/v. (Sender-Chronik: 377)

⑥ StAA, Litslg, Nachtrag I, Nr. 14, fol. 12r.

⑦ 有关Eck的可参见1534年3月24日的信件；有关Kress的可参见3月16日的记录。StAA, Litslg, Nachtrag I, Nr. 14, fol. 12r – 15r.

⑧ 可参见前文第8—14、16点。这份评议书是鲍丁格最后一份工作。随着他的接替者Johann Hagk的上台，标志着市议会将专业的律师纳入最高宗教政治决策的队伍中来，这一点在过去的几年中已经有了开端。原则上，所有的市议会律师都应该为城市的政策尽心尽力，忠心不贰。因此，领导阶层也对这些律师们寄予厚望。可参见史料：（转下页）

四 宗教会谈计划与和谈努力的失败

尽管有鲍丁格的迟疑态度，但是奥格斯堡市议会想举行一场宗教会谈的想法已经箭在弦上，不得不发。① 鲍丁格在他的评议书中列举了近些年召开的所有的大大小小的宗教会谈：② 1519 年的莱比锡宗教会谈、1523 年苏黎世的宗教会谈、1526 年巴登（Baden im Aargau），1528 年伯尔尼，以及 1530 年奥格斯堡帝国议会。③ 莱比锡的会谈是依据中世纪的学术讨论模式，奥格斯堡的会谈是按照帝国议会程序的讨论，④ 因此只有苏黎世、巴登以及伯尔尼的会谈与此次奥格斯堡的会谈可以相提并论。但是奥格斯堡的会谈是要根据茨温利的模式进行吗？⑤ 1533 年 1 月奥格斯堡牧师们上书的时候就已经明确表达了召开宗教会谈的想法，⑥ 并且这些牧师们都是布

（接上页）StAA, Ratsbücher, Nr. 16, fol. 95r（ad 18. 7. 1534）: "uff 18 tag Julij anno xxxiiij hat ain erber rat die erkanntnus das hinfuro die doctors, so sie in Rath mit ire ratschlegen gehort werden, von stund an außtreten und nit bei der umbfrag sein, nochbleiben sollen, widerumb erneuert, und von Newe erkennt"; StAA, Geh. Ratsbücher, Nr. 6, （pad 228） Actum 17. tag Decembris/Hanns Riblinger [wohl nicht der "Doctor Johann Rehlinger"!] pleibt darussen/Doctor Hael sei Rö. Kai. Und Kn. Mt. Rat vor lanngst gewesen/Doctor Peutinger: Er sei Rö. Kay. Mt. Rat unnd sonnst niemant verpflicht, dann ainmen Rat alhie/Doctor Ulstat: Er hat kain diennst gelt von niemants etc. / （pag. 229）（Doctores:）Uff disen tag ist den hiervorgemelt doctor angesagt, unnd beuolhen worden, das sie hinfuro von ainichem herrn, one ains Erbern Rats wissen und willen, ainichen diennst annemen, noch sich mit pflichten einlassen sollen noch wollen". 这个材料虽然是 1541 年的，但是也是从 1530 年以后逐渐影响产生的。可参见 Roth, Reformationsgeschichte III, 57, Anm. 42。

① 基本上是基于当前的有关帝国城市的宗教改革对话研究之观点：Dingel, Art, Religionsgespräche IV, bes. 656ff。

② StAA, Litslg, Nachtrag I, Nr. 14, fol. 10r: "…, wo ain gespreche gehalten und die predicanten sich nit verainigten, was verfall daruas zu letzt volgen wurde, bennen die geschicken der disputation zu leipzig, Zurch, Baden, Bern, des gleichen alhie auf gehalten reichstag…"; weoiter unten in Peutinger-Gutachten kommen noch Marburg und Straßburg ohne nähere Ausführungen zur Sprache. (fol. 11v)

③ StAA, Litslg, 1534, Nachtrag I, Nr. 8, fol. 1r/v; Sender-Chronik, S. 351.

④ Zürich: Bernd Moeller, Disputationen I 275 – 325; Baden: Bernd Moeller, Disputationen II, 272 – 283; Bern: Disputation II 289 – 302; Hollerbach, Religionsgespräch, 35ff.

⑤ Moeller, Disputationen II, S. 335 – 339.

⑥ "Daz aber ir leer und verwendeter gotdienst wider got und sein heiliges wort sey, wissen wir mit der hilf gottes aus hailiger schrift beyzeberingen und zuerweisen, wie wir und selbs gegen dem prediger zu unser frauen erstmalen schriftlich und auch nachmals mit gegenwirtiger haimsuechung erboten und begert haben, aber weder schriftlich noch muntlich antwurt, verhör oder zulassung erlangt, das er villeicht im bewusst, dieweil er das liecht also scheuchet, wie sein leer und der ganz lesterlich handel mit gotlciher schrift nit mag vertedigt oder erhakten, sonder leichtlich（转下页）

策派别的追随者。① 几个月后，在 22 条论点中包含的支持或者反对宗教改革的呼声在奥格斯堡又掀起了讨论宗教会谈的高潮，穆氏（Musculus）牧师的论点在其中影响很大。② 这样，原本郎瑙尔（Langnauer）基本上已经确定下来的观点，再次被拿来进行新一轮的讨论。这样 1534 年年初有关宗教会谈的讨论协议如下：

《圣经》将作为（权威的）仲裁员的比较与衡量标尺。③

（1）双方应该安排同等数量的牧师参与辩论。圣经将作为衡量标尺，统一的意愿将通过辩论人员的良好意愿以及圣灵的引导达成。不设置主办人这一席位，以便促成一次纯粹的"牧师会谈"。④ 依然以还未举行的大公宗教会议为最终的有效决议。⑤

（2）对辩论双方的观点的比较能否成功进行的疑虑，可以通过

（接上页）überwunden und umbgestossen werden, weliches wir auch zethun, so es euer e. w. von uns erforderte, urbittig sind, und was wir bisher gepredigt und gelert, aus hailiger schrift zuerhalten, schützen und schürmen", StAA, EWA-Akten, Nr. 487, fol. 2v; Wolfart, Reformation, 129, Beilage I. ; Moeller, Disputationen II, 336 中也提到了这点，但是没有明确说这是首次提出宗教会谈。

① Moeller, Disputationen II, 351f, S. 218 – 226.
② Wolfgang Musculus, 参见前文 22 点中的第 4 点。
③ Rat an Bischof/Domkapitel 13. 3. 1533; daruaf folgend: Bischof/Domkapitel an Rat: "… die [artickel] mit guttem grund biblische schrift und dem wort gottes zu verandtwurten, wa wir uns zuvor ains richters, der uns nach der verh; re und disputation, welcher seine sach fug und das wort gottes recht verstend und interpretierte, entschiden solte, vergleichen wurden", Sender-Chronik, 351.
④ Sender-Chronik, 351.
⑤ Rat an Bischof/Domkapitel 6. 3. 1534: "… das e. g. und gunsten und unserer herrn, ains erbaren rats, predicanten in gleicher anzall [in] cristenlicher bescheidenhait, bruderlicher lieb und höchster begrid des fridens und der ainigkait zusamenkomen, die strittigen, zwispaltgen artickel der religion unverzogenlich für die hand nemen und dieselbigen durch die hailige, götlich, unfellig gschrifft mit vorgeender andechtiger anrieffung der gnad des hailigen gaists und rechts, laut-teren verstands erwegen und erürteten, also hierin ainander cristenlich, brüderlich und fridlich erinnern, berichten und weisen sollen, daraus sich alsdann mit der gnad gottes grundlich, ain-heliglich und unzweiffenlich erfinden [ließ], was got dem almechtigen gefeelig oder misfellig, was auch der seelen hail fürderlich oder verhinderlich ist, und das fürohin bis auff das vil vertröst frei, gemein, cristenlich concilium oder ain national oder anderen besundere cristenliche versamlung und erorterung zu predigen und zu leren sein wirdt", Sender-Chronik, 370. ; Peutinger-Gutachten: StAA, Litslg, 1534, Nachtrag I, Nr. 14, fol. 9v – 10r.

第四章　多元力量的博弈：改革决议与实践(1530—1537)　229

邀请一位来自传统信仰阵营的权威来担任仲裁员，来解除。①

（3）宗教会谈的举行地点应在迪灵艮，主教可以作为帝国公爵，而不是作为教会裁判出席；辩论双方应该有公证人；在协商取得一致意见之后，可以从双方阵营中提名听会者。②

（4）主教应该在如果没有达成有效统一意见的情况下，在最终的大公宗教会议决定出来之前，先行做出一个决定，以来安抚下面各派；双方争议的辩论点应该提前拟好。③

---

① Bischof/Domkapitel an Rat 24.3.1534："Wir haben aber zum ersten kain hoffnung, daß solich vergleichung geschehe und setzen in kain zweiffel, eure predicaten haben es für unmiglich, sei der mainung auch nit von inen angesehen, und auch ainem erbaren rat eingebildet; dan noch unerhört, daß sich die predicanten und lerer in ainer ywispaltung je selbs allein vergelichen" Sender-Chronik, 374; "Zum andern ist kainswegs zuversichtlich oder zu gedincken, daß sie sich on ain schildrichter vergleichen…. ob nun gesagt werden wolt, daß gots wort solt zwischen inen richter sein, welches gots wort kain richter leiden möchte, zeigen wir an: über das gotswort begert man nit zu richten, aber über die auslegung und mancherei verstand der prediger ist ain richter ze haben, und sover gesagt wurde, das gotswort werde auch des mißverstands der prediger richter sein das haist und ist circuitus…, in summa, es muß je zuletzt ain richter da sein, der den streit und mißverstand entledige", Sender-Chronik, 375; "so seinen wir, ain capitel, erpüttig, sampt euch die predicanten, beider strits für den hochwirdigen fürtsen, unsern ge. Herrn von Augspurg, zu weisen, vor dem sie als ordinario, gnugsam vergailt, ain frei gesprech und disputacion halten, und vor irer f. g. durch das wort gottes ain vergleichung erfolge. Ob aber sie oder ir ab unsern gn. Herrn schuchen tragen, migen wir leiden, daß solichs vor unserem gn. Herr, den bischoffen zu Freysing oder Aichstet, oder vor den nechsten universiteten Ingolstat, Tübingen oder Freiburg und zuvordest vor der ro. Kai. Od. kn. Mt. Oder unsern ge. Herrn hertzog WIlhalmen und hertzog Ludwigen in Bayren etc. bescheche", Sender-Chronik, 377.

② Langnauer-Gutachten, StAA, Litslg, 1534, Nachtrag I, Nr. 23, fol. 3v – 4v (6v – 7v); Rat an Bischof/Domkapitel 24.4.1534: "So bitten unsere herrn und wir underthenigklich und dientslichs vleiß, daß e. g. und gunsten die anzall irer prediger, desgleichen ain unverlengten geruapten tag zu dem gespech bestimen und denen erenstlich bevelchen wellen, [vor] hochgedachten unsern gn. Herrn von Augspurg als aineme cristenlichen fürsten (doch nit als ordinario) zu Dillingen zu erscheinen… damit dann in solhem gesprech zu kainer zeit anicher missverstandt fürall, so gedincken unsere herrn ain merckliche und unvermeidenliche notturfft sein, daß e. f. g. und gunsten ainen notari, desgleichen unsere herrn auch ain besunderen notari zu dem gesprech setzen… ob dann e. f. g. und gumsten geliebt were, zu dem gesprech etlcih beisitzer, darzu neben iren predicanten etlich beistandt niderzusetzen oder dabeizuhaben, so bitten unsere herrn, sie der anyall derselbigen irer beisitzer und beistendt ity also die glaichait gehalten werden mög", Sender-Chronik, 380f.

③ Bischof/Domkapitel an Rat 9.5.1534: "… dann on das [= eine bischöfliche Entscheidung] wurde …alle handlung nit allein vergebenlich, sunder auch zu gewisser mer unru, widerwertigkait und allen unfriden zum höchsten dienlich, das wir euch und uns zu verhietten und schuldig erkennen, were auch nit anderst, dann so sich ainer erbüt auff ain richter, der kainen (转下页)

根据"茨温利派辩论"的前例,[①] 此次奥格斯堡的宗教会谈只有很少部分与其相像。最明显的是,奥格斯堡市议会在这次会谈中既未扮演举办者、也未扮演仲裁的角色。如果人们质疑这次宗教会谈的严肃性,以及怀疑市议会与主教之间的信件往来多是外交上的推脱辞令,就会很容易得出结论,奥格斯堡的这次宗教会谈计划与苏黎世相比不是无懈可击的,也不能将之划在苏黎世茨温利派范畴之内。最重要的是,在会谈结果出来之前,政治态度已经先行摆在那里了。此外,即使是在举办地点以及公开度方面来看,也远不及苏黎世的例子。苏黎世的会谈地点既未选在主教所在地,会谈过程也是公开于全部民众的。[②] 整个决定尽管不符合最初会谈设想,但市议会仍然接受了。[③] 很多主教方面的条件对于市议会是不可接受的(例如前文第五点),这些被市议会看来是拒绝会谈的条件最后为1534年7月市议会提供了法律基础和立场。[④]

根据前述郎瑙尔(Langnauer)和鲍丁格的评论以及建议,最后市议会综合了要向主教表达的意见。[⑤] 在对待奥格斯堡主教的历史角色问题上,市议会采取了鲍丁格的意见,但是在表达方式上主要是根据郎瑙尔的意见。[⑥]

(接上页)ertschidt, erkantnus noch urtail geben solt. Zu dem so were in disen machnerlei unzelichen neuerungen vor allen dingen not, dass die strittigen disputierenden artickel der religion, und darinnen zu versechen und darnach mit weitter unverweislicher andtwurt und sunst zu richten haben, uns zugestellt wurden", Sender-Chronik, 383.

① Moeller, Disputationen II, 215.
② Moeller, Disputationen II, 356f. 361f.
③ Peutinger-Gutachten, StAA, Litslg, 1534, Nachtrag I, Nr. 14, fol. 10r.: "dweil ich aber bey meinen kleinfügigen versandt, nit anders befinden noch bedencken khan, das dise zeit kheins wegks in ains erbaren rats gelegenheit, noch thün sein mag, sich in sonder in solhs disputation einzülassen, und auch am hochsten, dweil die (selben sachen nit allein) ain erbaren rhat und gemeine stat sonder auch teutsch nation, und woll die gantze christenheit berurt, dan wie ich vor gemeldt hab, ainem stein der nit zü erheben ist, ainem allein zuerheben unmoglich, woll mag sich ain sonder persn oder ain sonder commun, in solchem understeen (was zü erheben unmoglich sich damit) in gross beschwenus sorgfaltigkeit angest und not zübringen"; StAA, Litslg, 1534, Nachtrag I, Nr. 14, fol. 3r.: "Desgleichen auch aus der ursach, das ain Erber Rat als der heiligen gottlichen schrift grundtlich unerfaren, ungeubt, unnd also der ding nit so gar gruntlich wissent ist, das er, was den cristenlichen glauben allenthalebn berurt, darinn ains vor dem andern, was man derhalben dieputirren mecht, welches unnder demselben das rechter unnd gegrundter were, nit erkennen, entschaiden, noch etwas gewiß unnd rechts oder grundtlcihs ordnen möchte."
④ Moeller, Disputationen II, S. 339; Hoellerbach, Religionsgespraech, S. 96f.
⑤ StAA, Litslg, 1534, Jan.-Mai (ad24.4).; Wolfart, Reformation, S. 97–99.
⑥ Wolfart, Reformation, S. 99f.

第四章 多元力量的博弈:改革决议与实践(1530—1537) 231

这样,在 1534 年 4 月 24 日,市议会起草了第三份文件,表达了市议会在宗教会谈上的意见。① 文本中省略了之前鲍丁格的详尽分析,主要列上了郎瑙尔的意见。②

1534 年 4 月 24 日,最终的文本由乌里希·海灵格、邱·塞茨、西姆布莱希特·豪泽、康哈德·黑尔(Konrad Hel)以及两位市长,作为市议会代表团提交给了主教。这份文本强调了奥格斯堡市议会的和平意愿,表达了市议会愿意在主教府邸迪灵艮举办宗教会谈,时间也随主教意愿,并按照要求做记录公证。③

在同一天,主教的使者也早已在等待市议会的答复,并且他们建议,将这份市议会的文件秘密交给巴伐利亚的大臣艾克(Eck)手中一份,这个人可以起到威慑主教和市议会在会谈期间不做任何不合法动作的作用。如果这份威慑作用失败了,巴伐利亚公爵就会参与进来,将会谈地点转移到巴伐利亚州大学英格斯塔特。此外,应邀请一位来自国王宫廷的新教人员与奥格斯堡市议会共同参会。

从以上的内容可以看出来,无论是市议会想举办宗教会谈的意愿,还是私下里的一些外交举措,都说明了主教以及主教咨议会在这方面的被动。市议会一直期待通过会谈可以解决城市内部的矛盾和冲突问题,为此也做出了很多努力和推动。对于市议会的此次信函,1534 年 5 月 9 日,主教和主教咨议会方面给出了答复。④ 这次答复第一次提出了放弃这个会谈的建议,如果不能接受这一建议,那么会谈只能在这两个前提条件下举行:或者是在共同承认法律以及上帝的律法的基础上进行,或者是在未来的大公会议上找一位主教进行有效的仲裁决议。

这两个条件对于市议会来说自然是不可接受的,这样市议会与主教和主教咨议会之间的书面宗教谈判商谈就此告一段落。在此过程中被卷入的主教、主教咨议会,以及巴伐利亚公爵、斐迪南国王以及皇帝查理五世,很快做出了反应,根本上他们就是反对市议会的宗教改革计划的。市议会此时,在和谈的努力失败后,只能进一步考虑如何应对城市内部市民宗教改革的呼声了。

---

① StAA, Litslg, 1534, Jan.-Mai (ad24.4).; Sender-Chronik, 379 – 382; Wolfart, Reformation, 100f.; Roth, Reformationsgeschichte II, 159f.; Broadhead, Politics, S.338f.
② StAA, Litslg, 1534, Nachtrag I, Nr. 23, fol. 3r (1v).
③ Roth, Reformationsgeschichte II, 173f, S. 160f.
④ Sender-Chronik, S. 382f.; Wolfart, Reformation, S. 101f.; Roth, Reformationsgeschichte II, S. 161f.

第八节　1534 年与 1537 年的改革实践

一　世俗权威渐次掌控教会：市议会颁布的改革政令内容诠释

市议会与主教举行宗教会谈谈判失败之后，城中的牧师以及行会的领导阶层开始担心，小议会所代表的城市权威阶层会保持现状，改革的努力就此付诸东流。[1] 民众们似乎已经习惯了这种长长久久的等待与拖延，并无过激的反应，因此，牧师们和行会的中坚力量决定要鼓动起民众的情绪。与此同时，市议会还在等待直接威胁到城市的未来政治走向的乌腾堡（Württemberg）方面的权力争斗结果。[2] 1534 年 6 月，乌里希公爵军事胜利，领导了乌腾堡的宗教改革。因此，奥格斯堡市议会也受到了鼓舞，考虑根据民意进行宗教改革。

1534 年 7 月 7 日，小议会终于决定，与大议会共同商议行动。[3] 在做这个决定的时候，市长殷浩富恰好在纽伦堡停留（从 6 月 25 日起），市议会写信给他，请他即刻返回奥格斯堡。[4] 根据城市中的改革呼声，改革已经迫在眉睫，于是市议会在几个月前的计划草案基础上制订了一份改革计划。[5]

---

[1]　Wolfart, Reformation, S. 103f; Roth, Reformationsgeschichte II, S. 162 – 164; Broadhead, Politics, S. 344.

[2]　Roth, Reformationsgeschichte II, S. 161 – 163; Broadhead, Politics, S. 343; 更多细节也可以参见 Brecht/Ehmer, Reformationsgeschichte, S. 195 – 202; Press, Epochenjahr, S. 203 – 234。

[3]　Wolfart, Reformation, 104f; Roth, Reformationsgeschichte II, S. 164.

[4]　StAA, Litslg, 1534, Juni-Sept. (ad7.7); Wolfart, Reformation, 153f., Beilage XIII, 105; Roth, Reformationsgeschichte II, 165, 172, Anm. 71; Broadhead, Politics, 344f.

[5]　StAA, Litslg, 1534, Juni-Sept. (ad7.7): "…das von vilen ratgeben gemelt worden ist, das der gemein mann der religion halben etwo murmul, und besonder etlich zunftgenossen bey den zunftmasitern emsig anhalten. So dann über das in dem erbarn grosen rat gehandelt und beschlossen worden ist und über sölh emsig anhalten noch stillgestanden werden solt, dardurch auch unsere predicanten mit iren predigen stillzusteen verursacht werden, was alsdann uss solhem stillstand under unser frommen gemaind für ain unrat und zerrüttung etwo leichtlich und unversehenlich entspringen möcht, sein wir nit allain zufürtrachten, sonder auch als vil muglich zuverhüten schuldig. Das wir aber unser erachtens nit füglicher noch gewisser und bestendiger, dann durch schleinige handlung und fürgang des beschluss der religion halben, durch ain erbarn grossen rat mit dem merern gemacht, fürkommen mögen. Demnach wir heut abermaln mit dem merern beschlossen haben, das wir in solhen sachen lenger nit stillsteen, sonder wie sich ains rats vorgethunem beschluss gemes gepürt, fürfaren werden. Darzu wir e. f. als unsers geschwornen burgermaisters, one den wir in sölher hochwichtiger sachen nit entlich handeln sollen noch werden, zum höchsten nottürfig sein"; Wolfart, Reformation, 153f., Beilage XIII.

第四章 多元力量的博弈:改革决议与实践(1530—1537) 233

7月9日,殷浩富回到奥格斯堡。第二天,也就是7月10日就召开了大议会,准备做决定。市议会考虑到奥格斯堡内部的分裂,认为只有顺应民意,进行大众宗教改革,而殷浩富由于作为市长之前的决策,并不受民众和改革派认可,被称为"教皇派"(Papaisten)的他,为了避免节外生枝,决议期间他故意离开城市。①

尽管殷浩富作为市长按时出席了最后的大会,但是大议会最后的决定还是推迟了两天,7月22日,又召开了好几个小时的会议,小议会请大议会批准,将主教及其附属教堂划出宗教改革范围,最后大议会中有四分之三的人通过了宗教改革以及这一决策。② 这样,1534年夏,市议会最终决定了进行全城范围内的宗教改革,民众的意愿最终得到了实现。可以看出这个决策主要还是小议会作为城市的最高权威阶层发挥主导作用的。③ 七天后,市议会正式发布了政令。④

市议会颁布的政令⑤以大家感同身受的城市内部长期教派分裂的局面

---

① 殷浩富是行会市长,沃尔夫·海灵格是贵族市长,上一任的市长分别是邱·塞茨和乌里希·海灵格。编年史记录员 Georg Preu 记录到,殷浩富没有在说好的时间回来。"Item adj. 25 Junii ist der burgermeister Imhoff gen Nürnberg geritten. Da hat man wöllen mit den geistlichen handlen, also hat er die drei burgermeister betten; haben sie gesagt, sie wollens ainem rath anzaigen; hat er gesagt, er wolle hinweckreiten, er woll dannest nit dabei sin und nichts darzu helfen, wann er hat miet und gab von pfaffen eingenomen. Urteil ein jetlicher uber das pochwerck, was ein burgermeister schwert!" Preu-Chronik, S. 60。

② Sender-Chronik, 383f. (= Kastner, Quellen, 192f.); Wolfart, Reformation, 106; Roth, Reformationsgeschichte II, 175; Broadhead, Politics, S. 345f.

③ 在城市决策过程中,小议会的作用是核心的,大议会能起到的作用相对有限,具体可参见前文有关市政体制的介绍。

④ WLBS, Cod, hist. 2°, 161, fol. (265r): "Wie die von Augspurg Ainheilig predig Auffrichtetten, 1534 am Mittwoch vor Jocobj hielt man ainen grossen Ratt von wegen. Das wol bey 10 jaren her oder lenger merlaj predig fürhang was als Euangelisch, Bäbstisch, und ettwa merlaj gattung das alles sich nit wol mer erleiden mocht und zu beßten End geraicht. Da ward beschlossen Im Rat durch 175 stim ungeuar, daß man all predig ausserhalb meine herrn auffgestellte predicanten abstellten solt so lang piß die pfaffen Ire leer gegen unsern predicanten mit hailiger schrift bewerten wellichs auch vormals gütliche an die paffen angesinnen aber sie wollten der kains eingen darumb ain ratt verursacht worden zu handlen wie obsteet alle messen ausserhalb 8 kirchen im Tom, S. Ulrich, S. Moritz, S. Jörg, Zum Creutz, S. Peter, S. Steffan und S. Ursula die andern messen warden all abthon."

⑤ StAA, Litslg, 1534, Juni-Sept. (ad29.7); Nachtrag 1532 – 1536 (ad. Dez. 34, als Beilage); EWA-Akten, Nr. 486; Reichsstadt, Ratserlasse 1507 – 1599 (ad. 29. 7. 34) (Kopie); SStBA, 2°, Aug. 9 Anschläge, 1. Abt, S. 75; 2° S, Anschläge, 20; Moderne Drucke: Sender-Chronik, 389 – 391 (= Kastner, Quellen 194 – 196, Nr. 59); Sehling, Kirchenordnungen XII/2, 44f. 相关内容也可参见 Wolfart, Reformation, 107; Roth, Reformationsgeschichte II, 175 – 178; Broadhead, Politics, 345 – 347。

开场,① 宗教生活的多样性造成了对民众社会、世俗生活的负面影响,小议会也担心这会动摇城市的在贸易和金融方面的地位,这一问题成为城市的难题,② 基于这样的现状,市议会不得不采取一系列措施,并列举了具体的执行措施。③

第一,1534 年 7 月 22 日,大议会以压倒性多数优势通过了禁止在城市中以任何形式进行天主教传教的改革禁令。④ 市议会所聘用的牧师将依照上帝之言《圣经》进行讲道。这一点也间接表明了对主教方面的教士的否定,但也未排除与其进行宗教会谈的可能性,声称对于其他的牧师愿意在基督教框架内以及兄弟之爱的情谊下进行宗教会谈,以便与市议会牧师保持一致。该布道禁令将一直持续到会谈成功进行为止。⑤ 但是,在接下来的句子中又表明了新的宗教生活与帝国层面的大公宗教会议紧密相连。⑥ 这样就又拉回到了帝国法律层面,⑦ 这也是奥格斯堡自 1534 年 7 月开始宗教改革最具有争议性的要点所在。

第二,同时宣布只有八所教堂可以保留天主教的礼拜仪式,即主教名下的以及大主教教堂名下的八所教堂。⑧ 即大主教教堂、圣莫里茨教堂⑨、

---

① 根据史料记载是"十年,甚至更长"。可参见 WLBS, Cod, hist. 2°, 161, fol. 265。
② "dabei allerei weileuffigkait, besunder unre under der comun, zerrittung der burgerschaft und zuletzst unwiderspringlich abnemen diser stat zu besorgen gewessen"; Kastner, Quellen 194 – 196, Nr. 59.
③ "so hat gedachter rat, … die spaltung der widerwertigen predigen alhie abgestelt", Vgl. Kastner, Quellen, 194, Nr. 59.
④ 具体的任命是在 1535 年之后以一份表格的形式公布的。
⑤ Preu-Chronik, 61: "Also haben die von Augspurg ain mandate angeschlagen, aus was ursachen sie es thun haben bis auf ein dieputacion, [die sie] mit iren halten wollen, aber sie nit dargewöllt."
⑥ "doch nit anderst noch lenger, dann bis die abgestellten prediger ir leer und predigen warhafft und krecht zesein mit grund der hailige schrifft beweisen und darthon werden…Welche kirchen und capellen bis auff das schierest frei, gemein, cristenlich concilium oder nacional versammlung also verspert pleiben und nit mer anderst dann auf fain cristenliche enderung geöffnet werden sollen. Kastner, Quellen, 194, 195, Nr. 59.
⑦ Speyer Reichsabschied von 1526: Kastner, Quellen, 493f., Nr. 154; Augsburg Reichsabschied von 1530: Kastner, Quellen, 503f., Nr. 158; Nürnberger Anstand: RTA J. R. X'3, 1521, Nr. 557; Regensburger Mandat von 3. 8. 1532: RTA J. R. X'3, 1526, Nr. 559.
⑧ Sender, S. 383 – 391; Wolfart, Reformation, S. 106f; Roth 2, S. 175f., Zoepf 2, S. 112.
⑨ 圣莫里茨是主教建立的教堂。从 1518 年开始,Jakob Fugger 对圣莫里茨进行资助,从而获得了该教堂安排神父的权利。

第四章　多元力量的博弈：改革决议与实践(1530—1537)　235

圣乌里希教堂、① 圣乔治教堂②、圣十字教堂③、圣斯蒂芬教堂④以及圣彼得教堂⑤和圣乌苏拉教堂。⑥ 所有其他的大小教堂都将置于市议会的监督和管辖范围之内。圣凯瑟琳娜教堂仍处在皇帝保护之下，可以根据自身意愿尊重主教的规范并且享受世俗权威的保护。⑦

第三，此外，各个堂区所属的布道堂正式移交给新教派，布道堂不允许再举行传统弥撒仪式。八所仍属于天主教的教堂必须将他们所有的早弥撒圣坛（Frühmessaltar）和相关仪具（Ausstattungen）上交给堂区管理处，大主教教堂⑧、圣莫里茨教堂、⑨ 圣乔治教堂⑩、圣斯蒂芬教堂⑪和圣乌里希教堂⑫都照此执行了。原来在堂区财务管理处控制的财产现在已经转交到市议会掌控之下，用于遵循上帝的教导帮助穷人，堂区长被要求也不需要再去销售礼拜器具的方式，来资助贫苦大众了。⑬ 为此，1522 年的城市救济金结构改革可以说早已为之打下了基础。这样，市议会就从已经存在百年已久的堂区管理处手中，夺去了他们在世俗世界以及精神世界中的重要中间人角色，自己承担起了对于城墙内部的教会事务的全部责任——包括所有的权利，以及堂区管理处曾经欠下的不多的债务。市议会也自己承担起了安排新牧师，⑭ 建立布道秩序的责任。⑮

---

① 主教所属的教堂，一直到 1577 年。位于圣乌里希和阿芙拉的修道院的旁边。
② 主教建立的教堂，和大主教教堂同一时期。
③ 主教建立的教堂，教堂布道士与修道院（Chorherrstift）有合作。
④ 受主教和高级修道院（Hochstift）管辖。
⑤ 与高级修道院（Hochstift）合作的，主教来确定教堂的布道士。
⑥ 受主教和高级修道院（Hochstift）管辖。
⑦ WLBS, Cod, hist. 2°, 161, fol. (265r): "Da ward beschlossen Im Rat durch 175 stim ungeuar, daß … alle messen ausserhalb 8 kirchen im Tom, S. Ulrich, S. Moritz, S. Jörg, Zum Creutz, S. Peter, S. Steffan und S. Ursula die andern messen warden all abthon."
⑧ 大主教教堂 7 月 25 日将早弥撒圣坛关闭，撤除上面的装饰，由约翰内斯教堂扣押。可参见 Sender, S. 388。
⑨ Bistumarchiv Augsburg, Ms. Placius Braun, Klöster in Augsburg, St. Moritz, 35 - 37, 1533 年 Zechpfleger 已经占据了这座教堂的主导权，可参见 Wolfart, Reformation, S. 30。
⑩ Bistumarchiv Augsburg, Ms. Placius Braun, Klöster in Augsburg, St. Georg, 11 - 12.
⑪ Bistumarchiv Augsburg, Ms. Placius Braun, Klöster in Augsburg, St. Stephan, 18.
⑫ 1534 年 8 月 1 日 zechpfleger 关闭早弥撒圣坛，并且出售圣坛装饰，可参见 Sender, S388f; Wolfart, Reformation, S. 109f。
⑬ Sender, S. 390.
⑭ Stadtarchiv Augsburg, Ev. Wensensarchiv, Urkunde 264, 18, Maerz 1535.
⑮ Wolfart, Reformation, S. 43.

第四，对于市民，市议会保证了将依据上帝之言《圣经》进行改革和布道，① 并且允许民众参加各个教堂举办的宗教仪式和庆典。

第五，对于修道院的修士和修女，市议会与其领导人已经商量好，既不阻止他们去听取城市中的新教布道，也不强迫他们去。市议会也在政令中长篇累牍地解释了进行这些决策的原因，并且要求民众服从，不允许有暴乱或者反抗，和其他的规定一样，最后也加上了一系列的惩罚措施。②

实际上，从1534年9月29日开始，就产生了很多对于城市的宗教政治政策关键点的一些讨论。例如从16世纪20年代开始市议会努力作为城市的世俗权威构建起管辖范围内的教会秩序的事情，市议会提倡的将上帝的律法应用于实践中去，对上帝的荣誉的尊崇被提到一个新的层面。然而实际上情况远不是那么简单，市议会处在一个构建自身权威的过程当中，例如对再洗礼派的打压，维持城市内部和平以及稳定的努力，对救济金事业的扶持，以及1530年以后努力推行宗教改革等，将自身权威置于教会事务之上等。再比如1530年帝国议会之后对皇帝的拒绝，同时又再三强调对于皇帝权威的忠诚，但是在此基础上又要求在城市自身宗教问题上的自由空间，直到1534年正式决定颁布改革措施。③

有关这一决策的出炉过程，前文对22条论点的讨论已经足够丰富，④ 但最后1534年的决策仍是根据奥格斯堡的实际情况做了调整的。⑤ 然而宗教会谈的失败，⑥ 使得奥格斯堡的世俗权威终究没有完全涵盖传统信仰

---

① "so hat gedachter rat als ain christenliche oberkait vnd gottes dienerin, die nichts anders dan daß der nam gottes groß gemacht und sein göttlich reich durch das hailig evangelium täglich gemert werde, begert, zu schuldiger fuderung und erhaltung der gesunden leer, geliebten frids und loblicher ainigkait irer von got bevolchner underthanen, hingen zu verhiettung weiterer zwitrachten, nachtails und verderblicher zersterung der gemaind Cristi die spaltung der widerwertigen predigen alhie abgestelt." Kastner, Quellen, 194, Nr. 59.

② "zuvorderst got, unsern hailand, zu lob und eer, den cristenmenschen zu trost und hail irer seelen, auch allen und jeden gaistlcihen und weltlichen burgern und inwonnern diser stat zu bestendigem frid, merer ru und zunemender ainigkait", Kastner, Quellen, 194, Nr. 59.

③ "hat ain erbarer rat mit den prelate und obern derselbige betrieten und gefangenen menschen erenstlich handeln laussen, daß denen fürohin der zugang zu der verkündigung und auslegung der leer Cristi nit gespert, noch sie in iren gewissen lenger beschwert, sunder inen wie andern cristen die freihait des gaists und innerlichen menschen bevorsteen sol", Kastner, Quellen, 195, Nr. 59.

④ 如前文表格4-2，第22点。

⑤ 如前文表格4-2，第6、10、11、17、19、21、22点。

⑥ 如前文表格4-2，第22、4点。

派别,① 只是根据民意进行了这一场"民众宗教改革",而这样的局面也必将受到主教权利的种种局限。② 市议会颁布的布道禁令中所提到的不确定的时限,主要也是因为市议会与传统教派长期的谈判的结果,能够达到的程度仅是如此。③ 就 1534 年 7 月的这个改革内容来看,无论是时机还是内容都是根据现有的城市内外政治环境进行的有限的部分性的改革,④ 而两年半以后 1537 年的全面宗教改革在当时还是不可想象的,到了那个时候,市议会作为世俗权威才能够完全地管控城市的教会生活。

二 兵不血刃的胜利:改革政令的执行

1534 年 7 月 29 日的政令是在大议会和小议会做出决定后 7 天后颁布的。然而直到 8 月 1 日和 2 日才在公共建筑上张贴全文。⑤ 在此期间,市议会做了各项准备,以应对突发状况。⑥

为此,7 月 23 日清早市议会首先召集了一个代表团到主教咨议会,⑦ 宣布市议会这一决议。代表团的发言人就是老市长乌里希·海灵格和邱·塞茨,还有之前的市议会顾问康哈德·黑尔。在短暂的开场白之后,发言人提出了在市议会和主教以及主教咨议会的谈判之后,市议会做出的关于主教和主教咨议会下属教士以及教堂们几点关键决议:⑧ 阿文库鲁斯(Marx Avunculus)博士以及其他的主教咨议会下的教士不允许再在城市中布道,与主教教堂相邻的圣约翰教堂将由市议会派的牧师进行每日布道和宗教仪式;堂区长在执行职务时,不允许妨碍;只要主教咨议会的成员遵守这样的决议,人们必须与之友好相待,弥撒礼拜不

---

① 如前文表格 4-2,第 22 点、1、5、6 点。
② 如前文表格 4-2,第 22 点、12、13、15 点。
③ "die ain rat ditzmals aus sunder beweglichen ursachen unangefochten bleiben", Kastner, Quellen, 195, Nr. 59.
④ 在政令中还提到了统一牧师们的布道和观点,主要指的还是与主教和主教咨议会方面的。"doch nit anderst noch lenger, dann bis die abgestelten prediger ir leer und predigen warhafft und krecht zesein mit grund der hailigen schrifft beweisen und darthon werden", Kastner, Quellen, 194.;"allen und jeden gaistlichen und weltlichen burgern und inwonnern dieser stat", Kastner, Quellen, 195, Nr. 59。
⑤ Sender-Chronik, S. 389;Preu-Chronik, S. 61.
⑥ 此处主要是针对禁止圣乌里希教堂的传统布道以及艾希斯泰特的主教 Leonhard Haller 而言。可参见 Ott. Bericht, S. 217-228。
⑦ Wolfart, Reformation, S. 108;Roth, Reformationsgeschichte II, S. 176-178;Broadhead, Politics, S. 346.
⑧ Sender-Chronik, S. 389(= Kastner, Quellen, 193, Nr. 59)。

再给予限制。① 在之前的谈判中,主教咨议会曾表达过,将口头的协议写到书面上来,根据这个请求,市议会没有采纳黑尔的意见,而是要求更多的顺从,并将之与主教咨议会也不希望打破双方的友好睦邻关系捆绑在一起。② 这样,在这一天结束之时,代表团向之前提到的八个教堂都传达了市议会的决议。③ 此后,市议会敲响城市大钟,召集所有剩下的大小教堂人员,宣告此决议。④ 随后的几天,被市议会委任的堂区长就去各个教堂,将布道坛以及教堂中的属于堂区的物品收走,置于自身管理之下。同样,到八月中旬,其他的修道院也被清除,修道院建筑也被置于市议会管辖之下。⑤

7月22日市议会的这一决议,一步一步地改革举措,一直到8月初,取得了胜利。在这两周内,传统信仰一派几乎毫无招架之力,也许还在期待主教和外部环境的支持能够给他们带来一线生机。相反,圣安娜教堂以及托钵修道院早就成为新教阵营,现在他们也可以正式公开了。⑥ 由于托钵修道院对于方济各妇女修道院的世俗事务的财政资助早在1526年就无法继续,⑦ 因此位于霍布鲁克(Horbruck)的修道院在1533年被卖给了育婴堂(Findelhaus)。⑧ 市议会还打算拆除圣马丁修道院,扩大广场的面

---

① Sender-Chronik, S. 385.: "und wolten inen kain hindernus noch zwancknus thon mit der meßhabung."
② Sender-Chronik, S. 385f.
③ Sender-Chronik, S. 386f.; Ott, Bericht, 226f.
④ Sender-Chronik, 387. 主要指的是圣约翰教堂,这个教堂属于主教咨议会管辖,在执行改革的时候双发产生了一些冲突。"der stat weckleut haben auch in sant Johannescapell die fenster geöffnet und erschlagen, damit da es nit dimpfig sei an der lutherische predig, und haben dem thomstifft dardurch mit gewalt diese carpell entpfremdt und den gemeinen tauff da den neugeboren kinden genommen."(大意是改革的人打开了圣约翰教堂的窗户,并打碎了,这样可以听到他们是否在按照路德的福音布道,并且强行拿走了器具,抱走了要进行洗礼的新生婴儿。)Sender-Chronik, 388(= Kastner, Quellen, 193, Nr. 59). Vgl. SAA, Augsburg-Hochstift: NA-Akten Nr. 5299。
⑤ Sender-Chronik, 388f.(= Kastner, Quellen, 193f, Nr. 59); Wolfart, Reformation, 108 – 111; Roth, Reformationsgeschichte II, 177 – 180, 186 – 192; Broadhead, Politics, 346.
⑥ 1534年10月,最后一位天主教僧侣离开了圣安娜教堂,转到圣十字教堂。可参见Roth II, S. 189。
⑦ Stadtarchiv Augsburg, Best. Reichstadt, Ratsbuch 16, fol. 113v, 8. Okt. 1526.
⑧ 合同是1533年12月22日签订的,该修道院的最后的修女们将修道院即修道院所属的物品、租金、资产以及利息一并卖给了育婴堂(Findelhaus),根据市议会的相关法律,单位为50弗朗克。可参见Bistumarchiv Augsburg, Ms. Placius Braun, Klöster in Augsburg, Horbuck, fol. 2 – 4; Sender, S. 358f。

积，但圣马丁修道院的修女们向市议会请求，将之保留到 1538 年。① 此外，在市政厅的旁边，"仰望星空"（zum Stern）修道院还居住着几位修女。② 然而到 1535 年她们就失去了这个居所。③

最后的一批多米尼克教士，在世俗眼中丑闻最多、最为可恶。④ 随着 1534 年 8 月市议会的禁令发布以及没收了他们的收入与工作之后，悄悄地离开了奥格斯堡。⑤ 跟随他们一起离开城市的还有一些圣玛格丽特修道院的修女⑥以及圣凯瑟琳娜修道院的修女。圣凯瑟琳娜修道院和圣乌苏拉修道院也一直坚守，拒绝关闭修道院，直到 1537 年。⑦

在具体的社区里面是否还有天主教式的生活很难考察到，然而却有消息说尽管有天主教布道禁令，然而城市中依然有一些天主教教士，⑧ 他们偷偷潜回城市，直到 1537 年这些隐藏的天主教教士才被请走。⑨ 这些是最后的一批天主教残余了。

三 三重保守势力的反扑及市议会对改革合法性的辩护

针对奥格斯堡市议会的这项改革大举措，毫无疑问，外部势力如巴伐

---

① 每年的 Pension 是 90 古尔登。可参见 Bistumarchiv Augsburg, Ms. Placius Braun, Klöster in Augsburg, St. Martin, fol. 5rv。
② Bistumarchiv Augsburg, Ms. Placius Braun, Klöster in Augsburg, Maria Stern. fol. 5rv。
③ Stern 修道院的修女们后来在 1576 年又重新获得了一个自己的教堂。可参见 Beda Rauch & Josef Kunstmann, Sernkirche 1576 – 1976. Aus Anlass der 400-Jahr-Feier der Sternkirche, Klosterkirche der Franziskanerinnen von Maria Stern in Augsburg, Augsburg, 1976, Immenkötter, S. 26。
④ RothII, S. 187f, 190f.
⑤ Sender, S. 391f. 1537 年市议会把从很多修道院图书室收集来的图书放到了圣玛格林娜，建立了第一座城市图书馆，后来在圣安娜教堂建立高中之后将之归于名下。可参见 Helmut Gier, Zur Geschichte der Staats-und Stadtbibliothek Augsburg, in Ausstellungkatalog, 450 Jahre Staats-und Stadtbibiliothek Augsburg, Kostabare Handschriften und alter Drucke, Augsburg, 1987, S. 7 – 10。
⑥ 1538 年 9 月 23 日，修道院院长 Barbara 和她的修女姐妹们就把修道院转交给了穷人医院，所属圣灵医院。可参见 Bistumarchiv Augsburg, Ms. Placius Braun, Klöster in Augsburg, St. Margaretha, fol. 4v – 5r。
⑦ 圣凯瑟琳娜教堂是在 1534 年关闭的，然而市议会给了该修道院的修女们一直到 1537 年转变为城市的市民的缓冲时间。可参见 Leonold Hoermann: Erinnerungen an das ehemalige Fauenkloster St. Katharina in Augsburg, in ZHVS 9 (1882), S. 357 – 386, 10 (1883), S. 301 – 344, und 11 (1884), S. 1 – 10. Immenkötter, S. 26。
⑧ 比如布道士 Leonhard Haller 在圣乌里希教堂。可参见 Sender, S. 399f。
⑨ 1538 市议会发现了一名方济各修道士，将之处以 6 个月的监禁惩罚。可参见 Bistumarchiv Augsburg, Ms. Placius Braun, Klöster in Augsburg, Barfuesser fol. 4。

利亚公爵、国王宫廷、皇帝宫廷必然会做出反应,为主教和主教咨议会提供帮助。首当其冲的是巴伐利亚宫廷的大臣雷昂哈德·冯·埃克(Leonhard von Eck),7月22日他写给奥格斯堡市议会一份提醒函,[1] 7月27日,形势改变,他亲自来到了奥格斯堡,以巴伐利亚公爵之名[2]反对改革措施,并提出取消所有举措,直到大公宗教会议召开。[3] 然而,他并没有能力改变眼下的局面,而是被主教方面的人说服留下,亲眼见证这一切。为了防止市民们拿走属于他们的财产以及贵重的礼拜仪器,主教人员清空了奥格斯堡教堂,并将东西运到了主教的驻地迪灵艮。

在埃克(Eck)口头反对无效之后,他们直接派了一个使者向巴伐利亚英格斯塔特报告。这位向威廉公爵派出的使者也带了一份康哈德·黑尔(Konrad Hel)的书面信件,信中说明了,根据现在的形势转变以及保持良好的睦邻关系的意愿,不得不采取宗教改革的原因,[4] 并说明这封信是为了避免产生误解,不应被看做外交上的空话套话。[5]

对于奥格斯堡来说,宗教政策除了外部政治因素与内在的民众因素之外,经济因素也是很重要的一项。奥格斯堡在经济上和天主教邻居们关系紧密,尤其是哈布斯堡家族,他们与很多家奥格斯堡的银行都有借贷关系,这些银行背后都是奥格斯堡的大商人家族,如富格、威尔瑟家族,并且控制着城市的绝大部分国际贸易,换言之他们是奥格斯堡经济发展的主流,所以这些天主教邻居们也是奥格斯堡的城市发展的最大威胁。因此,市议会十分谨慎地禁止在城市中进行天主教布道,是试探性的一步,试探外部环境的反应。天主教邻居们的反应没有令市议会失望,虽然哈布斯堡和维特巴赫(Wittelbach)家族派遣了高级别的使者来与市议会谈判,[6] 但是也并没有到威胁层面。这样,市议会就不用担心来自皇帝和国王以及

---

[1] Broadhead, Politics, S. 367.

[2] StAA, Litslg, 1534, Juni-Sept. (ad24.7); Roth, Reformationsgeschichte II, 178f; Broadhead, Politics, S. 343.

[3] StAA, Litslg, 1534, Juni-Sept. (ad27.7); Wolfart, Reformation, 112f; Roth, Reformationsgeschichte II, 178f; Broadhead, Politics, S. 343.

[4] StAA, Litslg, 1534, Nachtrag I, Nr. 11; Wolfart, Reformation, S. 112f; Metzger, Eck, S. 210.

[5] StAA, Litslg, 1534, Nachtrag I, Nr. 11, fol. 1v. ; " der gaistlichen unnd irer anhennger gleich wo etlicher massen mit beschwenus unnser gewissen aber doch nit one sonnder ursach, nit wenig verschont, der getrösten hoffnung, das der allmechtig sein gand, durch die ainhelig gesund leer, bey denselbigen, so vile wurcken lassen, das si sich selbs von den mißpreuchen zu got und sinerm rainen wort, von tag zu tag, ye lennger ze mer." keren werden. Fol. 3v – 4r.

[6] Roth II, S. 214 – 230.

巴伐利亚公爵的反对力量了。然而，缓和的工作还是要做。

奥格斯堡6月底在卡登（Kaaden）达成和平协议，① 9月中旬与慕尼黑以及维也纳达成政治和解，接下来，奥格斯堡必须努力求得与维特巴赫家族以及哈布斯堡家族达成和解。比较适宜的措施，首先是与友好城市乌尔姆和纽伦堡联系。那里有曾为奥格斯堡市议会顾问的赫尔尼姆斯·罗特（Hiernoymus Roth），早年（1530年）他曾写信告知奥格斯堡老市长海灵格和塞茨，说已经与乌尔姆市长秘密会谈，告知奥格斯堡想加入施马尔卡尔登联盟的事情。② 很多次，乌尔姆和他的市政成员曾是这些事情的地下联络员，只是由于奥格斯堡的牧师与维腾堡方面的神学意见不一致，这一前提条件不合要求，所以未能成功。③ 市议会改革政令下达之后的几个月，奥格斯堡继续与乌尔姆和纽伦堡保持亲密关系，商讨政治问题。④

与此同时，奥格斯堡也在惴惴不安地等待主教和主教咨议会以及埃克（Eck）告状之后国王方面的反应，为了更好地了解进展，不至于太被动，市议会派了顾问沃夫冈·沃哥特（Wolfgang Vogt）⑤去国王宫廷查探消息。⑥

1534年5月，在奥格斯堡主教咨议会以及大臣埃克提请之后，斐迪南国王最后在9月派遣了国王顾问冯·兰道（Jakob von Landau）带着他们8月起草的国王指示来到奥格斯堡。⑦ 兰道于9月29日对市议会宣读了这份文件，要求奥格斯堡根据以往哈布斯堡家族以及国王对其之宽容，满足主教咨议会的要求。⑧ 此外，兰道也给奥格斯堡带来了一份最高统治者的书面警告，也即查理五世在7月4日从瓦拉多里德（Valladolid）写给主教、主教咨议会、市长以及市议会的信件。⑨ 查理五世的要求是针对1534年5月的纷争，⑩ 要求收件人共同协商出结果。由于这几个月的拖

---

① 乌里希公爵对其统治区域魏腾堡的改革以及调动所有的帝国地方议会法庭程序反对新教地区。
② StAA, Litslg, 1534, Juni-Sept. (ad4.8); Roth, Reformationsgeschichte II, 282 – 288.
③ StAA, EWA-Akten, Nr. 487, fol. 52v – 62v. 也可参见 StAA, Litslg, 1534, Nachtrag II, Nr. 32 (ad. 25.8). Vgl. Dommasch, Religionsprozesse, 68f。
④ StAA, Litslg, 1534, Juni-Sept. (ad4.8); Roth, Reformationsgeschichte II, S. 282 – 288.
⑤ 此人1532年也曾作为雷根斯堡帝国议会的代表，可参见 Roth, Reformationsgeschichte II, S. 42。
⑥ StAA, EWA-Akten, Nr. 489. Roth, Reformationsgeschichte II, 216.
⑦ StAA, Litslg, 1534, Juni-Sept. (ad29.9); Roth, Reformationsgeschichte II, S. 217.
⑧ 主要还是指圣约翰教堂禁止布道以及归还物品的事情。
⑨ StAA, Litslg, 1534, Juni-Sept. (ad4.7); Roth, Reformationsgeschichte II, S. 217.
⑩ Roth, Reformationsgeschichte II, 161, 170f. Anm. 59.

延，导致这份指示到达奥格斯堡时，为时已晚，已经发挥不了太大的影响作用，市议会无法再把宗教政策重新调整过来。① 但是针对这一书信，市议会回复请求给予考虑时间，于是奥格斯堡在 10 月初再次征询乌尔姆和纽伦堡的意见，并召开大议会商讨对策。② 大议会给予兰道回复，还需要进一步咨询。③ 兰道也在几天后回信说接受此回复。④

奥格斯堡市议会随即起草了给斐迪南国王和查理皇帝的回复函，发给乌尔姆枢密会和纽伦堡征求意见。乌尔姆并没有具体修改这两份回复函，但给的意见很中肯，一是要以奥格斯堡自身的情况为主来做决定，⑤ 二是重中之重，奥格斯堡要起草一份思虑缜密、周全的辩解书，并且说明所有的措施在收到国王和皇帝的指示之前都已经完成。⑥

---

① "so gespüetten wir demnach euch allen und yeden bedonder bey den pflichten, damit ir uns und dem haylichen reich verwandt seit, auch bey vermeidung unser schweren ungnad und sonderlich bey peen gemelter rechten und abschiden, privierung und entsetzung aller regalien, lehen, gnaden und freyhaiten" (Wolfart, Reformation, 155), Karl V. berief sich in diesem strikten Verbot, "Kain neuerung, in der religion oder ceremoniern, in was gestalt das sein möchte, zu erdenken noch furzunehmen". (Wolfart, Reformation, 156).

② 每年的大议会是在 10 月 17 日召开。

③ StAA, Litslg, 1534, Okt.-Dez. (ad 17.10); Roth, Reformationsgeschichte II, 217–220; Broadhead, Politics, 368–370.

④ StAA, Litslg, 1534, Okt.-Dez. (ad22.10; Einlauf 25.10).

⑤ StAA, Litslg, 1534, Okt.-Dez. (ad26.11): "Nachdem unnd aber ietziger tage die zeit ain klain gerampt, unnd zu aigentlicher vernemung vorhabennder entschuldigung platz geben, haben wir unns inn uberschickten sachen fleißig unnd nicht ringer lasts, dann so sie unns selbst anlanngen, mit guttem mussen, ungeeillt von ainem zu dem anndern, durchhaus ersehen. Unnd so wir die mit allen gelengenhaiten bester notturfft zuerwegen, inn unns furn, finden wie uß ringfurgem verstandnt, das dis alles fursichtig ordenlich, hoch vernünfftig, unnd wie sich das uß herrschender notturfft, zu darthunung gegrunts fugens gezimpt, Dermassen beratenlich inn das wergk komen, das wir daran nichtzit sonders tadlen enndern oder verbessern konnden, obwohl wir unnd nun zu demselben, noch auch Ewer Fkait, weg, maß, oder bericht, zuzaigen, zugering erkennen."

⑥ StAA, Litslg, 1534, Okt.-Dez. (ad26.11): "So wir aber drumb ersucht, gepurt unns dagegen Ewer Fkait, unnser nachtpar bedenncken zueröffnen. Unnd wie unns hierauff ansehen, dasa Ewer Fkait, derselben burger unnd unnderthanen gewißin halb, der unuermeidlich notturfft eruordern, das baidt schrifften, inn den puncten der religion, unnd wie E. Fkait desshalben ir beschirmung sucht, wo zuerklern unnd zu leutern, also das sie an den orten, dahin sie geuertigt…nicht dahin gemaint, alls ob ir euch hierinn, die hanndt selbst kurzen oder euch dahin begeben, bey dem so ir geenndert zu beleiben, stillzusteen, …zu mergklicher genar Ewer gewissen zuschreiten. Wo nun dis also uffgefanngen, haben E. Fkait zuerachten das dasrus eruollgte dass dem zugang gottlichs worts unnd dem vollkomenlichen loff desselben gewört, und mercklichen abbruch entstünde."

纽伦堡和乌尔姆的意见一样，都是持赞同态度的，但是给了一些具体的修改建议：首先建议两份回复函都简短一些，而不是通过兰道顾问来概括。① 其次，在陈述进行教会改革的理由时，纽伦堡建议除了信仰的原因之外，② 还要加上城市的社会骚动以及有可能发生的动乱，这是城市世俗权威采取的一个预防措施，③ 这一理由也被很多其他城市和地区所使用。再次，还要强调市议会所收缴的教会财产都用于救济穷人；此外，建议附上7月29日的政令全文，作为讨论的基础。最后，奥格斯堡还可以声明，依旧等待最终的大公宗教会议在教会事业上做最后决定，只是现如今在教会事业上的改革是迫于形势的具体需要，并且奥格斯堡将一如既往保持对皇帝和帝国的忠诚。④

在此期间，斐迪南国王方面要求奥格斯堡尽快给予回复。⑤ 尽管主教咨议会的代表声称维也纳宫廷充满反对奥格斯堡的声音，但是在决定性的问题上，奥格斯堡依旧有理由期待斐迪南国王宫廷能够给予正面的反馈，因为国王正在积极促进新教联盟的达成，诸南德城市也包含在内，尤其是乌尔姆、纽伦堡和奥格斯堡。有关斐迪南国王的回复史料原文已经找不到了，但是在乌尔姆和纽伦堡的文件中有保留。⑥ 这份文件中包含了奥格斯堡的回复函，⑦ 附带了1534年7月皇帝的指示函以及1534年7月29日市议会颁布的改革政令。⑧ 签署这份回复函的是乌里希·威尔瑟（Ulrich Welser）

---

① StAA, Litslg, Nachtrag 1532/1536 (ad26.11), fol. 1r.: "… wölchs bey unnd darumb möchte unbgangen werden, das lannge schrifften zu hoff zu hören etwas verdrießlich unnd die lengden versanndt etwas verhindern möchte."

② StAA, Litslg, Nachtrag 1532/1536 (ad26.11), fol. 1r.: "gewissen, leib, her unnd gut."

③ StAA, Litslg, Nachtrag 1532/1536 (ad26.11), fol. 1r.: "zertennungirer pollicez unnd sedition zufürkhomen".

④ StAA, Litslg, Nachtrag 1532/1536 (ad26.11), fol. 1r.: "Dergleichen möchte auch im beschluß aingezaigter schrifften ain miltere weis geführt werden. Das ewr weishait [= der Augsburger Rat] aus besorgnus ainer grossen aufruhr unnd zerrittung gemaines burgerlichen fridden zu solichem fürnemen geursacht werden, der zuversicht, die römische kayserlicher unnd konigliche maiestaten unnsere aller genedigsten herrn werden solichs aus denselben angezaigten ursachen, und kainer andern gestallt vernemen, dan ewr weishait erkhennen sich sonnst schuldig, der römischen kayserlichen unnd koniglichen maiestatten allen unnterhenigen willen zu verzaigen."

⑤ Roth, Reformationsgeschichte II, 219 – 222; Broadhead, Politics, 368 – 373; Demmasch, Religionsprozesse, 88.

⑥ 关于这一点，不同的学者描述不同，可参见 Broadhead, Politics, 368, Anm. 5; Roth, Reformationsgeschichte II, 219; StAA, Litslg, 1534, Nachtrag I, Nr. 4, Nr. 5。

⑦ StAA, Litslg, 1534, Nachtrag I, Nr. 4; "Wiedertaeufer & Religionsacten"。此处没有具体的日期，可能是1534年12月。

⑧ StAA, Litslg, 1534, Nachtrag I, Nr. 4, fol. 2r. 2v.

以及斯蒂芬·艾斯林（Stefan Eiselin），这两位在1534年12月9日和10日被派往维也纳宫廷做外交使者，同去的还有新的城市书记官约翰·哈克（Johann Hagk）。① 这份回复中澄清了国王的指令在9月才到达奥格斯堡，并表达了对可能由此引发的国王和皇帝的不满的担忧。然而由于奥地利皇室与奥格斯堡几经世代的友好关系，驱散了这种不满。尽管如此，皇帝和国王还是严厉地指责了奥格斯堡，指责其拒绝接受1530年的帝国议会决议书，置皇帝的荣誉于不顾。② 然而，最后皇帝和国王仍然接纳了奥格斯堡继续作为忠诚的下属，置身于其羽翼保护之下。③

奥格斯堡的这份回复函内容如下：首先，奥格斯堡强调了基督教的永恒价值，随之话锋一转，描述了当前社会政治方面的严峻形势，导致市议会不得不进行城市教会生活的改革，然而，市议会始终尊重大公会议的最后教会改革决议，但在此之前，改革措施是有效的。④ 在此基础上，无论是过去还是未来奥格斯堡对待皇帝以及国王的态度始终忠诚如一。也是在

---

① StAA, Litslg, 1532/1536（ad 1535）（ad 1535）.；Roth, Reformationsgeschichte II, 220.
② Nürnberg, Regenburg, 1532.
③ StAA, Litslg, 1534, Nachtrag I, Nr. 4："（1v）…so haben doch unnsere herrn sich dessen nit wenig erfreut, das eur kon. Mt. , als ain milter kunig unnd unnser allergedigster her, si zu underthenigster verhör bericht und entschuldigung gnedigstlich kommen last, des gegen eur kon. Mt. si sich zum allerunnderthenigsten bedancken…（2r）…yedoch dweyl die kay. und eur kon. Mit. nit weniger, dann ire voreltern des geplüts von Osterreich, fridlich, gutig, unnd milt kayser kunig, unnd herren, die auch genaigter sein, ire unnderthenigsten gehorsamen underthun, unnd mitglider des heiligen reichs zuschirmen unnd in iren gewissen unbeschwert uffrecht zuerhalten, dann die verderben zulassen, unnd also dardurch ir selbs hilff zuschmerlern, darzu unnsere herren, gegen den mißprechen kain rauen, sonnder nach gestalt der sachen ain unbeschwerlichen weg, mit aller beschaidenhait furgenommen haben, so sein si unnsere herren der unnderthnigsten hoffnung, das ainerbarer Großer Rat, unnd gemaine stat Augspurg, bey irer religionischen handlung, wol besteen, und darbey nit allain gottes huld behalten, sonnder auch durch sein göttliche schickung, bey der kay. Und eur kon Mt. in gleichen gnaden…pleiben mogen unnd werden."
④ StAA, Litslg, 1534, Nachtrag I, Nr. 4："（2v）…darinn [Ratsmandat] ye unnsere herrnen kain zeitlichen genies, wol allain die eer gottes, unnd der seelen seligkait gesucht und under annderm betracht haben, dweyl ain lannge zeither uff vilen reichstägen, mermalen ain frez gemain christlich concilium verabschidet, unnd doch bisher weder ußgeschriben noch gehalten worden ist, das inen hiezwischen, und des verlenngten conciliums, sich unnd ire unnderthunen zubedenncken, von nöten sein wöll, die aber also beschaidenlich gehanndelt haben, das si solher irer hanndlung halben das götlich recht, verhör, entschid, und alle pillichhait, in ainem frezen gemainen christenlichen concilio, oder chrsitenlicher nationalversamlung, dahin die sachen des glaubens christenlich zuerörtern, gehörn, neben anndern stennden, die der eingreißen mißpreuch halben, ainer gepürlichen reformation verhoffen, wol. Erleiden mögen."

第四章　多元力量的博弈：改革决议与实践(1530—1537)　245

这种态度基础上，奥格斯堡早年接受了帝国议会决议，最近两次出于种种原因没能签署1530年和1532年的帝国议会决议，但在城市内部宗教生活问题上向皇帝做了保证。奥格斯堡始终严格地遵守这份保证，但大公会议却迟迟没有召开，而有关奥格斯堡的政令损害了皇帝1532年在纽伦堡以及雷根斯堡的决议，这一指责是不正确的。① 传统信仰的教会的法律地位也没有得到损害，他们的代表，也只是暂时性地被禁止布道，而且教会财产被用到有利于城市福祉的穷人救济事业中，从而缓和当前的影响民生的经济困窘状况。② 最后，文中表达了奥格斯堡愿意一如既往地受到皇帝和国王的恩泽以及护佑。最初的原稿中还有一句，有关当下的缓和的宗教政策，市议会会继续努力避免可能出现的问题，并且等待大公会议或者帝国宗教会议的召开和决议。然而，这句话被删除了，改成了另外一句向皇帝和国王表达忠诚的话，并说明目前奥格斯堡的宗教方面的变化是有一定原因的，尤其是担心城市发生无法预期的动乱。③

除了这份正式的书面信函之外，奥格斯堡还准备了一份使者陈述稿。这份陈述稿并不是一份演讲稿，而是在细节上丰富和确证了书面信函的内容。④ 尤其是等待大公会议的召开以及城市进行宗教会谈计划的夭折。⑤

---

① StAA, Litslg, 1534, Nachtrag I, Nr. 4, fol. 3r – 4r.
② StAA, Litslg, 1534, Nachtrag I, Nr. 4: "(4r)…iren predigern ain zeit lanng, uß den ursachen in truck [Anlage dem Text beilegete Ratsmandat] verbeibt, mit iren widerwertigen predigen zu ru zusteen undersagt worden, so ist doch solhs kainer annderen gestalt, noch lennger, dann bis die ir leer mit unfeligern grund, der schrift erzeugenn, beschehen, zu sampt dem, das den gaistlichen mitlerweil, der weg zu dem wort der herrn, vermög des trucks, offen und zuwanndlen bevor stat, so haben unnsere herrn, die ubrigen, usserhalb der acht krichen, in truck bestimpt kainer annderen maynung, dann umb vermeidung willen etlicher mißpreuch, und auch (4v) nit lennger, dann bis uff das schierst frey gemain christenlichen conciliu, oder national versamlung, und christenliche enndrung beschlossen, und nichts dann das den zechen (das ist iren pfarmenngin) zugehörig, und weder dem hohen noch den andern stiften oder clöstern ergebe worden ist, herdann nehmen lassen, welhs si auch weder in iren aignen noch gemainen nutz bewenndt, sonder nach ußweißung der trucks den armen durftigen christenleuten, in dieser werenden theure, und hungersnot, neben der sonndern personen, und des almuseneckels täglichen hilffen zur uffenthaltung geraicht."
③ StAA, Litslg, 1534, Nachtrag I, Nr. 4: "(4v)…dann ye unnsere herrn, one merckliche beschwernis irer gewissen, und one gevard allerlaj unrats, von irer hanndlung im truck begriffen, so merens tails in (5r) das werck kommen, und volbracht worden ist, nit weichen, noch dero absprechen können…".
④ StAA, Litslg, 1534, Nachtrag I, Nr. 5; Broadhead, Politics, 368f.
⑤ StAA, Litslg, 1534, Nachtrag I, Nr. 5, fol. 3v; 有关大公宗教会议以及帝国会议可参见 6r. 10r. 。

此外，还列举了圣约翰教堂反对主教咨议会，再次转变到新教，这一引人注目的事件的具体例证。[1]

此外，为了给之前兰道带来的皇帝的指令做出回复，平息皇帝的怒火，奥格斯堡还专门准备了一份细节辩解书，[2] 详细地陈述了城市中的问题，以求澄清事实，避免皇帝偏听偏信。在城市中的牧师们提出进行讨论后，市议会不遗余力地克服城市内部的骚动和不安，尤其是内部的分裂局面，除了改革没有其他更好的办法。[3] 最后也表明了城市会等待未来的大公会议的决议，并请求皇帝的谅解。[4]

四 1534—1537 帝国政治环境的松动

奥格斯堡写给皇帝的这封信也意味着向最高世俗权威进行改革合法性的辩护，为此，过去四年里市议会所做的丰富的辩论与评议提供了丰富的论据。[5] 然而奥格斯堡的此番合法性论证，为未来的宗教政策方向的改变埋下了伏笔。在接下来的几年里，奥格斯堡的教会改革不断受到合法性的

---

[1] StAA, Litslg, 1534, Nachtrag I, Nr. 5, fol. 4v – 5r. Roth, Reformationsgeschichte II, 217.

[2] StAA, Litslg, 1534, Okt.-Dez. (ad 10.12), Nachtrag 1532/1536 (ad. Dez. 1534) (Ratsmandat vom 29. Juli. 1534): "Roth, Reformationsgeschichte II, 224; Seebaß, Kirchenordnung, 35. Anm. 11.

[3] StAA, Litslg, 1534, Okt.-Dez. (ad 10.12): "Das aber unnsere Predicanten in etlichen articulm aus geachter schuldiger pflicht ihres underfanngnen ampts widersprochen, durch die schrift taglich bestriten und das widerspil in ainem freien gemainen christenlichen Cocilio National, oder anderer christenlicher versamlung oder gesprech mit beystand und grund der hailigen schrift zubeweisen, außzuführn und zuerhalten sich erpotten, welche zwitracht, so vil uberhand genomen, das wir dabey nit wenig besorgt haben, dass allerlay vernere geverlichueten uns schudig erkennen, haben wir (als wir mit Got bezeugen) ye kain anndern bequemern noch fridlichern weg finnden kunnen, Dardurch solche spaltung, zwitracht und besorgt widerwertigkaiten den gaistelichen, unns und den unnsern zu gutem furkommen werden mocht. Dann das der gaistlichen und unsere predicanten in gleicher anzal christenlicher beschaidenhait bruederlicher lieb unnd hochster begird des frid und der ainigkait zusammen kommen, die strittigen articul fur die hand nehmen, und dieselbigen mit vorgeennder andechtigen anruefung der gnad des hailigen Gaists und Rechts lautern erwegen, derhalben ainander christenlich und bruederlich errinnern und sich also durch die heilig unfelig schrifft vergleichen mochten, Daraus sich alß dann was furohin bis auf das vil vertröst frey gemain christenlich Concilium National oder ain andere christenliche versamlung und erörterung zu coadunatis, mit versamelten rotten furgeschlagen noch an dem waren christenlichen glauben gezweifelt, sonnder aus obervermelten ursachen allain ain christenliche erinnerung und vergleichung gesucht und gepeten haben, der getrösten hoffnung das unns Got auch furohin vor dem abfall seins lautern worts behueten werde."

[4] StAA, Litslg, 1534, Okt.-Dez. (ad 10.12), fol. 4r.

[5] 如前所述市议会所做的各种讨论、评议以及与主教和主教咨议会方面的商谈。

压力,而对内,进行进一步更加明确的教会改革变得势在必行。① 这一趋势在 1535 年一月底已经体现出来,即在施马尔卡尔登联盟之后,皇帝也在积极构建自身的传统信仰阵营,奥格斯堡对皇帝的效忠关系,此时又成为改革的阻力,奥格斯堡再次陷入改革来回拉锯的局面。②

由于施马尔卡尔登联盟与皇帝阵营之间的紧张关系,奥格斯堡不断被要求,明确自身的宗教态度,或者是新教阵营,或者是传统信仰阵营,不容模糊。因此,从改革政令下达之后的 1534 年到 1537 年可以看做是奥格斯堡改革的第二阶段。③ 不同于第一阶段是否进行宗教改革的诸多讨论,第二阶段要求市议会作为城市世俗权威构建城市内部的世俗体系,例如建立市议会教会管理体制。根据外部局势变化,奥格斯堡此时需要将自身构建成一个宗教政治的前沿阵地,因此 1534 年前的政策,不再适用于新的情况。

然而通过 1534 年的改革,市议会已经掌握了城市教会的主权。教会秩序的建设很大程度上参考了斯特拉斯堡的模式,即上德意志区域的模式——维腾堡路德派模式与苏黎世茨温利派模式之外的第三条路径。这一派的代表神学家布策自 1534 年之后很长时间内都留在奥格斯堡,他与穆氏等牧师和市议会建立五个教堂传道士作为城市监督机构,将传教士降为平民,位于市议会权威之下,对非主教教堂和修道院的财产以及使用进行记录。虽然此时城市内部的信仰并没有完全得到统一,然而,布策还是在 1536 年 5 月让维腾堡派,在萨克森与上德意志区域之间,就圣餐问题达成让步。在 1536 年 1 月 20 日,市议会也找到了途径加入施马尔卡尔登联盟,政治回报的最后一步,就是答应将奥格斯堡变成一个纯粹的新教城市。

就城市内部环境来看,1534—1537 年,市议会所定下的全城只进行新教布道的政令也处于所有民众的监督之下。在宗教政策上已经有了之前的基础,民众一片支持。神学上也有穆氏和其他新教牧师们坐镇。在这种情况下,如果新教与旧教只能选择一边,选择新教对于城市来说更加稳妥

---

① Immenkötter, Verantwortung, 88,他认为:"在向皇帝明确表态之后,最后的宗教改革才能成功。"
② StAA, Litslg, 1534, Nachtrag I, Nr. 7; Roth, Reformationsgeschichte II, S. 224f.; Dommasch, Religionsprozesse, 88.
③ Broadhead, Politics, S. 387.

可行。穆氏在1534—1537年向市议会递交了诸多神学手册和教会改革建议,① 在斯特拉斯堡神学家布策的指导下,他帮助构建了一套以市议会权威为核心的整个城市的新的教会秩序,从而构建了市议会的教会管理体制。②

从帝国的政治层面上来看,施瓦本联盟1534年失败了,奥格斯堡仅有与乌尔姆与纽伦堡的三城联盟(1534年3月)。1534年6月乌腾堡公爵在其统治范围内实行宗教改革。1534年年末局势有两方面趋向,一方面斐迪南国王努力重建施瓦本联盟,另一方面努力将奥格斯堡吸入施瓦本联盟。这种联盟政治上的重大变动在1536年正式实现。③ 此后奥格斯堡的牧师们与维腾堡的神学家们,通过签署1536年5月的维腾堡协议,在神学问题上达成一致。④ 实际上,奥格斯堡与维腾堡在1535年7月就已经达成了和解。⑤

在城市内部政治层面上,在1535年市议会任命城市牧师,⑥ 以及教会机构与堂区大会机构合作进行牧师的世俗信徒—政治监督之后,⑦ 世俗权威和教会权威逐渐全部转到市议会手中。这种世俗权威对教会事业的管辖权随着1537年全面宗教改革以及教会秩序建设的推进而得以实现。⑧ 同年8月,市议会颁布了面向全体市民的新的宗教生活规范法令,强化了新的教会秩序。⑨ 因此,直到1537年8月为止,奥格斯堡的新教改革才算完成。

---

① Hans, Gutachten 55 – 60; Dellsperger, Musculus, S. 97ff.
② StAA, Litslg, 1534, Nachtrag II, Nr. 27; Dellsperger, Musculus, S. 97ff.
③ Roth, Reformationsgeschichte II, S. 287f.; Dommasch, Religionsprozesse, S. 84.
④ Roth, Reformationsgeschichte II, S. 256 – 263.; Broadhead, Politics, S. 386.
⑤ 与此相关路德的信件:1535年7月20日写给奥格斯堡市议会和市长:WA. B 7, 210ff., Nr. 2211;1535年10月5日写给奥格斯堡神职人员:WA. B 7, 289ff., Nr. 2253;1535年10月5日写给奥格斯堡市议会和市长:WA. B 7, 291ff., Nr. 2254; Rassow, Reichstage, 276;1535年10月5日写给奥格斯教会监管人:WA. B 7, 402ff., Nr. 3029;也可以参见Roth, Reformationsgeschichte II, S. 241 – 252.; Broadhead, Politics, S. 383ff.; Roth, Reformationsgeschichte II, S. 241 – 252.; Broadhead, Politics, S. 383ff。
⑥ Sehling, Kirchenordnung XII/2, 46ff.; Broadhead, Politics, S. 389 – 397.
⑦ Broadhead, Politics, S. 408.
⑧ Sehling, Kirchenordnung XII/2, S. 50 – 64; Roth, Reformationsgeschichte II, 309f.; Broadhead, Politics, S. 400 – 408.
⑨ Broadhead, Politics, S. 409ff.

五 1537年全面的改革实践

1536年12月30日，尼德兰人沃斯特（Van der Vorst）作为新的教皇使节带着大批随行人员来到了奥格斯堡，邀请奥格斯堡参加在曼图亚召开的1537年的五旬节会议。① 在迪灵艮这位教皇使节已经从斯塔迪昂主教那里了解到了城市的宗教形势：城市的牧师们与路德派和解只是加入施马尔登联盟的一个前提条件，现在，对于天主教来说最重要的威胁是奥格斯堡有可能完全镇压天主教。② 因此，当市议会回应这位教皇使节，会议邀请不能提及"基督教的统一"时，③ 教皇使节并没有很意外。从这里也可以看出，市议会此时依然想最大限度地表现对新使节的尊重。④

回到罗马之后，这位使节汇报了他在圣莫里茨教堂的早弥撒之后获得的信息，"因为市议会希望，无论是天主教还是异教，都在同一个教堂里面按照各自的方式进行礼拜仪式，首先是天主教的，然后是异教的，他们的礼拜仪式主要是取决于牧师，在称赞我主的荣光之后，这是他们最看重的，然后牧师会向信徒直接讲颂圣经，完全没有对任何先贤使徒的引用"。⑤

斯塔迪昂的猜测没有错，到1537年1月17日，仅仅是在教皇使节离开后两个星期，市议会再次召开大议会，决定进行最后的宗教改革。会议决定：解散所有的剩余修道院，以及修道院的农村土地使用权，驱逐不愿意还俗的所有神职人员。城市中剩下的天主教神职人员和修女或者选择离开城市，或者选择放弃天主教还俗，取得奥格斯堡市民身份。天主教的弥撒此时差不多全部被禁止。茨温利派的反传统行为几乎遍布四处。之前还

---

① RothII, S. 298 – 300; Zoepfl 2, S. 100f; Immenkötter, S. 27.
② 可参见使节1537年1月2日写给红衣主教秘书AMbrogio Recalcati的报告，以及使节的秘书Cornelius Ettenius做的每日记录：Pierre Francois Xavier de Ram（hg），Documents relatifs a la nonciature de Leveque d'Aqui, Pierre Vortius, d'Anvers, en Allemangne et dans les Pay-Bas en 1536 – 1537. Bruessel 1864, S. 325 – 422, hier S. 371 – 373。
③ De Ram, Documents, S. 283, 286, 370 – 372.
④ De Ram, Documents, S. 283, 286, 371.
⑤ Hoc mane audita missa supervenerunt haeretici Suingliani（nam sunt in ea civitate et ubique plures sectae inter ipsos）et in templum adduxerunt sponsum et sponasam. Voluit enim senatus, quod tam catholici, quam haeretici in eodem temple quisque sum offcium faciat, primum catholici, deinde ipsi; nam principale ipsorum offcium consistiti in concionibus. Facta itaque conciona in laudem matrimonii, quod strictssime observant, conjunxit concionator ipsos per verba de praesenti sine aliis ceremoniis, quae dedita opera spectavi, ut viderem, si ita esset, ut dicitur. Roth II, S308, Anm. 6.

剩下的八所教堂现在正式移交给新教，其中遗留在圣坛上的所有曲解的、滥画的、滥造的图画都必须移除，① 完全去除曾有的"罗马教会"的痕迹。但是，人们也考虑到了尽量避免将仍然完好无损的宗教机构废弃在他们的庄园内：主教大教堂被作为主教中心，一些教堂，如圣马丁教堂，圣尼古拉教堂，圣灵教堂等一系列教堂也都被关闭或撤销，圣马丁，圣玛格丽特和霍布鲁克（Horbruck）修道院，圣尼古拉修道院变成市政济贫处。

大主教教堂的神职人员们，选择了离开，来到了主教所居住的迪林根，斯塔迪昂对发生的这一切早有预料，并没有表现出很惊讶。② 随后，多米尼克修道院圣乌苏拉③的十位修女们，在兰斯贝格（Lansberg）居住了一年后，也随着圣十字教堂④的咏祷司铎团们一块迁居到此，圣乔治教堂的咏祷司铎团则去往他们1518年就建立的顾根贝格（Guggenberg）宫殿。⑤ 圣莫里茨的大多数教士也在兰斯贝格找到了收留之所，⑥ 剩下的他们的教堂主事科勒（Johannes Kohler）是伊拉斯谟的朋友，⑦ 与剩下的三位教士和一些堂区管事（Vikaren）则留在了奥格斯堡，加入了奥格斯堡公民。⑧

本尼迪克修道院也分成两部分，九位僧侣中的三位率先离开城市，去往维特勒斯巴赫（Wittelsbach）下区，其中就有本书最应感谢的编年史著者詹德（Clemens Sender），三个月后又有五位僧侣追随他而去，所以只剩下一位本尼迪克僧侣留下。⑨ 圣斯蒂芬的修女们相对来说得到了很好的对待，容许她们在那里继续生活。⑩

有关圣凯瑟琳娜多米尼克修道院的修女，尽管她们不断地反对市议会，然而却依然作为传统信仰者被允许在1537年之后依然留在城中，并

---

① Roth II, S. 360.
② 此处有关大主教教堂的记录缺失了1532—1540年的。1541—1544年的记录透露了一些信息，参见 Bayerisches Hauptstaatsarchiv Muenchen, Hochstift Ausgburg, Neuburger Abgabe, Akten 5499。
③ Bistumarchiv Augsburg, Ms. Placius Braun, Klöster in Augsburg, St. Ursula fol. 7v.
④ Bistumarchiv Augsburg, Ms. Placius Braun, Klöster in Augsburg, Hl. Kreuz fol. 29v.
⑤ Bistumarchiv Augsburg, Ms. Placius Braun, Klöster in Augsburg, St. Georg fol. 12.
⑥ Bistumarchiv Augsburg, Ms. Placius Braun, Klöster in Augsburg, St. Moritz fol. 37.
⑦ 可以参见 Kohler 与伊拉斯谟的信件往来，Allen XII Register。
⑧ Roth II, S. 316.
⑨ Roth II, S. 316f.
⑩ Karl Pimbs, Das Stift St. Stephan in Augsburg, in ZHVS7 (1880) S. 109 – 156, hier S. 125.

且也赋予了她们市民权，① 原因应该在于 1530 年她们从皇帝查理五世那里重申了修道院的自由权和特权，尤其是独立于市议会的权利。② 但是市议会加强了对她们的审查，拒绝她们与天主教神父的任何联系，并且指派了一位新教的牧师给她们。③

圣尼克拉斯本尼迪克修道院的修女们虽然和圣凯瑟琳娜修道院一样，主要来自贵族或者城市中富有的家族，然而却没有获得和和圣凯瑟琳娜修道院一样的命运，市议会决议，要铲除城墙内外的圣尼古拉斯修道院。因此，市议会任命 8 位市政议员，在城市法警、普通工人、骑士的帮助下，强行将这些修女们拉出，首先送到圣凯瑟琳娜修道院，④ 最后送到乌苏拉修道院空出来的房子里面，在那里对她们进行严密的监视，拿走她们的信件和印章，并派了新教牧师来给她们讲解"上帝之言"，希望把她们拉回到"真理"的道路上。⑤ 在保护公民权利的要求下，最后还有几个修道院的修女也留在了城市中，但是必须要忍受市议会开除了她们原来的主事，换上一位新教的主事。⑥ 有关圣彼得教堂和圣格特鲁德教堂的人员流向，在 1537 年如何，并没有信息留存下来。它们也是属于主教教堂管辖范围内的，猜测大多数人也选择了离开城市。

除此之外，另外一个重要方面是在宗教改革的支持下进行的机构重组。在与布策的密切合作之下，1537 年 7 月奥格斯堡第一次确立了"教会法令"，确定了依照斯特拉斯堡模式进行改革，从而连接上了自 1535 年双方就建立的关系：由牧师和他们的支持者提名，市议会确定两名教会代表，加上来自社区的五名教区长，共同组成新的教会委员会（Kirchenkonvent）。这个委员会显然可以理解为，市议会不会长期占据领导地位，而只是作为一个管理者发挥作用。7 月 22 日市议会领导进行大范围的风纪管理，通过六位风纪习俗监督员规范了市民生活秩序；8 月 14 日制定了综合纪律和警察条例，该条例通过六条教规赋予了议会对生活道德行为的控制权；9 月 13 日市议会颁布了新的婚姻法，成立婚姻法庭。最后，建

---

① Leo Juhnke, Bausteine zur Geschichte des Dominikkanerinnenklosters St. Katharina in Augsburg mit Berücksichtigung von Patriziat, Reform und Geistesleben, in Jahrsbericht der Oberrealschule Augsburg 1957/1958, Augsburg 1958, S. 60 – 110, Hier. S. 67.
② Stadtarchiv Augsburg, Best. Reichstadt, Literaliensammlung, Urkunde 6. Okt. 1530.
③ Hoermann, Erinnerungen (wie Anm20) 9 (1882) S. 371f.
④ 市议会知道这两个修道院的差异，所以采用比较野蛮的方式，这样修女们无法团结在一起。可参见 Roth II, S. 362。
⑤ Roth II, S. 362.
⑥ Bistumarchiv Augsburg, Ms. Placius Braun, Klöster in Augsburg, Maria Stein fol. 5 – 6.

立审查委员会。至此，市议会最终把控了教会治理的大权。①

市议会的系统整顿还包括整个教育系统。无论是之前的私立学校，如之前的堂区学校，还是其他性质，现在统一接受城市管理。此外，被解散的修道院的图书馆，被归并到1531年才建立的圣安娜高中学校。虽然理事会为避免公开冲突，放弃了定期探视和引进逐出教会禁令作为控制工具，但却比以前更关注公共道德。② 除了这些组织措施外，另一个事件也表明了全面调整的社会政治意义：1538年的贵族增员。在挑选38个新加入的家族时，新教教义被放在与城市社会中的地位一样重要的位置。除鲍丁格（Peutinger）、富格（Fugger）和鲍姆加特纳（Baumgartner）家族外，被接纳的主要是新教徒和议会领导层成员，尤其是来自威尔瑟（Welser）家族的成员。

此时，尽管一些保留老信仰的少数派还是能够立足，但他们在城市的教会结构中留存的力量却从1537年开始丧失。只有圣尼古拉斯和圣凯瑟琳修道院的一些修女在拒绝支持市议会。宗教改革的发言人代表落到了穆氏（Wolfgang Musculus）身上。至此，奥格斯堡完成了全面新教改革。

第九节　小结

从1530年市议会决议新教改革，到1534年初步执行，再到1537年全面执行，一共历经七年，虽然显得漫长而拖沓，但恰恰在这一阶段，影响奥格斯堡宗教改革进程的因素几乎全部显现出来，折射出来奥格斯堡宗教改革历史本身的复杂性与精彩程度。这些因素包括：城市民众、信徒牧师、决策阶层（城市权贵）、驻扎主教、城市联盟、帝国皇帝、改教家、周边诸侯以及新教联盟。从决议新教改革到改革实践，奥格斯堡的决策过程本身就是这些力量之间相互博弈的过程，在以下的总结性叙述中，我们可以看到不同的力量在不同阶段影响改革进程的历史复杂面貌。

1530年市议会拒绝在帝国议会"宗教事务"决议书上签字。1530年年底，市议会成立奥格斯堡宗教事务委员会，着手和缓地进行教会改革。

---

① Rolf Kießling: Augsburg in der Reformationszeit, in Günther Grünsteudel u. a. (Hg.), Augsburg: Augsburger Stadtlexikon, 2. Aufl. 1998, S. 61–74.

② Rolf Kießling: Augsburg in der Reformationszeit, in Günther Grünsteudel u. a. (Hg.), Augsburg: Augsburger Stadtlexikon, 2. Aufl. 1998, S. 61–74.

1531年市议会选举，具有改革倾向的大批领导人被选为市议会要员，其中最主要的六位，乔治·费特（Georg Vetter）、沃尔夫·海灵格（Wolf Rehlinger）、赫尔尼姆斯·殷浩富（Hieronymus Imhof）、乌里希·海灵格（Ulrich Rehlinger）、安东·比墨（Anton Bimmel）以及邙·塞茨（Mang Seitz），他们对于改革的决策起到了至关重要的作用。此后，市议会邀请了很多专家对改革合法性问题以及如何改革进行讨论，主要目的在于怎样在不带来危险和不良的后果的前提下，逐渐取消城市中的传统教会。这场讨论花费了很长了时间，直到1533年5月，最后主导宗教改革的乌里希·海灵格、邙·塞茨和西姆布莱希特·豪泽（Simprecht Hoser）的意见占了上风。城市统治阶层不仅有权进行宗教改革，甚至有这样的义务和责任。

此后，市议会为获得改革的政治保障做了三次努力。第一次努力，1533年2月到5月，奥格斯堡尝试与乌尔姆和纽伦堡建立联盟，为奥格斯堡解除外交孤立，同时也为执行宗教改革准备政治后援。在达成联盟之后，市议会尝试与主教进行谈判，进行教会的改革。最后，市议会尝试加入施马尔卡尔登联盟，为自己获得稳定的外部保障。然而，由于奥格斯堡在神学上不是明确的维滕堡派神学，因此无法加入联盟。可以说，此时奥格斯堡想毫无政治风险地进行宗教改革，外部的政治环境还没有足够成熟。

然而，城市内部从1533年起，市民们对于传统信仰越来越不能忍受，对于市议会改革的缓慢步调以及保守的态度也越加不满，民众骚动一触即发。与此同时，新教的牧师们也开始质疑小议会进行宗教改革的态度，并带动了1533年10月大议会的主体改革意见。在这种浪潮的推动下，1534年1月，这几年中实际引领潮流的人赫尔尼姆斯·殷浩富（Hieronymus Imhof）、乔治·费特（Georg Vetter）和沃尔夫·海灵格（Wolf Rehlinger）被选举推上了最高位置。更大的好消息是1534年2月施瓦本联盟解体，减轻了奥格斯堡的外部压力。此外，1534年6月乌腾堡公爵的宗教改革也给了奥格斯堡鼓励。因此，1534年7月市议会正式决议改革。

由于与主教的和谈以失败告终，使得奥格斯堡的世俗权威终究没有完全涵盖主教的势力范围，只是根据民意进行了这一场"宗教改革"，这场改革无论是时机还是内容，都只是根据现有的城市内外政治环境进行的有限的部分性的改革。并且改革之后，奥格斯堡现还必须努力求得哈布斯堡家族以及维滕巴赫家族对改革的谅解，为自己的改革合法性进行辩护。在接下来的几年里,奥格斯堡不断受到合法性的压力,而对内进行进一步更加明确的教会改革变得势在必行。这一趋势在1535年1月底已经体现出来,即在施马尔卡尔登联盟之后,皇帝也在积极构建自身的传统信仰阵营,奥格斯堡对皇帝的效忠关系,此时又成为改革的阻力,奥格斯堡再次陷入改革来回拉锯的局面。

1536年5月奥格斯堡的牧师们与维腾堡的神学家们签署了维腾堡协议,在神学问题上达成一致。这样就找到了加入施马尔卡尔登联盟的途径。于是,1537年奥格斯堡借鉴了布策代表的上德意志区域模式,进一步完善改革。改革包括解散修道院、遣散天主教士、成立新教代表大会、颁布新的婚姻法、建立学校体制等一系列措施,至此,奥格斯堡的新教改革才宣告全部完成,而市议会作为世俗权威也掌管了城市的教会生活。

由此,我们也可以看出,奥格斯堡的宗教改革始终处在帝国政治层面。其中,帝国政治层面的因素决定了改革的进程与范围,城市内部民众与牧师们的改革呼声决定了改革的方向,而改革的领导角色是成长中的世俗权威——市议会承担的。

第五章　奥格斯堡宗教改革的特点比较与范式论评

在上述几个篇章里，我们梳理了奥格斯堡从1518年改革思潮传入，到1537年正式完成改革实践的历史进程。相比众多的帝国城市，如纽伦堡、乌尔姆、斯特拉斯堡等南德城市，奥格斯堡的宗教改革进程最为缓慢、迟滞。与这些城市相比较，奥格斯堡有哪些特殊原因呢？奥格斯堡的宗教改革呈现出哪些特点呢？更进一步，奥格斯堡的宗教改革可以划归为哪一种城市宗教改革范式呢？

第一节　奥格斯堡与纽伦堡的宗教改革比较

在16世纪的帝国城市中，纽伦堡和奥格斯堡在经济、外贸、地位上皆备受瞩目，二者也是关系十分密切的友好城市。然而，二者在宗教改革进程上却大不相同，前者仅仅用了数年时间在1525年就率先完成了宗教改革，成为最先完成宗教改革的帝国城市；而奥格斯堡却迟滞缓慢，直到1537年才完成改革进程，几乎是知名帝国城市中最为迟缓的那一个。因此，与纽伦堡的比较，最能体现奥格斯堡的独有特点。以下，我们将以纽伦堡为例，来做一个比较论述。

中世纪以来，奥格斯堡和纽伦堡这两座城市都拥有丰富的外贸、大量的纺织业和其他手工业。其中奥格斯堡的纺织业以及粗斜纹布最负盛名，而纽伦堡则是金属加工最受瞩目。到了远洋贸易盛行的大航海时代，两个城市更是迅速崛起，纷纷进入经济上的"黄金时代"。[1] 双方为了保证贸易线路的顺畅，都致力于维护政治上的稳定与和平。这是两座城市重要的

---

[1] 奥格斯堡的经济情况可参见 Gunther Gottlieb u. a. hrsg, Geschichte der Stadt Augsburg, 2. Aufl, Stuttgart 1985, S. 258–301；纽伦堡可参见 Gerhard Pfeiffer hrsg, Nürnberg-Geschichte eine europäische Stadt, München, 1971, S. 176–193。

共同点。除此之外，两座城市虽然在城市体量上有些差异，奥格斯堡人口大概 25000—30000，纽伦堡人口大概 40000，[1] 但都在帝国中地位卓然，享有盛誉。民众的水平与受教育程度，总体上就经济与文化发展水平来讲，也是不分伯仲。[2] 在宗教改革发生前夕，两个城市的中下层民众受到人文主义的影响，以及城市民众的信仰虔诚基本上也比较类似。[3] 贫富差距在两个城市都比较明显，但是奥格斯堡可能更严重些。因为纽伦堡严厉打压垄断，奥格斯堡则打压力度较弱，垄断还有扩大的趋势。奥格斯堡的无法缴税的赤贫户的数量不断在增长，[4] 与此同时少数富人手中的财富却在暴增，中等收入阶层的人数很少。因此奥格斯堡的贫富差距问题更大些。[5] 在影响宗教改革进程方面，两个城市主要有以下几方面的不同。

首先，两座城市在政治格局上情况并不相同。纽伦堡的地理管辖范围要比奥格斯堡大，并且市议会通过"领地施政官"（landpfleger）这种类似于贵族领主的权力来管辖这些区域，在宗教改革期间还扩大了管辖范围。纽伦堡的城市周边与很多强大的"领主"相邻，但却恰好通过双方的新教改革，解决了从前与这些相邻公爵在教会秩序上的不和。奥格斯堡与此相反，它周边的邻居在政治上十分强大，并且坚决反对路德倡导的宗教改革，坚持保守的立场毫不动摇，这种态度在经历了农民战争之后更胜从前。其中包括东部的巴伐利亚公爵，统治乌腾堡的哈布斯堡家族，西部的主教统辖区域。[6] 也因此，这两个城市尽管在帝国中的地位都很重要，

---

[1] Joachim Jahn, Augsburgs Einwohnerzahl im 16 Jahrhundert-Ein statistischer Versuch, in ZBLG 40, 1977, S. 829 - 167; Barbara Rajkai, Die Bevölkerungsentwicklung von 1500 bis 1648, in Gunther Gottlieb u. a. hrsg, Geschichte der Stadt Augsburg, 2. Aufl, Stuttgart, 1985, S. 252 - 258; Ruldof Endres, Sozialstruktur Nürnbergs, in Gerhard Pfeiffer hrsg, Nürnberg-Geschichte eine europäische Stadt, München, 1971, S. 194 - 199.

[2] Berndt Hamm, Bürgertum und Glaube, Konturen der städtischen Reformation, Göttingen, 1996, S. 36f; Berndt Hamm, Humanistische Ethik und reichsstädtische Ehrbarkeit, in Mitteilungen des Vereins für Geschichte der Stadt Nürnberg, 76, 1989, S. 65 - 148.

[3] Wolfgang Zorn, Die soziale Stellung der Humanisten in Nürnberg und Augsburg, in Die Humanisten in ihrer politischen und sozialen Umwelt. hrsg. von Otto Herding, Robert Stupperich, Boppard, MKHG, 1976 (3), S. 35 - 49.

[4] Heinrich Lutz, Conrad Peutinger, Beiträge zur einer politische Biographie, Augsburg, 1958, S. 232.

[5] Heinrich Lutz, Peutingers Stellung zur Monopolienfrage im Augsbuger Interesse, S. 206, 214 - 222, 269f, 300 - 302.

[6] Gerhard Pfeiffer hrsg, Nürnberg-Geschichte eine europäische Stadt, München, 1971, S. 115 - 127, S158 - 164; Rolf Kiessling, Augsburg zwischen Mittelalter und Neuzeit, Heinrich Lutz, Augsburg und seine politische Umwelt, in G. Pfeiffer, S. 241 - 251, 413 - 433.

但是却与皇帝、诸侯、主教有着不同的关系,承受的皇帝的保护程度也不一样,也因此对皇帝方面的顾虑程度也不同。

其次,两座城市的城市宪法也不尽相同。在纽伦堡,早在 14 世纪来自皇帝的支持力量就转变成了贵族的掌权,这些贵族能够完全掌控城市管理。在宗教改革前夕,这些贵族在大议会以及城市中都享有良好的声望,[①] 小议会成员全部都是这些贵族,他们有权力、也有能力负责和把控整个城市。并且,在纽伦堡的市议会中,有专门负责不同的手工行业的议员,行会之间的联盟在纽伦堡是不被允许的,这样就不可能产生基于手工业的政治联盟。这种结构既有好处也有坏处,好处就是城市内部不太可能产生分裂,坏处就是市议会必须努力在内部消化这些社会张力和矛盾。在这种体制下,比较棘手的问题是,小议会必须尽快做出一个决策,以避免市民和市议会内部的分裂。奥格斯堡的情况恰恰与此相反,城市中有 17 个行会,出身行会的成员占据了小议会的大多数,主要的官员也一半是贵族,一半是行会成员,大议会更多代表行会的声音。[②] 市议会与行会的民众的关系上不像纽伦堡那些直接有效,各个行会或民众中产生的分歧很可能就会被带到市议会中来。[③] 此外,奥格斯堡的市议会选举频率更高些,主要管理人员的连任性也更差一些,带出不同背景、不同政见的可能性也更大些。相比之下,奥格斯堡想要达成一致意见就更难一些。[④]

第三,两座城市对自身城市管理以及对教会的实际掌控与影响能力也有所不同。总体上来说,纽伦堡是一座贵族管理城市,市政管理以及对于教会的掌控力度更强一些。纽伦堡市议会从 15 世纪初开始就加强了对教会事务的干预,不仅仅包括弥撒基金,还有布道权和对教区人员安排的权利。通过对修道院和教堂的"监督管辖"权,纽伦堡的市议会可以很容易驱动它们走向改革的方向。[⑤] 在这一点上,奥格斯堡由于是一个主教驻扎的城市,面临很多"障碍"。此外,奥格斯堡市议会掌握的堂区布道权

---

① 有关纽伦堡的城市宪法可参见 Gerhard Pfeiffer hrsg, Nürnberg-Geschichte eine europäische Stadt, München, 1971, S. 17, 20-22, 25, 28, 31, 35-38, 41, 44, 73-75, 196。

② Katharina Sieh-Burens, Bürgermeisteramt, soziale Verpflichtung und Reformation in der freien Reichsstadt Augsburg 1518-1539, in Miscellanea Suevica Augustana, 1985, S. 61-88.

③ 有关纽伦堡的城市宪法可参见 Katharina Sieh-Burens, Die Augsburger Stadtverfassung um 1500. in ZHVS 77, 1983, S. 125-149。

④ 有关二者的比较可以参见 Heinrich Richard Schmidt, Reichsstadt, Reich und Reformation Stuttgart, *VIEG*, 1986 (122), S. 19-23。

⑤ Gottfried Seebaß, Stadt und Kirche in Nürnberg im Zeitalter der Reformation, in von Bernd Moeller, hrsg, *Stadt und Kirche im 16 Jahrhundert*, Gütersloh, 1978, S. 66-86, 68-71.

和人员安排的权利也相对有限。虽然奥格斯堡也有对修道院和教堂的"监督管辖"权，底层也有负责堂区事务的管理员，但是整体上的掌控力度要比纽伦堡小很多。总体上说，奥格斯堡市议会对于教会的实际掌控与影响能力要比纽伦堡弱很多。[1]

第四，两个城市面对的来自皇帝和主教的压力是截然不同的。纽伦堡很早就将皇帝对城市的权利转到自己手中。更重要的是，纽伦堡城市管辖范围内从来都没有主教驻扎，这点在宗教改革问题上意义重大。换言之，纽伦堡除了表明效忠皇帝的立场之外，对于城市的管理是具有自主性的，相比奥格斯堡不那么需要承担来自皇帝和主教的压力。相比之下，奥格斯堡最高掌控权始终在皇帝手中，并且由于富格、威尔瑟这些大家族的存在，皇帝对这座城市的忠诚度要求更高一些。此外，奥格斯堡始终是一座主教驻扎城市，这也成为奥格斯堡进行新教改革最大的一个"阻碍"。奥格斯堡主教虽然常驻在迪林艮，但是有一个强大的主教教堂，教堂背后是来自城市中诸如富格等大家族的保守力量，难以应付。此外还有贵族妇女修道院，圣斯蒂芬修道院等主教影响势力。这些造成了1530年后，城市市议会对于改革合法性的持久讨论，以及与主教的多重复杂斡旋。由于这层关系，奥格斯堡的宗教改革始终处在帝国政治层面，城市的自主性由此被极大削弱，甚至在一些时候，城市利益在帝国政治力量角逐中是被牺牲的那一方。

第五，在宗教改革宣传舆论把控上，纽伦堡更加严格有力，相比之下，奥格斯堡更加宽松，最终将自身造就成了一个"舆论战场"。奥格斯堡和纽伦堡都有很多印刷厂，但是纽伦堡所有传播新教思想的小册子都要接受市议会严格的监督，且纽伦堡的"审查"制度要比奥格斯堡严格很多。[2] 奥格斯堡虽然也发布了很多"审查令"，可是在具体的执行力度上没那么有效。[3] 在纽伦堡，直到1524年，有关路德的作品以及阐发路德思想的作品中如果有包含诋毁教皇或皇帝的，都被视为违规，不允许发表。[4] 因此

---

[1] Rolf Kiessling, Bürgerliche Gesellschaft und Kirche in Ausgburg im Spätmittelalter, Augsburg, 1971.

[2] Arnd Muell, Zensurpolitik der Reichstadt Nürnberg, Von der Einführung der Buchdruckereien bis zum Ende der Reichsradtzeit, in Mitteilungen des Vereins für Geschichte der Stadt Nürnberg, 49, 1949, S. 66－169.

[3] Friedrich Roth, Augsburgs Reformationsgeschichte, München 1904, Bd. 2, S. 332, 413f; Volker Büchler: Die Zensur im frühneuzeitlichen Augsburg 1515－1806, in ZHVS, 84, 1991, S. 69－128.

[4] Gerhard Müller, hrsg, Schriften und Briefe 1525 bis Ende 1527, Güterloh, 1977, S. 403－484.

很多纽伦堡本地的作者，不得不前往其他城市比如班贝格（Bamberg）、奥格斯堡来发行作品。[1] 1524 年农民战争爆发后，纽伦堡市议会强力打击那些激进的作品和作者，甚至不惜自己出资，有目的性地印刷那些分析农民的宣传品，向教区民众传播。因为市议会不想选择激进改革的方向。在后期再洗礼派运动爆发的时候也是如此，市议会有目的性地选择反对再洗礼派的作品，并把这些花费算在牧师费用上。[2] 奥格斯堡的情况则与此大不相同。这里虽然有市议会的审查要求和对印刷商的警告，但是常常有印刷品不顾市议会的审查被发行到市场上，虽然可能两三天后被召回，但印刷商们依旧乐此不疲，因为这样更符合他们的利益。[3] 奥格斯堡内在的不统一，导致在奥格斯堡有很多不同的早期教派团体出现，呈现了"早期教派多元化"的局面，城市自身也沦为教派相争的"舆论战场"，市议会无法进行强有力地管控，只能尝试在诸多纷争中进行调和，最终以失败告终。在纽伦堡，与市议会不一致的教派团体受到严密监视和打压，这也是造成纽伦堡比奥格斯堡更加迅速、更有效率地完成宗教改革的重要原因。

第六，牧师对于宗教改革的宣传、民众舆论引导、教派选择、政教关系等问题上，都是极其关键的角色，在这一点上两个城市差异也尤其显著。在宗教改革爆发后，纽伦堡市议会很快就将城中所有的牧师都换成在维腾堡接受过教育或者对维腾堡改教家的作品有过深入研究的新教牧师，并且这些牧师之后很少有更换，保持了牧师群体的稳定性。这些牧师也共同参与了 1533 年的新教教会秩序设计。这些新教牧师们很大程度上保证了纽伦堡宗教改革运动的顺利进行。纽伦堡市议会通过三位强有力的新教牧师奥西安德尔（Andreas Osiander）、施劳伊彭那尔（Dominikus Schleupner）以及维那托里乌斯（Thomas Venatorius），在对抗传统阵营上取得了压倒性性的优势，传统阵营的神父被纷纷逐出城市，甚至有茨温利派或者激进派倾向的也一并受到打压。除此之外，奥西安德尔在帝国城市中是一个非常有影响力的神学家，尽管一些牧师们与他意见相左，但是至少到 1533 年制定教会秩序之时，他始终是最核心的人物，从而保证了纽伦堡

---

[1] Gottfried Seebaß, Andreas Osiander und seine Drucker, in: Beiträge zur Geschichte des Buchwesens im konfessionellen Zeitalter, hrsg, Herbert G. Göpfert u. a. Wiesbaden, 1985, S. 133 – 146.

[2] Gottfried Seebaß, Andreas Osiander und seine Drucker, S. 138 – 141.

[3] Hans-Jörg Künast, Entwicklung des Augsburger Buchdrucks von 1468 bis zum Augsburger Religionsfrieden von 1555, In Augsburg in der frühen Neuzeit. hrsg. v. Jochen Brüning, Friedrich Niewöhner. Berlin, 1995, S. 227 – 239.

没有像很多其他城市一样，由于牧师内部之间的分歧，导致了市议会政策的迟疑。此外，由于这些代表着路德派的牧师们都秉承着"保护弱者""反对激进改革"的基本原则，一定程度上保证了改革落地的和缓性和稳定性。在教堂礼拜仪式、教士结婚以及其他的神学变革上，纽伦堡也很快就走上了正轨，没有经历大的波折。[1] 值得指出的是，市议会并不是完全放任牧师不管，城市中没有针对牧师或者神职人员的专门安排，只是市议会会时不时为他们召开会议，并且市议会安排这些牧师们既不负责管理教会的财产，也不负责管理婚姻法庭，也不允许参加任何市议会没有指定的教会事务，通过这种方式，市议会将教会的领导权完全把控在自己的手中。[2]

在奥格斯堡这个帝国城市中，牧师的情况却完全不同。奥格斯堡市议会对于教会的把控力度远不如纽伦堡那样强有力，加上主教的存在，这就导致了市议会没有办法完全按照自己的意愿安排牧师职位，更别提保证他们的一致性了。并且奥格斯堡市议会在宗教改革初期，只是在意城市内部的稳定与和平，将之奉为圭臬，其他都被置于次要位置。例如1524年赤脚修士引发的风波，以及多米尼克修士（Johann Faber）事件，[3] 市议会将二人逐出城市，此外便没有什么引导教派走向的动作。此后市议会虽然通过堂区管理员将堂区的教堂，都安排了新教的牧师，但这些牧师们却发展出了不同的教派倾向。[4] 此外，城中牧师的更换也频繁。奥格斯堡的教派众多，首先是新旧阵营之分，旧派阵营代表人物有后来被驱逐的多米尼克教士法波尔（Johann Faber）、主教教堂的克莱茨（Mattias Kretz）以及圣莫里茨教堂的奥特玛尔（Ottmar）；新教阵营有圣安娜教堂的雷吉乌斯（Urbannus Rhegius）、阿格瑞克拉（Stephan Agricola）、弗洛斯（Johann

---

[1] Pfeiffer G. Entscheidung zur Reformation. Sozialrevolutionäre, spiritualistische und schulreformerische Bestrebungen. Politische und organisatorische Sicherung der Reformation, ders. (Hg.): *Nürnberg-Geschichte einer europäischen Stadt*. München, 1971, S. 146 – 164.

[2] Gottfried Seebaß, Andreas Osiander und seine Drucker, S. 84 – 86.

[3] Friedrich Roth, Augsburgs Reformationsgeschichte, München Bd. 1, 2 Aufl, München 1901, S. 157 – 170; Philip Broadhead, Popular Pressure for Reform in Augsburg 1524 – 1534, in: V. Wolfgang, J. Mommensen hg, Stadtbürgertum und Adel in der Reformation, Studien zur Sozialgeschichte der Reformation in England und Deutschland, Stuttgart, 1979, S. 80 – 87.

[4] 有关奥格斯堡的教区的作用可参见 Horst Immenkötter, Die Katholische Kirche in Augsburg in der ersten Hälfte des 16 Jahrhunderts, in: V. Reinhard Schwarz hg., Die Augsburger Kirchenordnung von 1537 und ihr Umfeld. Gütersloh 1988, S. 9 – 31; Horst Immenkötter, Die Augsburger Pfarrzechen als Träger der Kirchenreform im 15 und 16 Jahrhundert, in: Mannfred Weitlauf, Karl Hausberger hg., Papstum und Kirchenreform, V. St. Ottilien, 1990, S. 301 – 323。

Forsch),① 以及圣莫里茨教堂的施派则（Johann Speiser）。② 随着圣餐之争爆发，以牧师凯勒（Michael Keller）为代表，城市中茨温利派倾向越来越明显，人数发展众多，根据史料近乎夸张的记载，"当茨温利派的牧师布道时，有一万六千人来听讲，而当其他人布道时，来听的人不过六七个"。③ 对于圣餐之争，奥格斯堡市议会由于自身的保守立场，也不想明确表态，整体上也只要是持着一种调和中立的立场。④ 因此，接下来的奥格斯堡的改革也是比较缓慢、柔弱。由此也可以看出奥格斯堡市议会的态度与把控能力与纽伦堡的差异。

这种情况，也使得奥格斯堡呈现了"早期教派多元化"的教派局面。面对"早期教派多元化"的复杂教派纷争，奥格斯堡市议会也很清楚，必须要有一位强有力的神学家来城中"镇住"局面。早期市议会聘请的首席牧师——雷吉乌斯因为1530年帝国议会期间的教派布道纷争，沦为牺牲品，被迫离开奥格斯堡，远走北德。此后，奥格斯堡市议会先后邀请了大名鼎鼎的布策（Martin Bucer）和布莱尔（Ambrosius Blarer），1534年之后又邀请比伯里安德（Theodor Bibliander）和奥西安德尔（Andreas Osiander），但是谁也没有成功。⑤ 1530年至1537年，布策尔多次驻留奥格斯堡，他已经意识到这种分裂很难克服。但他依旧取得了一些成效，使得奥格斯堡转向具有布策尔特点的上德意志区域的改革模式。⑥ 等到布莱尔（Ambrosius Blarer）来主导局面的时候，人们很快得出结论，他无法驾驭这种局面，甚至很难与市议会达成一致意见，因此他很快就离开了城市。⑦ 在这种艰难的情况下，市议会根据牧师们的要求，从1534

---

① 有关 Urbanus Rhegius，可以参见 Hellmut Zschoch, Reformatorische Existenz und konfessionelle Identität, Urbanus Rhegius als evangelischer Theologe in den Jahren 1520 bis 1530, Tübingen, 1995。

② 施派则（Speiser）虽然改信了新教，后来又改回了天主教。Roth, Anm 25, Bd. 1, S. 126 – 134。

③ Roth, Anm 25, Bd. 1, S. 203.

④ 有关圣餐之争可以参见 Roth, Anm 25, Bd. 1, S. 197 – 218; Walther Köhler, Zwingli und Luther, Leipzig 1924 (QFRG) Bd. 1, S. 255 – 271, 315 – 324, 564 – 566, 710 – 721; 有关雷吉乌斯对于圣餐之争的看法可以参见 Hellmut Zschoch, Reformatorische Existenz und konfessionelle Identität, S. 165 – 217, 325 – 333。

⑤ Roth, Bd. 2, S. 11, 18, 195.

⑥ Gottfried Seebass, Martin Bucer und die Reichsstadt Augsburg, in v. Christian Krieger, Marc Lienhard hg., Martin Bucer and Sixteenth Century Europa. Actes du colloque de Strasbourg, Leiden, 1993, Bd. 2, S. 479 – 493.

⑦ Roth, Bd. 2, S. 435 – 451.

年开始安排世俗成员担任大教堂教长（Kirchenproepste），最开始是六位，后来是七位，1537 年还增加了堂区长。① 虽然教长这个职位，位于市议会与牧师之间，实际的职权常常受到影响，但终究市议会通过这种方式，建立了对教会进行把控的机制。

　　第七，城市上层核心人物在宗教改革中也发挥了重要的影响作用，这一点上奥格斯堡和纽伦堡情况也很不同。城市上层核心人物和前面提到的城市宪法、政治地位、外交环境等诸多因素相关联。在近代早期，一个帝国城市的城市书记官往往是最核心、最有影响力的人物。在这两个城市的管理中，城市书记官作用非常关键。在奥格斯堡这位有影响力的人物是康哈德·鲍丁格（Konrad Peutinger），在纽伦堡则是拉扎尔罗斯·斯彭格勒（Lazarus Spengler）。斯彭格勒尔在纽伦堡坚定地支持路德派。他在 1520 年就已经明确地表达了立场，在他执政的这些年，一直到 1534 年去世，始终致力于将城市从里到外都变成一个路德派的新教城市。在 1525 年圣餐之争爆发之后，他更是坚定地站在了路德派这一边。虽然也遇到了一些阻力，比如著名的人文主义者皮克海默（Willibald Pirkheimer），但最终还是胜利了。斯彭格勒尔后来也与城市周边的安斯巴赫的公爵沃格乐（Georg Vogler）合作紧密，双方共同促进了纽伦堡的教会秩序的制定以及纽伦堡周边地区的改革方案。在制定过程中，斯彭格勒尔发挥了很大的影响作用。当然，在婚姻法、教会管理，以及接管、建设教会秩序这些事件上，市议会也听取了律师们的意见。② 在奥格斯堡，鲍丁格很早就认识路德本人，甚至在 1521 年沃尔姆斯帝国会议上还参与处理了路德事件。他属于人文主义者，早期比较同情路德，但是当他意识到路德的学说可能会带来深刻的社会变革与动荡之后，坚定地站在了保守的战线上。在他发现需要等待一次大公会议来解决路德问题后，他首先想要保证市议会的管理不受影响，城市的内部稳定不受影响，极力避免危险的动荡与分裂，因此坚持"中间道路"政策，不做明确的阵营选择。他的立场与纽伦堡的斯彭格勒是很不同的。当然，这样的抉择也主要是由于奥格斯堡复杂的情况，不像纽伦堡那样，无论是城市宪法还是政治环境都可以相对简单明确地解决宗教问题。③ 奥格斯堡外面始终面临巴伐利亚公爵以及施瓦本联盟的束缚，还有哈布斯堡家族的强大影响，所以在宗教政策上只能保守，保持开放状

---

①　Roth, Bd. 2, S. 327f.

②　Gerhard Pfeiffer, Lazarus Spengler (1479 – 1534), in Alfred Wendhorst. Gerard Pfeiffer, Fränkische Lebensbilder, Bd. 11, Neustadt/Aisch, 1984, S. 61 – 79.

③　H. Lutz, Peutinger, Anm. 4, S. 231.

态。然而，这又与城市内部市民的改革意愿形成了一种巨大的张力。为了保证城市的内部稳定与和平，市议会坚决打压各种激进布道、激进宣传，镇压1524年的城市骚乱以及1527、1528年的再洗礼派运动。尤其对再洗礼派的打压，力度不亚于其他城市。① 但是由于城市内部民众的改革呼声太高，最后市议会不得不拒绝在1530年的帝国议会宗教事务决议书上签字，这件事情标志着市议会改革态度的转折。随后，奥格斯堡逐渐走向改革的道路。这也意味着鲍丁格的"中间道路"政治路线告一段落。② 一直到1534年，市议会正式进行宗教改革，禁止城市中一切天主教布道。③

第八，两座城市在市议会内部决策上也存在巨大差异。纽伦堡的市长在宗教改革初期就赢得了市议会内部的重要成员的一致意见，因此在推行宗教改革上比较顺利。在纽伦堡宗教改革的最初几年，1522—1524年市议会努力安排自己的牧师，但是也避免明显的宗教改革举措。牧师们站在和市议会统一的政治战线上，伺机进行重要的改革举措，直到1525年时机成熟，召开了宗教会议，决议进行宗教改革。最后纽伦堡成为第一个新教帝国城市。④ 但是彼时纽伦堡还没有为宗教改革进行公开的合法性辩护，直到后来斯彭格勒制定了一份详细的辩护书。⑤ 与此同时，纽伦堡也并没有立刻把改革推广到其他的周边辖区内，而是在等待政治时机，直到与安斯巴赫的乔治公爵共同制定一份新的教会秩序。⑥ 在政治外交上，纽伦堡也比较谨慎，并没有正式参加施马尔卡尔登联盟，而只是安排使者签署了1529年新教阵营的文件，以及1530年的《奥格斯堡信纲》。⑦ 在政

---

① H. Lutz Peutinger, Anm. 4, S. 278 – 282；有关乌班和再洗礼派不同领导头目之间的分析可以参见 H. Zschoch, S. 218 – 295。
② H. Lutz, Peutinger, S. 295.
③ Horst Immenkötter, Kirche zwischen Reformation und Parität, in G. Gottlieb. Geschichte der Stadt Augsburg: 2000 Jahre von der Römerzeit bis zur Gegenwart, Stuttgart: Konrad Theiss Verlag, 1985, S. 391 – 412, 398f.
④ Gerhard Pfeiffer, hrsg, Nürnberg-Geschichte eine europäische Stadt, München, 1971, S. 146 – 153.
⑤ Gottfried Seebass, Apoligia Reformation, Eine bisher unbekannte Verteidigungsschrift Nürnberg aus dem Jahr 1528, in ZBKG, 39, 1970, S. 20 – 74.
⑥ Andreas Osiander, Schriften und Briefe 1528 bis April 1530; Gerhard Mueller, Gottfried Seebass hg., Gesamtausgabe, Bd. 3, Gütersloh 1979, S. 123 – 248, Nr. 96 – 98, S. 468 – 545, Nr. 126, S. 674 – 696, Nr. 133 – 136; Bd. 4, Schriften und Briefe Mai 1530 bis Ender 1532, Gütersloh, 1982, S. 219 – 256, Nr. 153 – 157; Bd. 5, Schriften und Briefe Mai 1533 bis 1534, Gütersloh, 1983, S. 37 – 181, Nr. 176.
⑦ Gerhard Pfeiffer, hrsg, Nürnberg-Geschichte eine europäische Stadt, München, 1971, S. 158 – 163.

治智慧上奥格斯堡并不弱于纽伦堡,但是奥格斯堡面临的情况很不一样。

不同于纽伦堡,奥格斯堡市议会内部最开始的保守立场很强大,后来当大多数市议会要员都转变为新教支持者之后,支持的教派又不同。奥格斯堡的市议会内部要员可以分为几大家族派系,每个家族出于自身的利益考虑,有着不同的派系支持。奥格斯堡走向宗教改革决策的过程,很大程度上也是这几大家族派系的力量斗争的结果。① 在1530年奥格斯堡市议会拒绝签署帝国议会决议书之后,城市逐渐走上宗教改革的道路,小议会内部不同的成员支持不同的派别,最后只能通过大议会来决定。② 在这个过程中,城市面临着改革合法化的问题,为此进行了诸多讨论,并且也询问纽伦堡、乌尔姆这两个联盟城市的意见。③ 而在教派选择上,奥格斯堡既没有选择维腾堡路德派模式,也没有选择苏黎世茨温利派模式,而是选择了第三条道路——具有茨温利倾向的、受到布策影响很大的"上德意志区域模式"。实际上,自从1530年以后,奥格斯堡的牧师们主要都是布策派人士,奥格斯堡的重大决策也受到了布策的影响。④ 此外,从1530年到1537年,一共七年时间,在这个过程中,奥格斯堡市议会始终要关注外部的政治外交情况,而这是纽伦堡无须面临的挑战。1531年纽伦堡、乌尔姆、奥格斯堡达成三城联盟,然而到1534年施瓦本联盟功亏一篑,奥格斯堡才最终可以在外交上松一口气,从而正式进行教会改革。⑤ 随后,市议会进一步禁止大主教教堂的布道与弥撒,也是得益于外部环境的解压。而在圣餐问题上,经过布策的不懈努力,维腾堡与上德意志最终也在1536年达成了一致意见。⑥ 与此同时,皇帝与国王,以及巴伐利亚公爵的反应也显示了奥格斯堡最开始比较保守地进行宗教改革是可行的。不同于纽伦堡与乌尔姆,奥格斯堡的宗教改革,始终处在各种力量的博弈之中。⑦

第二节　奥格斯堡宗教改革的三大特点

以上,我们总结了奥格斯堡与纽伦堡在宗教改革诸方面条件的差异,

---

① G. Gottlieb, Geschichte der Stadt Augsburg, S. 301 – 311, 305 – 307.
② Roth, Bd. 1, S. 346 – 349; Bd2, S. 175f, 309 – 315.
③ H. Lutz, Peutinger, S. 421 – 423.
④ H. Immenkötter, Kirche zwischen Reformation und Parität, S. 398 – 400.
⑤ H. Immenkötter, Kirche zwischen Reformation und Parität, S. 20f.
⑥ Roth, Bd. 2, S. 241 – 245, 282 – 288.
⑦ Roth, Bd. 2, S. 314f.

第五章　奥格斯堡宗教改革的特点比较与范式论评　265

除了改革进度迟缓之外，我们可以进一步总结奥格斯堡宗教改革的特点如下：

第一，早期教派多元化。

奥格斯堡是所有帝国城市中汇集了最多早期教派多元化因素的城市。在 16 世纪 20 年代下半叶，由于奥格斯堡开放的态度以及自身作为印刷传播中心，逐渐汇集了包括传统天主教、路德派、茨温利派、再洗礼派、调和派等各种早期教派多元化因素。这些多元化的教派因素在 16 世纪中期和下半叶，逐渐发展成为不同的教派。反过来说，16 世纪后半叶乃至 17 世纪的新教教派的确立，可以在 20 年代的奥格斯堡找到其早期雏形。采绍赫（Zschoch）的研究观察到了这种现象，当代奥格斯堡研究专家柯斯灵（Kießling）在他的论著中也提到了这种现象，将之称为早期教派多元主义（Frühkonfessioneller Pluralismus）。在 1520—1534 年，政治与宗教神学的发展的最大特征恰恰是早期教派的多元性发展。这种早期教派多元化的局面恰恰汇聚在奥格斯堡这座城市，成为这个城市在宗教改革过程中最大的一个特点。本书引用了这两位学者的概念，并推进了对这种现象的细致描述与分析。这个特点可以归因于奥格斯堡发达的出版印刷业，以及奥格斯堡作为文化中心的吸引力，但更要归因于奥格斯堡市议会的相对宽容的教派政策。

第二，宽容的教派政策。

奥格斯堡虽然对待激进派以及再洗礼派持打压态度，但是对其他的教派，包括传统天主教、新教路德派、茨温利派都是比较宽容的，尤其是相较于纽伦堡等城市，显得尤其宽松。奥格斯堡自身也始终尝试构建统一的新教认同，即雷氏代表的调和派。背后是城市对于和平稳定的政治环境的一以贯之的追求。这种追求最终促成了奥格斯堡在相对和平的框架内完成宗教改革。1537 年以后，由于主教驻扎、皇帝与寡头贵族的关系、新教联盟在战争中失败，以及 16 世纪中期以后，天主教力量的反扑等种种因素，奥格斯堡的天主教因素重新回归，但奥格斯堡始终坚持和平、宽容的教派政策，成为帝国城市中新教与天主教兼容并包、和平共存的双教派城市。因此，兼容并包的教派政策，是奥格斯堡的独有特点。

第三，第三条改革路径——上德意志区域模式。

在对新教改革的改革实践问题上，迪克森（C. Scott. Dixon）认为宗教改革的神学思想必须要把抽象理念转换到宗教实践中，也就是教会秩序重建的问题。而在教会秩序重建过程中，每一个地区或者城市往往都会选择与自身条件最契合的一种模式。在布瑞迪（T. Brady）"转向瑞士"的研究基础上，德国宗教改革史专家考夫曼（Thomas Kaufmann）认为早期的城市宗教改革除了维腾堡模式、苏黎世模式之外，还有一种具有混合性质的"瑞士—南德"模式——上德意志区域模式。所谓的社区宗教改革与市议会宗教改革之间，仍有很大弹性空间，即世俗权威逐渐走向台前而宗教逐渐被驯管的过程。本书以奥格斯堡的个案研究支持并验证了考夫曼的这种观点。在路德派与茨温利派这两大强势的新教派别影响下，奥格斯堡因其自身的中庸调和派主张，最后选择了第三条改革路径——上德意志区域模式。奥格斯堡的改革也是位于社区宗教改革与市议会宗教改革之间，并且世俗权威逐渐走向台前，掌管了教会事务。除此之外，由于奥格斯堡复杂的教派局势，城市始终没有建立起来一个路德之于维腾堡、茨温利之于苏黎世、布策之于斯特拉斯堡这样强有力的牧师领导团队，雷氏的被迫离开以及后续诸位牧师的轮番上阵，足以说明问题，这也是奥格斯堡复杂局势的必然结果。

第三节 "合力"范式：对奥格斯堡宗教改革的解释范式

有关欧洲近代早期城市宗教改革研究，1962年穆勒（Bernd Moeller）的《帝国城市与宗教改革》[①]开了从社会史角度书写近代早期宗教改革史的先河。沿着穆勒的研究方向，学者们先后转向了宗教改革的社会接受史以及宗教改革对政治、社会构建的道路研究。在城市宗教改革运动的内在进程以及道路模式分析上，以往半个世纪的研究，基本上可以总结为三种解释范式，即自上而下的"市议会宗教改革"（Ratsreformation）、自下而上的"民众宗教改革"（Volksreformation）和"社区宗教改革"（Gemeidereformation）。

欧洲近代早期史的社会历史学家，几十年如一日地投身于大众对政治变化中的影响研究，他们通常以"自下而上"的历史视角来研究动乱时期的社会历史、人民大众的历史。近些年关注大众历史，微观史的著作层出不穷。然而宗教改革作为一场社会变革，实际情况从来不是一个严格的从上至下，或是完全的从下至上的单向叙事。在历史的连续统中，各方面利益群体的博弈才是推动历史前进的主要动力。奥格斯堡是16世纪神圣

[①] Bernd Moeller, *Reichsstadt und Reformation*, mit einer Einleitung herausgegeben von Thomas Kaufmann, neue Aufgabe, Mohr Siebeck, Tübingen, 2011.

罗马帝国的政治、经济、金融、文化、印刷中心，在所有的帝国城市中它的各方面关系最为复杂，它的宗教改革历史说明，在"市议会宗教改革""民众宗教改革"和"社区宗教改革"三种解释范式中，奥格斯堡恰恰是一种综合。

在奥格斯堡复杂拖沓的宗教改革进程中，我们可以看到城市民众、新教牧师、城市权贵、城市联盟、帝国皇帝、驻扎主教、改教家、周边诸侯，以及新教联盟全部的变量要素，这些力量在不同的时期，发挥着不同的作用，有主导，有次辅，相互之间又交错影响。在这个历史中，多元力量在信仰与多重利益的交互驱动下，共同构建了一个城市宗教改革的复杂的动态立体图景。其中，城市内部民众与牧师们的改革呼声决定了改革的方向；成长中的世俗权威——市议会承担了改革的领导角色；而帝国政治层面的因素决定了改革的进程与范围；实际上是这三者的合力塑造了城市的宗教改革历史。这其中既有市议会自上而下的领导，也有民众自下而上的呼应，以及二者的相互互动与交错影响，更有外在因素的强有力影响与干预，以及内外之间的相互互动与影响。在奥格斯堡的个案中，社会变革从来不是简单地单一方向力量促成的，而是多元的合力作用使然。在历史的连续统中，各方面利益群体的博弈才是推动历史前进的主要动力。所以，我们可以说，奥格斯堡的宗教改革是一场多元力量相互博弈的过程，是一场包含"自上而下"与"自下而上"，内与外的"合力"的结果。

那么，在城市宗教改革的历史语境中，可以怎样分析这种"合力"呢？在以上对奥格斯堡的个案研究基础上，本书尝试提出一种"三重维度、多元变量"的立体式分析方法。三重维度包括宗教信仰维度、利益诉求维度、阶层维度，多元变量包括影响一个城市的改革进程的各方力量。首先，宗教信仰维度主要是指在信仰上的诉求。在整个中世纪蔓延到近代早期的宗教改革时代，信仰问题是今天这个时代无法想象的大事，人们对于死后是进天堂还是地狱的问题无比关切。在信仰的大历史走向中，尽管背后政治经济利益的力量强大到足以影响它的进程，但这个因素作为时代的底色绝对不可忽略。宗教信仰上的诉求在宗教改革的具体语境下，包含对于不同的教派认同，对不同教派的追随。不同的城市地区具有个体性差异。在奥格斯堡这个个案中，教派认同包含传统新教与天主教、新教内部的路德派、茨温利派、再洗礼派、布策代表的调和派等。其次，利益诉求维度包括政治利益诉求、经济利益诉求、社会稳定诉求。政治利益诉求包括与周边城市结盟、与皇帝结盟、加入新教联盟等一系列政治经济外交能够带来的政治利益；经济利益往往与政治利益联系紧密，即各方力量的经济利益；社会稳定利益即城市内部的稳定、统一所能带来的利益，也是"公共福祉"的执政理想的一部分。社会稳定直接关乎政治利益和经济利益，在"公共福祉"的执政理想下往往被看做一个基本前提。在奥格斯堡个案中，宗教改革整体上以和平为导向，但也不排除偶尔有一些暴力事件。在社会稳定基本得到保障的前提下，政治利益很多时候是被放在第一位的，因为政治上的稳定关系直接决定了奥格斯堡的经济利益与城市地位。但本质上三者是环环相扣，相互影响、相互作用的。最后，阶层维度，即以阶层来划分影响一个城市或具体单元的宗教改革的多元力量，主要分为城市中下层民众与城市上层权贵。这两个阶层分别代表了社会变革中"下"与"上"的力量。在宗教改革过程中，这两个阶层信仰取向不同、利益方向也不同，并且阶层内部也有信仰与利益上的差异。在奥格斯堡个案中，城市中下层民众率先接受了新教，一来，这符合他们积压已久的对传统教会势力的诸多不满；二来，他们也希望借着改革的机会为自己谋求生活境遇的改善；三来，新教的神学思想本身对他们具有很大的吸引力。上层权贵包括城市的统治阶层、大商人、贵族、人文主义学者以及具备以上交叉身份的人物。上层权贵在转向新教改革的过程中整体上偏保守、谨慎，主要是因为他们是城市政治、经济，乃至教会领域的主导者，甚至是城市的决策者，牵一发动全身，必须全面综合考量；而且这个阶层内部也有很大的差异和斗争，包括利益方向上的差异、信仰教派的差异、能接受的改革范围上的差异；同时，这个阶层往往受到外部环境的巨大影响。在宗教改革历史中，这一阶层既是领导者，也是被领导者，既是施动者，也是被施动者，三种利益以及多元教派的驱动在这个阶层中体现得最为生动复杂。

多元变量代表影响一个城市的改革进程的各方力量。在奥格斯堡这个复杂的案例中，一共概括出九种力量，几乎涵盖了帝国要素的各个方面，在帝国城市中无出其右。这九种力量可以总结为城市民众、新教牧师、城市权贵、城市联盟、帝国皇帝、驻扎主教、改教家、周边诸侯以及新教联盟。这些力量在不同的时期，发挥着不同的作用，有主导，有次辅，相互之间又交错影响。在奥格斯堡，第一阶段体现为城市内部民众、新教牧师、上层权贵与帝国皇帝之间的合力作用；第二阶段则体现为城市民众、新教牧师、城市权贵、城市联盟、帝国皇帝、驻扎主教、周边诸侯、多元关系的复杂合力局面；第三个阶段最为复杂，体现了城市民众、新教牧师、城市权贵、城市联盟、帝国皇帝、驻扎主教、改教家、周边诸侯以及新教联盟全部的变量要素。在这三个阶段中，多元力量在信仰与多重利益的交互驱动下，共同构建了一个城市宗教改革的复杂的动态立体图景。在此基础上，我们可以说奥格斯堡城市宗教改革是多元力量在信仰与利益的驱动下博弈的过程。

结　　语

本书旨在考察奥格斯堡的宗教改革的历史进程，探究影响改革进程的诸多因素，以及奥格斯堡作为个案研究能够带给我们的在史学观点以及研究范式上的验证与推进。行文至此，我们大致可以做出如下回应和总结。

一

首先，奥格斯堡的宗教改革政策经历了一个以中间道路政策为主导的动态的变化的过程。本书将之分为三大阶段，即第一阶段1518—1524年，保守政策阶段；第二阶段1524—1530年，部分转向新教以及应对早期教派多元化阶段；第三阶段1530—1537年，新教改革决议与实践阶段。在第一阶段，代表城市世俗权威的市议会由于与罗马教会、皇帝以及城市驻扎主教的关系，公开表示坚守传统阵营，持相对保守的政策。与此同时，鲍丁格作为城市书记官，为城市制定了以坚持对哈布斯堡皇室家族的绝对忠诚，保证城市的经济繁荣以及以人文主义为理想的适度教会改革三原则为指导的"中间道路"政策，指导了16世纪20年代奥格斯堡的主体政策方向。在这个阶段，市议会出台了一系列言论监督，出版审查等制度；为解决民生问题进行了具有新教色彩的救济金制度改革；为保持社会稳定，打压了激进的布道以及下层民众的社会动乱。在第二阶段，以中间道路政策为主导的市议会也随着改革大潮进行了部分的适度的改革，如聘请新教牧师、允许新教布道、圣餐礼改革、解散部分修道院、收管修道院财产、允许修女还俗以及教士结婚等。这样的改革符合鲍丁格所推崇的人文主义的适度教会改革，也契合了城市内部对新教的呼声。在第三阶段，与奥格斯堡关联最为密切的纽伦堡、乌尔姆以及斯特拉斯堡都先后进行了宗教改革，城市内部改革的呼声与来自皇帝和传统势力的矛盾也越来越尖锐，原本倾向于保守的中间道路政策愈加难以维持。为了避免政治上的孤立，随着外部环境的逐渐解压，市议会决议进行新教改革，并进行了改革实践。

其次，奥格斯堡的改革从来不是城市自身的事件，它始终处在帝国政治层面。影响奥格斯堡宗教改革决策与进程的因素，本书总结一共有帝国上下、城市内外九种，也即城市内部的城市民众、信徒牧师、决策阶层（城市权贵），帝国政治层面的城市联盟、帝国皇帝、驻扎主教、改教家、周边诸侯以及新教联盟。在奥格斯堡，帝国政治层面因素始终发挥主导作用。1500—1555 年，在奥格斯堡召开了七次帝国议会，包括在宗教改革的历史上特别有分量的事件，反映了奥格斯堡这个城市对帝国的重要性，但与此同时也限定了市议会作为市民决策者的政治框架。作为帝国城市，奥格斯堡具有相当大的自主权，但皇帝仍然是城市的最高君主；主教的驻扎为奥格斯堡赢得中世纪的荣光，然而在新教改革事件上却成为莫大的阻力；受地缘政治的影响，奥格斯堡也需要考虑巴伐利亚大公与周边诸侯的利益；而经济贸易的需要也使得市议会与其相邻的城市进行区域间政治合作。因此，在宗教改革过程中，外围政治关系是极为重要的。有趣的是，同时代的改教家以及政治家无一例外地意识到奥格斯堡的改革是关乎整个帝国的大事，都积极地参与到它的改革进程中来。此外，民众与牧师们的改革呼声是影响市议会决策的重要内在因素，这一点在 16 世纪 30 年代体现得尤为明显。

再次，奥格斯堡宗教改革折射了帝国政治层面与城市自身多元力量博弈与平衡。由于影响奥格斯堡宗教改革的因素之多元与复杂，乃为帝国之最，决定了这个城市的宗教改革进程复杂、迟缓的步调。早在一开始，奥格斯堡的宗教改革的推进就受到多方政治势力与政治共存的影响。经济上的发达、与帝国政治核心关系匪浅的城市大家族的存在、帝国的政治属性、驻扎主教的存在等要素，使得奥格斯堡在帝国政治、经济上都占据重要地位，而这种重要的地位反过来又极大地影响了它的改革进程，因此，奥格斯堡的改革只能等到周边局势变动相对稳定下来后才能顺利进行。无论是早期的"中间道路"路线还是后期的改革决议，都取决于这一点。20 年代初期，新教仍处在初期的发展阶段，奥格斯堡也坚守着相对保守、警惕的政治策略。在"中间道路"政策的影响下，奥格斯堡在 20 年代大的政治决策上始终保持保守态度。1526 年、1529 年的施拜耶尔帝国会议，奥格斯堡始终没有参加新教联盟，而是接受了帝国议会的保守协议。虽然奥格斯堡尝试循着哈布斯堡家族在经济与政治上的利益方向，通过部分的教会改革来达成某种平衡，然而随着时局的变化，这种平衡被打破。一方面与南德诸城难以达成一致；另一方面来自城市内部改革的呼声与来自皇帝和传统势力的矛盾也越来越尖锐，这种矛盾终于导致 1530 年市议会拒绝在帝国议会"宗教事务"决议书上签字。这个事件也标志着奥格斯堡最终放弃了"中间道路"政策。此后，为避免政治孤立，奥格斯堡着手转向新教阵营。1531年，施马尔卡尔登联盟成立。然而在施马尔卡尔登联盟之后，皇帝也在积极构建自身的传统信仰阵营，奥格斯堡对皇帝的效忠关系，此时又成为改革的阻力，奥格斯堡再次陷入来回拉锯的局面。此后长达几年的对改革合法性以及改革计划的讨论，可以看出影响奥格斯堡宗教改革的最重要的还是权力关系问题。1533—1534年在联盟的谈判中，折射出了不同公爵、地区、城市不同层面的政治—外交利益，谈判进行得不顺利并不是因为其他，而是因为奥格斯堡的利益并不被放在首位，相反那些位高权重的大领主的利益，尤其是哈布斯堡家族、乌腾堡大公以及黑森伯爵被优先考虑。1534年2月施瓦本联盟解体给改革营造一个轻松的外部环境，于是市议会领导进行了部分的新教改革，即除了主教势力范围外的城市新教改革。1536年市议会找到了途径加入施马尔卡尔登联盟，作为政治回报，他们帮助奥格斯堡应对皇帝与主教的阻力，改革为纯粹的新教城市，于是1537年市议会领导进行了一场完全的新教改革。由此可见，奥格斯堡的宗教改革进程完全是建立在整体的外部帝国政治环境之下的，是帝国政治层面与城市自身多元力量博弈与平衡的结果。

复次，如何评价市议会的改革决策？本书认为，市议会的政策是一种积极有效的政治平衡政策。在以上论述的复杂的历史过程中，市议会作为决策者始终在多元力量博弈之间寻求一种平衡。对于市议会来说，真正的难题在于，城市内部的改革声音与外部的政治环境从来不是统一的。城市内部的改革呼声以及新教力量的变化并不以外部环境为转移，而如何平衡与协调这二者之间的张力，是市议会从改革开始以来始终面临的巨大挑战。从1518年新教思想传入奥格斯堡开始，以行会、社区为代表的城市的中下层民众很快接受了新教福音。随着局势发展，一些贵族阶层，包括把控城市政治经济的四大家族的绝大多数，乃至市议会的领导成员也接受了新教思想。到了1530年帝国议会召开前夕，城市在民众层面实质已经转变成了新教城市。正是出于这种压力，之前市议会的"中间道路"政策维持的平衡被打破，由此，市议会在政策层面逐渐转向新教改革。从1530年到1534年漫长的新教改革决议的过程也是市议会努力构建新的内外平衡关系的尝试。其间，外部四城联盟、施瓦本联盟、施马尔卡尔登联盟、皇帝的传统阵营等已经是焦头烂额，内在还有主教驻扎的阻力、改革合法性的讨论、新教牧师们的急切推动、民众的秩序维护、改革方案的完善等种种问题，可以说是挑战巨大、举步维艰。所以说，奥格斯堡的市议会本质上采取了一种积极的政治平衡策略，向内触及城市社区的改革，向外触及帝国政治的层面。因此，奥格斯堡的政策从来不是单一的在要么支持民众们要么支持权贵，要么支持皇帝等简单的叙事中，而始终处在多重维度、多种力量之间。奥格斯堡无论是前期的"中间道路"平衡政策还是后期正式转向宗教改革的政策，为与不为、何者可为何者不可为、何时可为何时不可为，都是试图在寻找这诸多力量中的"最大公约数"，也即寻找一个"平衡的度"。鉴于奥格斯堡的教派和平建设结果，如果用一句话来概括和评价市议会的政策，我们可以说：市议会的政策是一种积极的、有效的政治平衡政策。

最后，如何用一句话来概括和理解奥格斯堡的宗教改革？从奥格斯堡的宗教改革进程来看，无论是1518—1530年市议会以"中间道路"政策为主导，还是1530—1534/1537年市议会开始和缓地进行新教改革，奥格斯堡的宗教改革始终处在大的帝国政治历史场域之中。在代表民众宗教诉求的"信仰"与世俗的"权力"之间，"信仰"引导了改革的方向，世俗权力之间的博弈与平衡决定了改革进程的快慢与范围。因此，如果用一句话来概括奥格斯堡这个城市的宗教改革，我们大概可以说：奥格斯堡宗教改革是一场以"信仰"为导向的多元力量博弈下的改革运动。基于奥格斯堡的个案研究，我们可以发现，在宗教改革的过程中，这二者的关系明显地走向分离。在力量对比上，"信仰"所代表的教会的力量渐弱，"权力"所代表的世俗力量渐强。具体来说则是滋生于信仰的教会体制把控"世俗权力"的力量渐弱，而"世俗权力"把控教会事务的力量逐渐增强。下面，我们再进一步总结奥格斯堡宗教改革所带来的政教关系转变。

二

本书在奥格斯堡的个案研究中，发现市议会作为城市的世俗权威在改革的过程中逐步扩大了其自身管理范围、强化了管理职能，逐步掌管了教会事务。从而以个案的方式展现了宗教改革进程中，政教之间，也即世俗权威与教会之间关系的转变：宗教改革成为一场社会改革运动，最核心的便是教会秩序重建的问题。在教会秩序重建过程中，民众所起的作用是一种呼声的作用，真正领导这一任务的主要还是世俗权威。世俗权威需要为民众的信仰提供一种保障，并在改革的过程中逐渐加强了自身对教会事务的管理控制。例如：通过救济金制度改革，市议会作为世俗的权威阶层逐渐承担了原本教会承担的"宗教关怀"的任务；市议会颁布的各项具体法律法规，基本涵盖了不断增长变化的市民生活的方方面面，其中事态的发生发展与市议会的反应构成了一种互动机制，由此强化了市议会的自主性以及作为帝国城市管理者的权威性。可以说在20年代和30年代进行的所有改革举措与城市管理过程中，市议会自觉不自觉地始终处在一个构建自身权威的过程当中，例如为维持城市内部和平以及稳定的努力、对城市激进派的动乱、再洗礼派的打压、实行的部分改革举措以及1530年以后努力推行改革，直至1534年和1537年改革完成，终于将自身权威置于教会事务之上。可以说，宗教改革本身促进了市议会作为世俗管理机构的职权增长、权威化与专业化的转变。在本书的研究时段中可以清楚地看到这种转变的特征。

然而有趣的是，通过对奥格斯堡宗教改革的多维度叙述，我们也能看到这种"近代特征"或者"近代雏形"，其实只占历史的共时面貌中的一小部分，如果可以把历史平铺开来，我们能够看到这条"线"的变化，但更多地可以看到这条"线"之外，历史立体的"面"的铺展，包括对以往历史的承袭，中世纪的遗存的信仰与生活，政治与经济的方方面面，换言之，这种"近代性"的线性链条隐藏于复杂而丰厚的历史连续统之中。

三

本书对奥格斯堡个案的研究，也验证和推进了学界的一些观点。在城市宗教改革的三种解释范式中，"市议会宗教改革""民众宗教改革"和"社区宗教改革"，各有所执。本书对奥格斯堡个案的研究发现，虽然市议会虽然也一定程度上承担了领导角色，然而实际上内在的民众呼声决定了改革的方向，外在的帝国政治因素决定了改革的进程，实际上是这三者的合力塑造了城市的宗教改革历史。因此，本书认为，奥格斯堡的宗教改革恰是一种综合。在此基础上，本书提出一种"合力"范式，来解释奥格斯堡的宗教改革过程。

如前所述，研究近代早期史的社会历史学家，通以"自下而上"的视角来研究和解释动乱时期的历史，并将视其为推动近代化进程的主要力量。然而实际的情况是，社会的变革与转型从来不是一个严格的从上至下的决定，或是从下至上的推动过程，在持续的政治变化中，上与下、内与外的多元力量博弈才是主线。奥格斯堡的宗教改革过程中所体现的内部复杂的社会关系与利益纠葛，从上至下的政策，从下至上的推动，乃至外部因素的参与，恰恰以一个个案的案例验证了这种模型。在此基础上，本书提出"三重维度、多元变量"的分析方法来分析宗教改革历史时期社会变革与转型中的"合力"作用，这一方法也有待于在其他个案研究中验证。

宗教改革作为人类历史中的一个重要的篇章，它的历史维度不仅仅限制于16世纪，更是人类社会变革史的一个样本。对奥格斯堡的个案研究，也许有助于我们管中窥豹，一探这场社会变革运动的微观动态图景。宗教改革被冠以"宗教"之名，却从来不是单纯的"宗教"的改革，相反它是诸种运动的复合体，它是一场以宗教问题引发的涉及社会各个方面的全方位的，包含宗教、政治、政教关系、教会改革、社会经济、法律法规、教育革新、民众民生、文化艺术等诸多方面的改革运动。宗教改革也不是一个单纯的转折变化事件，它所引发的全方位的社会改革运动，向前与中世纪晚期的关联，以及向后对近代欧洲历史产生的深远影响，都说明它所标记的时代是一个多方面的复杂的转移、过渡以及转换的时代。正因如此，宗教改革历史散发着持久的魅力，源源不断地吸引着众多学者进行探察与研究。

附录 I　奥格斯堡大事记

公元前
15 世纪　罗马人占领阿尔卑斯山北侧地区
304　　　圣阿芙拉殉教
955　　　莱希菲尔德战役
1316　　 奥格斯堡成为自由城市
1368　　 行会革命
1500　　 圣乌里希和圣阿芙拉教堂建造完成
1505/1506　葡萄牙的印度探险
1511　　 路德第一次来奥格斯堡
1512　　 雅各布·富格（Jakob Fugger）成为家族事业的唯一"掌舵人"
1514　　 雅各布·富格开始设计建造富格福利院
1517　　 路德张贴《九十五条论纲》
1518　　 路德来到奥格斯堡，与教皇特使卡耶坦会面
1518—1530　奥格斯堡成为路德新教思想的宣传中心
1519　　 查理五世被选为德意志神圣罗马帝国皇帝
　　　　 路德与安德烈·卡尔斯塔特以及约翰·埃克在莱比锡辩论
1520　　 神学家雷吉乌斯入职奥格斯堡大主教教堂神父
1521　　 路德被罗马教皇逐出教会；查理五世颁布沃尔姆斯禁令；
　　　　 年底雷吉乌斯被迫离开奥格斯堡
1522　　 路德翻译完成德语版《圣经》
　　　　 奥格斯堡实行救济金制度改革
1523　　 富格福利院建造完成
　　　　 茨温利在苏黎世发布"六十七条论纲"
1524　　 城市动乱，市议会镇压动乱
　　　　 市议会聘请新教牧师，开始解散修道院
1524—1525　德国爆发农民战争

1524—1528	圣餐之争爆发
1525	雅各布·富格去世；
	6月路德在维腾堡举行婚礼；雷吉乌斯在奥格斯堡举行婚礼；
	雷吉乌斯和弗洛斯在圣安娜教堂举行双重圣餐礼；
	纽伦堡宗教改革完成
1526	茨温利发表自己有关圣餐纪念说的观点
	1526年施拜耶帝国议会
	莫哈克斯（Mohacs）战争
	威廉·滕德乐（William Tyndale）的英语版《圣经》出版，席卷英国
1527	查理五世率军洗劫罗马；
	再洗礼派在瑞士和南德兴起；奥格斯堡成为再洗礼派中心；
	市议会镇压再洗礼派
1528	威尔瑟家族签订委内瑞拉合同
	乌尔姆完成宗教改革
1529	马尔堡会谈
	托钵修士教堂发生毁坏圣像事件
1530	帝国议会在奥格斯堡召开；奥格斯堡成为布道战场；查理五世颁布布道禁令；雷氏等新教牧师被迫再次离开奥格斯堡；
	《奥格斯堡信纲》起草完成；
	布策开始进入奥格斯堡；
1531	施马尔卡尔登联盟成立
	奥格斯堡宗教委员会成立，召回几位新教牧师
	穆斯库鲁斯等很多追随布策的新教牧师进入奥格斯堡
1533	穆斯库鲁斯等新教牧师们上呈改革请愿书
	宗教事务委员会召集专家评议
	与乌尔姆和纽伦堡联盟，解除奥格斯堡外交孤立
	与主教以及主教咨议会谈判，以失败告终
1534	施瓦本联盟瓦解
	6月乌里希公爵领导了乌腾堡的宗教改革
	市议会宣布改革政令，禁止在城市中以任何形式进行天主教传教，只有主教管辖的八所教堂可以保留天主教的礼拜仪式。
1536	奥格斯堡加入施马尔卡尔登联盟，在信仰问题上与维腾堡达成和解

	加尔文来到日内瓦，成为新教牧师
1537	依照马丁·布策的上德意志区域模式施行了全面宗教改革：公布新的教会条例，取缔天主教的全部布道和礼拜，树立教会宪法，组成新的教会代表委员会，整治警察秩序，颁布了新的婚姻法，整顿教育系统
1538	富格家族成为城市资深贵族成员
1540	教皇批准耶稣会成立
1545—1563	特伦托大公会议召开
1546	路德离世
1546—1547	施马尔卡尔登战役，查理五世成为胜利方
1548	查理五世武力占领奥格斯堡，开始整顿奥格斯堡新教
1548—1555	新教活动在奥格斯堡被禁止
1555	奥格斯堡宗教和平，路德派得到承认
1556	查理五世退出德国核心政治舞台
	威尔瑟家族撤离了委内瑞拉
1557	威尔瑟家族女儿菲利普娜嫁给斐迪南大公
1558	斐迪南一世成为神圣罗马帝国皇帝
1560	教皇承认斐迪南的皇位
1564	斐迪南的儿子马克西米利安二世继承皇位
	加尔文去世
1576	鲁道夫二世继承帝国皇位（1552—1612）
1580—1582	迫害女巫运动开始席卷整个欧洲，包括奥格斯堡周边的天主堂区域
	教皇格里高利十三世颁布新的格里高利历法；最后一次在奥格斯堡召开帝国议会；耶稣会士在奥格斯堡建立了几个高级中学
1584	奥格斯堡爆发"日历之争"
1584—1591	持续地抗议新日历，抗议安排牧师的程序
1594	建造奥古斯都喷泉
1618—1648	三十年战争
1619	斐迪南二世当选为帝国皇帝
1620	市政厅典礼
1629	执行恢复法令：斐迪南二世要求城市所有新教徒回归天主教，新教教产回到1552年的样子；随后奥格斯堡被天主教部队占

	领，新教牧师被迫离开，新教教堂被迫关闭，市议会掌握在天主教徒手中。
1632	瑞典开始进军德意志，不久之后瑞典国王在卢采恩战役中阵亡
1632—1635	瑞典军占领奥格斯堡，恢复新教，镇压天主教
1634	天主教军队在诺丁根战役中取得胜利，奥格斯堡被他们保卫，断绝粮食供应
1635	奥格斯堡再次变成天主教城市，允许新教徒少量活动，但不提供给他们教堂
1637	斐迪南二世去世，斐迪南三世继位
1648	《威斯特伐利亚和平条约》签订
1806	奥格斯堡失去帝国城市直辖地位，成为巴伐利亚州一普通城市

附录Ⅱ　乌班努斯·雷吉乌斯的史料

早在雷氏所处的时代——16 世纪，就有人开始整理他的作品。首次整理雷氏的作品的人是他最开始的朋友，后来成为敌人的维也纳主教法布里（Johann Fabri），保存在梵蒂冈档案馆中。[1] 时年1536 年，一共收集了雷氏的13 篇文章，仅比梅兰希通少2 篇，比布根哈根（Bugenhagen）多5 篇。[2] 其后不久，格斯那（Conrad Gesner）将雷氏的作品首次结集出版，后来又有两次扩充。[3] 1562 年，他的儿子恩斯图斯（Ernestus Rhegius）比较全面地整理了他26 年来的文章作品，集成两大卷本[4]，并为他的父亲写了一份简短的传记[5]，皆是拉丁语版。同时代为雷氏写了传记的还有两位，即潘塔里昂（Pantaleon）和伽瑟（Gasser）。[6] 潘塔里昂（Pantaleon）的这部传记在内容上比恩斯图斯（Ernestus Rhegius）纪实一些，但是同样比较多赞美的语调，这部传记先在1566 年出版了拉丁语版本，1570 年又出版了德语版本。[7] 伽瑟（Gasser）是奥格斯堡的史官，负责奥格斯堡的编年史，他为雷氏写了一个简短的传记，但主要是记录他在奥格斯堡的

---

[1] Cod. Vat. Lat. 3939, fol. 262 – 263; Liebmann, S. 338.
[2] Liebmann, S. 338.
[3] Gesner, Bibliothea universalis, fol. 627 – 627'. 这部作品集后来又被 Gesner/Lycostenes, Elenchus 和 Genser/Lycostenes/Simler, Epitome 先后扩充。具体年份不确定，应该是在 1536—1562 年。
[4] Regius Ernestus, Vita. Liebmann, S. 5; S. 314 包括"loci communues"，"Judicicum de libello Cypriani"，还有他的诗集，以及翻译作品，其中有一些有名字的，如伊拉斯谟的作品（epistle des Paulus an Titus），也有一些雷氏没有署名原作者的，也包含在其中。Liebmann, S. 337.
[5] Regius Ernestus, Biographie. Liebmann, S. 5; S. 314 该传记使用华美的拉丁语写成，相比于传记，更像一部对他父亲的颂歌，Uhlhorn 的评价，见 Uhlhorn. Urbanus Rhegius, Leben und ausgewählte Schriften, Elberfeld 1861, S. 343 Anm. 3。
[6] 同时代的 Sebastian Muenster 只记录了雷氏担任奥格斯堡大教堂布道士的事迹，此处略去不算。
[7] Pantaleon, Prosopographiae. Liebmann, S. 9.

所作所为。① 同时代的还有一些认识雷氏的人也对他有所提及，但受具体情境所限，都算不上是专门的著作或传记。②

后世出版的雷氏的作品、诗集等，都是依据格斯那（Conrad Gesner）和恩斯图斯（Ernestus Rhegius，也称恩斯特 Ernst）整理的版本。例如，17、18 世纪，雷氏的作品集的两次再版③。18 世纪施力希特哈勃（Schlichthaber）也对雷氏的作品做了整理和出版④，但他整理的版本有部分缺失，因此约西尔（Jöcher）在他的基础上做了补充。⑤ 19 世纪豪特穆德（Heinrcih Wilhelm Rotermund）在约西尔（Jöcher）的版本上又进行了补充，并且非常详尽地根据作品的年份和内容进行了数字化的编排。⑥ 1829 年，豪特穆德的再版又对雷氏的作品有了一点扩充。⑦ 1851 年海姆伯格（Heimbürger）的雷氏专著简化了雷氏的作品名称，并且在语言上也进行了现代化的转化⑧。十年之后乌豪恩（Uhlhorn）的整理由于条件所限，收集整理了 12 家图书馆的材料，但也没有呈现雷氏的部分作品。⑨ 到利伯曼（Liebmann）1980 年研究雷氏的专著出版为止，还没有根据依据雷氏的手稿整理出来的出版物，虽然很多雷氏的手稿在过去的几百年中不断地再印和编辑。雷氏写给路德、茨温利和 Vadian 的信件，或者雷氏全部的信件，也没有系统地整理成册出版。⑩ 1980 年，利伯曼（Liebmann）依据年份整理编辑了雷氏的手稿目录、出版作品的目录，1711 年出版的 57 卷本的全集目录。⑪ 此外，有关雷氏在宗教改革早期所写的宣传小册子，由于雷氏使用了匿名或者化名，因此在鉴别上给了后世学者很大的压力，为

---

① Gasser, Annales. Sp. 1776ff; Hartmann, Chronika, S. 10, S. 278; Liebmann, S. 9.
② Liebmann, S. 10.
③ 1683 年和 1753 年的两次再版，此外还有 1711 年 Gottfried Wagner 整理出版的雷氏的诗集，Liebmann, S. 338。
④ Schlichthaber A. G. Der evangelisch-lutherischßMindischen Kirchen-Geschichte erster Teil welcher fasset das segenreiche Andencken Urbani Regii. 2. Auf. , Minden 1753. Liebmann, S. 338.
⑤ Jöcher. Lexikon, 3. Bd. Sp. 1965 – 1968, Leipzig, 1750 – 51; Liebmann, S. 339.
⑥ Jöcher/Rotermund, Fortsetzung und Ergänzungen zu Jöcher Christian Gottlieb allgemeinen Gelehrten-Lexikon, 6. Bd. Sp. 1568 – 1576. Leipzig-Bremen 1784 – 1819, 7Bd. Guenther Otto（hg）Leipzig 1897; reprint: Hildesheim 1961; Liebmann, S. 339.
⑦ Rotermund, Lebensnachrichten, S. 448 – 456; Liebmann, S. 339.
⑧ H. Ch. Heimbürger, "Urbanus Rhegius: nach gedruckten und ungedruckten Quellen", Hamburg und Gotha, 1851, S270 – 274; Liebmann, S. 339.
⑨ G. Uhlhorn, "Urbanus Rhegius, Leben und ausgewählte Schriften", Elberfeld 1861.
⑩ Liebmann, S. 339 – 340.
⑪ Liebmann, S. 341 – 416.

此，利伯曼（Liebmann）逐一做了细致的鉴别与分析①，并专门整理出来一份未经证实是否为雷氏起草的作品目录。②

以下史料本书也有部分引用。

恩斯特（Ernst）整理的版本

REGIUS, Ernst（Hg.）, Opera Urbani Regii Latine edita; 3 Teile, Nürnberg 1562（= D 142）[O 1 - 3]

REGIUS, Ernst（Hg.）, Urbani Regi weiland Superintendenten in Fürstentum Lüneburg Deutsche Bücher und Schriften; 4 Teile, Nürnberg 1562（= D 143）[BS 1 - 4]

16 世纪出版的作品

D 18　Opsculum de ingnitate sacerdotum incomparabili; Augsburg 1519. VD 16: R 1866.

D 21　Ad formasam virginem Mariam Ratisbonae… residentem（Einblattdruck）; Ingolstadt 1519.

D 22　Cura Pastoralis; Konstanz 1520（nicht in VD 16）

D 23　Carmen victoriale; Augsburg 1520/1521（Einblattdruck, verschollen）; Zitiert nach KAWERAU, Miscellaneen 232f.

D 24　Argumentum Libelli. Symon Hessus Luthero ostendit causas, quare Lutherana opuscula… sint conbusta; Augsburg 1521. VD 16: R 1745.

D 25　Dialogus Simonis Hessi et Martini Lutheri Wormatiae nuper habitus; Landshut 1521. VD 16: R 1782.

D 26　Sermon von dem hochwürdigen Sakrament des Altars; Augsburg 1521. VD 16: R 1969.

D 27　Anzeigung, daß die römische Bulle merklichen Schaden…gebracht habe und nicht Doktor Luthers Lehr; Augsburg 1521. VD 16: R 1725.

D 28　Unterricht, wie ein Christenmensch Gott seinem Herrn täglich beichten soll; Augsburg 1521. Zitiertnach BS 1, 98v. - 100r.

D 29　Schöne Predigt des…Johannes Chrysostomi, daß man die Sünder…klagen und beweinen soll; Augsburg 1521. Zitiert nach BS 1, 240v. - 244v.

---

① Liebmann, S. 326 - 335.
② Liebmann, S. 417 - 419.

D 30　Überschöne und nützliche Erklärung über das Vaterunser…Cypriani; Augsburg 1521, Zitiert nach BS 1, 89v. – 98r.

D 31　Predigt von der heiligen Jungfrau Katharina; Augsburg 1521. VD 16: R 1868.

D 32　Des…Ersami von Rotterdam schöne und klare Auslegung über die Epistel Pauli zu Tito; Augsburg 1521/1522. VD 16: E3330.

D 33　Unterricht, wie sich ein Christenmensch halten soll, daß er Frucht der Messe erlange; Augsburg 1522. (nicht in VD 16)

D 34　Sermon von der Kirchweihe; Augsburg 1522. VD 16: R 1976.

D 35　Sermon von der dritten Gebot; Augsburg 1522. VD 16: R 1968.

D 36　Verdeutschung des Fasten hymus (Einblattdruck); Augsburg 1523.

D 37　Von Reu, Beicht, Buß Beschluß; Augsburg 1523. VD 16: R 2004.

D 38　vom hochwürdigen Sakrament des Altars Unterricht; Augsburg 1523. (nicht in VD 16)

D 39　Himmlischer Ablaßbrief (Einblattdruck); Augsburg 1523, Zitiert nach Liebmann, Ablaßrief 194.

D 40　Apologia Simonis Hessi adversus Dominum Roffensem…super concertatione eius cum Ulrico Veleno, an Petrus fuerit Romae; Basel 1523. VD 16: R 1727.

D 41　Kurze Erklärung etlicher läufiger Punkte; Augsburg 1523. Zitiert nach BS 1. 17r – 34r.

D 42　Die zwölf Artikel unseres christlichen Glaubens; Augsburg 1523. Zitiert nach BS 1, 3r – 16v.

D 42.1　Erklärung der zwölf Artikel christlichen Glaubens und läufigster Punkte alles christlichen Lebens; Augsburg 1523. (D42/41), VD 16: R 1822 = 2025. Die in dieser Ausgabe zuerst enthaltene Vorrede ist zitiert nach BS 1, 1r – 2v. Erste Überarbeitung: Augsburg 1524 (D42/41^2), VD 16: R 1836 = R2039.

D 42.2　Erklärung etlicher läufiger Punkte der Schrift und der zwölf Artikel christlichenGlaubens…Von neuem wieder übersehen und an etlichen Orten gemehrt; Augsburg 1525. Zitiert nach Ausgabe (Augsburg) 1526 (D41/42), VD 16: R 1840 = 2043.

D 43　Danksagung zu dem Ave Maria (Einblattdruck); Augsburg 1524.

D 44　Epistila paraentica Huldrichi Zwinglii ad Loannem Frosch Thelogum. Altera Urbani Regii eiusdem generis ad eundem; Zürich 1524. Zitiert nach Z 8, 201f.

D 45　Ernstliche Erbietung der evangelischen Prediger; Augsburg 1524. Zitiert nach dem späteren Zusammendruck mit D 45A (bei Liebmann D 46) VD 16: R 1792 = 1795.

D 45A　Daß Platten, Kutten, Kappen, Scheren, Schmeren, Salz, Schmalz und alles dergleichen Gott abscheulich sind; Augsburg 1525 (bei Liebmann D 45, D 46), Zitiert nach VD 16: R 1759 = 1792.

D 47　Wider den neuen Irrsal Doctor Andres vonKarlstadt des Sakraments halben Warnung; Augsburg 1524. VD 16: R 2017.

D 48　Kurze Verantwortung auf zwei Gotteslästerungen; Augsburg 1524. Zitiert nach BS 4, 112r – 116v.

D 49　Ob das Neu Testament jetzt recht verdeuscht sei; Augsburg 1524. VD 16: R 1862.

D 50　Eine überaus schöne … Auslegung des lieblichen Psalmen Miserere mei deus durch … Hiernymus Savonarola; Augsburg 1524. VD 16: R 2005.

D 51　Von Vollkommenheit und Frucht des Leidens Christi; Augsburg 1524. VD 16: R 2009.

D 52　Von Leibeigenschaft oder Knechtheit; Augsburg 1525. Zitiert nach LAUBE/SEIFFERT 242 – 260.

D 53　Sermon von ehelichen Stand; Augsburg 1525. VD 16: R 1967

D 54　Beschlußrede vom weltlichen Gewalt wider die Aufrührischen; Nürnberg 1525. Zitiert nach LAUBE/SEIFFERT 436 – 440.

D 55 – 61　Beilagen zur Neuauflage von D 38; 1525, nicht in VD 16.

D 62　De verbis coenae dominicae; Augsburg 1526. VD 16: R 1874.

D 63　Nova Doctrina; Augsburg 1525. Zitiert nach O 1, 17r – 30r.

D 66　Summa christlicher Lehre; Augsburg 1527. Zitiert nach BS 1, 45v – 74r.

D 67　Wider den neuen Tauforden notwendige Warnung; Augsburg 1527, Zitiert nach LAUBE 2, 1167 – 1248.

D 69　Prob zu des Herrn Nachtmahl für die Einfältigen; Augsburg 1526. VD 16: R 1870.

D 70　Zween wunderseltsam Sendbrief zweier Widertäufer; Augsburg 1528 (nicht in VD 16)

D 71　Ein Senbrief Hans Huten; Augsburg 1526. VD 16: H 6220.

D 72　Materia cogitandi de toto missae negotio; Augsburg 1528. Zitiert nach O 1, 57r – 75v.

D 73　Responsio ad duos libros…de Missa Ioannis Eckii; Augsburg 1529. Zitiert nach O 2, 6v – 41v.

D 74　Verantwortung zweier Predigten vom Glauben und guten Werken, die Johann Koß zu Leipzig getan hat; Augsburg 1526. VD 16: R 1996.

D 75　Eine Predigt, warum Christus den Glauben ein Werk Gottes genannt habe; Augsburg 1529. Zitiert nach VD 16: R1869. Liebmann: D 75.

D 76A　Seelenarznei für Gesunde und Kranke; Augsburg 1529. Zitiert nach Franz, Huberinus 242 – 260.

D 76B　Geistliche Arznei für Gesunde und Kranke; Augsburg 1530. Zitiert nach Franz, Huberinus 242 – 260（Anm）.

D 77　Vom Glauben und gutenWerken; Erfurt 1530（verschollen）, Zitiert nach dem Druck Nürnberg 1534, VD 16: R 1897.

D 79　Die rechten Hauptpunkte unseres heiligen christlichen Glaubens durch Athanasium zusammengezogen; in Hyr nach folgt ein Register etlicher Anzeigungen der trefflichsten Punkte im ganzen Neuen Testament…（nicht in VD 16. Universitätbibliothek München: 8 Theol. 2599: 2/3）, fol. c2r – c4r.

D115　Dialogus von der schönen Predigt, die Christus Lk 24 von Jesusalem bis gen Emmaus den zweien Jüngern am Ostertag aus Mose und allen Propheten getan hat; Wittenberg 1537. VD 16: R 1766.

D144　s. o. Werkausgaben.

流传下来的信件

D 6　An Johann Fabri, Februar 1516; Allen 2, 189 – 192, Nr. 386.

D 8　An Johann Turmair gen. Aventinus 28. Okt. 1516; TURMAIR, 578 – 580.

D 14　An Johannes Rhagius Aesticampianus, 4 April. 1518; WILISCH 110 – 113.

D 64　An Willibald Pickheimer, 24 April. 1526; O 3, 91rv.

D 65　An Johann Eck, 31. März 1527; D 73, zitiert nach O 2, 6v.

D 68　An Johann Eck, 24. März 1527; D 73, zitiert nach O 2, 42v – 43r.

D 94　An einen ungenannten (drei Briefe；der dritte vom 7 Jan. 1533)；O 3，84v - 85v.

D 99　An einen ungenannten Freund in Augsburg, 1534；O 2. 80r.

D 100　An ungenannte Freunde in Oberdeutschland 1534；O 2. 80r.

D 128　An einen ungenannten Freund, 1539；O 3，9v - 13r.

书信手稿

H 12　Brief an Joachim Vadian, 16. Mai. 1517；ARBENZ 1，190f. Nr. 97.

H 13　Brief an Joachim Vadian, 8. Nov. 1517；ARBENZ 1，201f. Nr. 107.

H 15　Brief an Michael Hummelberg, 2. Nov. 1518；HORAWITZ, Analecten 114，Nr. IX.

H 16　Brief an Michael Hummelberg, 18 Jan. 1519；HORAWITZ, Analecten 119，Nr. XIV.

H 17　Brief an Huldrych Zwingli, 2 März 1519；Z 7，142f. , Nr. 62.

H 18　Brief an Michael Hummelberg, 19. März 1519；HORAWITZ, Analecten 122，Nr. XVIII.

H 19　Brief an Eramus von Rotterdam, 4 Jan. 1522；ALLEN 5，2f. , Nr. 1253.

H 20　Brief an Wolfgang Rychard, 11 Jan. 1522；BHPT VI/5, 1013 - 1019.

H 21　Brief an Huldyrch Zwingli, 16 Juli. 1522；Z 7，537f. , Nr. 216.

H 22　Brief an Joachim Vadian, 31 Juli 1522；ABRENZ 2，443，Nr. 320.

H 23　Brief an Wolfgang Captio, 24 Juni 1523；Autograph：Universitätsbibliothek Basel：Nachlaß Capit, Mscr. Ki. Ar. 25a, 26.

H 25　Brief an Wolfgang Rychard, 29 Dez. 1523；BHPT VI/5, 1019 - 1021.

H 26　Brief an Thomas Blarer, Anfang 1524；SCHIESS 1，92 - 94，Nr. 66.

H 27　Brief an Wolfgang Captio, 16 Sept. 1524；Autograph：Straßburg：Archives municipales. AST. 40/59.

H 28　Brief an Johannes Oekolampad, 21. Okt. 1524；STAEHELIN 1，322，Nr. 224.

H 29　Mahnung zur Reformation in Memmingen, c. a. Feb. 1525；Autograph: Bayerische Staatsbibliothek München, Handschriftenabt. ; Cgm 4965/5.

H 30 Gutachten zu den Zwölf Artikeln der Memminger Bauern, März 1525; Abschrift: Bayerische Staatsbibliothek München, Handschriftenabt, Cgm 4965/5.

H 31 Gutachten zur Reformation in Memmingen, c. a. Jan. 1525; Autograph: Bayerische Staatsbibliothek München, Handschriftenabt. ; Cgm 4965/5.

H 33 Brief an Thomas und Ambrosius Blarer, 14. Juni. 1526; SCHIESS I, 133 - 135.

H 34 Brief an Huldyrch Zwingli, 28. Sept. 1526; Z 8, 726 - 728, Nr. 532.

H 35 Brief an Johannes Piscatoris, 9. Nov. 1526; KOLDE, Briefwechsel Luther 124f.

H 36 Brief an Huldyrch Zwingli, 1. April. 1527; Z 9, 82f. , Nr. 603.

H 37 Adhortatio ad fratres coenae domini paticipes fieri volentes (Abendmahlsvermahnung) 15. April. 1527; Z 9, 136f. , Beilage zu Nr. 619

H 38 Brief an Johann von Schwarzenberg, 31. Aug. 1528; KOLDE, Briefwechsel Markgraf 27 - 29.

H 39 Brief an Markgraf Georg von Brandenburg, 11. Okt. 1528; KOLDE, Briefwechsel Markgraf 30 - 32.

H 40 Brief an Markgraf Georg von Brandenburg, 23. Okt. 1528; KOLDE, Briefwechsel Markgraf 33f.

H 41 Brief an Ambrosius Blarer, 21. Dez. 1528; Autograph: Stadtsbibliothek St. Gallen, Vadianische Sammlung II/374, Teiledition: SCHIESS 1. 174 - 176. Nr. 131.

H 42 Brief an Ambrosius Blarer, 22. Jan. 1529; SCHIESS 1. 178. Nr. 134.

H 43 Brief an Ambrosius Blarer, 21. Feb. 1529; SCHIESS 1. 183. Nr. 138.

H 44 Brief an Landgraf Philipp von Hessen, 30. April 1529; Autograph: Hessisches Staatsarchiv Marburg: 3 Pol. Archiv des Landgrafen Philipp, 1429, fol. 3r - 4v.

H 45 Brief an Landgraf Philipp von Hessen, 12. Sept. 1529; NEUDECKER 138f. , Nr. L.

H 46 Brief an Martin Luther, 21. Mai. 1530; WA. B5, 334f. , Nr. 1575.

附录Ⅲ 人名地名翻译对照表

人名翻译对照

Ambrosius Blarer	阿姆布罗修斯·布莱尔
Andreas Gefattermann	安德烈·格发特曼
Anna Beringer	安娜·贝玲格
Anna Otmar	安娜·奥特玛
Anna Zeissenmair	安娜·采斯迈尔
Anton Bimmel	安东·比墨
Anton Rudolf	安东·鲁道夫
Anton Sorg	安东·曹格
Anna Schregel	安娜·施来格
AntonWelser	安东·威尔瑟
Babara Bämler	芭芭拉·贝母勒
Babara Pate	芭芭拉·巴特
Babara Rem	芭芭拉·海姆
Balthasar Hubmaier	巴特扎尔·胡布迈尔
Balthasar Langnauer	巴特扎尔·郎瑙尔
Balthasar Sprenger	巴特扎尔·斯彭格
Barbara Schönsperger	芭芭拉·顺斯贝格
Bartholomäus Utzmair	巴特劳毛斯·乌茨迈尔
Bartholomäus Welser	巴特劳毛斯·威尔瑟
Baumgartner	鲍姆噶特纳（鲍氏）
Bernhard Adelmann	伯恩哈德·阿德曼
Billican	比利坎
Brigitta Rehlinger	波丽吉塔·海灵格
Bonifacius Wolfart	鲍尼法修斯·沃尔法特

Christoph Herwart	克里斯托夫·何瓦特
Christoph Langenmantel	克里斯托夫·朗曼特
Christoph Turso	克里斯托夫·托叟
Christoph von Station	克里斯托夫·冯·斯塔迪昂
Conrad Herwart	康哈德·何瓦特
Daivid Zorer	大卫·邹海尔
Eitelhans Langenmantel	艾特汉斯·朗曼特
Elisabeth Gefattermann	伊丽莎白·格发特曼
Elisabeth Keller	伊丽莎白·凯勒
Franz Brigel	弗朗茨·勃利格
Franz Frosch	弗朗茨·弗洛斯
Franz Kötzler	弗朗茨·隗茨乐
Felicitas Peutinger	费丽琪塔丝·鲍丁格
Fugger Vom Reh	富格·冯·黑
Gall Fischer	高尔·费舍
Georg Froehlich	乔治·弗洛里希
Georg Herwart	乔治·何瓦特
Georg Österreicher	乔治·沃斯特莱西
Georg Regel	乔治·黑格
Georg Vetter	乔治·费特
Georg Wieland	乔治·威兰德
Gossembrot	高瑟姆布洛特
Günther Zainer	君特·采纳尔
Haintzel	汉策
Hans Baumgartner	汉斯·鲍姆高特纳
Hans Bechler	汉斯·贝希勒
Hans Bünderlins	汉斯·宾德林斯
Hans Denck	汉斯·邓克
Hans Drechsel	汉斯·德雷克则
Hans Fischer	汉斯·费舍
Hans Friedrich Welser	汉斯·弗里德里希·威尔瑟
Hans Friedrich	汉斯·弗里德里希
Hans Fronmiller	汉斯·弗昂米勒
Hans Fugger	汉斯·富格

Hans Gegler	汉斯·盖格勒
Hans Haintzel	汉斯·汉策
Hans Hut	汉斯·胡特
Hans Kag	汉斯·卡克
Hans Kießling	汉斯·凯斯灵
Hans Paul Herwart	汉斯·保罗·何瓦特
Hans Rehlinger	汉斯·海灵格
Hans Schmid	汉斯·施密特
Hans Schneid	汉斯·施耐德
Hans Schönsperger	汉斯·顺思贝格
Hans Seifried	汉斯·塞弗里德
Hans Speiser	汉斯·斯派则
Hans Welser	汉斯·威尔瑟
Heinrich Bullinger	海因里希·布灵格
Heinrich Herz	海因里希·海茨
Heinrich Kron	海因里希·克荣
Heinrich Rehlinger	海因里希·海灵格
Heinrich Steiner	海因里希·斯泰恩
Herwart	何瓦特
Hieronymus Imhof	赫尔尼姆斯·殷浩富
Hieronymus Roth	赫尔尼姆斯·罗特
Horgauer	霍高
Jakob Dachser	雅各布·达赫泽
Jakob Gefattermann	雅各布·格发特曼
Jakob Herbrot	雅各布·何宝特
Jakob Sturm	雅各布·斯托姆
Jakob Themen	雅各布·特门
Joerg Regel	约克·海格尔
Johann Bämler	约翰·贝母勒
Johann Keller	约翰·凯勒
Johann Auer	约翰·奥尔
Johann Baptist	约翰·巴普提斯特
Johann Forschauer	约翰·弗邵尔
Johann Frosch	约翰·弗洛斯

Johann Hagk	约翰·哈克
Johann Jakob Rembold	约翰·雅各布·汉宝特
Johann Meckard	约翰·麦克哈特
Johann Rehlinger	约翰·海灵格
Johann Schilling	约翰·席令
Johann Schönsperger	约翰·顺思贝格
Johann Schüßler	约翰·绪斯勒
Johannens Frosch	约翰·弗洛斯
Johannes Faber	约翰·法贝尔
Johannes Heinrich Held	约翰·海因里希·海尔德
Johannes Jung	约翰·荣
Johannes Maislin	约翰·迈斯林
Johannnes Forster	约翰·弗斯特
Jörg Nadler	约克·那德尔
Jos Feneberg	约斯·费那伯格
Jos Veneberg	约斯·维那伯格
Karl Villinger	卡尔·威灵格
Kaspar Huber	卡斯帕·胡伯尔
Kaspar Mair	卡斯帕·迈尔
Kaspar Schwenckfeld	卡斯帕·施万克菲尔德
Klara Widolf	克拉拉·威道尔夫
Konrad Adelmann	康哈德·阿德曼
Konrad Hel	康哈德·黑尔
Konrad Huber	康哈德·胡伯尔
Konrad Mair	康哈德·梅尔
Konrad Peutinger	康哈德·鲍丁格
Konrad Rehlinger	康哈德·海灵格
Langemantel vom Sparren	朗曼特·冯·施帕仁
Lauginger	劳艮格
Ludwig Haetzer	路德维希·海策尔
Ludwig Hoser	路德维希·豪泽
Lukas Rem	卢卡斯·海姆
Lukas Schellenberg	卢卡斯·晒仑贝格
Lukas Ulstet	卢卡斯·乌尔斯代特

Lukas Welser	卢卡斯·威尔瑟
Magdalene Rem	玛格林娜·莱姆
Mang Seitz	邙·塞茨
Margaretha Elchinger	玛格丽特·艾新格
Maria Paler	玛利亚·贝勒尔
Marina Kraffter	玛利亚·卡拉夫特
Marx Welser	马克斯·威尔瑟
Marz Pfister	马尔茨·费希特
Mathias Kretz	马提亚斯·克莱茨
Matin Bucer	马丁·布策
Matin Frecht	马丁·费希特
Matin Metzger	马丁·麦茨格
Matthäus Langenmantel	马提乌斯·朗曼特
Matthias Kretz	马蒂亚斯·克雷茨
May	梅
Melchior Burkhard	迈尔奇奥·布克哈德
Melchior Ramminger	迈尔奇奥·哈明格
Michael Keller	米歇尔·凯勒
Michael von Stetten	米歇尔·冯·斯泰特
Michael Weinmair	米歇尔·魏麦尔
Nicolas Voeglen	尼克拉斯·沃格林
Octavian Imhof	奥克塔文·殷浩富
Otmar Nachtigall	奥特玛尔·那和提噶
Paul Welser	保罗·威尔瑟
Philipp Endriss	菲利普·安德里斯
Philipp Ulhart	菲利普·乌哈特
Pilgram Marbeck	皮尔嘎拉姆·马贝克
Rehlinger	海灵格
Rembold	汉宝特
Rhelinger-Sippe	海灵格-西普家族
Rosina Welser	罗思娜·威尔瑟
Sebastian Franck	西巴斯提安·弗兰克
Sebastian Mair	西巴斯提安·迈尔
Siegmund Salminger	及格木德·萨尔明格

附录Ⅲ 人名地名翻译对照表　293

Sigmund Grimm	及格木德·格里姆
Silvan Otmar	西尔万·奥特玛
Simprecht Hoser	西姆布莱希特·豪泽
Simprecht Ruff	西姆布莱希特·罗浮
Sixt Schregel	希克斯特·施来格
Sixt Eiseln	希克斯特·艾斯林
Spalatin	斯帕拉丁
Stefan Eiselin	斯蒂芬·艾斯林
Stephan Agricola	斯蒂芬·阿格里库拉
Stephan Kastenbauer	斯蒂芬·卡斯特鲍尔
Susanna Daucher	苏珊娜·道赫尔
Theobald Nigri	提欧巴特·尼格里
Thomas Rüger	托马斯·惠格
Ulrich Artzt	乌里希·阿茨特
Ulrich Hieber	乌里希·黑博
Ulrich Link	乌里希·林肯
Ulrich Rehlinger	乌里希·海灵格
Urban Sieghart	乌班·及格哈特
Ursula Rem	乌苏拉·海姆
Vetter	费特
Vöhlin	沃林
Wenzel Steinbeiss	闻策尔·斯泰贝斯
Wilhelm Rehlinger	威廉·海灵格
Wolf Rehlinger	沃尔夫·海灵格
Wolfgang d. J. Paler	沃夫冈·d. J. 巴勒
Wolfgang Musculus	沃夫冈·穆斯库鲁斯
Wolfgang Paler	沃夫冈·巴勒
Wolfgang Wackinger	沃夫冈·瓦京格

地名翻译对照

Antwerpen	安特卫普
Augsburg	奥格斯堡
Bamberg	班贝格
Braunau	布劳瑙
Coburg	科堡
Dinkelsbühl	丁克斯布
Donauwörth	多瑙沃特
Erlangen	埃尔兰根
Haina	海纳
Ingostadt	英格斯塔特
Kaaden	卡登
Kaufbeuren	考夫鲍恩
Königberg	哥尼斯堡
Konstanz	康斯坦
Laningen	兰宁根
Laufen	劳芬
Lech	莱希
Linz	林茨
Lissabon	里斯本
Loisach	洛伊萨赫
Lyon	里昂
Melk	梅尔克
Neuburg	诺伊堡
Nikolasburg	尼古拉斯堡
Nördlingen	诺德林根
Nürnberg	纽伦堡
Ostheim	奥斯特海姆
Passau	帕绍
Regensburg	雷根斯堡
Salzburg	萨尔茨堡
Speyer	施拜耶
Steier	施代尔

Strassburg	斯特拉斯堡
Tirol	蒂罗尔
Ulm	乌尔姆
Uttenrüth	武藤胡特
Valladolid	瓦拉多里德
Wertach	外特阿赫
Wien	维也纳
Wittenberg	维腾堡
Württenberg	乌腾堡
Zürich	苏黎世
Zwickel	茨威考

参考文献

一 史料出处缩称

BA/ABA： Bistumarchiv Augsburg/Archiv des Bistums Augsburg.
BSBM： Bayerische Staatsbibiliothek München.
EWA： Evangelisches Wesenarchiv.
KWA： Katholisches Wesenarchiv.
Litslg. ： Literatursammlung.
MGH： Monumenta Germaniae Historica, Berlin, 1826.
QFBKG： Quellen und Forschungen zur bayerischen Kirchengeschichte.
QFRG： Quellen und Forschungen zur Reformationsgeschichte.
QGT： Quellen zur Geschichte der Täufer.
SAA： Staatsarchiv Augsburg.
SStBA： Staats-und Stadtbibliothek Augsburg.
StAA： Stadtarchiv Augsburg.
UBM： Universit？tsbibliothek München.
WGA： Wesensarchiv bei der Evangelisch-Lutherischen Gesamtkirchengemeinde Augsburg.
WLBS： Württembergische Landsbibliothek Stuttgart.

二 学术期刊等缩称

ADB： Allgemeine Deutsche Biographie.
ARG： Archiv für Reformationsgeschichte.
BBKG： Beiträge zur Bayerischen Kirchengeschichte.
MQR： The Mennonite Quarterly Review.
NDB： Neue Deutsche Biographie.
RGG： Religion in Geschichte und Gegenwart.

ZBKG: Zeitschrift für Bayerische Kirchengeschichte.
ZHVS: Zeitschrift des Historischen Vereins für Schwaben und Neuburg.
ZHG: Zeitschrift des Vereins für Hamburgische Geschichte.

三 原始史料（节选）

Bistumarchiv Augsburg（BA）：

BA, Ms. Placius Braun, Klöster in Augsburg, Hl. Kreuz fol. 29v.

BA, Ms. Placius Braun, Klöster in Augsburg, Maria Stein fol. 5 – 6.

BA, Ms. Placius Braun, Klöster in Augsburg, St. Moritz.

BA, Ms. Placius Braun, Klöster in Augsburg, St. Georg, 11 – 12.

BA, Ms. Placius Braun, Klöster in Augsburg, St. Stephan, 18.

BA, Ms. Placius Braun, Klöster in Augsburg, St. Ursula fol. 7v.

BA, Ms. Placius Braun, Klöster in Augsburg, St. Georg fol. 12.

BA, Ms. Placius Braun, Klöster in Augsburg, St. Moritz fol. 37.

BA, Ms. Placius Braun, Klöster in Augsburg, St. Martin, fol. 5rv.

Bayerische Staatsbibiliothek München（BSM）：

BSBM, Cgm 1355, fol. 25r ff.

Staatsarchiv Augsburg（SAA）：

SAA, Augsburg-Hochstift: NA-Akten Nr. 5299.

SAA, Augsburg-Hochstift: UrK. Nr. 2776I, II（ad. 29. Maerz. 1530）.

SAA, 20, cod, S. 93, fol. 54v, 61r.

Staats-und Stadtbibliothek Augsburg（SstBA）：

SStBA, 2° Aug. 9 Anschläge, 1. Abt., Nr. 23; 2 Abt., 29; 4° Aug. Anschläge, Nr. 2;

SStBA, 2° Cod. Aug/28, Pag. 747.

SStBA, 2°, Aug. 9 Anschläge, 1. Abt, S. 75; 2° S, Anschläge, 20.

SStBA, 2° Cod. Aug. 345, Bl. 29r.

SStBA, 2° Ink 960 und 961.

SStBA, 4°Aug. Ordnungen, 2 Abt., 5. Bd., Teil. Nr. 1.

SStBA, 4°Aug. 1146.

SStBA, 8°Th. Ges. 56a.

Stadtarchiv Augsburg（StAA）:

StAA, Baummeisterbuch 1528. fol. 63; 1528, fol. 69v.

StAA, Reichsstadt, Bauamt-Baumeisterbücher, Nr. 128, Nr. 129, fol. 102v. Nr. 125, fol. 103r, fol. 70r.

StAA, Anschläge und Dekrete I (1490—1649), Nr. 17;

StAA, EWA-Akten, Nr. 12; Nr. 44; Nr. 486; Nr. 488, Nr. 489. Nr. 389; Nr. 1037. Nr. 1561/1, Nr. I, 4; Nr. 487, fol. 1r - 3r, fol. 2v. fol. 2v - 3r. ; fol. 3v - 4v, fol. 52v - 62v. fol. 6r. fol. 7r - 22r.

StAA, Geheime Ratsbücher 2. fol. 111r - 115r. (21. Sept.) 117r - 119r (25. Sept.)

StAA, Historischer Verein, H. P. 9, H. P. 178; N7, Pag 247.

StAA, KWA, G 131 (original); Litslg, 1530, Aug-Dez. , fol. 91r - 97v (ad6. 10);

StAA, Litslg, 1525, März (ad. 13. 3);

StAA, Litslg, 1530, Jan-Juli. fol. 202 - 205v;

StAA, Litslg, 1530, Nachtrag, Nr. 10, fol. 11r - 12r. ; Nr. 10, fol. 12v - 14v (= 36v - 38r); Nr. 10, fol. 26v - 27r; (= 48r); Nr. 10, fol. 3r - 6r; (= 7r - 10v, 27r - 32v, 48v - 52v)

StAA, Litslg, 1531, April-Dez. (ad. 17. 6); Druck: BDS 4, 399 - 408;

StAA, Litslg, 1532—1536. (ad. 25/26. 5. 1536) .

StAA, Litslg, 1533, Jan. -Juli (ad. 21. 1) (ad. 12. 7); (ad. 28. 7), fol. 12r - 14;

StAA, Litslg, 1534, Nachtrag I, Nr. 10. fol. 1r - v. ; Nr. 11, fol. 1v. Nr. 14, fol. 10r. Nr. 14, fol. 9v - 10r; Nr. 23, fol. 3r (1v); Nr. 3. fol. 17v - 18r. ; Nr. 4, fol. 2r. 2v. ; Nr. 4, fol. 3r - 4r. ; Nr. 17.

StAA, Litslg, 1534, Nachtrag II, Nr. 56;

StAA, Ratsbücher 15. fol. 149v. Nr. 15, fol. 48v. ; Nr. 16, fol. 95r (ad. 18. 7. 1534):

StAA, Ratsbücher, Strafbuch, 1509—1526, fol. 179r. ; 1526, Juni, 9.

StAA, Ratserlasse 1507—1599;

StAA, Reichasbschied 1529, RTA J. R. VII/2. 1142f. Nr. 106.

StAA, Reichsstadt, Geh. Ratsbücher Nr. 3 (1530—1537), fol. 88r/v -

89r（ad. 21. 1. 33）; Nr. 3. fol. 122r – 124v;

 StAA, Reichsstadt, Stadtgericht STGB 1480, Bl. 106, Bl. 88.

 StAA, Reichsstadt-Akten, Nr. 1037.

 StAA, Reichstadt, Anschläge und Dekrete I（1490—1649）, Nr. 4.

 StAA, Repertorium, Nr. 35/1;

 StAA, Schätze, Nr. 49a, fol. 203r（24Jan）;

 StAA, Geheime Ratsbücher, 1527—1529, fol. 111 – 120.

 StAA, Register-Nr. Aug Cod 2° S. 102.

Württembergische Landsbibiliothek Stuttgart（WLBS）：

WLBS, Cod, Hist, 2°161, fol. 268v.（1536）

WLBS, Cod, Hist, 2°, 161, fol. 278r; WGA, Fasc. 1.

WLBS, Cod, Hist, 2°, 161, fol.（265r）:"

WLBS, Cod, Hist, 2°, 161, fol. 265:"

WLBS, Cod, Hist, 2°, 161, 17. Okt. 1538, fol. 278r.

乌班努斯·雷吉乌斯的原始史料：

D 63 22rv.

D 63, 22r – 23r.

D 66 70r. Brief vom 11. 03. 1527.

D45, D67.

H 37; Z 9, 136, 1.

H 37; Z 9, 136f.

H 37; Z 9, 137, 33f. H 38;

H 41; s. o, S. 212, Anm. 703.

H 41; s. o, S. 212, Anm. 703 H 44 3v.

H 41; s. o, S. 216ff.

路德作品史料：

WABr 7, 882ff.

WA Br, 5. Bd, S. 319.

WA Br. I 1923, S 255, Nr. 113.

WA. B. 6, 539f. Nr. 2058.

WA. B. 6, 547f. Nr. 2064.

WABr. 5 Bd, S. 306, Anm 17. & S. 358f. ;

WABr. 5 Bd, S. 357f.

WABr. 5 Bd, S. 358.

四 出版的史料

Adolf Laube (Leitung), Annerose Schneider, SigridLooß: Flugschriften der Frühen Reformationsbewegung (1418—1524) Band I, Topos Verlag Vaduz, 1983.

Alfred Schröder, Alt St. Stephan in Augsburg, Gründung, Verfassung, älterste Quellen, Augsburg, 1928.

Die Chroniken der Schwäbischen Städte, Augsburg, (1368—1468), hrsg. von Historische Kommission bei der Bayerischen Akademie der Wissenschaften, Bd. 2, Gesamtreihe Bd. 5, 1866.

Die Chroniken der Schwäbischen Städte, Augsburg, Die Chronik des Augsburger Malers Georg Preu des Älteren. 1512—1537. Bd. 6, Gesamtreihe Bd. 29, 1906.

Die Chroniken der Schwäbischen Städte, Augsburg, Die Chronik von Clemens Sender von den ältesten Zeiten der Stadt bis zum Jahr 1536, Anhang: Fortsetzungen der Chronik des Hector Mülich von Demer, Walther und Rem, Bd. 4, Gesamtreihe Bd. 23, 1894.

Die Chroniken der Schwäbischen Städte, Augsburg, Cronica newer Geschichten von Wilhelm Rem 1512—1527, Beilagen zur Chronik des Clemens Sender. Bd. 5, Gesamtreihe Bd. 25, 1896.

Erich König (Hrsg.), KonradPeutingers Briefwechsel. C. H. Beck, München 1923;

Förstemann, Karl Eduard, Urkundenbuch zu der Geschichte des Reichstages zu Augsburg im Jahre 1530: nach den originalen und nach gleichzeitigen Handschriften. Band1, 1833.

G. Uhlhorn, Urbanus Rhegius, Leben und ausgewählte Schriften, Elberfeld 1861.

H. Ch. Heimbürger, Urbanus Rhegius: nach gedruckten und ungedruckten Quellen. Hamburg und Gotha, 1851, S. 270 - 274.

Hans-Jörg Künast (Hrsg.), Die Bibliothek und der handschriftlicheNachlaß Konrad Peutingers. Teil 1: Die Bibliothek Konrad Peutingers. Edition der historischen Kataloge und Rekonstruktion der Bestände. Niemeyer, Tübingen, 2003.

Hans-Jörg Künast u. a. , Die Autographen Kataloge Peutingers, der juristische Bibliotheksteil (= Studia Augustana. Bd. 14). Band 2, 2005.

Hans-Jörg Künast, Helmut Zäh, Die Autographen Kataloge Peutingers, der nicht-juristische Bibliotheksteil (= Studia Augustana. Bd. 11). Band 1, 2003.

Harry Clark, Hans-Joachim Köhler, Bibliographie der Flugschriften des 16. Jahrhunderts, Teil1, Band1 - 3 Bibliotheca Academia Verlag, Tübingen, 1991—1996.

Meyer, Christian (Hg.), Das Stadtbuch von Augsburg, insbesondere das Stadtrecht vom Jahre 1276, Augsburg, 1872.

Meyer, Christian (Hg.), Urkundenbuchen der Stadt Augsburg, 2. Bände, Augsburg, 1878.

Mirbt, C. , Aland, K. , Quellen zur Geschichte des Papsttums und des Römischen Katholizismus, hg. Von Bd. 1, 6. Aufl. Tübingen 1967.

Ruth, Kastner, Quellen zur Reformation 1517—1555 (Ausgewählte Quellen zur deutschen Geschichte der Neuzeit 16), Darmstadt, Wissenschaftliche Buchgesellschaft, 1994.

Stetten, Paul von (d. Ä.), Geschichte der Heiligen Römischen Reichs freyen Stadt Augspurg, 2 Bände, Frankfurt, Leipzig, 1743, 1758.

Stetten, Paul von (d. J.), Lebensbeschreibung zur Erweckung und Unterhaltung bürgerlicher Tugend, Augsburg, 1778.

Stetten, Paul von, Geschichte der adeligen Geschlechter in der freyen Reichsstadt Augspurg, Augsburg, 1762.

Tetleben, Valentin von, Protokoll des Augsburger Reichstages 1530, Göttingen: Vandenhoeck & Ruprecht, 1958.

Veesenmeyer, Georg, Kleine Beiträge zur Geschichte des Reichstags zu Augsburg 1530 und der Augsburgischen Confession: aus gleichzeitigen Hand- und Druckschriften, Nürnberg: Campe, 1830.

五 外文文献

ARNOLD, Matthieu, Hamm Berndt (Hrsg.), MartinBucer zwischen Luther und Zwingli (= Spätmittelalter und Reformation. NR Bd. 23). Mohr

Siebeck, Tübingen 2003.

BALUFUSS, Dietrich, Das Verhältnis der Konfessionen in Augsburg 1555—1648, Versuch eines Überblicks, in: Jahrbuch des Vereins für Augsburg Bistumsgeschichte 10, 1976, S. 27 - 56.

BATORI, L. (Hg.), Städtische Gesellschaft und Reformation. Stuttgart, 1980.

BECKER, Winfried, Reformation und Revolution, (Katholisches Leben und Kirchenreform im Zeitalter der Glaubensspaltung, Aschendorff (1974), S. 89.

BELLOT, Josef, "Humanismus—Bildungswesen—Buchdruck und Verlagsgeschichte", In Geschichte der Stadt Augsburg von der Römerzeit bis zur Gegenwart, 2ded., Gunther Gottlieb et al., 343 - 57. Stuttgart, 1985.

BERGSTEN, Torsten, BalthasarHubmaier: seine Stellung zu Reformation und Täufertum, 1521—1528. (Acta Universitatis Upsaliensis, Studia Historico-Ecclesiastica Upsaliensia, 3) Kassel: J. G. Oncken Verlag, 1961.

BETTGER, Roland, Das Handwerk in Augsburg beim Übergang der Stadt an das Königreich Bayern, 1979.

BLEMDIGER, Friedrich, UlrichArtzt; in: Pölnitz, Gött Freiherr (Hg.) Lebensbilder aus dem Bayerischen Schwaben Bd. 6, München 1958, S. 88 - 130.

BLEMDIGER, Friedrich, Versuch einer Bestimmung der Mittelschichte in der Reichstadt Augsburg von Ende des 14. bis zum Anfang des 18. Jahrhunderts, Stuttgart, 1972.

BLICKLE, Peter, Die Reformation im Reich. UTB, Stuttgart, 1982, Auflage 3., 2000.

BLICKLE, Peter, Gemeindereformation, Die Menschen des 16. Jahrhunderts auf dem Weg zum Heil, Studienausgabe, München 1987.

BLICKLE, Peter, The Revolution of 1525, The German Peasants' War from a New Perspective, Baltimore and London: The Johns Hopkins University Press, 1985.

BLÖSCH, Musculus, Wolfgang. In: Allgemeine Deutsche Biographie (ADB). Band 23, Duncker & Humblot, Leipzig 1886, S. 95 - 97.

BODENMANN, Reinhard, WolfgangMusculus (1497—1563). Droz, Genf. 2000.

BÖHM, Christoph, Die Reichsstadt Augsburg und Kaiser Maximilian I. Untersuchungen zum Beziehungsgeflecht zwischen Reichsstadt und Herrscher an derWende zur Neuzeit (= Abhandlungen zur Geschichte der Stadt Augsburg; Bd. 36), Stuttgart: Thorbecke, 1998.

BRADY, Thomas A., From Revolution to the Long Reformation: Writings in English on the German Reformation, 1970—2005, in: ARG 100, 2009, pp. 48 - 64.

BRADY, Thomas A., *Ruling Class, Regime and Reformation at Strasbourg, 1520—1555*, Leiden: E. J. Brill, 1978.

BRADY, Thomas A., *The Politics of the Reformation in Germany: Jacob Sturm (1489—1553) of Strasbourg*, Atlantic Highlands, N. J.: Humanities Press, 1997.

BRADY, Thomas A., *Turning Swiss: Cities and Empire, 1450—1550*, Cambridge, Cambridge University Press, 1985.

BRECHT, Martin, Ambrosius Blarers Wirksamkeit in Schwaben, in: Bernd Moeller (Hrg.), Der Konstanzer Reformator Ambrosius Blarer 1492—1564, Gedenk-schrift zu seinem 400. Todestag, Konstanz, 1964, S. 143.

BROADHEAD, Philip, International Politics and Civic Society in Augsburg during the Era of the Early Reformation 1518—1537, Canterbury/Kent (Diss. Phil. Masch.), 1981.

BROADHEAD, Philip, "Popular Pressure of Reform in Augsburg 1524—1534", in Mommsen, Wolfgang J. (Hg.), Stadtbürgertum und Adel in der Reformation, Studien zur Sozialgeschichte der Reformation in England und Deutschland, Stuttgart, 1979, S. 80 - 87.

BÜCHLER, Volker, Die Zensur im frühneuzeitlichen Augsburg 1515—1806, in: ZHVS, 84, 1991.

BURKHARDT, Johannes, Deutsche Geschichte in der frühen Neuzeit, Königstein, 1985.

BURKHARDT, Johannes, Die Fugger und das Reich: eine neue Forschungsperspektive zum 500 jährigen Jubiläum der ersten Fuggerherrschaft Kirchberg-Weißenhorn, Augsburg: Wißner, 2008.

CLASEN, Claus-Peter, Armenfürsorge in Augsburg vor dem Dreißigjährigen Kriegs, in ZHVS 78, Augsburg 1984, S. 65 - 115.

CLASEN, Claus-Peter, Die Augsburger Steuerbücher um 1600, Augsburg, 1976.

CLASEN, Claus-Peter, Die Augsburger Weber, Leistung uns Krisen des Textilgewerbes um 1600, Augsburg, 1981.

CLOSE, Christopher, *The Negotiated Reformation: Imperial Cities and the Politics of Urban Reform*, 1525—1550, Cambridge: Cambridge University Press, 2009.

CORNELIS, Augustijn, "Bucer's Ecclesiology in the Colloquies with the Catholics", 1540—41, in Wright, DF, Martin Bucer, *Reforming Church and Community*, Cambridge: Cambridge University Press, 1994.

CZOK, Karl, Zur sozialökonomischen Struktur und politischen Rolle der Vorstädte in Sachsen und Thüringen im Zeitalter der deutschen frühbürgerlichen Revolution, Leipzig, 1739.

DAVIES. N. Z. u. a., "Revaluating the Reformation, Journal of Interdisciplinary History", I. 1971, S. 379 – 446.

DEININGER, Heinz F., das reiche Augsburg, Augsburg, 1938.

DELLSPERGER, Rudolf, Freudenberger Rudolf, Weber Wolfgang (Hg.): Wolfgang Musculus (1497—1563) und die oberdeutsche Reformation (= Colloquia Augustana. Bd. 6). Akademie-Verlag, Berlin, 1997.

DELLSPERGER, Rudolf, Freudenberger Rudolf, Weber Wolfgang: Wolfgang Musculus (1497—1563), Leben und Werk, in: Josef Kirmeier Hrsg. "… wider Laster und Sünde": Augsburgs Weg in der Reformation; Katalog zur Ausstellung in St. Anna, Augsburg, Haus der Bayerischen Geschichte, 1997, S. 62 – 69.

DHARAMPAL-FRICK, Gita, Indien im Spiegel deutscher Quellen der Frühen Neuzeit, Tübingen, 1994.

DICKENS A. G., "Interllectual and Social forces in the German Reformation", in W. J. Wommsen, Stadtbürgertum und Adel, S. 11 – 24.

DICKENS A. G., *The German Reformation and Martin Luther*. London: Fontana, 1976. Originally published: London: Edward Arnold, 1974.

DIXON, C. Scott, *The Reformation in Germany*, Blackwell Publishers, Oxford, UK, 2002.

DOBEL, Friedrich, Das Reformationswerk zu Memmingenunter dem Drucke des Schwäbischen Bundes 1525—1529, in: ders., Memmingen im Reformationszeitalter nach den handschriftlichen und gleichzeitigen Quellen, Bd. II, Augsburg, 1877.

DÜLLINGE, I., Die Reformation, ihre innere Entwicklung und ihre Wirkungen im Umfange des Lutherischen Bekenntnisses. 3Bd. Regensburg, 1848.

EBRECHT, W. (Hg.), Städtische Führungsgruppen und Gemeinde in der werdenen Neuzeit, 1980.

EHRENBERG, Richard, Das Zeitalter der Fugger, Geldkapital und Kreditverkehr im 16. Jahrhundert, 2. Bde. Jena, 1896.

ENDRES, Rudolf, Nürnberger Bildungswesen zur Zeit der Reformation, In Mitteilungen des Vereins für Geschichte Nürnberg 71, 1984, S. 109 - 128.

ENDRES, Rudolf, Sozialstruktur Nürnbergs, in: Gerhard Pfeiffer hrsg., Nürnberg-Geschichte eine europäische Stadt, München, 1971.

ERWARDS, Mark U., Luther's last Battles. Politics and Polemics, 1531—1546. Ithaca/London, 1983.

FERBER Magnus Ulrich, Das Bayerische Jahrtausend: Augsburg im 16. Jahrhundert, Volk Verlag, München' 2012.

FINKL, Nicole, Administrative Verdichtung und Konfessionalisierung: Die Verwaltung der Reichsstadt Augsburg im 16 Jahrhundert. Verlag C. W. Schmidt, Neustadt an der Aisch, 2011.

GÄUMANN, Andreas, Reich Christi und Obrigkeit. Eine Studie zum reformatorischen Denken und Handeln MartinBucers (Zürcher Beiträge zur Reformationsgeschichte. Bd. 20). Lang, Bern u. a. 2001.

GEFFECKEN, Peter, Fugger-Geschichte einer Familie: "Die Handelsherren mit dem Dreizack", in: DAMALS 7/2004.

GEFFECKEN, Peter, Ratsverfassung bis 1806 (Stand: 2. Auflage Druckausgabe), von Augsburger Stadtlexikon.

GEFFECKEN, Peter, Soziale Schichtung in Augsburg 1396—1521. Beitrag zu einer Strukturanalyse Augsburgs im Spätmittelalter, München, 1995.

GIER Helmut, Schwarz Reinhard (hrsg.), Reformation und Reichsstadt-Luther in Augsburg, Augsburg: Wißner, 1996.

GÖßNER, Andreas, Weltliche Kirchenhoheit und reichsstädtische Reformation: Die Augsburger Ratspolitik des milden und mitleren weges 1520—1534, Berlin: Akademie Verlag, 1999.

GÖTERS, Hätzer, J. F. Gerhard Goeters, Ludwig Hätzer (ca. 1500 bis 1529), Spiritualist und Antitrinitarier, Eine Randfigur der frühen Täuferbewegung, QFRG, 25, 1957.

GOTTLIEB, Gunther, BAER Wolfram, BECKER Josef, u. a. (Hrsg.), Geschichte der Stadt Augsburg von der Römerzeit bis zur Gegenwart. Konrad Thesis Verlag, Stuttgart, 1984.

GOTTLIEB, Gunther, Geschichte der Stadt Augsburg, 2. Aufl, Stuttgart, 1985.

GRAY, Emily Fisher, *Good Neighbors: Architecture and Confession in Augsburg's Lutheran Church of Holy Cross, 1525—1661*, phil. Diss. University of Pennsylavia, 2004.

GRESCHAT, Martin, MartinBucer, *A Reformer and His Times*, Louisville, KY: Westminster John Knox Press, 2004.

GRESCHAT, Martin, MartinBucer: Ein Reformator und seine Zeit (1491—1551), München: CH Beck, 1990; 2. Aufl. Aschendorff, 2009.

GREYERZ, K. V., Stadt und Reformation, Stand und Aufgaben der Forschung, ARG. 76. 1985, 6 - 63.

GRIEFF, Ludwig, Beiträge zur Geschichte der Deutschen Schulen Augsburgs, Augsburg, 1858.

GRÜNBERG, Julia von, Caritas Pirckheimer und das Zeitalter der Reformation: Deutsche Geschichte in Lebensbildern mit zeitgenössischen Abbildungen, Beltz & Gelberg, 2001.

GULDI, Jo, & Armitage, David, *The History Manifesto*, Cambridge: Cambridge University Press, 2014.

GUNTHER, Gottlieb, u. a (Hg.), Geschichte der Stadt Augsburg. 2000 Jahre von der Römerzeit bis zur Gegenwart, Stuttgart, 1984.

HABERL, Wolfgang (Hrsg.), Lebensbilder aus dem Bayerischen Schwaben. Band 15, Konrad Verlag, Weißenhorn, 1997.

HÄBERLEIN, Mark, Die Fugger, Geschichte einer Augsburger Familie (1367—1650), Kohlhammer, Stuttgart, 2006.

HAGL, Josef, Entwicklung des Augsburger Großkapitals (1540—1618), München, 1924

HAHN, Andreas, Die St. -Anna-Kirche in Augsburg, in: Josef Kirmeier Hrsg. "… wider Laster und Sünde": Augsburgs Weg in der Reformation; Katalog zur Ausstellung in St. Anna, Augsburg, Haus der Bayerischen Geschichte, 1997, S. 70 - 84.

HALL, Basil, "MartinBucer in England", in Wright, DF, Martin Bucer, *Re-*

forming Church and Community, Cambridge: Cambridge University Press, 1994.

HAMM, Berndt, Bürgertum und Glaube, Konturen der städtischen Reformation, Göttingen, 1996.

HAMM, Berndt, Humanistische Ethik und reichsstädtische Ehrbarkeit, in: Mitteilungen des Vereins für Geschichte der Stadt Nürnberg, 76, 1989, S. 65 - 147.

HÄMMERLE, Albert, das Necrologium des Dominikanerinnenkloster St. Margareth in Augsburg, München, 1955.

HÄMMERLE, Albert, St. Ulrichs-Bruderschaft Augsburg: Mitgliederverzeichnis 1466—1521, München, 1949.

HANS, Julius, Beiträge zur Geschichte des Augsburger Schulwesens, In ZHVS 2/1875, S78 - 106 und 4/1877, S17 - 71.

HANSON. Michele Zelinsky, *Religious Identity in an Early Reformation Community*, Augsburg, *1517 to 1555*, Leiden, Bosten, 2009.

HARTUNG, Julius, Die Augsburger Zuschlagsteuer von 1475. Ein Beitrag zur Geschichte des Städtischen Steuerwesens sowie der sozialen und Einkommensverhältnisse am Ausgang des Mittelalters, in Jahrbuch für Gesetzgebung, Verwaltung und Volkswirtschafte im deutsch Reich, 19, 1895, S. 96 - 135.

HECKER, Paul, Der Augsburger Bürgermeister JakobHerbrot und der Sturz des zunftischen Regiments in Augsburg, In: Zeitschrift des Historischen Vereins für Schwaben und Neuburg (ZHVSN), Band 1, 1874.

HEIMBÜRGER, H. Ch., Urbanus Rhegius: nach gedruckten und ungedruckten Quellen, Hamburg und Gotha, 1851.

HERBERGER, Theodor, DieSeelhaüser und Seelgeräthe in Augsburg, in ZHVS 3/1876, S. 283 - 296.

HERBERGER, Theodor, Die St. -Jakobs-Pfründe in Augsburg, Augsburg, 1848.

HERMANN, Kellenbenz, Anton Fugger, in: Lebensbilder aus dem Bayerischen Schwaben 11, München 1976, S. 63.

HÖRMANN, Leonhard, Erinnerungen an das ehemalige Frauenkloster St. Katharina in Augsburg, in: ZHVS9/1882, S. 357 - 386.

HÖRMANN, Leonhard, Zur Geschichte des hl. Geist-Hospitals, in Zeitschrift des Historischen Verein für Schwaben und Neuburg (ZHVS) 6/1879, S. 145 - 176.

HÖRNER, Manfred, Stadion, Christoph von. In: Biographisch-Bibliographisches Kirchenlexikon (BBKL), Band 10, Bautz, Herzberg 1995.

HORST, Jesse, Christoph von Stadion, Bischof zu Augsburg während der Reformationszeit: 1517—1544, in Zeitschrift für bayerische Kirchengeschichte (zit. ZBKG) 49 (1980), S. 86 - 122.

HORST, Jesse, Die Geschichte der Evangelischen Kirche in Augsburg, Pfaffenhofen: W. Ludwig, 1983, S. 90 - 109.

HOYER, Siegfried (Hrsg.), Reform, Reformation, Revolution: ausgewählte Beiträge einer wissenschaftlichen Konferenz in Leipzig am 10. und 11. Oktober 1977, Karl-Marx-Universität, Leipzig, 1980.

IMMENKÖTTER, Herbert, Die Augsburger Pfarrzechen als Träger der Kirchenreform im 15. und 16. Jahrhundert, -In: Papsttum und Kirchenreform: Festschr. für Georg Schwaiger zum 65. Geburtstag/hrsg. von Manfred Weitlauff …-St. Ottilien: EOS-Verl., 1990, S. 301 - 323.

IMMENKÖTTER, Herbert, Die Katholische Kirche in Augsburg in der ersten Hälftedes 16. Jahrhunderts, in: Reinhard Schwarz (hrsg.) Die Augsburger Kirchenordnung von 1537 und ihr Umfeld, Gütersloh: Gütersloher Verlagshaus, 1988.

IMMENKÖTTER, Herbert, Wahrhafte Verantwortung. Zur "Abthuung der papistischen Abgötterey" in Augsburg 1537, In: Jahrbuch des Vereins für Augsburger Bistumsgeschichte, Vol. 21, 1987, S. 73 - 111.

IMMENKÖTTER, Horst, Die Augsburger Pfarrzechen als Träger der Kirchenreform im 15 und 16 Jahrhundert, in: Mannfred Weitlauf, Karl Hausberger hg., Papstum und Kirchenreform, V. St. Ottilien, 1990.

IMMENKÖTTER, Horst, Die Katholische Kirche in Augsburg in der ersten Hälfte des 16 Jahrhunderts, in: V. Reinhard Schwarzhg, Die Augsburger Kirchenordnung von 1537 und ihr Umfeld. Güterloh, 1988.

IMMENKÖTTER, Horst, Kirche zwischen Reformation und Parität, in: G. Gottlieb. Geschichte der Stadt Augsburg: 2000 Jahre von der Römerzeit bis zur Gegenwart, Stuttgart: Konrad Theiss Verlag, 1985.

ISERLOH, Erwin, Johannes Eck, in: Katholische Theologen der Reformationszeit 1, 1984, S. 65 - 72.

JAHN, Joachim, Augsburgs Einwohnerzahl im 16 Jahrhundert-Ein statistischer Versuch, in: ZBLG 40, 1977.

JOACHIM, Jahn, Studien zur Verfassungs-und Bevölkerungsentwicklung der Reichstadt Augsburg bis zur Einführung der Reformation, phil. Diss. München, 1976.

JÖRG, Rogge, Für den Gemeinen Nutzen. Politisches Handeln und Politikverständnis von Rat und Bürgerschaft in Augsburg im Spätmittelalter, Tübingen, 1996.

JUHNKE, Leo, Bausteine zur Geschichte des Dominikanerinnenklosters St. Katharina in Augsburg mit Berücksichtigung von Patriziat, Reform und Geistesleben, in: Jahresbericht der Oberrealschule Augsburg, Augsburg, 1957/58, S. 60 – 109.

KAUFMANN, Thomas, „ Ohne Buchdruck keine Reformation?", in: Stefan Oehmig (Hg.), Buchdruck und Buchkultur im Wittenberg der Reformationszeit, Leipzig, 2015, S. 13 – 34.

KAUFMANN, Thomas, Die Abendmahlstheologie der Straßburger Reformatoren bis 1528, Tübingen: Mohr, 1992.

KAUFMANN, Thomas, Die Deutsche Reformationsforschung seit dem Zweiten Weltkrieg, in: ARG 100, 2009, S. 15 – 47.

KAUFMANN, Thomas, Die Konfessionalisierung von Kirche und Gesellschaft- Sammelbericht über eine Forschungsdebatte (Teil 1), Die Theologische Literaturzeitung (ThLZ), November 1996, S. 1008 – 1025.

KAUFMANN, Thomas, Erlöste und Verdammte. Eine Geschichte der Reformation. C. H. Beck, München, 2016.

KAUFMANN, Thomas, Geschichte der Reformation, Frankfurt/Main-Leipzig, 2009.

KEIM, Karl Theodor, Schwäbische Reformationsgeschichte bis zum Augsburger Reichstag, Tübingen, 1855.

KIEßLING, Rolf, Augsburg in der Reformationszeit, in: Günther Grünsteudel u. a. (Hg.), Augsburger Stadtlexikon, Augsburg 2. Aufl. 1998, S. 61 – 74.

KIEßLING, Rolf, Augsburg in der Reformationszeit, in: Josef Kirmeier Hrsg. "… wider Laster und Sünde": Augsburgs Weg in der Reformation; Katalog zur Ausstellung in St. Anna, Augsburg, Haus der Bayerischen Geschichte, 1997, S. 17 – 42.

KIEßLING, Rolf, Augsburger Bürger, Klöster und Stifte als Grundherren, in:

Heimatverein für den Landkreis Augsburg, Jahresbericht 20 (1985/86), S. 99 – 120.

KIEßLING, Rolf, Bürgerlische Gesellschaft und Kirche in Augsburg im Spätmittelalter, Ein Beitrag zur Strukturanalyse der oberdeutschen Reichsstadt, Augsburg, 1971.

KIEßLING, Rolf, Die Stadt und ihr Land: Umlandpolitik, Bürgerbesitz und Wirtschaftsgefüge in Ostschwaben vom 14. bis ins 16. Jahrhundert, Böhlau, Köln/Wien 1989.

KIEßLING, Rolf, Eckpunkte der Augsburger Reformationsgeschichte, in: Rolf Kießling /Thomas Max Safley/Lee Palmer Wandel (Hg.), Im Ringen und die Reformation. Kirchen und Prädikanten, Rat und Gemeinden in Augsburg, Epfendorf, 2011, S. 29 – 42.

KIEßLING, Rolf, Eine Doppelgemeinde: St. Moritz und St. Anna, in: Rolf Kießling /Thomas Max Safley/ Lee Palmer Wandel (Hg.), Im Ringen und die Reformation. Kirchen und Prädikanten, Rat und Gemeinden in Augsburg, Epfendorf, 2011, S. 105 – 172.

KIEßLING, Rolf, St. Anna in Augsburg: eine Kirche und ihre Gemeinde. Augsburg, Wißner Verlag, 2013.

KIEßLING, Rolf, Thomas Max Safley, Lee Palmer Wandel (Hg.), Im Ringen und die Reformation. Kirchen und Prädikanten, Rat und Gemeinden in Augsburg, Epfendorf, 2011.

KIRMEIER, Josef (Hrsg.), "…wider Laster und Sünde": Augsburgs Weg in der Reformation; Katalog zur Ausstellung in St. Anna, Augsburg, Haus der Bayerischen Geschichte, 1997.

KITTELSON, James, "Martin Bucer and the Ministry of the Church", in Wright, DF, Martin Bucer, *Reforming Church and Community*, Cambridge: Cambridge University Press, 1994.

KIWIET, J., "The Life of Hans Denck", *Mennonite Quarterly Review* (MQR), 1957, pp. 227 – 259.

KLASSEN, Herbert, "The Life and Teachings of Hans Hut", MQR 33 (1959), pp. 171 – 205, 267 – 304.

KLÖCJNER, Thomas, MartinBucer und die Einheit der Christenheit. Ein theologiegeschichtlicher Beitrag zur Ökumene-Debatte im modernen Evangelikalismus (Lausanner Prägung), Neukirchener Theologie, Neukirchen-Vluyn

2014.

KÖHLER, Hans-Joachim, Bibliographie der Flugschriften des 16. Jahrhunderts Tübingen Band I, Bibliotheca-Academica-Verlag, 1996.

KÖHLER, Hans-Joachim, "The Flugschriften and Their Importance in Religious Debate. A Quantitative Approach", In Paola Zambelli (Hg.), Astrologi Hallucinati, *Stars and the End of the World in Luther's Time*, Berlin/New York, 1986, pp. 153 – 175.

KÖHLER, Walther, Zwingli und Luther, Leipzig (QFRG), 1924.

KÖHLER, Walther, Das Marburger Religionsgespräch 1529, Versuch einer Rekonstruktion, Leipzig, 1929.

KÖNIG, Erich, Peutingerstudien (Studien und Darstellungen aus dem Gebiet der Geschichte 9), Freiburg im Breisgau, St Louis, Mo., 1914.

KRAUS, Jürgen, Das Militärwesen der Reichstadt Augsburg 1548—1806, Augsburg, 1980.

KRAUS, Jürgen, Die Stadt Nürnberg in ihren Beziehungen zur Römischen Kurie, Mitteilungen des Vereins für Geschichte der Stadt Nürnberg, Bd. 41. 1950

KÜNAST, Hans Jörg, Der Augsburger Buchdruck, in „ Wider Laster und Sünde, Augsburgs Weg in der Reformation" Haus der Bayerischen Geschichte. Katalog zur Ausstellung in St. Anna Augsburg 1997, hrsg. von Joself Kirmeier, Wolfgang Jahn und Evamaria Brockhoff. 1997, S. 120 – 135.

KÜNAST, Hans Jörg, Getruckt zu Augspurg und-handel in Augsburg zwischen 1468—1555, Studia Augustana, Bd. 8, Tübingen, 1996.

KÜNAST, Hans Jörg, Matin Luther und der Buchdruck in Augsburg, 1518—1530; in Gier Helmut-Schwarz, Reinhard (hg.), Reformation und Reichstadt: Luther in Augsburg; Katalog zur Ausstellung der Staats-und Stadtbibiliothek Augsburg in Zusammenarbeit mit der Evang. -Luth. Gesamtkirchengemeinde Augsburg im 450. Gedenkjahr von Luthers Tod, Augsburg 1996, S. 65 – 77.

KÜNAST, Hans-Jörg, Entwicklung des Augsburger Buchdrucks von 1468 bis zum Augsburger Religionsfrieden von 1555, In: Augsburg in derfrühen Neuzeit. hrsg. v. Jochen Brüning, Friedrich Niewöhner. Berlin, 1995.

LAU, Franz, Der Bauernkrieg u. das angebliche Ende der lutherischen Reformation als spontaner Volksbewegung, in: Luther Jahrbuch, 26 (1959), S. 104 - 134.

LIEB, Norbert, Octavian Secundus Fugger (1549—1600) und die Kunst, Tübingen 1980.

LIEBHART, Wilhelm, DieReichsabei St. Ulrich und Afra, Studien zu Besitz und Herrschaft (1006—1803) (Historische Altlas von Bayern, Teil, Schwaben II), München, 1982.

LIEBMANN, Maximilian, Urbanus Rhegius und die Anfänge der Reformation. Beiträge zu seinem Leben, seiner Lehre und seinem Wirken bis zum Augsburger Reichstag von 1530 mit einer Bibliographie seiner Schriften. Aschendorff, Münster Westfalen, 1980.

LINDSAY, Thomas Martin, *A history of the Reformation*, 2 Volumes, Edinburgh: T. & T. Clark, 1907—1908, Wipf and Stock Publishers, 1999.

LODERER, Alois Anton, Die Besitzgeschichte und Besitzverwaltung der Augsburger Stadtverwaltungen, Ein Beitrag zur Augsburg Stadtgeschichte, Augsburg, 1986.

LOHMANN, Hartmut, Musculus (Müslin, Mäuslin), Wolfgang (Dusanus). In: Biographisch-Bibliographisches Kirchenlexikon (BBKL). Band 6, Bautz, Herzberg 1993, S. 381 - 383.

LORTZ, J., Die Reformation in Deutschland I, 3. Asgb, 1948.

LUTZ, Georg, Marz Fugger (1529—1597) und die Annales Ecclesiastici des Baronius, Eine Verdeutschung aus dem Augsburg der Gegenreformation, in. Baronio storio e la controriforma, sora 1982, S. 421 - 545.

LUTZ, Heinrich, Conrad Peutinger, Beiträge zu einer politischen Biographie (Ablandlungen zur Geschichte der Stadt Augsburg 9), Augsburg, 1958.

LUTZ, Heinrich, Reformation und Gegenreformation, München, 1979.

MAASEN, Wilhelm, Hans JakobFugger (1516—1575), München, 1922.

MASCHKE, E., Deutsche Städte am Ausgang des Mittelalters, In: RAUSCH. W. (Hg.), Die Städte am Ausgang des Mittelalters. Hg. v. Wilhelm Rausch. Linz, 1974, S. 1 - 44.

MASCHKE, E., Städte und Menschen. Beiträge zur Geschichte der Stadt, der Wirtschaft und Gesellschaft 1959—1977, Herausgegeben vom Deutschen HistorischenInstitut Paris, 1980, S. 56 - 99.

MATHESON, Peter, "Martin Bucer and the Old Church", in Wright, DF,

Martin Bucer, *Reforming Church and Community*, Cambridge: Cambridge University Press, 1994.

MATTHIAS, Simon, Zur Lebensgeschichte des Stephan Agricola und zur Person des AgricolaBoius, in: Zeitschrift für Bayerische Kirchengeschichte, 30 (1961), 168 - 174.

MEYER, Christian, Eine deutsche Stadt im Zeitalter des Humanismus und der Renaissance. Hamburg: Verl. -Anst. und Dr. (vorm. J. F. Richter), 1891.

MEYER, Christian, Geschichte der Stadt Augsburg, Verlag der H. Laupp, Tübingen, 1907.

MOELLER, Bernd, Deutschland im Zeitalter der Reformation, Göttingen, 1977.

MOELLER, Bernd, Reichsstadt und Reformation, mit einer Einleitung herausgegeben von Thomas Kaufmann, neue Aufgabe, MohrSiebeck, Tübingen, 2011.

MOELLER, Bernd, Stadt und Buch, Bemerkungen zur Struktur der reformatorischen Bewegung in Deutschland, In: W. J. Wommsen, Stadtbürgertum und Adel, Studien zur Sozialgeschichte der Reformation in England und Deutschland, Stuttgart, 1979.

MOELLER, Bernd, Zwinglis Disputationen. Studien zu den Anfängen der Kirchenbildung, Vandenhoeck & Ruprecht; 2. Edition, 2011.

MOMMSEN, Hans, Stadtbürgertum und Adel in der Reformation, Studien zur Sozialgeschichte der Reformation in England und Deutschland, Stuttgart, 1979.

MOMMSEN, Wolfgang J. (Hg.), Stadtbürgertum und Adel in der Reformation. Studien zur Sozialgeschichte der Reformation in England und Deutschland, Stuttgart, 1979.

MÖRKE, Olaf, Die Fugger im 16 Jahrhundert, Städtische Elite oder Sonderstruktur? Ein Diskussionsbeitrag. Archiv für Reformationsgeschichte. Volume 74, 1983, 141 - 162.

MÖRKE, Olaf, Die Reformation-Voraussetzung und Durchsetzung, München 2005.

MUELL, Arnd, Zensurpolitik der Reichstadt Nürnberg, Von der Einführung der Buchdruckereien bis zum Ende der Reichsstadtzeit, in: Mitteilungen des Vereins für Geschichte der Stadt Nürnberg, 49, 1949.

MUELLER, Gerhard, GottfriedSeebaß hrsg., Gesamtausgabe, Gütersloh, 1979.

MUELLER, Gerhard, Schriften und Briefe 1525 bis Ende 1527, Gütersloh, 1977.

MÜLLER, Gernot Michael (Hg.), Humanismus und Renaissance in Augsburg: Kulturgeschichte einer Stadt zwischen Spätmittelalter und Dreißigjährigem Krieg, Berlin, de Gruyter, 2010.

MÜLLER, Gernot Michael (Hg.), Reformation und Stadt. Zur Rezeption der evangelischen Verkündigung, Abh. Akad. d. Wiss. Nr. 11, Mainz/Wiesbaden, 1981.

NAUJOKS. Eberhard, Vorstufen der Parität in der Verfassungsgeschichte der schwäbischen Reichstädte (1555—1648), Das Beispiel Augsburgs, In: Jürgen Sydow (Hg.), Bürgerschaft und Kirche, Sigmaringen 1980, S. 38 – 66.

OBERMANN, H. A. (Hg.), *Luther and the Dawn of the Modern Era.* : *Papers for the Fourth International Congress for Luther Research Volume 8 of Studies in the History of Christian Thought*, v. 8. Editor, Heiko Augustinus Oberman. Publisher, Brill Archive, 1974.

ORTMANN, Volkmar, Reformation und Einheit der Kirche: MartinBucers Einigungsbemühungen bei den Religionsgesprächen in Leipzig, Hagenau, Worms und Regensburg 1539—1541, Philipp von Zabern Verlag, Mainz, 2001.

PARIGGER, Harald, Fugger und der Duft des Goldes: die Entstehung des Kapitalismus, 1. Aufl. -Würzburg: Arena-Verl, 2009.

PAUCK, Wilhelm, "Calvin and Butzer", *The Journal of Religion*, Chicago: The University of Chicago Press, 1929.

PAULUS, Nikolaus, Rhegius über Glaubenszwang und Ketzerstrafen, In: HPBl. 109. Bd., 1892, S. 817 – 830.

PETRI, F. (Hg.), Kirche und Gesellschaftlicher Wandel in Deutschen und Niederländischen Städten der werdenen Neuzeit, 1980.

PFEIFFER, Gerhard, Entscheidung zur Reformation. Sozialrevolutionäre, spiritualistische und schulreformerische Bestrebungen. Politische und organisatorische Sicherung der Reformation. ders (Hg.): Nürnberg-Geschichte einer europäischen Stadt, München, 1971, S. 146 – 154.

PFEIFFER, Gerhard, Lazarus Spengler (1479—1534), in: AlfredWendhorst. Gerard Pfeiffer, Fränkische Lebensbilder, Neustadt/Aisch, 1984.

PFEIFFER, Gerhard, Nürnberg-Geschichte eine europäische Stadt, München, 1971.

PRIMBS, Karl, Das Stift St. Stephan in Augsburg, in ZHVS 7 (1880), S. 109 - 156, inEgino Weidenhiller u. a. (Hg.) Ad sancum Stephanum 969—1969, Festgabe zur Tesusendjahrfeier von St. Stephan in Augsburg, Augsburg, 1969, S. 1 - 49.

RAJKAI, Barbara, Die Bevölkerungsentwicklung von 1500 bis 1648, in: Gunther Gottlieb u. a. hrsg. , Geschichte der Stadt Augsburg, 2. Aufl. , Stuttgart, 1985.

RANKE, Leopold von, Deutsche Geschichte im Zeitalter der Reformation. Bd. 1 - 3. Berlin, Duncker und Humblot, Berlin, 1839, 1852, 1873.

RAUSCH, W. (Hg.), Die Stadt an der Schwelle zur Neuzeit, 1980.

RÖCK, Bernd, Bäcker, Brot und Getreide in Augsburg, Zur Geschichte des Bäckerhandwerks und zur Versorgungspolitik der Reichsstadt im Zeitalter des Dreißigjährigen Kriegs, Sigmaringen, 1987.

ROHMANN Gregor, Das Ehrenbuch der Fugger, Bd. 1: Darstellung-Transkription-Kommentar, Bd. 2: Die Babenhauser Handschrift, Augsburg, Wißner-Verlag, 2004.

ROTH, Friedrich, Augsburg Reformationsgeschichte, Band I-IV, München, 1901—1911, Neue Aufl. 1. u. 2. Bd. , München, 1974.

ROTH, Friedrich, Augsburger Reformationsgeschichte I, München, 1901.

ROTH, Friedrich, Augsburger Reformationsgeschichte, II, München, 1911.

ROTH, Friedrich, Augsburger Reformationsgeschichte, III, München, 1911.

ROTH, Friedrich, DerHöhepunkte der wiedertäuferischen Bewegung in Augsburg und ihr Niedergang im Jahr 1528, Zeitschrift des Historischen Vereins für Schwaben und Neuburg, 28, 1901.

ROTH, Friedrich, Zur Geschichte der Wiedertäufer in Oberschwaben. II. Zur Lebensgeschichte Eitelhans Langenmantels von Augsburg, Zeitschrift des Historischen Vereins für Schwaben und Neuburg, 1900.

ROTH, Friedrich, Zur Lebensgeschichte des Meisters Micheal Keller, Prädikant in Augsburg, in: Beiträge zur Bayerischen Kirchengeschichte V, 1899.

RUBLACK, H. C. , Forschungsbericht Stadt und Reformation, in B. Moeller (Hg.), Stadt und Kirche im 16. Jahrhundert, 1978, S. 9 - 26.

RUMMEL, Peter, Katholisches Leben in der ReichstadtAugsburg (1650—

1806), in Jahrbuch des Vereins für Augsburger Bistumsgeschichte (JV-ABG) 18, 1984.

SAFLEY, Thomas Max, Zentrum und Peripherie: Die Gemeinden zu den Barfüßen und bei St. Georg. , in Rolf Kießling/Thomas Max Safley/Lee Palmer Wandel (Hg.), Im Ringen und die Reformation. Kirchen und Prädikanten, Rat und Gemeinden in Augsburg, Epfendorf, 2011, S. 45 – 104.

SCHAFFORDT, Holger Pils-Petra, Ruderer Stephan: Martin Bucer (1491—1551), Bibliographie, mit Unterstützung der Heidelberger Akademie der Wissenschaften hg. von Gottfried Seebaß, Gütersloh, 2005.

SCHEIBE, Helga, Willibald Pickheimes Persönlichkeit im Spiegel seines Briefwechsels am Beispiel seines Verhältnisses zum Klosterwesen, in Franz Fuchs, Die Pirckheimer: Humanismus in einer Nürnberger Patrizierfamilie. Harrassowitz, 2007.

SCHILLER, Lotte, Das gegenseitige Verhältnis der Konfession in Augsburg im Zeitalter der Gegenreformation, phil. Diss. München/Augsburg, 1933.

SCHILLING, Heinz, "Die politische Elite nord-westdeutscher Städte in den religiösen Auseinandersetzungen des 16. Jahrhunderts", in W. Mommsen, ed. Stadtbürgertum und Adel in der Reformation, Stuttgart: Klett-Cota, 1979, S. 235 – 308.

SCHINDLING, Anton, ZIEGLER, Walter (Hg.), Die Territorien des Reichs im Zeitalter der Reformation und Konfessionalisierung, Band I. Der Südosten, Katholisches Leben und Kirchenreform im Zeitalter der Glaubensspaltung, Münster, Aschendorff, 1989, S. 32 – 42.

SCHIRRMACHER, Thomas (Hrsg.), Anwalt der Liebe. MartinBucer als Theologe und Seelsorger. Beiträge zum 450. Todestag des Reformators (= Jahrbuch des Martin-Bucer-Seminars, Bd. 1. Verlag für Kultur und Wissenschaft u. a. , Bonn, 2002.

SCHIRRMACHER, Thomas (Hrsg.), MartinBucer als Vorreiter der evangelischen Mission (= Edition Afem. Mission specials. Bd. 5), Verlag für Kultur und Wissenschaft u. a. , Bonn, 2006.

SCHMAUCH, Hans Peter, Chrisotoph von Stadion (1478—1543), Bischof von Augsburg (1517—1543) und seine Stellung zu der Reformation, phil. diss, München 1956, S. 1 – 172.

SCHMIDT, Heinrich Richard, Reichsstadt, Reich und Reformation, Korporative Religionspolitik 1521—1529/30, Stuttgart, Franz Steiner Verlag Wiesbaden, 1986.
SCHMIDT, Heinrich Richard, Konfessionalisierung im 16. Jahrhundert, München: Oldenbourg, 1992.
SCHNEIDER Britta, Fugger contra Fugger: die Augsburger Handelsgesellschaft zwischen Kontinuität und Konflikt (1560—1597/98), Augsburg: Wißner, 2016.
SCHÖNINGH, Franz, J., DieRehlinger von Augsburg, ein Beitrag zur deutschen Wirtschaftsgeschichte des 16. Und 17. Jahrhunderts, Paderborn, 1927.
SCHORBACH, Karl, Der Strassburger Frühdrucker Johann Mentelin (1458—1478), Studien zu seinem Leben und Werke. (= Veröffentlichungen der Gutenberg-Gesellschaft XXII), Verlag: Mainz, Verlag der Gutenberg-Gesellschaft, 1932.
SCHORBACH, Karl, Die Buchdrucker Günther und JohannesZainer in Straßburg, In Beiträge zur Theorie und Praxis des Buches und Bibliothekswesens 1, 1894, S. 28 – 29.
SCHOTT, Eberhard, Beiträge zu der Geschichte des Carmeliterkloster und der Kirche von St. Anna in Augsburg, in: ZHVS 5, 1878, S. 259 – 327, ZHVS 9, 1882, S. 221 – 284.
SCHRAMM, Albert, Günther Zainer, Augsburgs erster Drucker, in: Werden und Wirken, ein Festgruß Karl W. Hiersemann, hrsg. von Marin Breslauer und Kurt Köhler, Leipzig, 1924, S. 363 – 391.
SCHRÖDER, Alfred, Alt St. Stephan in Augsburg, Gründung, Verfassung, aelterste Quellen, Augsburg, 1928.
SCRIBNER, R. W., How Many could Read? Comment on Moeller's < Stadt und Buch >, in W. J. Wommsen, Stadtbürgertum und Adel in der Reformation: Studien zur Sozialgeschichte der Reformation in England und Deutschland, Klett-Cotta, 1979.
SCRIBNER, R. W., *Popular Culture and Popular Movements in Reformation Germany*, London, The Hambledon Press, 1987.
SCRIBNER, R. W., "The Reformation as a Social Movement", in Scribner, *Popular Culture and Popular Movements in Reformation Germany*, London,

1987, pp. 145 – 174.

SEEBAß, Gottfried, Andreas Osiander und seine Drucker, in: Beiträge zur Geschichte des Buchwesens im konfessionellen Zeitalter, hrsg., Herbert G. Göpfert u. a. Wiesbaden, 1985.

SEEBAß, Gottfried, Apoligia Reformation, Eine bisher unbekannte Verteidigungsschrift Nürnberg aus dem Jahr, 1528.

SEEBAß, Gottfried, Martin Bucer und die Reichsstadt Augsburg, in: v. Christian Krieger, Marc Lienhard hg., Martin Bucer and Sixteenth Century Europa. Actes du colloque de Strasbourg, Leiden, 1993.

SEEBAß, Gottfried, Stadt und Kirche in Nürnberg im Zeitalter der Reformation, in: Stadt und Kirche im 16. Jahrhundert, hg. von Bernd Moeller, Gütersloh 1978 (= SVRG 190), S. 66 – 86.

SEITZ, Otto, Die Stellung desUrbanus Rhegius in Abendmahlsstreite, ZHG 19, 1882.

SEITZ, Otto, Die Theologie desUrbanus Rhegius, speziell sein Verhältnis zu Luther und zu Zwingli, Gotha, 1898.

SELDERHUIS, HJ., *Marriage and Divorce in the Thought of Martin Bucer*, Kirksville, MO: Thomas Jefferson University Press, 1999, Translated from Huwelijk en Echtscheiding bij Martin Bucer (in Dutch), Leiden: Uitgeverij JJ Grönen Zoon BV, 1994.

SIEH-BURENS, Katarina, Oligarchie, Konfession und Politik im 16 Jahrhundert, zur Sozialen Verflechtung der Augsburger Bürgermeister und Stadtpfleger 1518—1618, München: Verlag Ernst Vögl, 1986.

SIEH-BURENS, Katharina, Bürgermeisteramt, soziale Verpflichtung und Reformation in der freien Reichsstadt Augsburg 1518—1539, in: Miscellanea Suevica Augustana, ed. Fried, Pankraz, Sigmaringen: Thorbecke, 1985.

SIEH-BURENS, Katharina, Die Augsburger Stadtverfassung um 1500, in ZHVS 77, Augsburg, 1983.

SIEMER, Polykarp, Geschichte des Dominikanderklosters Sankt Magdalena in Augsburg (1225—1808), Verchta, 1936.

SIMON, Wolfgang (hrsg.), Martin Bucer zwischen den Reichstagen von Augsburg (1530) und Regensburg (1532): Beiträge zu einer Geographie, Theologie und Prosopographie der Reformation, Erlangen, 2010.

SMOLINSKY, H., Stadt und Reformation, Neue Aspekte der reformationsgeschichtlichen Forschung, Trierer Theol, Zs. 92, 1983, S. 32 - 44.

STEICHELE, Anton von, Christoph von Stadion, In: Allgemeine Deutsche Biographie (ADB), Band 4, Duncker & Humblot, Leipzig, 1876, S. 224 - 227.

STEIGER, Hugo: Geschichte der Stadt Augsburg: mit 16 Tafeln. Berlin, Oldenbourg, 1941.

STEINMETZ, M. , Deutschland von 1476 bis 1648, Von der frühbürgerlichen Revolution bis zumWestfalischen Frieden, Berlin, 1965.

STEPHENS, W. P. , *The Holy Spirit in the Theology of Martin Bucer*, Cambridge, 1970, pp. 167 - 172.

STRIEDER, Jakob, Zur Genesis des modernen Kapitalismus, Leipzig, 1935.

SYDOW, Jürgen (Hrsg.), Bürgerschaft und Kirche (Veröffenlichungen des Südwestdeutschen Arbeitskreises fuer Stadtgeschichtsforschung 7), Sigmarigen 1980.

THOMPSON, Nicholas, *Eucharistic Sacrifice and Patristic Tradition in the Theology of Martin Bucer 1534—1546*, Leiden, NL: Koninklijke Brill, 2004.

TIETZ-STRÖDEL, Marion, DieFuggerei in Augsburg, Augsburg, 1982.

TLUSTY, B. Ann, *Augsburg during the Reformation Era*, An Anthology of Sources, Hackett Publishing Company, Inc. Indianapolis/Cambridge, 2012.

TORRANCE, T. F. , *Kingdom and Church*: A Study in the Theology of the Reformation, Edinburgh, 1956, pp. 73 - 89.

UHLAND, Friedwart, Täufertum und Obrigkeit in Augsburg im 16. Jahrhundert, Tübingen, 1972.

VAN' T SPIJKER Willem, "Bucer's Influence on Calvin: Church and Community", in Wright, DF, Martin Bucer, *Reforming Church and Community*, Cambridge: Cambridge University Press, 1994.

VOGLER, Günter, Nürnberg, 1524/25: Studien zur Geschichte der reformatorischen und sozialen Bewegung in der Reichsstadt. Deutscher Verlag der Wissenschaften, 1982.

VOULIEME, Ernst, Die deutschen Drucker des 15. Jahrhunderts, Berlin, 1922.

WANDEL, Leepalmer, Die Geschichte des Christentums und die Reformation in Augsburg, in Rolf Kießling/Thomas Max Safley/Lee Palmer Wandel (Hg.), Im Ringen und die Reformation. Kirchen und Prädikanten, Rat und Gemeinden in Augsburg, Epfendorf, 2011, S. 11 - 28.

WARMBRUNN, Paul, Zwei Konfessionen in einer Stadt: Das Zusammenleben von Katholiken und Protestanten in den paritätischen Reichsstädten Augsburg. Biberach, Ravensburg und Dinkelsbühl von 1548 bis 1648. Wiesbaden: Steiner, 1983.

WARNMÜNDE, Christel, Augsburger Handel in den letzten Jahrzehnten des 16 Jahrhunderts und dem beginnenden 17 Jahrhundert. Freiburg, 1956.

WELSER, Johann Michael von: Die Welser, 2 Bde. Nürnberg, 1917.

WERNER, Anton, Die örtlichen Stiftungen für die Zwecke des Unterrichts und der Wohltätigkeit in der Stadt Augsburg: Historisch und systematisch dargestellt, Bd. 1, Augsburg 1899, 1912.

WETTGES, Wolfram, Reformation und Propaganda: Studien zur Kommunikation des Aufruhrs in süddeutschen Reichsstädten, Geschichte und Gesellschaft, Bochumer Historische Studien, Nummer 17, Stuttgart, Klett-Cotta, 1977, 1978.

WIESNER, Merry E., "Beyond Women and the Family: Towards a Gender Analysis of the Reformation", *the SixteenthCentury Journal*, 18, 1987.

WILHELM, Hans, Gutachten und Streitschriften über dasjus reformandi des Rates vor und während der Einführung der offiziellen Kirchenreform in Augsburg (1534—1537), Augsburg, 1901.

WILHELM, Thomas, Albert de Lange, Martin Bucer (1491—1551), Auf der Suche nach der Wiederherstellung der Einheit (= Universitätsarchiv Heidelberg. Schriften. 5), Verlag Regionalkultur, 2001.

WITTMANN, P., Augsburger Reformatoren. Historisch-kritischer Beitrag zur Geschichte der Reformation, Stuttgart, 1884.

WOHELFELL, R., Einführung in die Geschichte der deutschen Reformation. Beck, 1982.

WOLFART, Karl, die Augsburger Reformation in den Jahren 1533/1534, SGTK, VII/2, Leipzig, 1901, Aalen, 1972.

WOLFART, Karl, Die erste offizielle Entscheidung der Stadt Augsburg für die Reformation 1533, Naumberg, (Diss. Phil.), 1901.

WRIGHT, D. F., *Martin Bucer: Reforming Church and Community*, Cambridge: Cambridge University Press, 1994.

ZAPF, Georg Wilhelm, Christoph von Stadion, Bischof von Augsburg: Eine Geschichte aus den Zeiten der Reformation, Zürich: Orell, Füßli, 1799.

ZIMMERMANN, Eduard, Augsburger Zeichen und Wappen: umfassend die Bürger der Reichsstadt Augsburg und die Inhaber höherer geistlicher Würden der Bischofsstadt Augsburg, ihrer Stifte und Klöster. H. Mühlenberger, 1970.

ZOEPFL, Friedrich, Bischof Christoph von Stadion (1478—1543), In: Götz Freiherr von Pölnitz (Hrsg.), Lebensbilder aus dem Bayerischen Schwaben, Bd. 7, S. 125 - 160. München: Max Hueber, 1959.

ZOEPFL, Friedrich, Christoph von Stadion, In: Neue Deutsche Biographie (NDB), Band 3, Duncker & Humblot, Berlin, 1957.

ZOEPFL, Friedrich, Das Bistum Augsburg und seine Bischöfe im Reformationsjahrhundert. München. Schnell & Steiner; Augsburg: Winfried-Werk, S. 1 - 172 (= Geschichte des Bistums Augsburg und seiner Bischöfe, Bd. II), 1969.

ZORN, Wolfgang, Die soziale Stellung der Humanisten in Nürnberg und Augsburg, in: Die Humanisten in ihrer politischen und sozialen Umwelt. hrsg. von Otto Herding, Robert Stupperich, Boppard, MKHG, 1976 (3).

ZORN, Wolfgang, Augsburg, Geschichte einer europäischen Stadt, von den Anfängen bis zur Gegenwart, Wißner Verlag, Augsburg, 2001.

ZORZIN, Alejandro, Karlstadt als Flugschriftenverfassern zwischen 1518 und 1526, Göttinger Theologische Arbeiten, Bd. 48, Göttingen, 1990.

ZSCHOH, Hellmut, Augsburg zerfällt in sechs Richtungen, Frühkonfessioneller Pluralismus in den Jahren 1524—1530, in: Helmut Gier und Reinhard Schwarz Hg. Arbeitskreis Reformation und Reichsstadt, Luther in Augsburg, Augsburg 1996, S. 78 - 95.

ZSCHOH, Hellmut, Reformatorische Existenz und konfessionelle Identität. Urbanus Rhegius als Evangelischer Theologe in den Jahren 1520 bis 1530, Tübingen: J. C. B. Mohr, Paul Siebeck, 1995.

六 中文文献

［德］彼得·布瑞克：《1525年革命：对德国农民战争的新透视》，陈海珠、钱金飞、杨晋、朱孝远译，广西师范大学出版社2008年版。

［德］马丁·路德：《路德三檄文和宗教改革》，李勇译、谢文郁校，世纪出版集团、上海人民出版社2010年版。

［德］马丁·路德：《路德文集》上册，路德文集中文版编辑委员会，上

海三联书店 2005 年版。
［德］马丁·路德：《路德文集》下册，路德文集中文版编辑委员会，上海三联书店 2005 年版。
［德］乌尔夫·迪尔迈尔等：《德意志史》，孟钟捷、葛君、徐璟玮译，商务印书馆 2018 年版。
［法］塞尔日·格鲁金斯基：《世界的四个部分：一部全球化历史》，李征、李雪涛译，东方出版社 2022 年版。
［美］乔·古尔迪、［英］大卫·阿米蒂奇：《历史学宣言》，孙岳译，格致出版社、上海人民出版社 2017 年版。
［美］威尔·杜兰特：《世界文明史·宗教改革》，华夏出版社 2010 年版。
［美］威利斯顿·沃尔克：《基督教会史》，孙善玲、段琦、朱代强译，中国社会科学出版社 1992 年版。
［苏］约·阿·克雷维列夫：《宗教史》（上卷），冯加方等译，中国社会科学出版社 1984 年版。
［英］阿利斯特·麦格拉思：《宗教改革运动思潮》，蔡锦图、陈佐人译，中国社会科学出版社 2009 年版。
［英］林赛：《宗教改革史》，孔祥民、令彪、吕和声、吕虹译，商务印书馆 1988 年、2016 年版。
肖翠松：《基督教社区的构建：茨温利的苏黎世宗教改革》，博士学位论文，北京大学，2013 年。
周施廷：《信仰与生活——16 世纪德国纽伦堡的改革》，北京大学出版社 2015 年版。
朱孝远：《近代欧洲的兴起》，学林出版社 1997 年版。
朱孝远：《宗教改革与德国近代化道路》，人民出版社 2011 年版。